Soft Skills für IT-Berater

Uwe Vigenschow ist Berater, Trainer, Coach und Bereichsleiter bei der oose Innovative Informatik GmbH. Seine Arbeitsschwerpunkte sind agiles Projektmanagement, Softwaretest sowie Analyse und Design von Softwaresystemen. Parallel dazu hat er das für die IT maßgeschneiderte Konzept für den Bereich Soft Skills bei oose entwickelt. Er führt zusammen mit seinen Kollegen die entsprechenden Seminare durch und ist als Mediator tätig. Uwe Vigenschow ist Autor mehrerer Bücher, Artikel und Konferenzbeiträge.

Björn Schneider ist Geschäftsführer der oose Innovative Informatik GmbH und schafft dort ein Umfeld, in dem eine kontinuierliche Weiterentwicklung der Trainer und Berater möglich ist. Er führt Coachings, Beratungen und Trainings durch und konzipiert bzw. moderiert Workshops. Seit 1995 arbeitet er in der Softwareentwicklung und hat verschiedene Rollen durchlebt wie z.B. Softwareentwickler, (Multi-)Projektleiter, Führungskraft, personalverantwortlicher Bereichsleiter, Trainer und Berater sowie Coach für Führungskräfte. Seine Schwerpunktthemen sind Führung, Projektmanagement, Change Management, Personal Coaching und Soft Skills.

Ines Meyrose ist selbstständige Imageberaterin und Mediatorin. Die Kommunikationswirtin ist Inhaberin der Firma image&impression, Hamburg, und bietet vielfältige Seminare, Workshops und Vorträge zu Kommunikation und äußerer Wirkung von Firmen und Menschen an. Zuvor arbeitete sie langjährig im Dienstleistungs- und Vertriebsbereich mit Personalverantwortung und als Ausbilderin. Als Moderatorin begleitet sie Projekte und Prozesse, als Mediatorin ist sie im Konfliktmanagement tätig. Individuelles Business-Coaching rundet ihr Portfolio ab. Im Blog auf www.meyrose.de bringt sie aktuelle Themen auf den Punkt.

Uwe Vigenschow · Björn Schneider

Soft Skills für IT-Berater

Workshops durchführen, Kunden methodisch beraten und Veränderungen aktiv gestalten

Unter Mitarbeit von Ines Meyrose

dpunkt.verlag

Uwe Vigenschow
uwe@vigenschow.com

Björn Schneider
mail@bjoernschneider.de

Ines Meyrose
ines@meyrose.de

Lektorat: Christa Preisendanz
Copy-Editing: Ursula Zimpfer, Herrenberg
Satz: Uwe Vigenschow, Hamburg
Herstellung: Nadine Thiele
Umschlaggestaltung: Helmut Kraus, www.exclam.de
Druck und Bindung: M.P. Media-Print Informationstechnologie GmbH, 33100 Paderborn

Bibliografische Information der Deutschen Nationalbibliothek
Die Deutsche Nationalbibliothek verzeichnet diese Publikation in der Deutschen Nationalbibliografie; detaillierte bibliografische Daten sind im Internet über http://dnb.d-nb.de abrufbar.

ISBN 978-3-89864-780-9

1. Auflage 2012

Ringstraße 19B
69115 Heidelberg

5 4 3 2 1 0

Vorwort

Wir haben Informatik bzw. Wirtschaftsinformatik studiert oder eine ähnliche berufliche Qualifikation erworben. Was hat das mit Kundenberatung oder gar Veränderungsprozessen zu tun? Sehr viel, denn aus der beruflichen Erfahrung wissen wir inzwischen, dass in diesen Themenbereichen eine Menge dafür getan werden kann, um langfristig beruflich erfolgreich zu arbeiten und Projekte zur Kundenzufriedenheit durchzuführen! Unsere Kunden sind dabei z. B. die Fachbereiche, mit denen wir bei einer Inhouse-Entwicklung tagtäglich zu tun haben, oder die Mitarbeiter anderer Firmen, mit denen wir kooperieren und die die Ergebnisse unserer Arbeit einsetzen. Projekte ohne Kunden verlieren ihren Zweck und funktionieren nicht!

Unsere Soft Skills sind bei der Kundenberatung das Öl im Motor, ohne das nichts läuft, sie sind die Reifen am Auto, über die die Kraft des Motors und unsere Steuerungsimpulse auf die Straße gebracht werden. Wir haben das Thema *Soft Skills* bereits in unseren beiden vorausgegangenen Büchern allgemein für Softwareentwickler betrachtet sowie auf die besonderen Aspekte der Führung und Projektleitung in der IT abgebildet [70, 71]. So weit, so gut, doch welche besonderen Soft Skills gibt es nun für die IT-Beratung und wie hängt das mit einem daraus resultierenden Veränderungsmanagement zusammen?

Mit der Bezeichnung *Berater* wird in der IT recht locker umgegangen. Viele Kolleginnen und Kollegen nennen sich Berater und kommen als externe Softwareentwickler in eine Firma, um dort im Wesentlichen dafür zu sorgen, dass Funktionalität in einer Software umgesetzt wird. Doch Software zu entwickeln bedeutet mehr, als nur zu programmieren und ab und zu den Debugger zu starten. Es gilt, Prozesse und Abläufe der Benutzer unserer Produkte zu erfassen und zu beschreiben, um Ansatzpunkte für eine neue oder veränderte Unterstützung durch ein Softwaresystem zu erkennen. Anforderungen sind aufzunehmen und geeignet zu dokumentieren, damit diese dann in einer betriebswirtschaftlichen und technischen Reihenfolge sinnvoll implementiert und inkrementell ausgeliefert werden können. Kommerzielle oder freie Produkte sind zu evaluieren und in den Prozess oder das Produkt zu integrieren. Der gesamte Entwicklungsprozess ist zu steuern und betriebswirtschaftlich zu überwachen, wobei ein permanenter Verbesserungsprozess für den Entwicklungsprozess parallel mitläuft. Auf allen diesen Ebenen erfolgt *Beratung*, für die unterschiedliche fachliche Qualifikationen und Erfahrungen notwendig sind.

Diese Beratung wird manchmal von erfahrenen eigenen Mitarbeitern in einem Unternehmen geleistet, ohne dass die Bezeichnung *Berater* auf ihren Visitenkarten steht. Häufig werden dafür aber externe Spezialisten punktuell oder dauerhaft hinzugezogen, die für bestimmte Werkzeuge wie z. B. Prozess-Engines oder Frameworks oder Entwicklungsprozessschritte wie z. B. agiles Projektmanagement, Geschäftsprozessanalyse oder Softwarearchitektur eine besondere Expertise mitbringen. Viele dieser *Berater* sind fachliche Experten, doch woher erhalten sie ihre soziale Kompetenz für die Beratung?

Wir möchten Ihnen in diesem Buch zeigen, wie Sie diesen beratenden Aspekt so in Ihre Arbeit integrieren können, dass Sie die echten Bedürfnisse auf der Kundenseite, sei es extern oder intern, erkennen. So erreichen Sie auch unter schwierigen Bedingungen eine lang anhaltende Kundenbindung und Zufriedenheit. Und das ist im Endeffekt unser Ziel. Die Qualität unserer Arbeit zeichnet sich dann dadurch aus, dass der Kunde wiederkommt und nicht das Produkt!

Mit dem Veränderungsmanagement verhält es sich ähnlich. Besonders deutlich wird dies bei einem Projekt, das die Ablösung einer alten und die Einführung neuer Software beim Kunden beinhaltet. Durch die neue Software werden die Arbeitsprozesse der Anwender verändert. Neue Features kommen hinzu und auch die alte Funktionalität verändert sich. Selbst in den Teilen der Anwendung, in denen die Anforderungen fast gleich geblieben sind, werden die Prozesse oft neu geschnitten und damit die Verantwortlichkeiten der Anwender verändert. Dies zeigt sich insbesondere bei einem Projekt, das die Rationalisierung und weitgehende Automatisierung manueller Arbeitsschritte mit dem Ziel verfolgt, Arbeitsplätze bei den Anwendern abzubauen. Wir können so im Rahmen des Projekts teilweise mit recht radikalen Veränderungen aufseiten der Anwender konfrontiert werden. Dieses Buch möchte Sie auf eine solche oder ähnlich schwierige Situation vorbereiten und Ihnen zeigen, wie Sie dann angemessen handeln können.

Mit diesem dritten Buch zu Soft Skills in der IT schließen wir den Kreis. Wir geben Ihnen mit dieser Trilogie das kommunikative und methodische Handwerkszeug auf den Weg, mit dem Sie als Berater, Entwickler, Architekt, ScrumMaster, Product Owner, Qualitätssicherer, Führungskraft oder Projektleiter Ihre technischen Qualitäten optimal ergänzen können. Wir wünschen Ihnen viel Erfolg dabei.

Uwe Vigenschow und Björn Schneider

Hamburg und Lübeck, Juli 2012

Zielgruppe des Buchs

Wir adressieren mit diesem Buch Beratung als Prozess, bei dem wir gemeinsam mit einem Kunden seine Probleme identifizieren, klären, lösen und wenn notwendig den begleitenden Veränderungsprozess gestalten. Es geht uns also primär um die methodische Arbeit. Wir meinen mit *Berater* externe oder interne Mitarbeiter, die eine Dienstleistung oder ein Produkt anbieten und bei der Umsetzung bzw. Einführung begleiten. Es muss hierbei nicht direkt um Softwareentwicklung bzw. Programmierung gehen. Auch eine Idee oder ein Konzept kann verkauft werden.

Softwareentwicklung kann natürlich Bestandteil eines Beratungsprozesses sein. Dies ist insbesondere bei Veränderungsprozessen oft der Fall, wenn eine neue Technologie und/oder Methodik eingeführt wird und erste, musterhafte Arbeitsergebnisse erstellt werden. In einem Beratungsprozess steht jedoch für uns immer eine methodische Hilfe zur Selbsthilfe im Vordergrund, d. h., die Mitarbeiter eines Kunden werden befähigt, ihre Herausforderungen später selbst zu meistern. Eine andere Art methodischer Beratung erfolgt mit Dienstleistungen, bei denen wir Kunden z. B. in Entscheidungsprozessen begleiten wie bei der Auswahl eines Softwareprodukts oder bei Prozessveränderungen auf Anwender- oder Entwicklerseite.

In unserer Zielgruppe liegen also Mitarbeiter von Beratungshäusern und Freiberufler, die im Kern methodisch arbeiten und an einer langfristigen Kundenbeziehung interessiert sind. Dies kann auch für die Produktentwicklung zutreffen, insbesondere, wenn die Produkte individuell angepasst werden sollen oder ein individuelles Produkt in Auftrag gegeben wird. Zu unserer Zielgruppe gehören auch alle internen Mitarbeiter, zu deren Aufgabe die Beratung von Kollegen gehört. Häufig sind diese Personen bei den Unternehmen in eigenen Stabsstellen organisiert und für die Projektmanagement- und Entwicklungsmethodik oder Organisationsprozesse verantwortlich.

Aufbau des Buchs

Das Buch ist in drei Teile gegliedert, die die grundsätzlichen Anforderungen widerspiegeln, denen sich methodische Berater zu stellen haben. Wir hoffen, dass Sie damit die Inhalte schnell erfassen und auch wiederfinden können. Zur besseren Übersicht möchten wir Ihnen hier vorab eine Übersicht zum Aufbau des Buchs geben:

I Das Handwerkszeug: Die Grundlagen unserer Beratertätigkeiten bilden unsere Kommunikationsfähigkeit, das Verständnis von Gruppendynamik und Techniken zur Durchführung von Workshops. Wenn Sie unsere ersten beiden Bücher *Soft Skills für Softwareentwickler* [70] und *Soft Skills für IT-Führungskräfte und Projektleiter* [71] kennen, können Sie das zweite Kapitel kurz querlesen und nur die für Sie wichtigen Aspekte herauspicken.[1] Der Schwerpunkt des ersten Teils liegt auf der Strukturierung und Durchführung von Workshops mit unterschiedlichen Gruppengrößen und Zielen.

II Kunden beraten: Wir zeigen, wie Beratung als Prozess zu einer langfristigen Kundenbeziehung führen kann. Sie erkennen die zugrunde liegenden Bedürfnisse der Kunden und schneidern dazu einen Beratungsprozess nach Maß. Die Zufriedenheit des Kunden ist dabei das höchste Ziel, das wir auch unter Beachtung agiler Werte bzw. mit agilen Methoden wie z. B. Scrum erreichen. Wir stellen mit dieser Form der Beratung den Menschen in den Mittelpunkt, ohne die wirtschaftlichen Aspekte dabei aus dem Auge zu verlieren. Abschließend lernen Sie Möglichkeiten kennen, eine bestehende Unternehmenskultur bei Ihren Kunden einzuschätzen und zu analysieren, um Ihre Beratung optimieren zu können.

III Veränderungen gestalten: Sie lernen die Prinzipien und Regeln kennen, nach denen Sie erfolgreich Veränderungen in Organisationen durchführen können. Wir betrachten die Rahmenbedingungen für eine ausreichende Veränderungsfähigkeit aufseiten Ihrer Kunden, so-

[1] Natürlich freuen wir uns, wenn Sie auch die beiden anderen Bücher lesen. Alle drei Bücher sind jedoch als eigenständige Werke konzipiert. Somit können Sie dieses Buch unabhängig von den beiden anderen lesen und verstehen.

dass Sie in Ihrer Beratung Erfolgsparameter schnell erkennen und ggf. Hindernisse besser abbauen können. Zusammenfassend bemühen wir die Metapher des *Troja-Prinzips* aus *Soft Skills für IT-Führungskräfte und Projektleiter* [71], um die Möglichkeiten des Veränderungsmanagements besser zu nutzen. Das abschließende Fallbeispiel greift dann die vorgestellten Aspekte der drei Teile wieder auf, um sie abschließend in einen gemeinsamen Zusammenhang zu stellen.

Im Anhang vertiefen wir die theoretischen Grundlagen und nehmen für die daran interessierten Leser einige inhaltliche Erweiterungen vor. Wir stellen Ihnen hier auch Übungen vor, an denen Sie einige der dargestellten Aspekte direkt nacherleben bzw. vertiefen können.

Inhaltsverzeichnis

Teil I

Das Handwerkszeug

▷ **Beratung in der IT** 3
Beratung ist ein häufig gebrauchter und manchmal auch missbrauchter Begriff in der IT. Wir versuchen in diesem Einstieg etwas Licht und Klarheit in diese Begriffswelt zu bringen. Sie erfahren auch, was wir unter methodischer Beratung verstehen und damit, worum es in diesem Buch eigentlich geht.

▷ **Kommunizieren und verstehen** 7
Grundlage jeder Beratung ist es, den Kunden in seinen Bedürfnissen zu verstehen. Dazu werfen wir einen Blick auf dafür notwendige Fragetechniken. Sie lernen mit verschiedenen Arten von Einwänden konstruktiv umzugehen. Abschließend stellen wir anhand des Eisbergmodells vier Ebenen der Kommunikation vor und leiten daraus Strategien für eine reibungslose Kommunikation ab.

▷ **Workshops gezielt einsetzen** 21
Oft werden Berater eingeladen, in Form eines Workshops ihr Produkt oder ihre Dienstleistung vorzustellen. Zusätzlich führen wir im Rahmen unserer Beratung regelmäßig Workshops durch. Die Vorbereitung solcher Workshops kann aufwendig sein. Was die Ergebnisse anbelangt, bergen Workshops auch ihre Risiken. Wir erläutern, wann Workshops besonders sinnvoll sein können, wer daran teilnehmen sollte und wer eher nicht. Zusätzlich finden Sie Tipps zur Vorbereitung und für die Agenda eines Workshops.

▷ **Workshops leiten** 35
Die hohe Kunst bei Workshops und ähnlichen Besprechungen zeigt sich in deren Durchführung. Hier finden Sie erste Hilfestellungen zur Moderation eines Workshops und Visualisierung von Inhalten.

▷ **Grundtechniken für Workshops** 49
Nach den allgemeinen Tipps geht es jetzt tiefer in die grundlegenden Workshoptechniken. Es werden verschiedene Grundtechniken u. a. zur Priorisierung und zum Feedback erläutert. Abschließend werden Workshops mit großen Gruppen und die Selbstorganisation von Workshops in Form von *Open Spaces* behandelt.

1 Beratung in der IT

Dieses Buch wendet sich an IT-Berater, die ihre Beratungsprojekte für den Kunden noch erfolgreicher durchführen möchten. Dieser Kundenerfolg ist damit auch ihr Beratungserfolg und sichert ihnen eine lange Kundenbindung und spannende Beratungen. Doch was bedeutet eigentlich *IT-Beratung* und um welche Art der IT-Beratung geht es in diesem Buch?

1.1 Ein Überblick

In der IT nennen sich viele Personen Berater und unterschiedliche Dienstleistungen werden als Beratung bezeichnet. Viele Berater sind externe Mitarbeiter eines Unternehmens, jedoch gibt es auch interne Berater, also fest angestellte Mitarbeiter, die ihre Kollegen – teils abteilungsübergreifend – beraten. Das Aufgabenfeld der externen Berater ist sehr weit gesteckt. Wir finden dort ohne Anspruch auf Vollständigkeit:

- Technologieberatung: In das Aufgabenspektrum des Beraters fällt die Auswahl, Einführung und Entwicklung mit dieser neuen Technologie. Dies kann die Auswahl eines für den Kunden neuen Entwicklungsumfelds oder Softwareprodukts sein und betrifft in den meisten Fällen auch die Implementierung der Kundensoftware bzw. das Customizing von Produkten. Häufig kommt dabei ein ganzes Team von Beratern zum Einsatz mit einer eigenen hierarchischen Struktur. Die meisten dieser Berater arbeiten dann vor Ort beim Kunden als Softwareentwickler oder in einer ähnlichen Rolle.
- Strategiegieberatung: Hierbei geht es um die Unterstützung des Kunden bei strategischen Entscheidungen, also bei Entscheidungen, die eine langfristige Wirkung haben werden. Dies betrifft meist auch die Einführung einer neuen Technologie oder eines Softwareprodukts. Der Fokus liegt jedoch auf der fachlichen Beratung, die auf der Erfahrung des Beraters mit der gewünschten Lösung und ihrer Einführung beruht. Vom Kunden wird dabei bewusst ein Veränderungsprozess angestoßen. Der Berater unterstützt bei der Entscheidungsfindung, Konzeption und Umsetzung des Veränderungsprojekts.

- Organisationsberatung: Hier steht die Veränderung einer Organisation im Vordergrund, um die Arbeitsprozesse zu optimieren. Auslöser sind häufig veränderte Marktbedingungen oder erweiterte bzw. verschobene Aufgabenfelder einer Organisation. Technologische Betrachtungen spielen dabei meist nur als Rahmenbedingung eine Rolle.

Der Beratungsprozess umfasst also die konzeptionelle Arbeit und schließt die Umsetzung und Einführung des Konzepts in der Regel ein. In der Technologieberatung ist der Übergang von Beratung zu externer Softwareentwicklung fließend.

1.2 Was ist methodische Beratung?

Häufig wird zwischen zwei Beratungsformen unterschieden, der fachlich fokussierten Expertenberatung und der auf die inneren Abläufe im Klienten fokussierten Prozessberatung (s. Abschnitt 6.2.1 ab Seite 87). Der Fokus dieses Buchs liegt auf der methodischen Beratung. Damit bezeichnen wir ein Beratungskonzept, das den Kunden in seiner Verantwortung belässt und ihn methodisch bei seinen Entscheidungen, den resultierenden Konzepten und der Umsetzung der Konzepte unterstützt. Eine solche Beratung beinhaltet dazu einen Know-how-Transfer und einen damit verbundenen Übergabeprozess, der den Ausstieg der Berater beim Kunden regelt. Eine methodische Beratung ist also fast immer mit einem Veränderungsprozess in der Arbeit und der Organisation des Kunden verbunden und damit eine Mischung aus Experten- und Prozessberatung.

Bezogen auf die oben genannten drei Kategorien umfasst eine methodische Beratung daher die strategische und Organisationsberatung. Die technologische Beratung kann auch gleichzeitig eine methodische Beratung sein, wenn sie einem entsprechenden Beratungsprozess folgt und keine langfristigen Abhängigkeiten der Entwickler beim Kunden von den Beratern entstehen, die eher den Charakter eines Outsourcings haben.

Die methodische Beratung ist damit besonders für kleine und mittelgroße Beratungshäuser und Freelancer interessant, die eine langfristige Übernahme von beträchtlichem Entwicklungsaufwand gar nicht leisten können oder wollen. Der Berater setzt dabei seine technische und methodische Erfahrung ein, die er stetig an Trends und neueste Erkenntnisse anpasst. Für Kunden ist die methodische Beratung gerade aufgrund der fehlenden Gefahr einer verdeckten oder offenen Abhängigkeit vom Beratungshaus besonders interessant.

Da eine methodische Beratung so eng mit Veränderungsprozessen beim Kunden verbunden ist, beinhaltet diese also neben den inhaltlichen Aspekten stets eine Begleitung des Veränderungsmanagements beim Kunden. Eine solche intensive Kunden-Berater-Beziehung basiert auf gegenseitigem Vertrauen und kann daher sehr effektiv sein und zu einem regelmäßigen Kontakt und Austausch zwischen Kunde und Berater führen.

2 Kommunizieren und verstehen

Bevor wir uns in die Tiefen des Beratungsprozesses begeben, festigen wir das dafür notwendige Handwerkszeug. Damit meinen wir Techniken in der Kommunikation, um z.B. in der Moderation und Gestaltung von Workshops erfolgreich und effizient zu arbeiten.

2.1 Fragen stellen und miteinander reden

Wenn wir Kunden zu einem Produkt beraten oder es in der Beratung um Prozessverbesserung oder Veränderungen innerhalb einer Abteilung oder Organisation geht, ist es notwendig, zuerst ein tiefes Verständnis der Zusammenhänge im Team, der Abteilung oder im Unternehmen zu erarbeiten. Es gilt, die Menschen mit ihren Wünschen, Bedürfnissen und Problemen zu verstehen. Ebenso arbeiten wir uns in Abläufe und Strukturen ein, um diese ausreichend tief gedanklich zu durchdringen. Der effizienteste und effektivste Weg dazu ist es, direkt miteinander zu reden. Wir sind mit dem Kunden zur selben Zeit im selben Raum und fokussieren gemeinsam auf einen Aspekt nach dem anderen.

2.1.1 Warum Kommunikation so schwierig ist

Auf dem Weg zu einem gemeinsamen Verständnis liegen viele Stolperfallen (Abb. 2.1). Missverständnisse sind fast vorprogrammiert.

gedacht	bedeutet nicht	**gesagt**
gesagt	bedeutet nicht	**gehört**
gehört	bedeutet nicht	**verstanden**
verstanden	bedeutet nicht	**einverstanden**
einverstanden	bedeutet nicht	**umgesetzt**

Abbildung 2.1: Mögliche Probleme in der Kommunikation [70]

Die Transformation unserer Gedanken in Sprache, das Verstehen der Sprache und das Umsetzen des Gesagten in unsere Gedankenwelt sind ein langer und fehleranfälliger Prozess, obwohl er in unserem Gehirn in Sekundenbruchteilen abläuft [57, 58, 59, 70, 71]. Deutlich werden die Transformationsverluste in diesem Prozess vor allem, wenn wir nicht in unserer Muttersprache, sondern z. B. in Englisch kommunizieren. Wir bekommen die Details unserer Gedanken, von dem, was wir ausdrücken möchten, nur sehr schwer in Worte gekleidet.

Unser Ziel ist es, ein gemeinsames Bild in den Gedankenwelten aller am Gespräch beteiligten Personen zu schaffen. Wir möchten Missverständnisse weitgehend eleminieren (Abb. 2.2).

Abbildung 2.2: Die Basis erfolgreicher Verständigung

Der Weg dorthin läuft über aktives Zuhören. Damit sind kurze Rückkopplungsschleifen gemeint, mit denen wir uns immer wieder versichern, dass wir das Gesagte verstanden haben und in der laufenden Kommunikation abgleichen [70] (Abb. 2.3). So kommt die Kommunikation in Fluss.

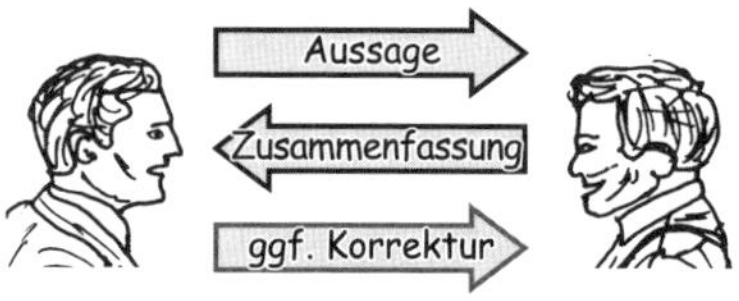

Abbildung 2.3: Aktives Zuhören dient dazu, Missverständnisse zu vermeiden und die Geschwindigkeit der Kommunikation zu verlangsamen, um Details nicht zu überhören [70].

Wir zerlegen einen komplizierten oder komplexen Gesprächsinhalt in kurze Einheiten und fassen diese mit unseren Worten zusammen. So gelingt es uns, ein gemeinsames Verständnis zu entwickeln. Es kann sich dabei inhaltlich sowohl um sachliche Zusammenhänge handeln wie auch um Aspekte aus der Gefühls- und Beziehungswelt. Gleichzeitig können wir so an den Stellen, die uns wichtig sind und an denen wir kein Detail übergehen möchten, das Tempo der Kommunikation drosseln. Im Endeffekt sind wir dadurch sogar schneller, da uns Missverständnisse später mehr Zeit kosten können, als im direkten Gespräch genau hinzuhören.

2.1.2 Mit Fragen ein Gespräch führen

Wenn wir mit dem Kunden z. B. am Whiteboard, Flipchart oder einer Metaplanwand reden, ist es unsere Aufgabe als Berater, das Gespräch zu führen und zu strukturieren. Dazu eignen sich Fragen ganz ausgezeichnet. Wir können mit Fragen in die Tiefe gehen, etwas zusammenfassen lassen, ein Thema inhaltlich im Umfang erweitern oder die Sichtweisen verändern [70] (Abb. 2.4).

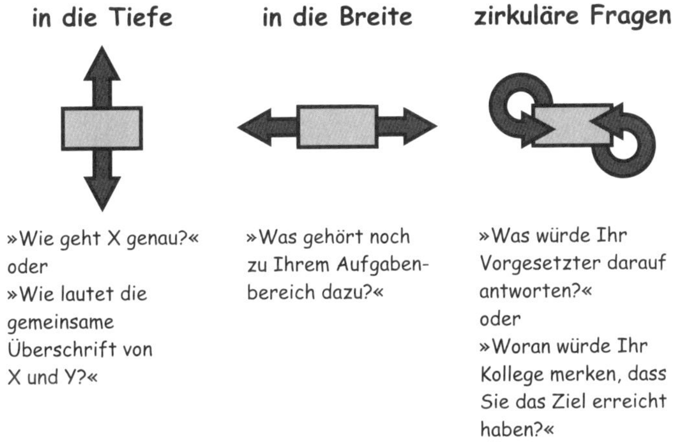

Abbildung 2.4: Grundlegende Arten von Fragen

Von grundsätzlicher Bedeutung ist die Unterscheidung zwischen offenen und geschlossenen Fragen [70]. Eine geschlossene Frage kann sinnvoll nur mit *ja* oder *nein* beantwortet werden. Solche Fragen eignen sich z. B. am Ende einer Diskussionsrunde, um bei jedem Beteiligten die Zustimmung zu erfragen: »Sind Sie damit einverstanden?«

Eine offene Frage kann dagegen nicht so einsilbig beantwortet werden. Solche Fragen lassen der gefragten Person wesentlich mehr Spielraum: »Was gehört aus Ihrer Sicht noch dazu?« Mit solchen Fragen können wir eine Diskussion inhaltlich vorantreiben. Offene Fragen werden auch als W-Fragen bezeichnet. Sie fragen nach dem Was, Warum, Wo usw.

2.1.3 Prozessfragen stellen und Blockaden lösen

Es ist schon eine Kunst, zum richtigen Zeitpunkt die richtigen Fragen zu stellen. Meist verstehen wir unter dem Begriff Fragetechnik den gezielten Einsatz von offenen und geschlossenen Fragen, um ein Gespräch zu führen. Im Folgenden gehen wir auf eine ganz bestimmte Art von offenen Fragen näher ein und werfen einen Blick auf sogenannte Prozessfragen.

Unter Prozessfragen verstehen wir offene Fragen an unseren Gesprächspartner, um diesen zum Nachdenken über sein eigenes Handeln oder Nicht-Handeln zu bewegen. Prozessfragen sind also eine ganz bestimmte Art von W-Fragen. Ein kurzes Beispiel verdeutlicht die Besonderheit von Prozessfragen.

Stellen wir uns einen Kunden vor, den wir im Projektmanagement beraten und der sich bei uns darüber beklagt, dass seine Mitarbeiter immer wieder verspätet zu einer ganz bestimmten, regelmäßigen Besprechung erscheinen. Wenn unser Kunde die verspäteten Mitarbeiter direkt fragt, warum diese zu spät kommen oder was sie daran hindere, pünktlich zu erscheinen, werden ihm meist nur vorgeschobene Ausreden als Antworten gegeben. Wir können unseren Kunden dazu auffordern, es mit Prozessfragen zu versuchen, um bei der Lösung des Problems weiterzukommen. Eine Prozessfrage geht auf die Meta-Ebene und fragt danach, was in diesem Beispiel eine verspätete Person braucht, um pünktlich zur Besprechung zu kommen. Mit Prozessfragen zielen wir auf die Lösung und nicht auf das Problem.

Darüber kommen wir oft schneller an den Kern des Problems und wir nutzen die Kreativität und das Wissen der betroffenen Person. Jede Antwort auf eine solche Frage ist ein Lösungsvorschlag unseres Gesprächspartners. Wenn wir als Antwort z. B. hören, dass die Vorwarnzeit in der Outlook-Einladung leider nur 15 Minuten beträgt, der Mitarbeiter aber durch seine zusätzliche Supporttätigkeit oft länger nicht am Platz ist, so kann vielleicht eine einfache Änderung dieses Parameters helfen. Wenn er dann immer noch oft zu spät kommt, liegen die Probleme tiefer. Meist ist der scheinbare Wert bzw. Nutzen einer Veranstaltung für diese Person zu gering. Dann helfen inhaltliche oder organisatorische Veränderungen. Auch dabei sind die Prozessfragen hilfreich.

Solche Vorschläge durch den Mitarbeiter haben also eine höhere Wahrscheinlichkeit, erfolgreich umgesetzt zu werden, als Vorschläge externer Berater oder die simple Anweisung, etwas zu tun, also in unserem Beispiel pünktlich zu erscheinen.

Betrachten wir ein weiteres Beispiel, um zu erkennen, wie wir mit Prozessfragen weiter fortfahren können. Wiederum stellen wir uns vor, wir beraten einen Kunden im Projektmanagement. Er sagt uns, dass er von einer Idee, die wir diskutieren, begeistert ist, diese sich aber in seinem Projekt nicht umsetzen ließe. Wiederum führen uns Fragen nach dem Grund für die

Schwierigkeiten kaum weiter. Eine lösungsorientierte Prozessfrage könnte lauten: »Was hindert Sie daran, diese Idee auszuprobieren?« Mit den Antworten auf diese Frage können wir meist direkt weiterarbeiten, die echten Hindernisse erkennen und Ideen zu Umsetzung entwickeln.

Wenn wir jedoch die Antwort erhalten, unser Kunde wisse nicht, wie er diese Idee umsetzen könne, können wir danach fragen, was er braucht, um die erste Frage beantworten zu können. Häufig ergeben sich jetzt konkrete Ideen für die ersten Schritte, die im Prozess notwendig sind, um die beteiligten Personen nicht zu überrollen.

Doch übertreiben Sie es nicht mit diesen Prozessfragen. Das Muster wird von unseren Gesprächspartnern meist schnell erkannt. Es kann dann dazu führen, dass unser Gesprächspartner ebenfalls auf eine Meta-Ebene geht und die Gegenfrage danach stellt, was wir mit diesen *therapeutischen* Fragen bezwecken. Auch wenn es die Geschäftsordnung oder andere implizite Regeln nicht erlauben, die Wahrheit zu sagen, führen diese Fragen in unserer Arbeitswelt schnell ins Leere. Aus diesem Grund empfehlen wir, Prozessfragen zu vielleicht heiklen Themen wie in unserem Beispiel besser unter vier Augen als vor einer Gruppe zu stellen.

Wenn wir im Rahmen eines Workshops Abläufe und Arbeitsprozesse analysieren und verbessern möchten, können uns die Prozessfragen hervorragend dabei unterstützen. Sie geben eine Denkrichtung vor, ohne den Lösungsraum einzuschränken. Sie führen konstruktiv auf eine Lösung und vermeiden so ein häufiges Verhaltensmuster von Menschen in schwierigen Situationen, sich von einem Problem blockieren zu lassen. Fragen wie »Was können wir tun, um die Fehlerquote zu verringern?« oder »Was brauchen Sie, um die Antwortzeiten zu verkürzen?« schaffen den Raum für die kreativen Lösungen und sie beziehen das gesamte intern vorhandene Fach- und Problemwissen automatisch in den Lösungsprozess mit ein.

2.1.4 So kommen Sie in sechs Schritten an Informationen!

Wie können wir den Informationsverlust z. B. in einer Analyse verringern? Wie erfahren wir das, was nicht gesagt wird? Dazu greifen wir in die Trickkiste der Berater und schauen uns deren Technik an, wie sie es schaffen, aus dem Stegreif systematische Fragen zu stellen, um an die wichtigen Informationen zu gelangen. Die Sechs-Stufen-Fragetechnik setzt sich aus den folgenden Schritten zusammen [12, 53]:[1]

Prozesswörter überprüfen: Identifizieren Sie Verben und substantivierte Verben wie z. B. melden, Auslastung, erfassen. Stellen Sie zu je-

[1]Diese Passage ist dem Buch *Soft Skills für Softwareentwickler* [70] entnommen, in dem wir bereits tiefer in diese und weitere Fragetechniken eingestiegen sind.

dem dieser Prozesswörter die W-Fragen: Wer? Was? Wann? Wie? Wo? Warum? usw.

Komparative und Superlative überprüfen: Bestimmen Sie die Bezugspunkte: Worauf bezieht sich der Vergleich oder die Steigerung? Bringen Sie die Messmethode in Erfahrung, über die die geforderten Eigenschaften nachgeprüft werden können.

Universalquantoren überprüfen: Identifizieren Sie die Universalquantoren wie alle, keiner, immer, nie, jeder, stets usw. Hinterfragen Sie darüber die Ausnahmen sowie die impliziten Annahmen.

Bedingungen überprüfen: Gibt es noch andere Varianten? Sind alle Möglichkeiten vollständig aufgezählt? Sind alle Entscheidungs- und Verzweigungsbedingungen genannt?

Konstanten und konfigurierbare Werte überprüfen: Identifizieren Sie feste sowie konfigurierbare Größen und Werte und geben Sie ihnen sprechende Namen wie z. B. Rechnungsschwellwert oder Volljährigkeit. Tragen Sie die Namen mit ihren aktuellen Werten in ein tabellarisches Glossar an zentraler Stelle z. B. im Intranet ein.

Abkürzungen und Fachbegriffe im Glossar definieren: Identifizieren Sie alle Abkürzungen, Akronyme[2] und Fachbegriffe und definieren Sie diese in einem Glossar. Prüfen Sie dabei auf Widersprüche oder unterschiedliche Sichten in den beteiligten Fachbereichen. Der Begriff *Kunde* könnte z. B. im Marketing oder Produktmanagement unterschiedliche Aspekte haben.

Die obigen sechs Schritte geben uns einen Gesprächsleitfaden, an dem wir uns orientieren können. So kommen wir sowohl an die Details als auch an die impliziten Grundlagen, die für alle unsere Gesprächspartner so selbstverständlich sind, dass sie nicht genannt werden, für uns Berater aber vielleicht völlig fremd sind. Dieser Gesprächsleitfaden ist ein *Frageleitfaden*. Wir können so mit unseren Fragen das Gespräch lenken und haben es im Griff. Denken Sie dabei an die Gesprächsregel: **Wer fragt, führt!**

2.2 Auf Einwände angemessen reagieren

In Diskussionen werden wir immer wieder mit Einwänden konfrontiert. Um auf Einwände angemessen reagieren zu können, ist es hilfreich, schnell zu erkennen, was sich hinter einem speziellen Einwand verbirgt. Einwand ist nicht gleich Einwand und eine einfache Typologie kann uns in Gesprächssituationen helfen, konstruktiv und empfängerorientiert damit umzugehen.

[2]Ein Akronym ist ein Kunstwort aus den Anfangsbuchstaben mehrerer Wörter wie z. B. EDV.

In *Soft Skills für Softwareentwickler* [70] haben wir eine einfache Typologie vorgestellt. Wir möchten damit nicht das simple *Schubladendenken* unterstützen. Dafür sind Menschen viel zu komplex. Wir nutzen diese Vereinfachung nur, um situativ auf bestimmte Kommunikationsereignisse angemessen reagieren zu können. In Abbildung 2.5 finden Sie eine Übersicht der vier Präferenzen.

Abbildung 2.5: Das Vier-Quadranten-Modell als Beispiel einer pragmatischen Typologie (aus *Soft Skills für Softwareentwickler* [70]).

Alle diese vier typologischen Aspekte haben wir mehr oder weniger stark in uns ausgeprägt. In vielen Situationen können wir durch dieses einfache Muster schnell Unterschiede in der Denkweise des Gegenübers erkennen und dann sofort angemessener reagieren. Gerade wenn wir wie in vielen Gesprächssituationen kaum Reaktionszeit haben, kann dies eine wertvolle Hilfe sein, um z. B. sofort auf Einwände angemessen reagieren zu können.

2.2.1 Auf Widerstände empfängerorientiert reagieren

Bevor wir auf einen Einwand angemessen reagieren können, gilt es, zu erkennen, was dahinterstecken könnte. Aus welchem Quadranten unseres Typmodells kann ein konkreter Einwand gekommen sein? In den Tabellen 2.1 und 2.2 finden Sie einige Beispiele für schnell zu erkennende Merkmale der vier Grundtypen sowie typische Fragen bzw. Aussagen [70].

Was können wir daraus für unsere Reaktion ableiten? Bei Einwänden aus dem *Warum*-Quadranten gilt es, die Person den jeweils eigenen Vorteil oder Sinn erkennen zu lassen. Dabei nehmen wir den oft auch sehr persönlichen Einwand ernst und haben Verständnis dafür. Häufig steckt im Kern ein wichtiger Aspekt hinter einem solchen Einwand, der für unsere weitere Arbeit wichtig ist.

Warum	Was	Wie	Wohin noch
Skeptische Haltung	häufiges Rückfragen	kompromissbereit	visuelle, schnelle Sprache
Philosophische Fragen	prüfende Fragen	schnelle Entscheidung	in die Zukunft gerichtete Fragen
Provokation, Unterstellung	keine emotionale Übertreibung	situativ aufmerksam	unverbindlich, unabhängig von anderen
Rückzug oder Aggression	auditive Neigung	schnell, kurz	ignorant

Tabelle 2.1: Erkennungsmerkmale der vier Grundtypen (aus [70])

Warum	Was	Wie	Wohin noch
Wozu das alles?	Das ist ein Problem!	Das ist doch ganz einfach!	Dann könnte man ja auch ...
Das ergibt für mich keinen Sinn!	Das ist eine gute Frage!	Wozu lange reden?	Ich sehe da für uns noch ...
Das ist doch alter Wein in neuen Schläuchen!	Können Sie mal sagen ... Erklären Sie mir genauer ...	Ich mache das mal eben!	Das schränkt uns zu stark ein!

Tabelle 2.2: Typische Aussagen oder Fragen der vier Grundtypen (aus [70])

Einwände aus dem *Was*-Quadranten verlangen nach mehr Informationen und Details. Hierbei helfen u. a. Sachlichkeit, Ruhe und Geduld. Zu viel Marketingshow wird häufig als Blendwerk abgetan und die Kommunikation nicht mehr ernst genommen. Einwände aus dem *Wie*-Quadranten verlangen nach kurzen konkreten Antworten, Mustern oder Beispielen. Am besten lassen wir z. B. einen so veranlagten Kunden eine Demoversion gleich selbst ausprobieren.

Bei den Einwänden aus dem *Wohin-noch*-Quadranten tun wir uns oft schwer, mit der Euphorie mitzugehen, da wir auf dem Weg noch reichlich Probleme sehen. Dies kann eine gute Gelegenheit sein, alternative Lösungsansätze schmackhaft zu machen, die neben ihren anderen Vorzügen auch noch eine Reihe von Problemen mit erledigen. Bei solchen Einwänden hilft es, in Lösungen zu denken und weniger in den Problemen verhaftet zu sein: »Wenn wir ... erreichen wollen, dann sollten wir jetzt ... machen!«

Es ergeben sich also vier verschiedene Möglichkeiten, auf Einwände zu reagieren. Aus den Unterschieden in den vier Alternativen wird deutlich, wie es zu Störungen in unserer Kommunikation kommen kann, wenn unsere Reaktion nicht zu den Bedürfnissen hinter einem Einwand passt. Zusammenfassend können wir diese in den folgenden Handlungsanweisungen für eine empfängerorientierte Einwandbehandlung beschreiben [70]:

Warum

- Einwand wertschätzen
- Persönlichen Nutzen, Sinn bzw. Zweck herausstellen
- Das dem Einwand zugrunde liegende Problem herausarbeiten und dessen Lösung als zentralen Erfolgsfaktor für eine angestrebte Veränderung erkennen und würdigen

Was

- Informationen und Details geben
- Weiterführende Quellen und Literaturhinweise nennen
- Konkrete Fakten und Detailtiefe bieten
- Etwas demonstrieren

Wie

- Konkrete Handlungsanweisungen
- Muster und Beispiele
- Ergebnistypen und Checklisten
- Selbst ausprobieren lassen

Wohin noch

- Möglichkeiten, Optionen und Zusammenhänge herausstellen
- Lösungen anbieten
- Stufenpläne oder schrittweise Lösungskonzepte erarbeiten, um die Freiheitsgrade für zukünftige Entscheidungen lange offen halten zu können

2.2.2 Empfängerorientiert präsentieren

Auch bei Präsentationen vor Gruppen, in denen wir ja bei den Teilnehmern alle Präferenzen erwarten können, oder in der schriftlichen Kommunikation z. B. bei der Angebotserstellung kann dieses Modell hilfreich sein. Der runde Pfeil in der Mitte der Abbildung 2.5 auf Seite 13 zeigt die Reihenfolge.

Zu Beginn klären wir die Warum-Fragen in Bezug auf die individuellen Vorteile und Konsequenzen. Dann geben wir mit den notwendigen Details die Sicherheit, um danach z. B. über kurze Handlungsanweisungen wie Checklisten ins Handeln zu kommen. Abschließend bieten wir einen Ausblick auf die weiteren Möglichkeiten. So liefern wir jedem Zuhörer die Informationen in der notwendigen Reihenfolge, damit er sich inhaltlich auf unsere Präsentation einlassen kann und nicht von seinen Einwänden oder inneren Widerständen blockiert wird.

Dies bedeutet z. B. bei der Vorstellung eines neuen Softwareprodukts, dieses zuerst mit allen seinen wesentlichen Funktionen zu zeigen, also mit der Demonstration zu beginnen, und erst danach die Teilnehmer einzuladen, es selbst zu testen. So stellen wir sicher, dass auch jeder Teilnehmer ausreichend Sicherheit für sein eigenes Austesten unseres Produkts hat.

2.3 Inhalt, Form und Beziehung

Unsere Kommunikation läuft parallel auf verschiedenen Ebenen ab, die sich gegenseitig beeinflussen. Ein einfaches Modell beschreibt diesen Zusammenhang als vier Ebenen in einem Eisberg (Abb. 2.6):

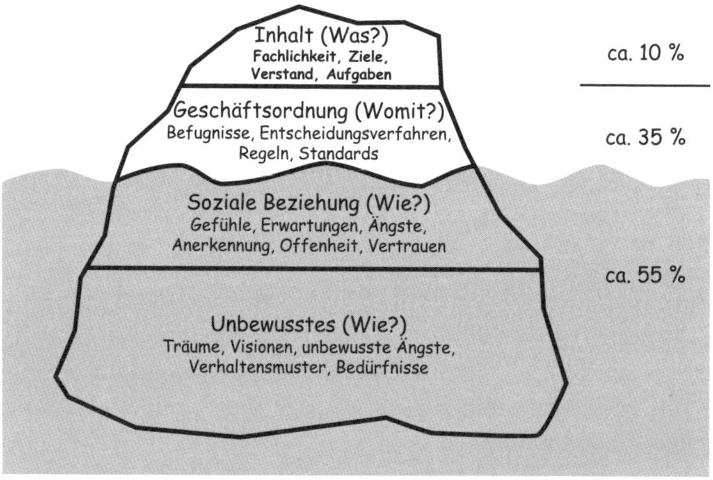

Abbildung 2.6: Die vier aufeinander aufbauenden Ebenen, entlang derer unsere Kommunikation läuft (aus [70]).

Inhaltlich-sachliche Ebene: Fachlicher Inhalt, Ziele, Verstand, Aufgaben: Wir transportieren hier die Antworten nach dem *Was*.

Geschäftsordnung: Befugnisse, Standards, Regeln, Entscheidungsverfahren usw. Mit der Geschäftsordnung beantworten wir die Frage nach dem *Womit*.

Soziale Beziehungen: Die aktuelle Gefühlslage, Erwartungen an den Gesprächspartner, Ängste z. B. vor Veränderungen, der Wunsch nach Anerkennung, aber auch Offenheit, Vertrauen bilden die emotionale Basis der Kommunikation.

Unbewusstes: Träume, Visionen, unbewusste Ängste oder Verhaltensmuster usw. beeinflussen auf der psychologisch tiefsten Ebene ebenfalls unsere Kommunikation bzw. das Kommunikationsverhalten

Die oberen beiden Ebenen sind offen sichtbar bzw. können schnell in Erfahrung gebracht werden. Die beiden darunter liegenden Ebenen bleiben oft verborgen. Sie liegen unterhalb der Wasserlinie. Das Besondere am Eisbergmodell ist weniger die Tatsache der Existenz der vier Ebenen, sondern deren Anteil an der Wichtigkeit für den Transport von Information. Die Sachebene spielt mit ca. 10 % nur eine untergeordnete Rolle, der Anteil *unterhalb der Wasserlinie* macht dagegen über die Hälfte aus.

2.3.1 Kommunikationsprobleme und ihre Ursachen

Im Zusammenhang mit dem Eisbergmodell gibt es zwei Regeln, die uns im täglichen Leben von Nutzen sein können:

1. Offensichtliche Kommunikationsprobleme auf einer Ebene haben ihre versteckte Ursache häufig in einer der darunter liegenden Ebenen.
2. Kommunikationsprobleme werden sinnvoll auf der Ebene gelöst, auf der sie verursacht werden.

Wenn wir also das Gefühl haben, unseren Gesprächspartner inhaltlich nicht richtig zu erreichen, liegt die Ursache eher selten auf der intellektuellen Ebene, sondern oft handelt es sich um eine Störung auf einer Kommunikationsebene unterhalb der inhaltlich-sachlichen Ebene. Vielleicht haben wir unabsichtlich die Geschäftsordnung verletzt und unser Gesprächspartner ärgert sich darüber. Solche Verletzungen können in der Missachtung von Hierarchien, festgelegten Verantwortungsbereichen oder Reihenfolgen begründet sein. Vielleicht waren wir als Berater etwas zu forsch und ergebnisorientiert oder haben die Kompetenz unseres Gesprächspartners falsch eingeschätzt. Doch leider haben wir genau dadurch die gemeinsame Ergebnisorientierung bis zur Klärung eines Sachverhalts behindert. Meistens hilft hier eine ernst gemeinte Bitte um Entschuldigung bereits weiter, da wir bestimmte Regeln, z. B. die *Geschäftsordnung*, nicht kannten oder fälschlicherweise ignoriert haben.

Was spielt sich auf den vier Ebenen genau ab? Wenn wir als Berater z. B. mit den Mitarbeitern unseres Kunden über Veränderungen im Projektmanagement diskutieren, fokussieren wir meist vollständig auf den sachlichen

Inhalt. Wir formulieren und schleifen unsere Worte. Damit diese bei unseren Gesprächspartnern ankommen, achten wir z. B. auf die interne Hierarchie unserer Gesprächspartner, um das Gespräch mit der dort oben stehenden Person zu beginnen. Anderenfalls kann es sein, dass ein übergangener Ansprechpartner sofort klarstellt, dass es ohne ihn nicht zu Entscheidungen oder Umsetzungen kommen wird, oder durch subtilere *Störfeuer* dafür sorgt, dass wir erkennen, wie wichtig er ist. In jedem Fall haben wir es mit einer ungewünschten, unnötigen und ablenkenden Störung zu tun, um die wir uns zuerst kümmern sollten, bevor wir mit unserem eigentlichen Thema weitermachen können.

Wir achten auch darauf, ob Störungen auf der Ebene der sozialen Beziehung vorliegen. Unsere Gesprächspartner sind dann vielleicht durch ihre Ängste im Denken und Handeln blockiert oder stellen überhöhte Erwartungen an uns, die wir gar nicht erfüllen können. In jedem Fall bedarf es zuerst der Normalisierung der sozialen Beziehung, bevor wir inhaltlich arbeiten können. Die Wege dazu gehen über unsere Wertschätzung der Gesprächspartner, der Anerkennung von Ängsten und einer unsererseits offenen und vertrauensvollen Kommunikation, bevor wir in die thematischen Tiefen unseres eigentlichen fachlichen Themas abtauchen.

2.3.2 Wertschätzung: Schlüssel erfolgreicher Kommunikation

Eine Störung kann wie gesehen auch auf der Beziehungsebene eintreten. Dann helfen uns Entschuldigungen vielleicht auch weiter, können aber oft nur den Einstieg in eine vertrauensvolle Kundenbeziehung darstellen. Die Beziehungsebene bildet die Basis für eine ergebnisorientierte Kommunikation. Wie gehen wir damit um?

Auf der Beziehungsebene liegen die Erwartungen, Sorgen, Ängste usw. Diese bestimmen in starkem Maße unser Handeln. Bevor wir also zielgerichtet und lösungsorientiert handeln können, ja bevor wir überhaupt sinnvoll über Lösungen und Ideen diskutieren können, bedarf es einer dafür ausreichend geklärten Beziehungsebene zwischen den Gesprächspartnern.

Häufig sind wir als Berater von einem Auftraggeber eingesetzt worden, der in der Hierarchie über den Personen steht, mit denen wir konkrete Ergebnisse zu erarbeiten haben. Mit dem Auftraggeber haben wir die Erwartungen an unseren Auftrag bereits geklärt. Das entbindet uns nicht davon, dies auch mit unseren direkten Ansprechpartnern zu tun. Häufig gibt uns ein Auftraggeber einen Rahmen vor, innerhalb dessen wir Entscheidungen treffen können. Dieser Freiraum ist für den Berater wichtig, um belastbare und brauchbare Lösungen erarbeiten zu können. Der Rahmen und der damit verbundene Freiraum ist auch mit den direkten Ansprechpartnern zu klären. Das gibt uns einen guten Einstieg, mit ihnen in Kontakt zu kommen und unsere Wertschätzung für die Mitarbeiter und ihre Kompetenzen auszudrücken.

Dahinter steckt die Überzeugung, dass unsere direkten Ansprechpartner die Experten für ihr Arbeitsgebiet in ihrer Organisation sind. Unser Ziel ist es also, dass wir als Berater mit den Experten beim Kunden auf Augenhöhe zusammenarbeiten. Mit diesem Bild vor Augen können wir Erwartungen klären und z. B. auch Risiken bei der Projektarbeit vertrauensvoll identifizieren. Mit gegenseitiger Wertschätzung arbeiten wir also stets auf der Beziehungsebene. Auf dieser Basis kommen wir dann in gemeinsamer Arbeit zu den gewünschten Ergebnissen, die unseren Kunden voranbringen. Wertschätzung kommt vor Wertschöpfung!

3 Workshops gezielt einsetzen

3.1 Gemeinsam Ideen entwickeln

Als Workshop bezeichnen wir eine *moderierte Arbeits- oder Lehrveranstaltung*. Das Besondere daran ist, dass ein Moderator meist nicht viel mehr fachliche Erfahrung benötigt, als die Teilnehmer bereits mitbringen. Ganz im Gegenteil, die meisten Workshops leben aus dem Erfahrungsaustausch der Teilnehmer. Der Moderator ist dagegen für den Ablauf und die Struktur verantwortlich und bringt seine ganze Erfahrung aus der Moderation zahlreicher Workshops mit. Das Ziel moderierter Workshops ist es, Problemlösungen gemeinsam zu erarbeiten und voneinander zu lernen [77].

Im Kontext einer Beratung können wir Workshops einsetzen, um verschiedene Ziele zu erreichen. Zu Beginn einer Beratung können wir über Workshops das zu lösende Problem tiefer analysieren und erste Lösungsideen gemeinsam mit den Entscheidern aufseiten unseres Kunden entwickeln. Im laufenden Beratungsprozess können wir mit den betroffenen Mitarbeitern in Workshops die konkrete Umsetzung einer Lösungsidee erarbeiten, planen oder anpassen. Auch Retrospektiven, über die wir regelmäßig Optimierungen an von uns eingeführten Arbeitsprozessen vornehmen, haben den Charakter von Workshops. Zum Ende einer Beratung können wir über Workshops mit Führungskräften und Mitarbeitern des Kunden die Ergebnisse konkret festhalten und so nebenbei den Wert unserer gemeinsamen Arbeit mit dem Kunden aufzeigen. Workshops sind daher ein methodischer Bestandteil von Beratungs- und Veränderungsprozessen.

3.1.1 Wann sind Workshops sinnvoll?

Workshops dienen zur inhaltlichen Bearbeitung eines vorgegebenen Themas innerhalb einer Gruppe. Damit ein Workshop effektiv abläuft, ist es ratsam, das Thema zuvor klar zu benennen und eng zu umreißen. So verlaufen wir uns nicht in den verschiedenen Aspekten oder Detaillierungsgraden eines Themas und können wirklich ein Ergebnis erzielen.

Als Richtschnur für unsere Planung eines Workshops bzw. einer Folge von Workshops mit unterschiedlichen Teilnehmergruppen wie z. B. oberes Management, mittleres Management und Projektgruppen kann uns das Entscheidungsschema aus Tabelle 3.1 dienen. Darin werden die einzelnen Entscheidungsstufen sauber voneinander getrennt und die jeweils nächste anstehende Aufgabe klar benannt.

	Was wurde bereits entschieden?		Worüber können wir diskutieren?
1.	nichts	→	Soll etwas getan werden?
2.	etwas passiert	→	was passieren soll
3.	was passieren soll	→	wie es passieren soll
4.	was und wie es passieren soll	→	wer, mit wem, bis wann, wo ...
5.	alles	→	reines Informieren, Befindlichkeiten erfragen

Tabelle 3.1: Entscheidungsstufen als Führungsinstrument [39]

Dieses Schema kann entweder dazu dienen, einen Workshop klar zu strukturieren oder auch z. B. auf jeder der fünf Ebenen einen eigenen Workshop zu gestalten. Gerade die zweite Variante ist in vielen Fällen besonders attraktiv, da sie auch hilft, die jeweils relevanten Entscheidungsträger in der Organisation als Teilnehmer zu bestimmen.

In komplexen Situationen kann es daher hilfreich sein, schrittweise die fünf Ebenen zu durchlaufen. Auf jeder Ebene werden vorab die am besten für die anstehende Aufgabe geeigneten Teilnehmer ermittelt, die dann mit der inhaltlichen Arbeit im Rahmen eines Workshops vertraut gemacht werden. Versuchen wir, mehrere Ebenen in einem Workshop zu durchlaufen, können wir als Moderator darauf achten, ob es aus der Gruppe immer wieder Rücksprünge auf eine bereits durchlaufene Ebene gibt. Dies kann dann ein Indiz dafür sein, dass diese Ebene noch nicht zufriedenstellend bearbeitet wurde. Holen Sie dies dann nach.

3.1.2 ... und wann nicht?

Workshops nehmen Zeit in Anspruch, nicht nur für die Durchführung, sondern auch für Vor- und Nachbereitung. In Krisensituationen fehlt oft Zeit, gerade auch für Dinge wie Workshops, und *Führungskräfte* müssen schnell entscheiden. Mit Führungskraft ist damit nicht automatisch eine Person mit Personalverantwortung gemeint. Projektleiter, Softwarearchitekten, Softwareentwickler und auch wir Berater können ebenso in solche Situationen geraten. Prinzipiell kann wohl fast jeder in bestimmten Situationen im Rahmen der Selbstorganisation in eine gewisse fachliche Führungsposition gelangen.

Wenn wir mit unserem Team nicht gewohnt sind, regelmäßig Workshops durchzuführen, werden wir in Krisensituationen kaum die Zeit haben, einen Workshop einzuberufen. Hier können wir hoffentlich auf einen Notfallplan zurückgreifen und wir erkennen spätestens an dieser Stelle wieder den Nutzen eines guten Risikomanagements.

Doch sobald sich die Situation wieder stabilisiert hat, kann uns bereits ein Workshop weiterhelfen, über die Krise zu reflektieren bzw. die weiteren Schritte zu planen. Auch hier gilt: Je besser wir es mit unserem Team gelernt haben, effiziente Workshops durchzuführen, desto eher können wir dieses Mittel auch unter hohem Druck einsetzen. Die Qualität der Problemlösung sollte damit deutlich verbessert werden. Und glücklicherweise kommen wir nicht so oft in solche Situationen, in denen wir so schnell zu reagieren haben.

Als Metapher können wir uns z. B. ein Feuer im Büro vorstellen: eine eindeutig krisenhafte Situation in Verbindung mit dem akuten, sehr dringlichen Aspekt, erst mal unser aller Leben zu retten. Doch wenn das geschehen ist, sollten wir uns die Zeit nehmen, die Auswirkungen der daraus resultierenden, weitreichenden Entscheidungen abzustimmen. Spätestens sobald die Standardstrukturen wiederhergestellt sind, sollte dies der Fall sein. Dann können wir in einer Retrospektive im Workshop analysieren, was gut und was weniger gut funktioniert hat, um daraus ggf. Veränderungsprozesse für die Zukunft abzuleiten. Am Beispiel *Feuer im Büro* könnten neue Maßnahmen zur Reduzierung des Feuerrisikos eingeführt, ein besseres Frühwarnsystem installiert und der Notfallrettungsplan überarbeitet werden. Unterbleiben diese Retrospektiven, so nehmen wir uns die Chance, besser zu werden. In komplexen Systemen wie in der Softwareentwicklung haben wir sogar nur über solche Rückblicke die Chance, zu lernen und zu verstehen, wie die wirklichen Abläufe funktionieren bzw. funktioniert haben und wie wir sie verbessern können.

Die Metapher *Feuer im Büro* lässt sich sicherlich gut auf verschiedene Krisen übertragen, die in einer Softwareentwicklung eintreten können. Wenn es z. B. bei einer Weiterentwicklung einer Verwaltungssoftware durch die Inhouse-Softwareentwicklung durch einen *eben mal schnell eingespielten Patch* zu einem Ausfall des Softwaresystems kommt oder gar das Netzwerk so stark belastet wird, dass auch andere Anwendungen davon betroffen sind, werden ähnliche Mechanismen ablaufen, als ob ein Büro brennen würde. Häufig sind solche Krisen der Auslöser dafür, externe Berater hinzuzuziehen, um den Ursachen auf den Grund zu gehen.

3.1.3 Retrospektiven – komplexe Systeme steuern

Der Wert von Retrospektiven ist enorm. Sie sind notwendig, um unsere komplexe Arbeit steuern zu können. Komplexe Systeme wie moderne Softwareanwendungen oder Organisationseinheiten lassen sich nicht vollständig im Voraus planerisch durchdenken. Ihr teilweise nicht vorhersehbares Verhalten macht sie ja gerade zu komplexen Systemen. Sie werden oft erst im Nachhinein vollständig verstanden. Diese Eigenschaft wird auch als retrospektive Kohärenz bezeichnet [71].

Damit unsere Kunden in der Lage sind, in Teams und mit anderen Gruppen wie Fachbereichen oder einer Qualitätssicherungsabteilung komplexe Softwaresysteme zielgerichtet zu erstellen, bedarf es also regelmäßiger Rückkopplungen, um im laufenden Entwicklungsprozess die Abläufe und die Zusammenarbeit stets an die Gegebenheiten anpassen zu können. Es entsteht ein Regelkreis (Abb. 3.1).

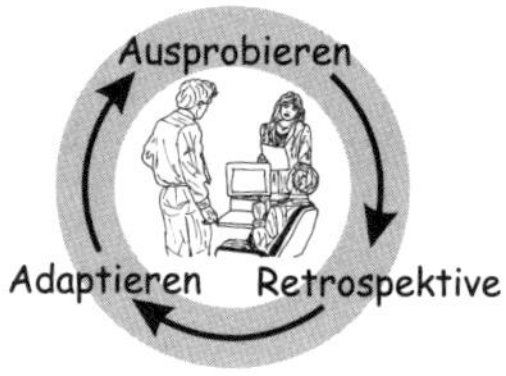

Abbildung 3.1: Komplexe Systeme wie Softwareentwicklungen oder die Zusammenarbeit in oder zwischen Teams lassen sich durch regelmäßige Retrospektiven steuern (aus [71]).

Zur Durchführung von Retrospektiven gibt es eine Reihe sehr guter Bücher [18, 29]. Hier möchten wir nur die Grundstruktur einer Retrospektive skizzieren. Eine Retrospektive gliedert sich in fünf Teile:

- Rückblick: Was ist seit der letzten Retrospektive geschehen?
- Positive Ereignisse: Was hat geklappt?
- Negative Ereignisse: Was lief nicht zielführend oder störte?
- Maßnahmen: Was möchten wir wie verändern?
- Hindernisse: Was steht uns dabei im Weg?

Jeder dieser fünf Punkte wird einzeln oder bei kleinen Gruppen gemeinsam auf einer Metaplanwand visualisiert. Die wichtige Grundhaltung aller Teilnehmer, die auch als *erste Direktive* bezeichnet wird, lautet:

> Ganz egal was wir herausfinden, wir müssen es verstehen und fest davon überzeugt sein, dass wir alle angesichts des momentanen Wissensstands, unserer individuellen Fähigkeiten und Möglichkeiten, der verfügbaren Ressourcen und der vorliegenden Situation unser Bestes gegeben haben [29].

Nehmen Sie sich aus einer Retrospektive nur wenige, vielleicht sogar nur eine Maßnahme vor, die Sie ab sofort verändern möchten, damit Sie oder das Team sich nicht verzetteln. Priorisieren Sie ggf. die Hindernisse und finden Sie entweder verantwortliche Personen, die sich darum kümmern, oder stellen Sie klar, dass ein Hindernis als Rahmenbedingung akzeptiert werden muss, um sich daran nicht aufzureiben. Versuchen Sie nur zu verändern, was verändert werden kann. Dazu gehören alle Aspekte im Verantwortlichkeitsbereich des Teams oder die im Fokus eines Auftrags liegen. Hindernisse, die außerhalb dieses Spektrums liegen, können Sie nur ansprechen und bestenfalls langfristig verändern.

3.2 Wer nimmt daran teil?

Das Schema aus Tabelle 3.1 auf Seite 22 ist hilfreich für die Teilnehmerauswahl, doch brauchen wir oft noch weitere Entscheidungskriterien. Dabei ist es besonders wichtig, jedem potenziellen Teilnehmer eine Leitlinie zu geben, nach der er selbst entscheiden kann, wie sein Bezug zu einem Workshop oder einer Besprechung ist.

Das Prinzip, das hinter einer Einteilung potenzieller Workshopteilnehmer steht, erläutert die *chicken and pigs*-Metapher (Abb. 3.2). In unserer Beratungspraxis braucht es jedoch einen differenzierteren und wertschätzenderen Blick auf die Mitarbeiter unseres Kunden.

Abbildung 3.2: Die Metapher der *chicken and pigs* drückt aus, das es bei Workshops wichtig ist, die direkt Betroffenen (pigs) dabei zu haben und später die anderen Beteiligten (chicken) zu informieren.

3.2.1 Potenzielle Teilnehmer in Gruppen einteilen

Wir möchten zuerst eine Struktur für die eigene Klärung der Teilnehmerfrage darstellen. Sie gilt sowohl für gleichgestellte Kollegen wie die überstellten Führungskräfte sowie auch für uns Berater und teilt die verschiedenen Arten einer Beteiligung in fünf Gruppen ein. So können wir die Anzahl der Teilnehmer reduzieren, was sich positiv auf die Ergebnisqualität des Workshops auswirken sollte (Tab. 3.2).

Interesse an:	Grp. A	Grp. B	Grp. C	Grp. D	Grp. E
Ergebnisinformation	✘	✘	✘	✘	–
aktiver Mitarbeit	✘	–	–	–	–
Informationen liefern	–	✘	✘	–	–
Vetorecht	–	✘	–	–	–

Tabelle 3.2: Entscheidungsfragen zur Teilnahme an Workshops

Mit dieser Einteilung kann jeder Einzelne für sich entscheiden, an welchen Workshops er wie beteiligt sein muss bzw. möchte. Im Einzelnen definieren sich die fünf Gruppen wie folgt:

A: Ich möchte am Ergebnis direkt mitarbeiten, weil ich besonders viel inhaltlich beitragen kann oder gerade bei kritischen Sitzungen als Moderator aktiv sein werde. Damit bin ich auch automatisch am Ergebnis interessiert.

B: Ich bin im Wesentlichen an den Ergebnissen interessiert und letztendlich als Führungskraft auch dafür verantwortlich. Ich bin jedoch nicht der einzige inhaltliche Experte und habe noch andere Aufgaben zu erledigen. Daher delegiere ich diese Aufgabe an die Gruppe A. Dazu stelle ich vorab die wichtigen Rahmenbedingungen wie z. B. Deadlines oder finanzielle Restriktionen klar. Bei der Ergebnispräsentation habe ich ein Vetorecht.

C: Ich bin im Wesentlichen an den Ergebnissen interessiert und möchte dabei sicherstellen, dass die Gruppe A meinen Beitrag vorab gehört und registriert hat. Ich habe dann das Vertrauen in die Gruppe A, damit verantwortungsvoll umzugehen. Dieses Vorgehen ist für mich deshalb sinnvoll, weil ich nur einen kleinen inhaltlichen Beitrag leiste.

D: Ich bin an den Ergebnissen interessiert, kann oder möchte jedoch keine inhaltliche Mitarbeit leisten, weil ich mich entweder fachlich nicht gut genug auskenne oder andere Aufgaben zu erfüllen habe.

E: Mich interessieren die Ergebnisse nicht und daher auch keine Mitarbeit oder sonstigen Aktivitäten in diesem Umfeld.

In Tabelle 3.2 ist diese Struktur für die eigene Klärung der Teilnehmerfrage zusammengefasst dargestellt. Jeder Mitarbeiter kann sich danach einem konkreten Workshop einer der fünf Gruppen zuordnen.

Die Basis für ein solches Vorgehen, den Workshop von der Teilnehmeranzahl her übersichtlich zu halten, ist gegenseitiges Vertrauen. Es ermöglicht uns, nicht zu jedem Thema bei der inhaltlichen Ausarbeitung anwesend sein zu müssen (Gruppe D), was uns dann wiederum die Freiräume gibt, uns anderen Aufgaben zu widmen. Unser Ziel ist es dabei, die Gruppen für einen Workshop so klein und handlungsfähig wie möglich zu machen (Abb. 3.3 links).

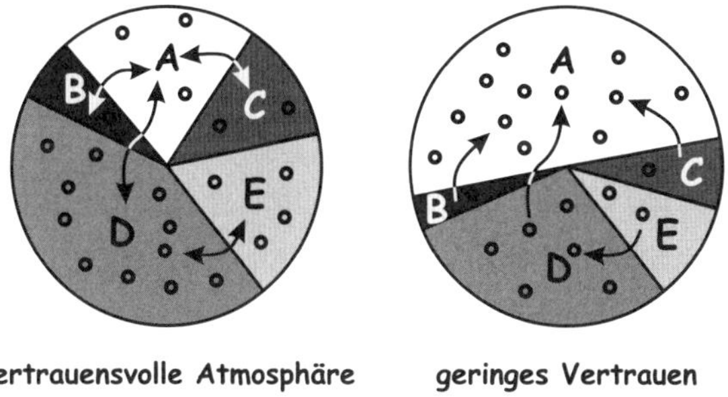

Abbildung 3.3: Das gegenseitige Vertrauen bildet die Basis dafür, die Teilnehmerzahl an Workshops sinnvoll klein zu halten und damit deren Durchführung effizient zu gestalten (Gruppe A links). Ist dies nicht gegeben wie z. B. bei Workshops in stark hierarchischen Organisationen, finden wir die gegenteilige Tendenz (Gruppe A rechts).

Unterstützt wird dieses Ziel durch einen klaren Rahmen für solche Workshops. Sie geben den Personen in den fünf Gruppen die notwendige Sicherheit, um sich auf dieses Verfahren der Klassifizierung und Informationssteuerung einzulassen.

3.2.2 Grundsätzliche Regeln geben Sicherheit

Als Letztes möchten wir auf die grundsätzlichen Regeln hinweisen, die für jede Organisationsform von Workshops gelten. Sie geben allen Beteiligten und Betroffenen eine ausreichende Verlässlichkeit darüber, sich bei Bedarf einbringen zu können, notwendige Informationen rechtzeitig zu erhalten oder gegebenenfalls ein Veto einlegen zu können.

Vorbereitung: Das Thema und der Ergebnistyp werden geschärft und allen beteiligten wie auch betroffenen Personen sowie unseren Führungskräften mitgeteilt. Mögliche Ergebnistypen sind ein Ergebnis- oder

Verlaufsprotokoll. Es kann aber auch z. B. ein lauffähiger Machbarkeitsprototyp oder eine aktualisierte Risikoliste sein. Zusätzlich werden zwei Aktionen festgelegt:

- Wie und wann werden die Ergebnisse präsentiert.
- Wie und wann können vorab Informationen an die Gruppe gegeben werden.

Im Rahmen einer Scrum-Einführung, die wir als Berater begleiten, können wir z. B. einen Workshop planen, bei dem wir mit dem Realisierungsteam und der Qualitätssicherung Wege für eine engere und direktere Zusammenarbeit finden wollen. Als Ergebnistypen legen wir vorab fest, dass wir als sofortige Ergebnisse des Workshops

- für neue Rollen wie die eines *Agile Testers*[1] eine Beschreibung analog zu den Beschreibungen der Rollen ScrumMaster, Product Owner und Developer Team liefern,
- die Konsequenzen für bestehende Besprechungen wie Standup-Meeting, Review und Retrospektive beschreiben
- sowie eine Prozessdefinition erstellen, in der die Zusammenarbeit zwischen einer neuen Rolle und dem Testmanager sowie den Systemtestern beschrieben wird.

Diese Ergebnisse werden in Form eines Fotoprotokolls auf eine entsprechende Seite im Intranet-Wiki für jeden Mitarbeiter zum Download bereitgestellt. Jeder kann jetzt für sich bestimmen, in welcher Gruppe von A bis E er sich befindet.

Informationen sammeln: Entweder zu Beginn des Workshops oder in einem Zeitraum davor, haben alle aus den Gruppen B und C Gelegenheit, ihre Informationen an die Workshopgruppe zu übergeben. Idealerweise kanalisiert der Organisator des Workshops diese und stellt sie in geeigneter Form der Gruppe A zur Verfügung. Für das obige Beispiel des Testworkshops können z. B. inhaltliche Zuarbeiten und Informationen bis zum Workshoptag auf einer entsprechenden Wiki-Seite im Intranet beigesteuert werden.

Workshop durchführen: Die Gruppe führt den Workshop moderiert durch. Der Moderator stellt dabei sicher, dass der inhaltliche Rahmen des Workshops eingehalten wird und die Ergebnisse entsprechend dem festgelegten Ergebnistyp dokumentiert werden – ggf. delegiert der Moderator diese Aufgabe an einen Protokollanten.

Ergebnisse präsentieren: Die Ergebnisse werden den Gruppen B, C und D präsentiert. Verständnisfragen sind dabei natürlich erlaubt, doch eine

[1]Für die inhaltlich interessierten Leser verweisen wir auf das Buch *Agile Testing* von Crispin und Gregory [15].

inhaltliche Diskussion wird weitgehend unterbunden. Falls später ein Veto durch eine Führungskraft erfolgt, ist es dann für die Zukunft hilfreich zu ermitteln, welche Rahmenbedingungen, Informationen oder Personen (Gruppe A) den Workshopteilnehmern ggf. gefehlt haben, um solche Situationen zu minimieren.

Die Präsentation sollte zeitnah zum Workshop erfolgen. Die einfachste und schnellste Form ist die Bereitstellung eines Fotoprotokolls aus dem Workshop. Es kann aber auch notwendig sein, eine oder mehrere Präsentationen vor einem relevanten Zielpublikum zu halten. Je aufwendiger die Form der Präsentation, desto wichtiger ist es, die Termine dafür bereits mit der Organisation des Workshops zu planen.

Dies stellt aus unserer Sicht den Rahmen für effiziente Workshops und ein vertrauensvolles Miteinander bereit. Beides bedingt sich unserer Meinung nach zu einem Großteil gegenseitig. Für einen leistungs- und handlungsfähigen Workshop empfehlen wir eine Teamgröße um die fünf Personen. In großen oder eher hierarchisch organisierten Unternehmen kann es besonders schwierig sein, die Anzahl der Teilnehmer auf die wirklich notwendigen Personen zu begrenzen. Das für das oben dargestellte Vorgehen notwendige Vertrauen ist oft nicht ausreichend vorhanden. Hier werden wir es mit größeren Teilnehmerguppen zu tun haben.

Eine Möglichkeit, damit angemessen umzugehen, besteht darin, im Workshop in Teilgruppen zu arbeiten. Im Rahmen dieser Gruppenarbeiten können unterschiedliche Aspekte herausgearbeitet werden, sodass das Kernteam als eine Teilgruppe handlungs- und leistungsfähig bleibt und die anderen Gruppen Aspekte des Themas wie z. B. die Auswirkungen auf die Organisation bearbeiten. Doch nützt dies wenig, wenn nicht die richtigen Menschen zusammenkommen oder wichtige Vorabinformationen fehlen.

3.3 Tipps für die Struktur und Agenda

Viele Workshops leiden an einer gewissen Diffusität bzw. mangelnden Fokussierung. Es scheint, als ob wir zwischen verschiedenen Ebenen und Detaillierungsgraden hin- und herspringen. Wie sieht die grundlegende Struktur eines Workshops aus? Wie kann uns eine Agenda dabei helfen, besser auf die einzelnen Schritte zu fokussieren? Wie können wir uns vorbereiten?

3.3.1 Was können wir vorbereiten?

Bei der Vorbereitung eines Workshops bzw. einer ähnlichen Veranstaltung können wir uns an fünf Schritten orientieren. Sie betreffen sowohl organisatorische wie auch inhaltliche Aspekte.

Gesamtzusammenhang verstehen: Wo stehen wir jetzt aktuell im Projekt oder Ablauf? Was ist bisher geschehen oder auch unterlassen worden?

Thema eingrenzen: Um welchen Teilschritt oder Aspekt soll es im Workshop gehen? Wer ist dafür als Teilnehmer inhaltlich notwendig? Und wer muss nur im Nachhinein über die Ergebnisse informiert werden?

Ziele festlegen: Was soll inhaltlich erreicht werden? Welcher Ergebnistyp ist geeignet? In welcher Form sollen die Ergebnisse festgehalten werden? Reicht eine Metaplanwand mit Karten oder eine elektronische Mindmap als erster Gesamtplan? Oder wird gar ein lauffähiger Prototyp für das User Interface erstellt? Wenn ja, mit welcher Technik?

Ablaufplan erstellen: Wie kann eine initiale Agenda aussehen? Wie soll der generelle Ablauf sein? Wie ist der logische Aufbau des Workshops? Wie sollen die Ergebnisse gesichert werden?

Materialien vorbereiten: Was brauchen wir für den Workshop? Raum reservieren und Ausstattung wie Beamer, Flipcharts, Metaplanwände und Moderationskoffer mit Karten, Stiften und Nadeln vorbereiten und eventuell eine Digitalkamera zur Ergebnisprotokollierung besorgen sowie bei dieser vorher den Ladezustand des Akkus sowie die Speicherkarte prüfen.

Natürlich lässt sich nicht jede Eventualität vorhersehen. Doch die Basis ist vorbereitet. Dies gibt Ihnen dann als Moderator oder Organisator die ausreichende Flexibilität, auf neue Anforderungen im Workshop angemessen reagieren zu können. Ihr Kopf ist dann dafür frei und Sie brauchen sich nicht mehr um die grundlegenden Dinge zu kümmern.

3.3.2 Grundsätzliche Struktur von Workshops

Die Grundstruktur eines Workshops orientiert sich an einem dreiteiligen Aufbau. Diese Struktur bildet eine allgemeine Agenda (Abb. 3.4):

1. Vorkontakt: Begrüßung, Einstimmung und ggf. Kennenlernen der anderen Teilnehmer
2. Hauptkontakt: die eigentliche inhaltliche Arbeit
3. Nachkontakt: (gefühlter) Abschluss und Klärung des weiteren Vorgehens

Wir haben dabei Namen verwendet, die auf den jeweils wesentlichen Aspekt innerhalb eines Workshops hinweisen: Menschen kommen zusammen und erarbeiten gemeinsam dauerhaft tragfähige Lösungen. Dabei ist es bedeutsam, auf die Einstimmung Wert zu legen, auch wenn es uns manchmal wie Zeitverschwendung vorkommt. Doch das Gegenteil ist der Fall: Vor- und Nachkontakt, also Einstieg und Abschluss, sind wichtige Parameter für die

Leistungsfähigkeit im Workshop und die spätere Umsetzung der inhaltlichen Ergebnisse aus dem Meeting.

Eine hierbei immer wieder verletzte Grundregel der Workshoparbeit lautet daher: **Struktur vor Inhalt** klären (Abb. 3.4 links oben). Damit wir uns auf die inhaltliche Arbeit konzentrieren können, gilt es, zu Beginn des Workshops alle strukturellen Fragen der Teilnehmer zu klären. Dies beginnt bei der Abstimmung des zeitlichen Rahmens und den Pausen und endet nicht selten in der Feinabstimmung der Agenda. Dies alles geschieht beim Vorkontakt. Erst danach können wir uns auf die eigentliche Arbeit fokussieren (Abb. 3.4).

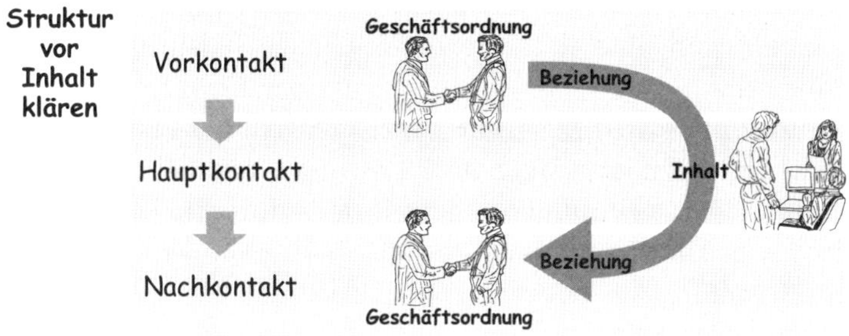

Abbildung 3.4: Die grobe Agenda eines Workshops ergibt sich aus der Regel, *Struktur vor Inhalt* zu klären, und der Reihenfolge Vorkontakt – Hauptkontakt – Nachkontakt [71].

Damit jeder weiß, was jetzt zu tun ist, findet im Nachkontakt eine Klarstellung des weiteren Vorgehens statt. Dazu kommt dann ein abschließendes Feedback der Workshopteilnehmer, aus dem wir oft Anregungen gewinnen, wie wir beim nächsten Mal noch besser arbeiten können.

In Abbildung 3.4 finden Sie auch die oberen drei Ebenen aus dem Eisbergmodell von Seite 16 wieder. Wir beginnen auf der geregelten Geschäftsordnungsebene und reaktivieren dann die Beziehungsebene, indem wir z. B. die Ziele und Bedürfnisse klären und Probleme sowie Risiken aufspüren. Auf dieser Basis steigen wir dann in die inhaltliche Arbeit ein.

3.3.3 Eine allgemeine Agenda für Workshops

In der Struktur einer Agenda findet sich die dreiteilige Grundstruktur eines Workshops aus Vor-, Haupt- und Nachkontakt wieder. Das folgende Muster hat sich dafür bei uns bewährt:

1. **Einstieg**: Wir möchten hier mit allen Teilnehmern gemeinsam in das Thema einsteigen. Welche Ziele wollen wir erreichen und wie sieht die

Agenda konkret aus? Etwas Zeit für diesen Einstieg ist oft deshalb so wichtig, weil es notwendig ist, dass wir uns erst einmal von unserer vorherigen Aufgabe lösen und unsere Aufmerksamkeit auf das neue Thema ausrichten. Dies braucht ein paar Minuten ...

2. **Themenorientierung**: Jetzt sammeln wir die konkreten Aspekte, die es im Rahmen des Workshopthemas zu betrachten gilt, und verdichten sie weiter bzw. bringen sie auf den Punkt. Worauf möchten wir uns konzentrieren und was klammern wir bewusst aus?
3. **Themenauswahl**: Nun gilt es, die gefundenen, detaillierten Aspekte des Workshopthemas zu priorisieren. Was ist das Wichtigste für uns, um das Workshopziel bzw. -thema zu erreichen? Mit den Erkenntnissen aus den beiden Schritten Themenorientierung und -priorisierung stellen wir nun eine detaillierte und nach Wichtigkeit priorisierte Agenda auf.
4. **Themenbearbeitung**: Es werden sukzessive die Problempunkte behandelt und dazu entsprechende Lösungen erarbeitet. Dazu gilt es, gemeinsam Entscheidungen zu treffen und deren Konsequenzen zu analysieren. Die Ergebnisse sind dabei zu protokollieren, wobei ein Fotoprotokoll ausagekräftiger Flipcharts und Metaplanwände meist ausreichend ist.
5. **Handlungsorientierung**: Nachdem alle Themen abgearbeitet sind, werden die weiteren Schritte festgelegt. Wer macht wo, mit wem, was, bis wann? Häufig werden dazu unterstützend Vereinbarungen zwischen den Beteiligten oder mit Vorgesetzten getroffen.
6. **Abschluss**: Die Arbeit wird abgeschlossen und der Verlauf des Workshops analysiert. Ein kurzes Feedback jedes einzelnen Teilnehmers kann zur weiteren Verbesserung der Workshopkultur beitragen.

Es reicht daher oft, die Agenda vorab inhaltlich nur grob zu detaillieren und auf die zu erreichenden Ziele auszurichten. Die Konkretisierung erfolgt viel besser zu Beginn des Workshops unter Mitarbeit der Teilnehmer. Die obigen sechs Punkte bilden dabei eine Art Meta-Agenda für Workshops.

»Das einzig Gute am Workshop sind Hotel und Essen!«

Dieser Spruch ist besonders bitter. Denn da ein Workshop ja durchaus nicht zu vernachlässigende Kosten verursacht, sollte er natürlich auch etwas bringen. Es muss der Tagungsort, die Verpflegung sowie der Moderator bezahlt werden, ganz zu schweigen vom Arbeitsausfall der teilnehmenden Mitarbeiter. Nun ja und dann ist da auch noch die Mühe, die Sie sich vielleicht als Berater mit der Vorbereitung gemacht haben.

Nun, bevor wir uns anschauen, wie wir mit diesem Problem umgehen können, noch ein positiver Gedanke vorneweg: Ein externer Workshop ist mehr als die Arbeit an Themen und das Produzieren von Ergebnissen. Es ist auch immer eine kleine Teambildung. Im Prinzip steht hinter jedem Workshop die Aussage: Du bist wichtig und wir wollen deine Meinung hören. Es ist also eine Anerkennung gegenüber dem Mitarbeiter, wenn er an einem Workshop teilnehmen darf. Das kann durch *Randaktivitäten* wie gutes Mittag- oder Abendessen noch gesteigert werden.

Und da sind wir auch gleich beim Punkt. Offensichtlich fehlt es demjenigen, der diesen Spruch von sich gibt, an Motivation, sich in den Workshop einzubringen. Er hat kein Vertrauen, dass das Ergebnis den Aufwand lohnt. Hier müssen Sie als Berater wieder ran, denn wie Reinhard Sprenger (*1953) festgestellt hat, können Sie nicht direkt für Motivation sorgen [64]. Sie können aber durchaus versuchen, die demotivierenden Dinge zu eliminieren. Machen Sie sich also auf die Suche nach diesen *Motivationskillern*. Um Ihnen auf Ihrer Suche zu helfen, nennen wir ein paar Beispiele:

- Problem: Das Topmanagement macht auch immer Workshops, aber es kommt nichts dabei raus.
  Abhilfe: Machen Sie deutlich, was auf dem letzten Topmanagement-Workshop wirklich passiert ist, und knüpfen Sie dort mit Ihrem Workshop an.
- Problem: In der Vergangenheit durchgeführte Workshops waren ineffizient.
  Abhilfe: Finden Sie raus, weswegen. Sprechen Sie die Punkte offen an und schildern Sie, wie Sie das ändern werden.
- Problem: Die Teilnehmer sehen den Mehrwert des Workshops nicht.
  Abhilfe: Verdeutlichen Sie, wie das Ergebnis des Workshops die tägliche Arbeit positiv bereichern und beeinflussen wird.
- Problem: Die Teilnehmer wissen nicht, wie sie persönlich zum Erfolg beitragen können.
  Abhilfe: Machen Sie deutlich, warum Sie diese Teilnehmer gewählt haben.
- Problem: Die Teilnehmer können nicht mit den Kollegen zusammenarbeiten.
  Abhilfe: Bauen Sie teambildende Elemente ein und betonen Sie deren Wichtigkeit.

4 Workshops leiten

4.1 Workshops moderieren

Gerade wenn wir Veränderungen oder Werkzeugeinführungen bei Kunden begleiten, moderieren wir als Berater immer wieder Workshops. Doch was bedeutet eigentlich *Moderation*? Der Ursprung kommt aus dem Lateinischen:

moderare: mäßigen, steuern, lenken
moderator: Lenker, Leitung, »der Einhalt gebietet«

Ein Moderator fasst die Beiträge der Teilnehmer zusammen und visualisiert die Inhalte z. B. auf einem Whiteboard, damit sie für alle sichtbar sind, und lenkt bzw. steuert eine Diskussion (Abb. 4.1). Diese Aufgabe ist daher besonders wichtig, da nur über die Themen und Aspekte, die für alle offen liegen, inhaltlich abschließend diskutiert werden kann. Nur das gesprochene bzw. geschriebene Wort zählt und nicht das gedachte bzw. angenommene. Die Rolle des Moderators muss dabei *keine* inhaltliche Mitarbeit leisten.

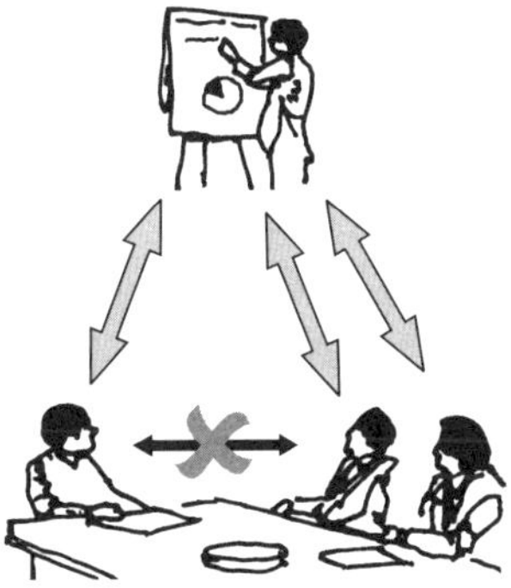

Abbildung 4.1: Ein Moderator fasst die Inhalte zusammen und macht sie für alle Teilnehmer deutlich. Querkommunikation Einzelner ist dabei zu unterbinden bzw. deren Aspekte sind auch zu kommunizieren.

Entsteht eine verdeckte Querkommunikation zwischen einzelnen Teilnehmern, so liegt deren Inhalt für die anderen im Verborgenen. Der Moderator kann daher solche Kleingruppengespräche unterbinden oder deren Aspekte zusammenzufassen. Fragen Sie als Moderator doch die beteiligten Personen, welche Aspekte ihrer Diskussion Sie auf das Flipchart schreiben dürfen. So erkennen Sie sofort, ob hier ein wichtiger Punkt besprochen wurde oder die beteiligten Personen den Fokus auf das Thema verloren haben.

Zusätzlich sorgt ein Moderator für Klarheit, Transparenz und Stimmigkeit (Abb. 4.2). Weiß jeder über das Thema Bescheid und sind die notwendigen und nur die notwendigen Personen anwesend?[1] Im Großen und Ganzen sind die konkreten Teilnehmer bereits in der Workshopvorbereitung gefunden und eingeladen worden (vgl. Abschnitt 3.2.1 ab Seite 26). Der Moderator klärt zu Beginn der Veranstaltung dann nur noch ab, ob die Zusammensetzung der Teilnehmer immer noch passend und stimmig ist.

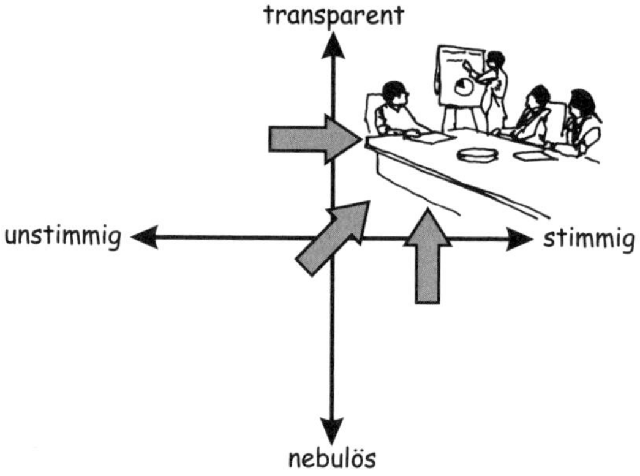

Abbildung 4.2: Wie stimmig ist die Kommunikation und wie transparent? Weiß jeder über das Thema inhaltlich Bescheid und warum er oder sie mit dabei sind [57] (aus [70])?

Nach der Klärung dieser Fragen kommen wir zur eigentlichen Moderation. Damit ein Moderator moderieren kann, sind drei Techniken besonders nützlich: in Kontakt stehen, die Teilnehmer begleiten und mit offenen Fragen steuern.

4.1.1 Kontakt

Durch Blickkontakt und eine offene Körperhaltung bleiben wir mit den Teilnehmern dauerhaft im Kontakt. Gerade in Gruppen kann es besonders

[1] Vgl. *Soft Skills für Softwareentwickler* [70].

schwierig sein, mit allen Teilnehmern Blickkontakt zu halten. Als Richtschnur können Sie pro Satz oder Halbsatz bei einer Person mit Ihrem Blickkontakt verweilen und dann zur nächsten wechseln. So vermeiden Sie hektische Blicksprünge und das versehentliche Auslassen Einzelner.

Gestik, Mimik und Stimmführung sind von besonderer Wichtigkeit. Laden Sie auch darüber alle Teilnehmer ein, sich aktiv zu beteiligen. Zeigen Sie mit Ihrer offenen Haltung, wie in Abbildung 4.3 dargestellt, dass Sie keine Geheimnisse haben.[2]

Abbildung 4.3: Bei einer offenen Körperhaltung stehen oder sitzen Sie aufrecht und Ihre Handflächen sind sichtbar (aus [70]).

4.1.2 Begleiten

Wenn Sie bei der Diskussion eines schwierigen Sachverhalts genau hinschauen möchten, dann nehmen Sie Tempo aus der Kommunikation. Geben Sie Missverständnissen keine Chance und achten Sie auch auf die Befindlichkeiten der Teilnehmer, wenn kritische Themen zur Sprache kommen.

Aktives Zuhören: Verwenden Sie als Moderator die Technik des aktiven Zuhörens. Sie dient zum Vermeiden von Missverständnissen. Alle paar Sätze stoppen wir den Sprecher und fassen für alle zusammen, was wir verstanden haben (Abb. 2.3 auf Seite 8). Sobald wir so sichergestellt haben, alles Wichtige verstanden zu haben, können wir diesen Aspekt z. B. am Flipchart visualisieren (Abb. 4.1 auf Seite 35).

[2]Vgl. *Soft Skills für Softwareentwickler* [70].

Wahrnehmungen spiegeln: Hier gilt es, die von Ihnen in der Gruppe wahrgenommenen Gefühle offen zu benennen und durch eine geschlossene Rückfrage abzusichern: »Ich nehme Sie gerade als sehr aufgebracht wahr. Ist das richtig?« Solche Wahrnehmungen können wichtig sein und sollten ausgedrückt werden, um bearbeitet werden zu können.

Nur was offen kommuniziert und allen Teilnehmern bekannt ist, kann auch bearbeitet werden. Alle impliziten Annahmen können früher oder später zu Missverständnissen führen, die nicht selten teuer und schwer zu korrigieren sind. Begleiten Sie deshalb die Kommunikation in der Gruppe genau und präzise. Dafür ist es oft unerlässlich, das Tempo aus dem aktuellen Gespräch zu nehmen. Wer schnell durch die Sachverhalte prescht, kann eben nicht genau hinschauen. Als wesentlichen Grundsatz des Begleitens finden wir daher häufig das *Entschleunigen* von Beiträgen. Die beiden genannten Techniken können uns dabei gute Dienste leisten.

4.1.3 Steuern

Moderatoren steuern im Wesentlichen durch offene Fragen, wie wir sie in Abbildung 2.4 auf Seite 9 bereits kurz beschrieben haben. So gelingt es, ein Thema ausreichend vollständig zu analysieren.

In die Breite: Zuerst klären wir, was alles im Betrachtungsbereich zu einem Thema liegt und was nicht. Typische Fragen lauten z. B.: »Welcher Ansprechpartner gehört noch dazu?« oder »Was gehört thematisch noch dazu?«.

In die Tiefe: Nachdem der Umfang geklärt ist und die einzelnen Punkte priorisiert sind, dringen wir in die Details der einzelnen Aspekte vor. Passende Fragen dazu sind: »Was genau läuft in dem Prozessschritt ab?« oder »Wer führt dabei welche Schritte im Einzelnen durch?«.

Perspektivwechsel: Durch zirkuläre Fragen können wir einen kreativen Stillstand unserer Teilnehmer oftmals aufbrechen. Wir wechseln die zeitliche Perspektive oder den Betrachtungsort. Fragen dazu lauten z. B.: »Woran können Sie erkennen, dass Sie das Projektziel erreicht haben?«, »Was würde Ihr Chef auf diese Frage antworten?« oder »Woran würden Ihre Familie und Ihre Freunde merken, dass dieses Projekt in Schwierigkeiten geraten ist?«.

Wenn Sie beim Zusammenfassen der Themen auf Punkte stoßen, die zwar wichtig sind, jedoch nicht im Fokus des Workshops liegen, sollten diese trotzdem vermerkt werden. Ansonsten kommen diese Punkte immer wieder hoch und stören die Konzentration. Ein einfaches Mittel, um solche Themen aufzugreifen, sodass jeder Teilnehmer diese Aspekte loslassen und auch aus seinem internen Themenspeicher löschen kann, ist ein externer

Themenspeicher auf einem zweiten Flipchart. Hier werden alle diese Themen aufgelistet, die wir im Rahmen dieses Workshops nicht oder eventuell später bearbeiten möchten. Zusätzlich können Sie auf dem Flipchart zum Workshopende den weiteren Umgang mit den Punkten aus dem Themenspeicher erfassen und notieren. So können Sie z. B. vermerken, wer sich bis wann um ein Thema kümmern wird. Dieses Flipchart erscheint natürlich auch im Fotoprotokoll.

Wichtig bei jeder Moderation ist die klare Aufgabenteilung. Der Moderator ist für den Ablauf verantwortlich, die Teilnehmer für den Inhalt. Falls Sie als Mitglied einer Gruppe diese moderieren, kann es dabei zu zwiespältigen Situationen kommen, wenn ein Thema behandelt wird, zu dem Sie etwas inhaltlich beitragen möchten. Für einen einzelnen Satz können Sie dies ganz einfach machen, indem Sie auf diesen Wechsel mit der Bemerkung »Ich trete mal kurz aus der Moderatorenrolle heraus« hinweisen, Ihren Beitrag leisten und wieder in die Moderatorenrolle zurückkehren. Sie können dies durch einen großen Schritt zur Seite und wieder zurück visuell unterstützen.

Verlangt ein Thema Ihre längere inhaltliche Mitarbeit, ist es sinnvoller, die Rolle des Moderators für diese Dauer oder auch den verbliebenen Rest des Workshops an einen anderen Teilnehmer abzutreten. Auch dies kann visuell unterstrichen werden, indem Sie den Stift an den neuen Moderator übergeben und sich danach in den Kreis der Teilnehmer setzen.

»Als gute Führungskraft mache ich selbst die Moderation!«

Meistens begegnen wir diesem Spruch nicht, weil es um die Kosten für den Berater als Moderator geht. Das wäre ja noch verständlich, weil vielleicht einfach kein Budget vorhanden ist und die Führungskraft unseres Kunden sich fragen muss, ob man deshalb auch gleich den ganzen Workshop absagen sollte. Nein, meistens wird der tatsächliche Grund nicht ausgesprochen und es hat fast immer etwas mit der Angst vor Kontrollverlust zu tun. Natürlich kann man als Führungskraft einen Workshop anders leiten, als er mit einem Moderator ablaufen würde.

Nehmen wir uns als Beispiel das Festhalten von Aktionspunkten im Themenspeicher, also Themen, die nicht im Workshop selber geklärt, wohl aber von einer verantwortlichen Person danach bearbeitet werden sollen. Ein Berater als Moderator wird diese Punkte, sobald sie auftauchen, zu Papier bringen und immer wieder die Frage nach dem Verantwortlichen und dem Zeitrahmen stellen. Einer Führungskraft gehen dabei vielleicht andere Gedanken durch den Kopf. Kann der wahrscheinlich Verantwortliche diese Aufgabe erfüllen? Ist die Führungskraft vielleicht sogar selbst verantwortlich und möchte diese Aufgabe gleich wieder delegieren? Ist dieses Thema in ihren Augen vielleicht nicht so wichtig und könnte auch gut unter den Teppich fallen? Möchte sie das Thema vielleicht sogar lieber unter den Teppich kehren?

Wie können wir als Berater dieser Führungskraft helfen? Wenn eine Führungskraft die Moderation übernimmt, dann hat sie definitiv zwei Hüte auf, sie füllt zwei Rollen aus. Diese beiden Rollen kann sie nie gleichzeitig ausüben, sondern im besten Fall immer zeitlich nacheinander. Das ist erstens für eine Führungskraft nicht einfach und zweitens auch oft für die Teilnehmer nicht nachvollziehbar, da die Rolle, aus der sie agiert, ständig wechselt. Auch kann sie sich nicht auf den Inhalt konzentrieren, während sie moderiert. Weiterhin ist fraglich, inwieweit überhaupt eine Führungskraft für ihre Mitarbeiter eine unabhängige, moderierende Rolle ausführen kann.

Ein Tipp zum Schluss: Wenn Sie als Berater partout nicht als Moderator angeheuert werden (können), dann klären Sie mit der Führungskraft, dass diese zwei Rollen hat. Raten Sie ihr, die Rolle nicht so häufig zu wechseln und einen Wechsel besonders in brenzligen Situationen deutlich zu machen.

4.2 Visualisierung – die optische Rhetorik

Wie wir bereits in vorhergehenden Abschnitten gesehen haben, können wir durch Visualisierung Inhalte besser transportieren. Wir Menschen nehmen Informationen wesentlich stärker über das Auge als über Worte auf. In Abbildung 4.4 ist die Wirksamkeit der verschiedenen Kanäle dargestellt.

Es geht bei der Visualisierung darum, unsere Begrenzungen in der Wahrnehmung zu überwinden. Diese Begrenzungen entstehen durch unsere Vorkenntnisse und Erfahrungen sowie durch unsere eigenen Werte und inneren Glaubenssätze. So wertvoll unsere Erfahrungen und Werte sind, wenn es z. B. darum geht, eine Situation schnell zu bewerten, so sehr können sie uns bei kreativen Prozessen im Weg stehen.

Warum interessiert uns Berater das überhaupt? Visualisierung durchdringt die Softwareentwicklung immer stärker. Die grafische Modellierungssprache Unified Modeling Language (UML) ist z. B. längst international akzeptierter Standard und wir visualisieren damit unsere Modelle zu Abläufen und Strukturen. Ähnliches gilt, wenn wir im Rahmen unserer Beratung Wissen transportieren wollen. Eine gelungene Visualisierung unterstützt uns dabei ebenso wie bei der Moderation von Workshops.

Wir bitten Sie zu versuchen, das Auge Ihrer Kunden in Ihre Kommunikation einzubinden und gebündelt mehrere Kanäle anzusprechen. Wichtige Sachverhalte illustrieren wir, um sie transparenter zu machen. Dabei ist es hilfreich, sich während der Vorbereitung z. B. eines Workshops über eine geschickte Visualisierung Gedanken zu machen oder sich vorbereitete Tei-

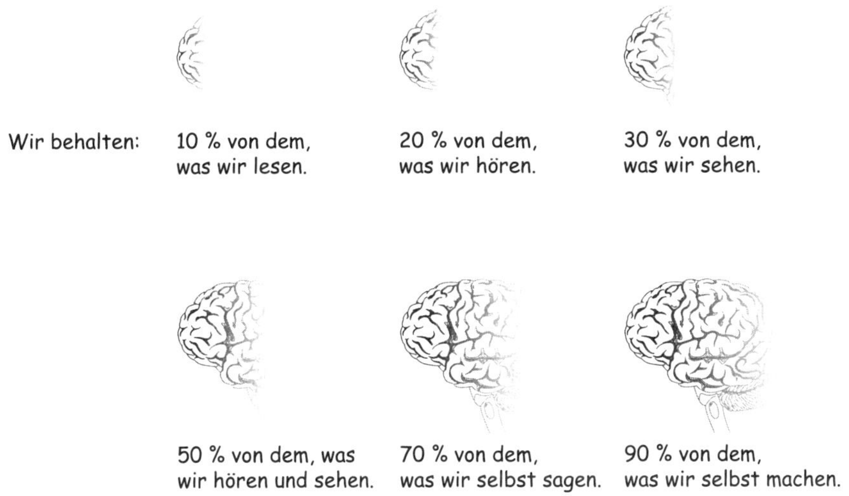

Abbildung 4.4: Wie wirksam sind die Kanäle, über die wir Inhalte versuchen zu transportieren? Visualisierung und die Kombination verschiedener Kanäle schaffen einen erheblichen Mehrwert [40].

le selbst laut vorzulesen. Um bei unseren Kunden die maximale Wirkung entfalten zu können, optimieren wir alle unsere Kommunikationskanäle.

4.2.1 Visuelles Kommunizieren

Einfacher gesagt als getan: Wie visualisieren wir komplexe Sachverhalte auf geschickte Weise? Wie die Rhetorik in der Rede gibt es auch eine visuelle Rhetorik für die grafische Gestaltung. Bevor wir tiefer in die Gestaltungsregeln eintauchen, erläutern wir die Grundlagen für die Gestaltung von Text auf Karten, Flipcharts und Whiteboards, sodass diese später im Fotoprotokoll auch lesbar sind.

Je agiler unser Vorgehen ist, desto stärker rückt die direkte Kommunikation der beteiligten Personen in den Mittelpunkt der täglichen Arbeit. Um Ideen und Konzepte zu finden oder Entscheidungen zu treffen, werden wir Whiteboards, Flipcharts und Metaplanwände einsetzen. Unsere visuelle Kommunikationsfähigkeit wird dabei stark gefordert. Um diese besonders ausdruckskräftigen und effizienten Medien auch richtig einsetzen zu können, bedarf es etwas Hintergrundwissen zur Verwendung dieser Hilfsmittel und allgemein zur Visualisierung von Sachverhalten. Die wichtigsten Regeln für das Schreiben auf Flipcharts und Karten sind in Abbildung 4.5 festgehalten. Kurz zusammengefasst lauten die Regeln wie folgt:

- Stifte mit schrägen Kanten als Spitze benutzen. Mit der ganzen Kante schreiben, wobei die Spitze zum Daumen zeigt. Dies erzeugt breitere Abstriche und schmalere Querstriche, was die Lesbarkeit ähnlich einer Kalligrafie erhöht.
- Blockschrift verwenden mit vergleichsweise großen Kleinbuchstaben (Minuskelhöhe ca. $3/5$ der Summe aus Versalhöhe und Unterlängen)
- Vergleichsweise eng schreiben
- Mit Groß- und Kleinschreibung schreiben
- Beim Einsatz von Metaplankarten pro Karte maximal drei Zeilen Text schreiben

Abbildung 4.5: Schreibregeln für gut lesbare Flipcharts und Metaplanwände. Die verwendete Schrift ist die Neuland-Schrift, an der sich die eigene Handschrift gut orientieren kann (Legende: v = Versalhöhe (Großbuchstaben), m = Minuskelhöhe (Kleinbuchstaben), u = Unterlänge).

Die eigene Handschrift kann sich an der Neuland-Schrift[3] orientieren. In Abbildung 4.5 wurde die entsprechende True-Type-Schrift verwendet.

4.2.2 Gestaltung

Wie strukturieren wir Informationen auf einem Flipchart? Wir können dabei dem folgenden fünfstufigen Muster folgen, um Workshops oder umfangreichere Besprechungen zu strukturieren. Wir orientieren uns dabei an der bereits bekannten allgemeinen Struktur aus Abbildung 3.4 auf Seite 31, die wir hier weiter konkretisiert haben.

1. Einstieg: Veranstaltung eröffnen, Kontakt herstellen und Organisatorisches klären
2. Themenorientierung: Situation und Ziele der Veranstaltung klären, Aufgaben und Rahmen abstecken

[3]Im Web unter: http://www.neuland.eu/ductus.htm.

3. Themenbearbeitung: Inhalte besprechen, Lösungen entwickeln und deren Akzeptanz sicherstellen
4. Handlungsorientierung: Vereinbarungen treffen, Aktivitäten planen und offene Punkte notieren
5. Abschluss: Ergebnisse zusammenfassen, Feedback zu Ablauf einholen und Veranstaltung beenden

In Abbildung 4.6 finden Sie dafür ein Beispiel für die Umsetzung dieser Struktur und den Einsatz verschiedener Stiftfarben, die in diesem Buch leider nur über Graustufen wiedergegeben werden können. Diese Struktur und die folgenden Regeln lassen sich auch auf die Gestaltung von Metaplanwänden übertragen, wenn wir dort vorher Packpapier als Untergrund aufgehängt haben.

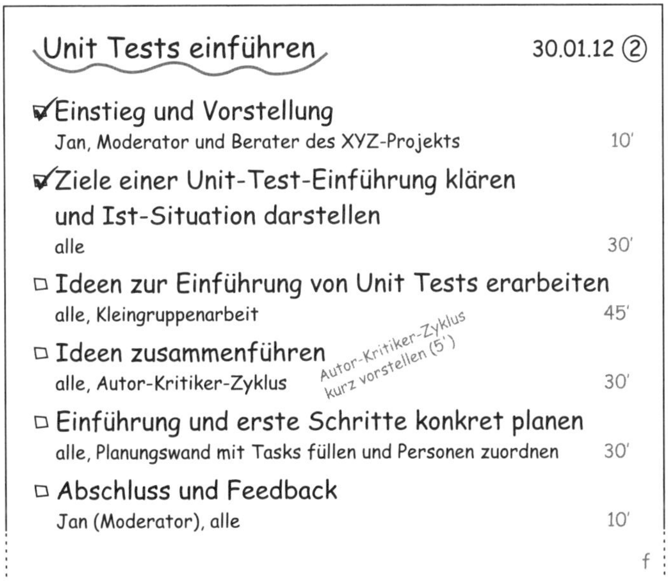

Abbildung 4.6: Ein Flipchart sollte stets einer gleichartigen Struktur folgen, um die wichtigen Aspekte sofort erkennen zu können.

Um z. B. im späteren Fotoprotokoll ein bestimmtes Flipchart schnell finden zu können, bieten sich folgende Regeln und Ideen an. So optimieren Sie den Wert und die Nutzbarkeit des Fotoprotokolls.

Stiftfarben: Normaler Text und Überschriften werden mit den beiden kontrastreichen Farben Schwarz oder Dunkelblau geschrieben. Nachträgliche Anmerkungen wie *Autor-Kritiker-Zyklus kurz vorstellen* in Abbildung 4.6 können in Grün ergänzt werden, ebenso wie die Uhrzeiten der Zeitplanung. Die Farbe Rot kommt nur als Auszeichnung zum Einsatz z. B. zum Unterstreichen der Überschrift oder zum Herausstellen des wichtigsten Aspekts, da mit der Signalfarbe Rot seit unserer Schulzeit eher Fehler verbunden werden.

Überschrift: Jedes Chart hat linksbündig eine Überschrift, die durch eine farbige Unterstreichung hervorgehoben wird. So finden wir später im Protokoll auch schnell bestimmte Themen wieder.

Datum: Das Datum wird oben rechts platziert. Es dient bei mehrtägigen Workshops der Strukturierung im Fotoprotokoll. Auch können wir damit später noch einzelne Ergebnisse zeitlich zuordnen, wenn wir sie z. B. in einem Wiki ablegen.

Nummerierung: Sie dient der späteren Rekonstruktion der Entstehungsreihenfolge für das Fotoprotokoll. In Abbildung 4.6 sehen Sie ein Beispiel oben rechts als Ziffer in einem Kreis.

Spiegelstriche: Jeder neue Punkt wird durch einen Spiegelstrich oder Bulltpoint ausgezeichnet. Dieser kann farblich mit Grün oder Rot vom Text abgesetzt sein. So wird die Übersichtlichkeit erhöht, wenn z. B. nachträglich Punkte ergänzt werden. In Abbildung 4.6 sind dies kleine Vierecke.

Protokollkennzeichen: Wenn wir ein Flipchart für das Protokoll abfotografieren, wird es sofort unten rechts gekennzeichnet. So werden doppelte oder vergessene Fotos vermieden. Meist reicht dafür ein roter Punkt oder ein kleines *f*, wie in Abbildung 4.6 rechts unten zu sehen ist. Wenn mehrere Fotografen parallel arbeiten oder mehrere Kameras im Einsatz sind, kann das Kürzel auch personalisiert sein bzw. die Kamera bezeichnen, um das Nachschauen zu vereinfachen, wenn wir später ein bestimmtes Ergebnis vermissen oder im Detail prüfen möchten.

Wenn nachträglich ein bereits fotografiertes Flipchart geändert wird, kann das Protokollkennzeichen durchgestrichen werden. So werden veränderte Visualisierungen beim abschließenden Prüfen erkannt, erneut fotografiert und mit einem neuen Protokollkennzeichen versehen.

Diese Grundregeln bilden die Basis für eine erfolgreiche Arbeit in Workshops. Als Grundtechniken kommen einfache Werkzeuge wie Flipcharts, Karten und Metaplanwände zum Einsatz. Diese Regeln helfen auch bei der nachträglichen Aufbereitung der Ergebnisse. Doch dies ist nur ein Anfang und stellt die notwendigen Grundlagen bereit. Im nächsten Abschnitt finden Sie kurz zusammengefasst weiterführende Regeln und Möglichkeiten für das Arbeiten an einem Flipchart und oder einer Metaplanwand. All diese Strukturierungstechniken helfen dabei, dass wir uns auf die Inhalte konzentrieren können. Analog zur verbalen Sprache wird die Visualisierung von Sachverhalten auch als *visuelle Rhetorik* bezeichnet [56].

4.2.3 Visuelle Rhetorik – mit Karten strukturieren

In der Moderation von Gruppen oder in der Gruppenarbeit im Rahmen von Workshops gilt es, die Inhalte für alle Beteiligten gut erfassbar und weitgehend vollständig darzustellen (Abb. 4.7). Damit dieses Ziel erreicht wird, helfen uns die Grundregeln der visuellen Rhetorik[4]. Visuelle Rhetorik nutzt die Visualisierung, um Inhalte und Aussagen mit Gefühlen zu verbinden. So schaffen wir die Ansatzpunkt für die Kreativität und intensive Beteiligung der Teilnehmer, um die Ziele des Workshops zu erreichen [56].

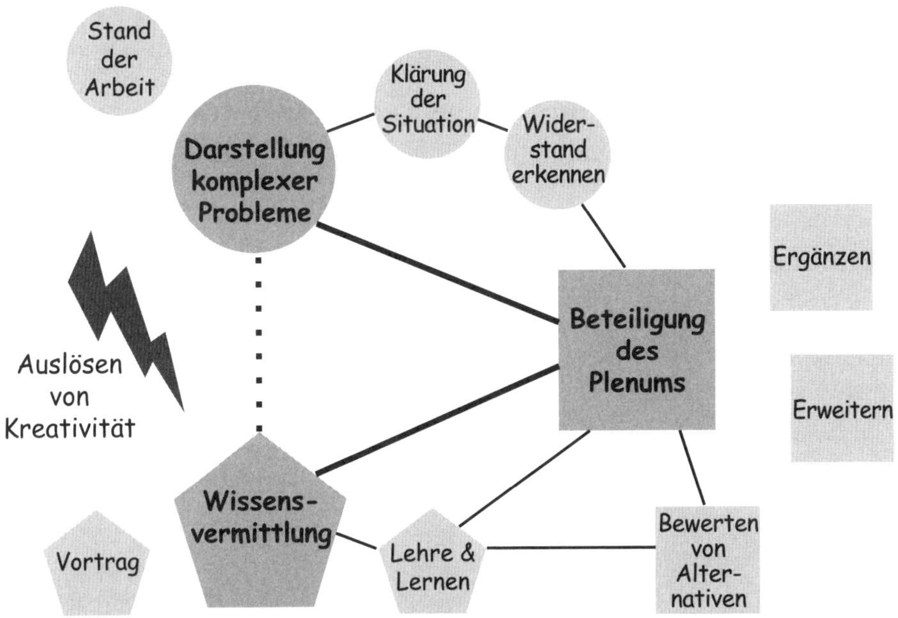

Abbildung 4.7: Mit den Mitteln der visuellen Rhetorik können unterschiedliche Aufgaben unterstützt werden [56].

Grundstrukturen einsetzen

Doch auch wenn wir bei der häufig eingesetzten Visualisierung mit Karten bleiben, ohne uns um aufwendige Bilder zu kümmern, können wir einiges ausprobieren, um eine wirkungsvolle optische Rhetorik zu erreichen. Es gibt vier Grundelemente für die Arbeit mit Karten an einer Metaplanwand, die sich auch für unsere Gestaltung am Flipchart oder Whiteboard nutzen lassen: die Liste, die Tabelle, der Baum und das Netz (Abb. 4.8) [56].

[4]Die visuelle Rhetorik wird auch als *optische* Rhetorik bezeichnet.

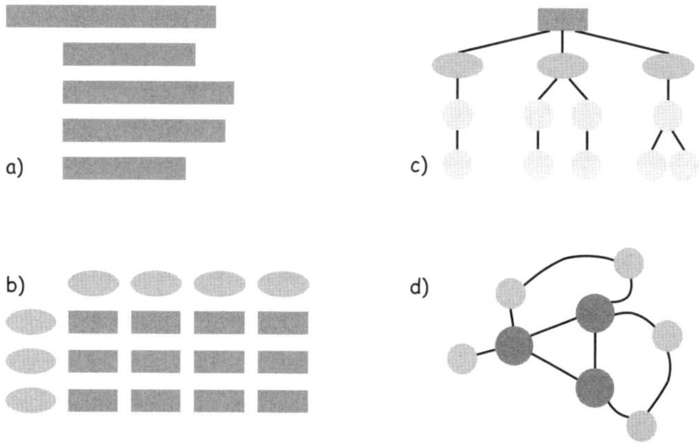

Abbildung 4.8: Die vier Hauptelemente für in sich geschlossene Darstellungen: a) Liste, b) Tabelle, c) Baum und d) Netz

Figuren erschaffen

Struktur kann auch durch sogenannte Figuren geschaffen werden, die aus den Karten gebildet werden. Eine solche Figur entsteht als Kontrast zum Hintergrund (Abb. 4.9).

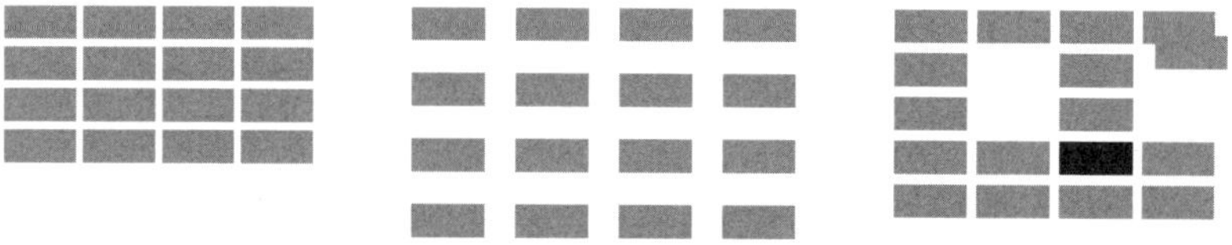

Abbildung 4.9: Figuren ergeben sich erst im Kontrast zum Hintergrund (links und Mitte). Durch Betonungen können wir wichtige Aussagen hervorheben (rechts).

Häufig ist es hilfreich, gleichfarbige Karten zu verwenden, um Figuren daraus zu bilden. So kann entweder eine Betonung erzielt (Abb. 4.9 rechts) oder auch bewusst vermieden werden, um z. B. durch die Sammlung in einem Brainstorming-Prozess diesen nicht schon gleich durch eine Betonung des Moderators zu beeinflussen. Um einzelne Aspekte zu betonen, heben wir sie mit einem farbigen Stift hervor oder schreiben sie neu auf eine andersfarbige Karte.

Eine einfache Aneinanderreihung von Karten kann durch eine Gruppierung strukturiert werden. Wir geben einer Reihe dadurch einen *Rhyth-*

mus vor (Abb. 4.10). Häufig entsteht diese Mikrostruktur als zweiter Schritt nach einer ersten, gleichberechtigten Erfassung.

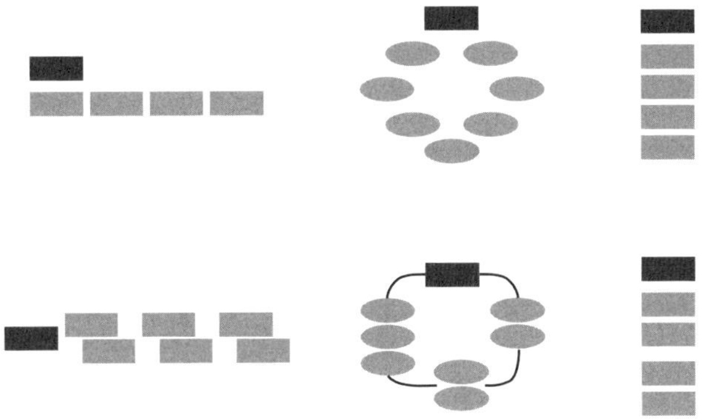

Abbildung 4.10: Durch Reihungen bilden wir eine Struktur (oben), die wir durch unterschiedliche Anordnungen noch tiefer gliedern können (unten).

Auch Dynamik oder ein aktueller Istzustand kann visualisiert werden. Wir erkennen so schnell noch offene Punkte oder die einzelnen zeitlichen Aspekte eines Ablaufs (Abb. 4.11). Grobe Abläufe bis hin zu detaillierten Planungen können wir so gut visualisieren.

Abbildung 4.11: Offene und abgeschlossene Themen können durch Ballung und Streuung herausgestellt werden (links). Der Wert dynamischer Darstellungen (rechts) kann nicht überschätzt werden.

Mit diesem Grundgerüst ausgestattet werden Ihre Workshops lebendiger ablaufen und Ihre Fotoprotokolle eindrucksvolle und beeindruckende Dokumente Ihrer kreativen, motivierenden und zielgerichteten Arbeit sein. Und Spaß macht es allen Beteiligten auch noch!

5 Grundtechniken für Workshops

5.1 Priorisierungstechniken im Workshop einsetzen

Womit fangen wir an? Womit machen wir weiter? Was werden wir dieses Mal wohl nicht bearbeiten können? Mit diesen wichtigen Fragen klären wir den inhaltlichen Umfang eines Workshops. Um sie zu beantworten, brauchen wir eine Priorisierung der infrage kommenden Themen. Für eine aussagekräftige Priorisierung sind die Antworten auf zwei Fragen wichtig:

- Welche Rahmenbedingungen sind vorgegeben, also welche Themen müssen wir auf jeden Fall behandeln bzw. welche Ergebnisse sind auf jeden Fall zu liefern?
- Wie binden wir alle Teilnehmer in die Priorisierung ein, sodass wir eine Gesamtsicht erhalten?

Die erste Frage können Sie von Workshop zu Workshop selbst klären. In diesem Kapitel geht es um Antworten auf die zweite Frage, d. h. um Techniken zur Priorisierung in der Gruppenarbeit.

5.1.1 Ziele der Priorisierung über eine Leitfrage festlegen

Eine Priorisierung steht nicht für sich allein im Raum. Sie bezieht sich stets auf einen Rahmen und ein Ziel. Ansonsten gäbe es nicht die vielen unterschiedlichen Prioritäten, mit denen wir in unserer Arbeit z. B. mit verschiedenen Fachbereichen konfrontiert werden. Um eine sinnvolle Prioritätenreihenfolge zu erhalten, ist als Erstes zu definieren, was *sinnvoll* bedeutet.

Ein solcher Rahmen kann durch eine Aufgabe oder ein wirtschaftliches Ziel vorgegeben sein und wird vor der Priorisierung allen Teilnehmern verdeutlicht. Häufig ist dieser Rahmen zu diesem Zeitpunkt noch etwas abstrakt oder allgemein. Dann kann er durch eine Leitfrage weiter präzisiert werden. Eine solche Leitfrage ist eine offene Frage, die die Gedanken der Teilnehmer lenkt, ohne sie zu sehr einzuschränken. Meist ergibt sich die Leitfrage aus dem konkreten Ziel des Workshops. Die möglichen Aufgaben innerhalb des Workshops orientieren sich daran. Die Leitfrage ist also eine Paraphrasierung des Workshopziels. Diese Umformulierung kann sehr hilfreich sein, da eine offene Frage sehr wohl eine Denkrichtung vorgibt, dabei den Lösungsraum allerdings nicht weiter einschränkt. Gleichzeitig erhalten wir so ein Bewertungskriterium, das uns erlaubt, zielführendere Ideen von ablenkenden zu unterscheiden. Wir kommen auf diese Stärke von Leitfragen im Zusammenhang mit Brainstorming ab Seite 59 zurück.

Wie kann so eine Leitfrage für eine Priorisierung von Aufgaben aussehen? Eine Leitfrage bezieht sich auf einen Zeitraum und eine Wirkung, die innerhalb dieses Zeitraums messbar erfolgen soll. Leiten wir als Berater einen Workshop mit Führungskräften mit dem Ziel, Ideen für eine Umsatzsteigerung zu finden, so könnte die Leitfrage z. B. folgendermaßen lauten: »Wie können wir innerhalb der nächsten drei Monate unseren Umsatz um 15 % steigern?« Wenn wir neue Anforderungen für eine Produktweiterentwicklung entwickeln möchten, kann beispielsweise folgende Leitfrage gestellt werden: »Mit welchen Funktionen können wir mit der nächsten Version unserer Software neue Anwendergruppen erschließen?« Diese beiden Fragen sind natürlich nur Beispiele und dienen als Anregung für Ihre Formulierungen in Ihrem nächsten Workshopkontext. Jetzt ist die Richtung klar und wir widmen uns nun den verschiedenen Priorisierungstechniken.

5.1.2 Muddiest Point

Was ist der *schlammigste Aspekt*? Wo liegt das größte Problem? Jeder Teilnehmer darf auf diese Frage nur eine Antwort geben und den *Muddiest Point* auf eine Karte schreiben [1].

Die Karten werden nun gesammelt und auf eine Metaplanwand gepinnt oder auf ein Flipchart geklebt. Nachfragen und Erläuterungen sind erlaubt und sogar erwünscht. Wir haben jetzt eine Übersicht der schwierigsten Aspekte der Aufgabenstellung aus Sicht der Teilnehmer. Überraschenderweise ist diese Sicht oft sehr breit und alles andere als eindimensional. Es wird auf die wichtigsten Aspekte fokussiert und sekundäre Themen finden kaum Beachtung.

Diese Sammlung geht vergleichsweise schnell und funktioniert auch in Großgruppen. Die Aussagekraft ist dennoch hoch, so dass sich diese Methode nach unserer Erfahrung gut eignet, wenn in kurzer Zeit besonders wirkungsvolle Ergebnisse erzielt werden sollen. Mit der Muddiest-Point-Technik finden wir schnell die dazu notwendigen Ansatzpunkte.

Der Nachteil liegt in der mangelnden Breite der Ergebnisse und einer rein subjektiven Priorisierung. Wir finden auf diese Art häufig Aspekte, die nur für wenige oder sogar nur einen einzigen Teilnehmer schwierig sind, aber unter Umständen einen Gesamtprozess kaum belasten. Dennoch können gerade diese Informationen für eine Softwareentwicklung wichtig sein, da sie z. B. auf individuelle Barrieren hinweisen, die uns möglicherweise bei der Einführung neuer Abläufe oder neuer Software später behindern und deren Akzeptanz verringern. Auch können diese Hinweise wichtig sein, um genau dort einfache Lösungen anbieten zu können, die die Akzeptanz der Anwender deutlich erhöhen oder sogar Begeisterungsqualität[1] haben.

5.1.3 Punkte kleben

Wenn wir eine längere Liste möglicher Themen zu bearbeiten haben und diese in eine Reihenfolge bringen möchten, damit die wichtigsten Themen auf jeden Fall in einer begrenzten Zeit bearbeitet werden können, hilft uns das *Punktekleben*. Jeder Teilnehmer bekommt eine bestimmte Anzahl an Klebepunkten und darf diese frei den einzelnen am Flipchart zusammengetragenen Themen zuordnen. Die Summe der Klebepunkte entspricht dann unserer Gruppenpriorität (Abb. 5.1). Das geht schnell und klingt einfach. Dennoch gibt es dabei ein paar Aspekte zu beachten.

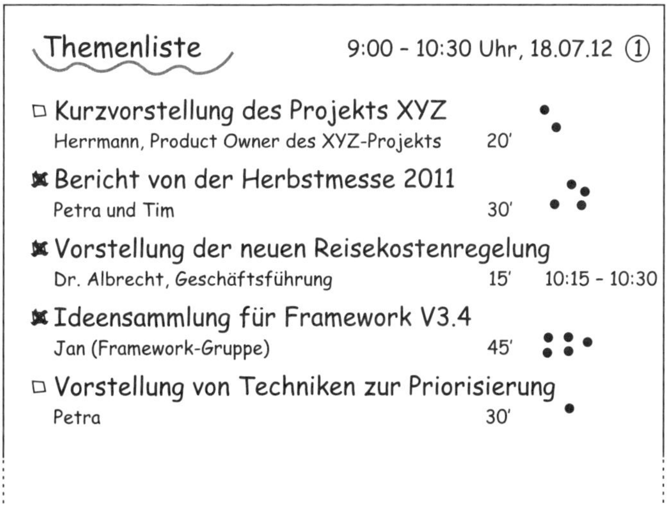

Abbildung 5.1: Eine Themenliste kann über Klebepunkte durch die Teilnehmer priorisiert werden. Aus der Geschäftsleitungsebene vorgegebene wichtige Themen werden dabei vom Moderator vorher fest eingeplant wie im dritten Punkt der Liste.

Zunächst ist zu klären, wie viele Punkte jeder Teilnehmer erhält. Diese Anzahl kp der Klebepunkte pro Person lässt sich grob nach folgender Formel bestimmen:

$$\frac{Anzahl_{Themen}}{Anzahl_{Personen}} + 1 = kp_{proPerson}$$

[1] Siehe auch Kano-Modell aus *Soft Skills für Softwareentwickler* [70].

Im Beispiel aus Abbildung 5.1 haben wir vier zu priorisierende Aspekte, da der dritte Punkt fest vorgegeben ist, und sechs teilnehmende Personen. Daraus resultieren etwa $1,7$ Klebepunkte pro Person, was in diesem Fall zu 2 aufgerundet wurde. Haben wir mehr Aspekte zu priorisieren, bietet es sich oft an, lieber abzurunden, um die Gesamtzahl überschaubar zu halten. Wenn wir ein stark polarisiertes Ergebnis z. B. im Sinne eines Muddiest Point provozieren möchten, kann es im Extremfall sinnvoll sein, jedem Teilnehmer nur einen Klebepunkt zur Verfügung zu stellen.

Es ist erlaubt, seine Klebepunkte beliebig zu verteilen oder mehrere Klebepunkte demselben Aspekt zuzuordnen. Nur das Teilen eines Klebepunkts ist verboten, obwohl es physikalisch möglich ist. Es sind also Panaschieren und Kumulieren erlaubt.

Oft finden wir einzelne Teilnehmer, die aus taktischen Gründen versuchen, als letzte ihre Wertung abzugeben. Sie erhoffen sich dadurch, das Gesamtergebnis noch maßgeblich beeinflussen zu können. Typischerweise ist dies jedoch nicht mehr für die wichtigsten Aspekte möglich, da hier meist die Abstände zu den anderen sehr groß sind, sondern nur noch für die Reihenfolge der im Mittelfeld platzierten Themen realisierbar. Wenn wir damit bei einigen Teilnehmern wiederkehrende Probleme haben oder sich dieser Trend auszubreiten droht, kann die Anzahl der Punkte reduziert werden, also mehr in Richtung *Muddiest Point* gegangen werden. Eine andere Möglichkeit besteht organisatorisch darin, dass alle Teilnehmer ihre Priorisierung vorab geheim auf einem Extrablatt notieren, dann der Moderator diese Blätter einsammelt und die Punkte auf das Flipchart klebt.

Wenn einzelne Themen aus der Priorisierung ausgeschlossen werden sollen, weil sie z. B. durch die Geschäftsführung gesetzt sind, werden diese Aspekte entsprechend gekennzeichnet. In Abbildung 5.1 ist dies bereits vorab durch ein Auswahlkreuz vor dem dritten Thema und eine zeitliche Planung erfolgt. Die Vorabplanung hilft, wenn für diesen Punkt zusätzliche Teilnehmer z. B. aus dem Management anwesend sein sollen. Diese können sich darauf einstellen und erscheinen nur für die Bearbeitung dieses Punkts. So bleiben unsere Arbeitsgruppen möglichst klein.

5.1.4 Prioritätsliste

»Bringe die acht Punkte doch mal eben einfach in eine Reihenfolge nach Priorität sortiert!« So einfach wie gedacht wird es leider oft nicht sein. In der Tat fällt es vielen Menschen schwer, für sie wichtige Dinge zu priorisieren. Es scheint so, als ob es sich gefühlt nicht um eine Entscheidung für A handelt, sondern gegen B. Und wer entscheidet sich schon gerne offen gegen etwas? Dann ist doch lieber alles wichtig. Doch wenn wir so eine Aussage hören oder lesen, können wir sie auch gleich in ihr faktisches Äquivalent übersetzen: »Nichts ist wichtig!«

Also brauchen wir eine Technik, mit der eine einzelne Person oder eine Gruppe eine Liste ohne solche Bedenken priorisieren kann. Die Technik haben wir bereits in *Soft Skills für Softwareentwickler* [70] in einem anderen Kontext erläutert. Wir stellen sie hier in ihrer allgemeinen Form dar: Eine Liste wird über paarweise Vergleiche priorisiert. In Abbildung 5.2 finden wir ein Beispiel für eine derartige Priorisierung von Anforderungen.

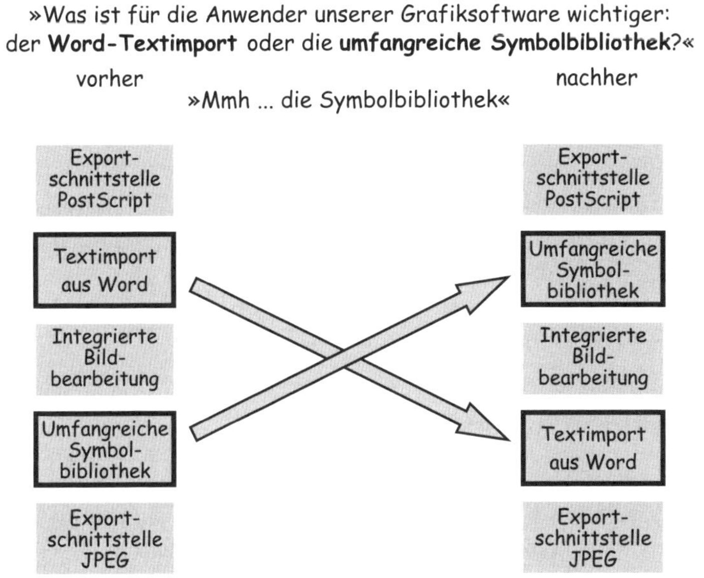

Abbildung 5.2: Eine Liste von Anforderungen wird über den relativen Vergleich von jeweils zwei Werten nach Priorität sortiert [70].

Für die Priorisierung einer Liste von Themen bringen wir diese zuerst in einen beliebigen Ausgangszustand. Dazu können wir jeden Begriff auf eine eigene Karte schreiben und diese vor uns auf einem Tisch oder dem Fußboden aufreihen. Jetzt wählen wir zwei beliebige Karten aus und fragen uns, welche von diesen beiden für uns oder für den Erfolg des Projekts[2] wichtiger ist. Ist die ursprünglich höher liegende Karte wichtiger, bleibt alles beim Alten und wir reihen sie in der ursprünglichen Reihenfolge wieder ein. Wenn nicht, tauschen wir sie um (Abb. 5.2).

Dieser paarweise Vergleich wird so lange mit beliebigen Kombinationen fortgesetzt, bis sich länger keine Veränderung der Liste ergeben hat. Diese Liste ist unser Ergebnis. Sie stellt die relative Priorisierung der Themen zueinander dar.

[2]Oder welchen Aspekt wir mit unserer Priorität betrachten wollen.

Wenn wir bei der Priorisierung stark vorgeprägt sind, z. B. durch unser letztes Projekt, so können wir diese Liste mithilfe eines Kollegen auch *blind* priorisieren. Wir setzen uns so, dass wir die Karten nicht sehen können. Unser Kollege stellt uns die Prioritätsfragen zu von ihm ausgewählten Paaren und sortiert die Liste nach unseren Antworten.

Diese Methode klappt auch in der Gruppenarbeit. Dazu platzieren sich alle Teilnehmer um die Karten herum. Eine wichtige Grundregel ist, dass nicht gesprochen werden darf. Dann geht jeder für sich jeweils ein beliebiges Paar im Geiste durch und tauscht die betroffenen beiden Karten ggf. aus. Dieser Prozess läuft so lange, bis entweder eine stabile Liste entstanden ist, die von allen Beteiligten abgenickt wird, oder sich ein dauerhafter Ringtausch zwischen zwei oder drei Karten ergeben hat. Im letzten Fall lässt sich keine gemeinsame Gruppenpriorität finden. Wir können dann die Gruppe so aufteilen, dass zwei stabile Prioritätslisten entstehen und können die Differenzen analysieren und diskutieren. Vielleicht lässt sich nach Klärung der Details und impliziten Annahmen doch noch eine gemeinsame Liste erarbeiten oder wir arbeiten mit einem Prioritätskoordinatensystem.

5.1.5 Prioritätskoordinatensystem

Wenn wir aus zwei unterschiedlichen Sichten eine gemeinsame Priorität ableiten wollen, kann uns dabei auch ein grafisches Verfahren helfen. Jede der beiden Sichtweisen wird durch eine von zwei Koordinatenachsen repräsentiert (Abb. 5.3) [44].

Diese Technik ist z. B. nützlich, wenn die Gesamtpriorität von gemeinsamen Anforderungen aus den beiden Sichten zweier Fachbereiche ermittelt oder eine gemeinsame Prioritätssicht von Fachbereich und Entwicklung gewonnen werden soll. In beiden Fälle prallen unterschiedliche Einschätzungen aufeinander. Was technisch eine hohe Priorität genießt, weil die nicht funktionalen Teile der Anforderung besonders kritisch sind, kann fachlich von nur durchschnittlichem Nutzen sein und umgekehrt.

Wie funktioniert das genau? Zuerst erstellen beide Parteien ihre Prioritätenliste. Dazu kann die vorher beschriebene Technik dienen. Dann wird eine der beiden Sichten mit Karten auf ein vorbereitetes Koordinatensystem auf eine der Achsen übertragen. Danach wird für jede Karte durch ein paralleles Verschieben zur anderen Achse die zweite Prioritätsliste übertragen. Dabei wird jede Karte entsprechend der zweiten Prioritätsliste verschoben. In Abbildung 5.3 ist dies für die Anforderung *Fkt. E* angedeutet.

Die gemeinsame Priorität ergibt sich aus dem resultierenden Vektor vom Ursprung zur Anforderung. Für die Anforderung *Fkt. A* ist dieser Vektor exemplarisch eingetragen. Seine Länge entspricht der Priorität. Wenn wir auf den Prioritätsachsen eine Zahlenachse hinterlegen, können wir die-

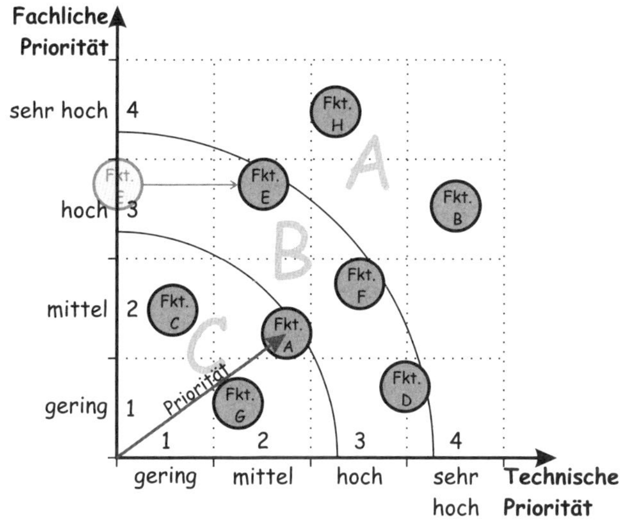

Abbildung 5.3: Gemeinsame Priorität wird aus zwei unterschiedlichen Prioritätssichten grafisch ermittelt [44].

sen Wert über das rechtwinklige Dreieck nach Pythagoras mit folgender Formel berechnen:

$$Prio_{ges} = \sqrt{Prio^2_{fachl} + Prio^2_{techn}}$$

Das ergibt mit den Beispielwerten der *Fkt. A* von $1,2$ für die fachliche und $1,8$ für die technische Priorität eine gemeinsame Priorität von $2,16$.

5.2 Effiziente Diskussionen

5.2.1 Um den Fokus bitten

Manchmal geht es in Diskussionen leider nur mit einer geringen Fokussierung auf Ergebnisse zur Sache. Die klassische Lösung ist hier, einen Moderator dafür einzusetzen, Struktur und Klarheit zu erlangen. Doch ist dies häufig nicht möglich. Wenn sich ein Berater mit zwei Entwicklern trifft, um die nächsten Schritte in der anstehenden Iteration abzustimmen, wird wohl kaum ein externer Moderator dieses Treffen leiten. Was dann jedoch oft passiert, ist ein Verzetteln und munteres Hin- und Herspringen zwischen den einzelnen Themen. Im folgenden Beispiel sind wir mitten in der Diskussion des Beraters Peter mit den beiden Entwicklern Paul und Maria, um anstehende Designentscheidungen abzustimmen und zu treffen:

Peter	**Paul**	**Maria**
»Die geplante Erweiterung beim Kontozugriff könnte problematisch sein?«		
	»Außerdem müssen wir die neuen Anforderungen für die internen Prüfregeln berücksichtigen! Für deren Implementierung möchte ich gerne unser Framework erweitern.«	
		»Wenn du sowieso das Framework anpackst, kannst du doch gleich noch unsere neuen Ideen vom letzten Workshop umsetzen!«

Eines der Probleme dieser Diskussionsführung ist die große Anzahl offener, parallel behandelter Themen. Es wird eine Reihe von Aspekten gleichzeitig behandelt. Wir halten dann verschiedene Diskussionsfäden in Gedanken fest, was Energie für die Behandlung der Themen raubt. Auch kurz zu betrachtende Aspekte werden so unnötig lange offen gehalten.

Doch wie könnten wir es besser machen? Wie gelingt es uns, zumindest für die schnell abzuschließenden Themen den Fokus zu bewahren? Die entscheidende Änderung könnte sein, einen Redebeitrag nicht einfach offen stehen zu lassen, sondern mit einer konkreten Bitte abzuschließen (Abb. 5.4). Diese Bitte muss sofort von den Teilnehmern erfüllbar sein. Gerade bei Fragestellungen, in denen es um Informationsgewinn geht, kann dies zu einer schnellen Klärung beitragen. Unser obiges Beispiel wäre dann vielleicht folgendermaßen abgelaufen:

Peter	**Paul**	**Maria**
»Die geplante Erweiterung beim Kontozugriff könnte problematisch sein? Könnt ihr mir bitte sagen, welche Risiken ihr dabei seht?«		
	»Da kann ich nichts zu sagen, da kenne ich mich nicht aus.«	
		»Auf jeden Fall sind die Unit Tests für das Exception-Handling zu erweitern, weil wir hier ursprünglich keine differenzierten Exceptions vorgesehen haben!«
	»Kommen wir jetzt zu den neuen Anforderungen ...«	

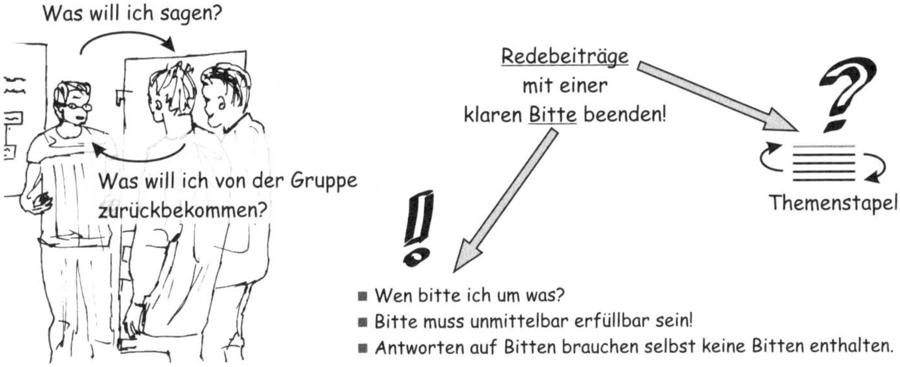

Abbildung 5.4: Bei Diskussionen in größeren Gruppen findet sich oft das Problem, dass die verschiedenen Themen aufgrund einer Rednerliste in einem Themenspeicher landen, der wie ein Stack organisiert ist. Zwischen den einzelnen Themen wird dann munter hin- und hergesprungen (rechts). Als Alternative dazu bietet es sich an, ein Thema erst abzuschließen. Dies wird durch eine konkrete Bitte am Ende eines Redebeitrags gefördert.

Der entscheidende Unterschied ist, dass das Thema Risiken der Erweiterung in dieser Gruppe abgehakt ist. Weder Peter noch die anderen brauchen es auf ihrem Themenstapel zu halten. Dies geht natürlich nur bei Themen, die sich schnell abschließen lassen. Doch je kleiner der Themenstapel ist, desto einfacher kann jeder Einzelne in einer Gruppe auch ohne Moderator die Übersicht über die gerade aktiv behandelten Themen behalten.

Zugegeben, diese Diskussionsform ist gewöhnungsbedürftig. Doch als Steuerungstechnik in Diskussionen kann sie gut von den einzelnen Teilnehmern angewendet werden, wenn etwas mehr Fokussierung angebracht erscheint. Bitten Sie die anderen Teilnehmer der Besprechung, nach den Regeln aus Abbildung 5.4 zu kommunizieren. Um diese Technik einfach mal auszuprobieren, können Sie die Übung B.1 auf Seite 275 mit Ihrem Team durchspielen.

5.2.2 Seriell oder Multitasking?

Warum kann es so wertvoll sein, erst einen Themenstrang abzuschließen, bevor ein anderer intensiv bearbeitet wird? Wir haben es doch in unserem Beraterralltag gelernt, viele Fäden gleichzeitig in der Hand zu halten und parallel zu arbeiten. Wie sollten wir sonst so viel in so wenig Zeit schaffen? Hoffentlich unterliegen Sie da nicht einem Trugschluss. Wann sind wir wirklich schneller und wann denken wir nur, dass wir es sind? Glücklicherweise gibt es auch darüber intensive Studien. Und die Antwort lautet wie so oft: »Es kommt darauf an!«

Anders als ein Computer können wir einige Aufgaben nicht gleichzeitig bewältigen. Versuchen Sie doch einmal innerhalb einer Sekunde die Zahlen 14 und 4 zu addieren und zu multiplizieren. Es wird wohl nicht klappen. Ob wir Aufgaben im Multitasking bearbeiten können oder uns damit nur überlasten, hängt von der Schwierigkeit der Aufgabe ab. Einfache Routinetätigkeiten belasten unser Gehirn kaum und wir können wunderbar parallel auch eine schwierige Aufgabe bewältigen [37]. Probieren Sie doch mal aus, was Sie alles parallel zum täglichen Zähneputzen erledigen können.

Ein anderer Aspekt ist die Ähnlichkeit von Aufgaben. Je unterschiedlicher sie sind, desto eher besteht die Wahrscheinlichkeit, dass unterschiedliche Regionen unseres Gehirns daran beteiligt sind. In diesem Fall lässt sich das Multitasking auch gut üben, sodass eine der Tätigkeiten Routinecharakter bekommt. Sind sich die Aufgaben allerdings zu ähnlich, blockieren sie sich gegenseitig und wir verlieren unsere Geschwindigkeit. Hier wäre ein serielles Arbeiten sinnvoller.

Unsere unbewussten Prozesse können uns auch im Multitasking behindern, wenn sie so weit automatisiert sind, dass sie unwillkürlich und kaum unterdrückbar geworden sind. Wenn wir z. B. ein Wort sehen, haben wir es auch Sekundenbruchteile später gelesen, ob wir wollen oder nicht. Das kann dann zu Interferenzen mit unseren anderen Aufgaben führen und uns regelrecht ausbremsen [37]. Was bedeutet das in einem Workshop? Wenn Teilnehmer z. B. über ihr Smartphone parallel ihre E-Mails checken, können Begriffe, die sie dort lesen, mit der aktuellen Workshoparbeit interferrieren und diese ausbremsen. Wenn die E-Mails so wichtig sind, dann legen Sie in der Agenda E-Mail-Pausen fest, in denen die Teilnehmer sich den *Management-Tamagotchis* widmen können. Ansonsten bleiben die kleinen Quälgeister aus!

Wir können unsere Hirnzellen auf das ständige Umschalten trainieren. Doch unser Gehirn ist kein Computer. Es reagiert eher konservativ, sodass bei schnellen Wechseln keine nachhaltige neuronale Repräsentanz erreicht werden kann. Dies hat zur Folge, dass die Gesamthirnaktivität bei der parallelen Verarbeitung anspruchsvoller Aufgaben sogar geringer ist als die Summe der Hirnaktivitäten bei serieller Bearbeitung der Aufgaben. Wer ständig zwischen zwei Aufgaben, wie E-Mails erledigen und einen Bericht schreiben, hin- und herspringt, braucht etwa eineinhalbmal so lange, wie eine serielle Bearbeitung dauern würde. Multitasking spart eben nur dann Zeit, wenn es sich um entspannte Routinetätigkeiten handelt [37].

Kommen wir nach diesem kleinen Exkurs wieder zurück zu unseren Diskussionen in einem Workshop. Sorgen Sie als Moderator dafür, dass der aktuelle Themenspeicher klein bleibt. Auch unter Zeitdruck bleiben Sie bei einer seriellen Bearbeitung der Aufgaben. Auf einer Workshopagenda finden Sie keine Routineaufgaben, die einfach so parallel laufen können. Wenn doch, so können Sie diese Aufgabe aus der Agenda streichen. Für Routineaufgaben sind Workshops einfach zu teuer und aufwendig. Damit nichts Wichtiges verloren geht, visualisieren Sie den ganzen Themenspeicher auf einem Flipchart und priorisieren sie die Themen. So können Sie sich mit Ihren Teilnehmern einer Aufgabe nach der anderen widmen. Das ist in der Regel der schnellste Weg, die Arbeit zu erledigen.

5.3 Kreative Ideen in der Gruppe finden

5.3.1 Klassisches Brainstorming – Licht und Schatten

Seit den 1950er-Jahren ist die Technik des Brainstormings, um neue Ideen und Ansätze zu finden, weit verbreitet[3]. Dabei wird die Sammlung neuer Ideen von ihrer Bewertung getrennt. Durch freies, unzensiertes Denken sollen neue Ideen und Ansätze gefunden werden. Wenn ein paar helle Köpfe zusammenkommen, kann ein solches Brainstorming eine bewegende und motivierende Erfahrung sein. Doch sollten wir uns davon nicht blenden lassen. Brainstorming in einer Gruppe mit drei oder mehr Teilnehmern ist schnell ineffizient [65].

Die Effizienzbetrachtung bezieht sich zum einen auf die Anzahl der gefundenen Ideen. Eine Gruppe kann nur deutlich weniger Ideen produzieren, als wenn wir die Gruppenmitglieder einzeln Ideen entwickeln lassen und deren unterschiedliche Ideen zählen. Der Grund liegt darin, dass stets nur eine Person reden kann. Die Kommunikation der Ideen bildet den Flaschenhals [65].

Dazu kommt, dass das völlig freie, richtungslose Produzieren von Ideen eine Menge Ausschuss erzeugt. Viele Ideen taugen nicht einmal als Anregung für andere Gedanken. Die völlige Freiheit im Denken und das Verbot, Ideen sofort zu bewerten, haben ihre Schattenseiten. Doch wie können wir es besser machen?

5.3.2 Mit System querdenken und Leitfragen nutzen

Wir sind bereits bei dem Thema *Prioritäten* auf den Wert einer Leitfrage als Ausgangspunkt unserer Arbeit eingegangen. Auch für unsere kreative Arbeit ist dieser Ansatz hilfreich. Ohne eine Richtungsvorgabe als Denkleitplanken ist die Aufgabenstellung eines Brainstormings oder anderer Ideenfindungs-Workshops zu diffus, um verlässlich brauchbare Resultate liefern zu können [14].

[3]Brainstorming geht auf die Veröffentlichung *Applied Imagination* von Alex Osborn aus dem Jahr 1953 zurück.

Doch wie kommen wir zu nützlichen Leitfragen? Bei der Analyse erfolgreicher Firmen, die es in kurzer Zeit aus der Garage in die Fortune-500-Liste gebracht haben, und der möglichen Mottos, die hinter diesen Unternehmen stehen könnten, sind drei damalige McKinsey-Berater[4] auf eine Liste mit 21 schlauen Fragen für Produktentwickler gestoßen. Diese Fragen können auch direkt als Leitfragen für Workshops eingesetzt werden oder zeigen zumindest, wie solche Fragen aussehen. Als Anregung finden Sie hier eine Auswahl aus der Fragenlisten, die für entsprechende Workshops in Softwarehäusern passen könnte [14]:

- Was ist für den Käufer oder Nutzer unseres Produkts oder unserer Dienstleistung der größte Nachteil, den er bewusst oder unbewusst in Kauf nimmt?
- Welche Anwender nutzen unser Produkt auf besonders ungewöhnliche Weise?
- Welche Kunden investieren mindestens 50 % des Produktpreises, um es an ihre Bedürfnisse anzupassen?
- Wer kauft unser Produkt in überraschend großen Mengen?
- Wer kämpft mit denselben Problemen wie wir, aber aus einem anderen Grund? Wie gehen diese Unternehmen diese Probleme an?
- Welche Informationen über Kunden und Produktverwendung fallen als Nebenprodukt unseres Geschäfts an, die wir nutzen können, um ein anderes Geschäft radikal zu verbessern?
- Was ist das größte Ärgernis für unsere Kunden und Anwender beim Kauf oder Einsatz unserer Produkte bzw. Dienstleistungen?
- Welche spontanen Verbesserungen haben Kunden an unserem Produkt vorgenommen?
- Für welche unserer Kunden eignet sich unser Produkt oder unsere Dienstleistung am wenigsten?
- Welche Kunden bedient unsere Branche bewusst nicht und warum?
- Welche Kundengruppe wäre richtig groß, wenn wir ein Hindernis aus dem Weg räumen könnten, an das wir bisher noch nicht gedacht haben?
- Was würden wir anders machen, wenn wir vollständige Informationen über unsere Käufer, Anwender, Vertriebskanäle usw. hätten?
- Welche Technologien, die in unseren Produkten eingesetzt werden, haben sich seit der letzten Produktüberarbeitung am stärksten weiterentwickelt oder verändert?
- Welche Technologien, auf denen unsere Produktionsprozesse beruhen, haben sich seit der letzten Produktionsprozessüberarbeitung am stärksten weiterentwickelt oder verändert?

[4] Kevin Coyne, Patricia Gorman Clifford und René Dye.

Halten Sie die Anzahl der Teilnehmer an kreativen Workshops möglichst gering. So wird der Kommunikationsflaschenhals nicht zu eng. Lassen Sie die Teilnehmer sich anhand einer Leitfrage vorbereiten. So erhöhen Sie die Qualität der Ideen. Laden Sie Teilnehmer ein, die Antworten auf die Leitfrage geben können, also die von den Aspekten aus der Leitfrage betroffenen Mitarbeiter. Diese Gruppe wird dann vermutlich recht heterogen sein, was beabsichtigt ist. So können Sie dann systematisch Querdenken üben.

5.4 Gruppenfeedback geben

Wie wir bereits in Abschnitt 3.1.3 ab Seite 23 gesehen haben, geben Rückkopplungsschleifen uns eine gute Möglichkeit, zu lernen und unsere Arbeit zu verbessern. Dies trifft auf Workshops genauso zu wie auf ein iterativ durchgeführtes Projekt. Gerade in mehrtägigen Workshops haben wir durch ein tägliches Feedback sogar die Chance, den laufenden Prozess zu verbessern und für ein optimales Ergebnis zu sorgen.

Leider haben wir manchmal nicht ausreichend Zeit für ein ausführliches Feedback oder die Gruppe ist sehr groß. Wir möchten in diesem Abschnitt vier Techniken zum Gruppenfeedback vorstellen, die mit ihren unterschiedlichen Stärken zur Lösung solcher Anforderungen eingesetzt werden können. Für alle Formen gilt gleichermaßen eine Grundregel: Wer nichts sagen möchte, der wird auch nicht dazu gezwungen oder überredet, sondern gibt einfach das Wort an den Nächsten weiter.

5.4.1 Feedbackrunde

Beginnen wir mit dem Klassiker. Alle sitzen im Kreis und geben nacheinander ein individuelles Feedback. Dies kann in einer festen Reihenfolge ablaufen oder frei durcheinandergehen. Die Aussagen können ohne Vorgaben sein oder sich an eine einfache Feedbackregel wie die folgenden vier Fragen halten:

1. Was hat mich unterstützt?
2. Welche Stärken habe ich in der Gruppe wahrgenommen?
3. Was hat mich irritiert?
4. Was wünsche ich mir beim nächsten Mal anders?

Bei den Regeln ist es hilfreich, wenn wir diese auf ein Flipchart schreiben und so platzieren, dass alle sie sehen können. Diese Orientierungshilfe vereinfacht es den Feedbackgebern, sich auf ihre Inhalte zu konzentrieren und nicht noch die Feedbackstruktur im Kopf behalten zu müssen.

Der Vorteil der Feedbackrunde ist die Ausführlichkeit und eine Dynamik, die für die späteren Feedbackgeber einsetzt, wenn sie auf das Feedback der Vorredner reagieren können, ohne dabei jedoch eine Diskussion zu beginnen oder sich zu rechtfertigen. Daraus resultiert auch ein Nachteil, denn für die letzten Feedbackgeber bleibt oft nichts Neues mehr zu sagen. Das kann auf diese Kollegen frustrierend wirken. Wenn in einer festen Gruppe mehrmals Feedback gegeben wird, z. B. bei mehrtägigen Veranstaltungen, dann können wir dafür sorgen, dass die Reihenfolge wechselt, um diesen Effekt zu minimieren.

5.4.2 Blitzlicht oder Streichholz-Feedback

Wenn die Zeit knapp ist, können wir ein Kurzfeedback, das Blitzlicht, durchführen. Entweder begrenzen wir die Anzahl der Sätze z. B. auf drei oder wir begrenzen die Zeit z. B. auf 15 Sekunden. Dadurch erhalten wir eine besonders starke Fokussierung der Teilnehmer auf das Wesentliche. Dabei besteht allerdings ein Risiko darin, einen wichtigen Hinweis nicht zu erhalten, weil entweder die Zeit zu knapp bemessen wurde oder die Teilnehmer eine andere Priorisierung ihrer möglichen Aussagen vorgenommen haben.

Damit das Blitzlicht funktioniert, wird eine Überwachungsrolle benötigt, also z. B. ein Zeitnehmer. Diese Person achtet auf die Einhaltung der Regeln. Diese Rolle kann auch wechseln, z. B. überwacht der letzte Feedbackgeber den nächsten.

Eine besonders spannende Variante, die leider organisatorisch nicht überall möglich ist, stellt das Streichholz-Feedback dar. Wir reichen einen feuerfesten Untersatz und ein Paket Streichhölzer herum. Wenn ein Teilnehmer an der Reihe ist, entzündet dieser ein Streichholz und darf nun so lange reden, wie das Streichholz brennt. Das Überraschungsmoment ist groß, doch leider lenkt es auch von den Inhalten ab. Daher ist das Streichholz-Feedback besonders gut als kurzes Zwischenfeedback geeignet, wenn wir den Überraschungsmoment auch noch dafür nutzen möchten, um den Kopf wieder frei zu bekommen oder etwas Abstand zu gewinnen. Es eignet sich auch gut vor Pausen oder anderen Unterbrechungen.

5.4.3 Visuelles Feedback

Wie bei einer Priorisierung über Punkte aus Abbildung 5.1 auf Seite 51 können die Teilnehmer am Ende der Veranstaltung oder bei mehrtägigen Workshops als Tagesabschluss Klebepunkte auf eine oder mehrere Skalen anbringen (Abb. 5.5). Pro Skala erhält jeder Teilnehmer einen Klebepunkt. Dieses Feedback kann dann dem Fotoprotokoll beigefügt werden.

Diese Feedbackvariante ist halbwegs anonym, was z. B. durch die explizite Abwesenheit der Workshopverantwortlichen noch unterstützt werden

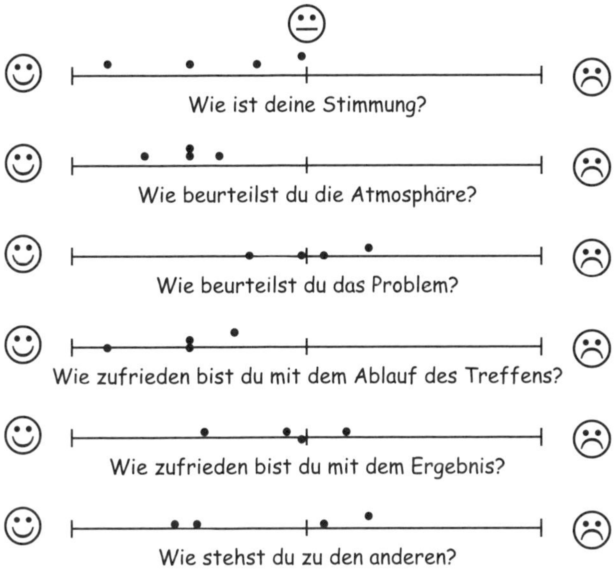

Abbildung 5.5: Beispiel für ein visuelles Feedback der Teilnehmer über Klebepunkte auf Skalen (Abb. aus [70])

kann. Bei mehrtägigen Workshops können damit auch Tendenzen und Verbesserungen erkannt und dokumentiert werden.

5.4.4 Feedback über eine Aufstellung

Die wohl emotionalste Form des visuellen Feedbacks ist eine Aufstellung der Teilnehmer im Raum. Auf einer freien Fläche im Workshopraum wird mit Metaplankarten und bei großen Gruppen zusätzlich mit etwas Klebeband eine Skala oder ein einfaches Koordinatensystem angedeutet. Jeder Teilnehmer sucht nun seinen Platz im Raum auf, der seinem Feedback entspricht (Abb. 5.6).

Wenn wie im Beispiel aus Abbildung 5.6 eine eher fachliche Skala mit einer gruppendynamischen Fragestellung kombiniert wird, kann diese Form eine hohe Brisanz entwickeln. Daher raten wir diese Form nur workshoperfahrenen Beratern, die auch in der Lage sind, mit den eventuell resultierenden, hoch emotionalen Konsequenzen verantwortungsvoll umzugehen, und abschätzen können, ob die Gruppe damit angemessen umgehen kann.

Warum zielt diese Form manchmal so direkt auf unsere Gefühle? Durch Aufstellungen im Raum wie z. B. auch bei einer Systemaufstellung werden konkrete Ereignisse im Raum abgebildet. So kann das Wesentliche von bestimmten Situationen auf einen Schlag mit einem Bild vermittelt werden.

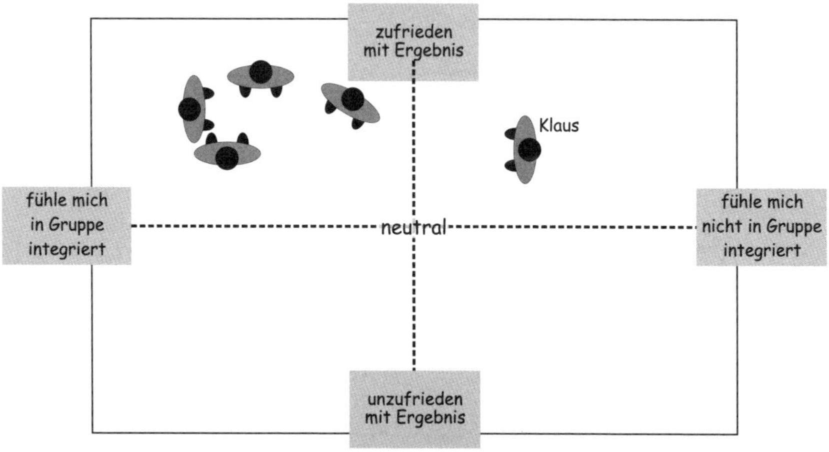

Abbildung 5.6: Beispiel für ein visuelles Feedback der Teilnehmer über deren Aufstellung im Raum auf einem angedeuteten Koordinatensystem

Dabei handelt es sich oft nicht um offenes, explizites Wissen, sondern um implizite Informationen. Wir erhalten über Aufstellungen also auch Auskunft über Aspekte des Eisbergs einer Person oder Gruppe, die unterhalb der Wasserlinie liegen (Abb. 2.6 auf Seite 16 [52]).

Am Beispiel aus Abbildung 5.6 wird dies deutlich. Alle fünf Teilnehmer sind mit der Ergebnisqualität durchaus zufrieden. Spannend ist die zweite Achse: Wie fühlen sich die einzelnen Teilnehmer in die Gruppe integriert? Ein Teilnehmer mit Namen Klaus steht dabei abseits. Auf ihn prallt jetzt mit ganzer Wucht das bislang eher implizite Wissen der Gruppe aus seiner persönlichen Sicht: Klaus ist in der Gruppe ein Außenseiter!

Betrachten Sie einmal genau das Bild und versuchen Sie sich in die Position von Klaus einzufühlen. Vielleicht kommt Ihnen das sogar bekannt vor. Dann spüren Sie vermutlich gerade auch die Kraft der dadurch freigesetzten Emotionen. Unsere Bitte an Sie lautet daher: Gehen Sie mit jeglicher Form von Aufstellungsarbeit höchst sorgfältig und verantwortungsbewusst um. Am besten machen Sie eine Zusatzausbildung dazu, wenn Sie tiefer in dieses kraftvolle und aussagestarke Mittel eintauchen möchten.

»Beim Feedback wird sowieso immer nur alles schöngeredet!«

Aha, Sie können es auch nicht mehr hören? Feedback ist wichtig, das Management braucht Feedback, wir als Berater ebenso usw. Nun ja und wenn es dann abgefordert wird, stellen sich immer wieder zwei Muster ein. Entweder es passiert nichts mit dem Feedback oder das Feedback ist immer positiv. Wobei nach unserer Beobachtung der zweite Fall die Folge vom ersten ist. Was passiert hier? Als Erstes wollen wir festhalten, dass alle Mitarbeiter im Grunde gerne ihre Meinung sagen, weil sie sich damit erhoffen, ihre Rahmenbedingungen zu verbessern. Nun tun die Mitarbeiter dies natürlich nicht unendlich oft. Sie möchten vielmehr, dass sich auch etwas verändert. Dies passiert aber häufig nicht oder wird zumindest nicht wahrgenommen. Stattdessen kommt oft noch mehr Arbeit auf die Feedbackgebenden zu, die nun ihr Feedback auch noch detaillieren oder sogar die Probleme gleich selbst lösen sollen.

Als Folge tritt eine Feedbackresignation ein. Da man sich ja nicht gegen das Feedbackgeben verweigern kann, gibt man also nur noch positives Feedback. Damit hat der Feedbackgeber dann keine Probleme mehr, wird meistens nicht mehr weiter belästigt und kann wieder seine Arbeit machen. Es liegt auf der Hand, dass man es sich ersparen kann, so ein Feedback abzufordern.

Mit dem eben Gesagten dürfte auch der Ausweg aus der Misere klar geworden sein. Fordern Sie Feedback nur zu einem Thema ein, an dem Sie auch etwas ändern können. Untersuchen Sie das Feedback ganz genau. Setzen Sie möglichst schnell ein paar Aktionen um, sodass die Feedbackgebenden merken, dass sie etwas bewegt haben. Das sind dann die sogenannten *Low Hanging Fruits*. Leiten Sie aus jedem Feedback Aktionen ab und kommunizieren Sie diese. Halten Sie die Betroffenen immer auf dem Laufenden und machen Sie eine Abschlussbesprechung, wenn Sie meinen, alle Punkte abgearbeitet zu haben.

Als bester Ausgangspunkt für einen solchen Feedbackprozess haben sich Lessons-Learned-Workshops oder Retrospektiven herausgestellt, weil dann das Feedback thematisch schon mal fokussiert ist. Bei der Gestaltung eines Workshops mit Feedbackanteilen sollten Sie berücksichtigen, wie bereit die Mitarbeiter dazu sind, ihre Meinung in der Gruppe und vor Ihnen als Berater oder gegenüber ihren Führungskräften kundzutun. Ist die Bereitschaft nicht oder zu gering gegeben, empfehlen wir, eher ein anonymes Feedback einzusammeln. Ein offenes Feedback ist für eine vertrautere Atmosphäre geeignet. Und immer daran denken: Nur fragen, wenn Sie auch bereit für Antworten sind.

5.5 Wieder wach werden

Workshops sind anstrengend. Gemeinsam mit den Nachwirkungen eines üppigen Mittagessens ist Müdigkeit am Nachmittag vorprogrammiert. Was können wir dagegen tun? Regelmäßige Pausen mit etwas Bewegung mindestens alle 90 Minuten und ein eher leichtes Mahl am Mittag sind dabei sicherlich hilfreich. Zusätzlich können wir Geist und Körper durch kurze Aufmunterungsspiele wieder aktivieren.

5.5.1 Kissenrennen

Hierfür benötigen Sie zwei weiche Kissen. Alle Teilnehmer bilden einen möglichst engen Stuhlkreis. An zwei gegenüberliegenden Plätzen wird jeweils ein Kissen in beide Hände genommen. Auf ein Startsignal werden die Kissen sofort nach links oder rechts weitergegeben (Abb. 5.7 links).

Abbildung 5.7: Startsituation beim Kissenrennen (links) und das Ausscheiden einer Person aus dem Kreis, nachdem beide Kissen gleichzeitig bei ihr angekommen sind (rechts).

Das Kissen darf nur an einen der beiden direkten Nachbarn weitergegeben und dabei nicht geworfen werden. Die Richtung eines Kissens darf jederzeit gewechselt werden. Das Ziel des Rennens ist es, beide Kissen gleichzeitig bei einer Person zusammenzubringen (Abb. 5.7 rechts). Dieser Teilnehmer scheidet dann aus und die verbliebenen Teilnehmer rücken enger zu einem kleineren Kreis zusammen. Das Spiel endet, wenn nur noch zwei Teilnehmer übrig sind.

Bei Gruppengrößen über zwölf Personen werden drei oder mehr Kissen eingesetzt. Es funktioniert dann genauso: Sobald bei einer Person zwei Kissen gleichzeitig angekommen sind, scheidet diese aus und der Kreis wird enger. Bei einer Anzahl von zwölf Personen oder weniger wird das dritte Kissen wieder aus dem Spiel genommen.

5.5.2 Finger fangen

Die Teilnehmer stellen sich dicht nebeneinander im Kreis auf. Jeder nimmt die linke Hand mit der flachen Handfläche nach oben auf Ellenbogenhöhe vor sich. Mit der rechten Hand drückt er mit seinem Zeigefinger von oben ganz leicht in die Handfläche seines rechten Nachbarn (Abb. 5.8).

Auf ein Signal hin versucht jeder Teilnehmer, seinen rechten Zeigefinger nach oben wegzuziehen und gleichzeitig mit seiner linken Hand den Zeigefinger seines linken Nachbarn zu fangen. Das wird ein- oder zweimal wiederholt, bevor die Hände gewechselt werden. Nun streckt jeder seine

Abbildung 5.8: Ausgangssituation einer Person beim Fingerfangen

rechte Handfläche aus und drückt ganz leicht mit seinem linken Zeigefinger auf die Handfläche seines linken Nachbarn. Auch hier finden ein oder zwei Wiederholungen statt.

Durch die ungewöhnliche Konzentration auf zwei verschiedene, gleichzeitige Handlungen wird unser Kopf wieder wach und angeregt. Dieses Spiel funktioniert ab zwei Teilnehmern aufwärts bis hin zu 20 und sogar 50 Personen, was wir bereits auf einer Konferenz ausprobiert haben.

5.5.3 Papier fangen

In einem frei geräumten Seminarraum bekommt jeder Teilnehmer ein DIN-A4-Blatt Papier in die Hand. Das balanciert er wie in Abbildung 5.9 dargestellt auf den Fingern einer Hand.

Abbildung 5.9: Handhaltung beim Papierfangen

Auf ein Startsignal hin beginnt die Jagd, wobei versucht werden soll, bei den anderen Teilnehmern das Blatt Papier von der Hand zu fegen und gleichzeitig seines auf der Hand zu behalten. Es ist verboten, sein Blatt Papier dabei festzuhalten oder den Raum zu verlassen. Sobald nur noch eine Person ihr Blatt balanciert, ist die Jagd beendet.

Ähnlich wie beim Fingerfangen werden zwei unterschiedliche Aktivitäten koordiniert. Hierbei ist die körperliche Bewegung wesentlich umfangreicher und die räumliche Begrenzung wichtig, weshalb die maximale Gruppengröße für dieses Spiel bei ca. 15 Personen liegt.

5.6 Ergebnisse sichern und Workshop abschließen

5.6.1 Blick zurück und nach vorne

Der Abschluss eines Workshops besteht aus zweierlei: dem Rückblick auf den Workshop und dem Ausblick auf das, was im Workshop (hoffentlich) angestoßen wurde. Der Rückblick kann über ein umfangreiches Abschlussfeedback erfolgen. Umfangreich, weil vielleicht mehrere Feedbacktechniken zum Einsatz kommen oder jeder für sein Feedback mehr Zeit erhält. Dieser Rückblick ist wichtig, um für kommende Workshops lernen zu können, was mit dieser Gruppe oder mit der speziellen Thematik gut funktioniert und wo wir etwas verbessern können.

Der Ausblick dient dazu, die Impulse, die im Workshop initiiert wurden, auch wirklich dauerhaft nutzen zu können. Dabei werden die erkannten Aufgaben grob vorstrukturiert, d. h., es wird geklärt, wer bis wann was machen wird. Die Ergebnisse werden auf Karten festgehalten, auf einer Metaplanwand grob auf einen Zeitstrahl gebracht und anschließend fotografiert. Wenn von einzelnen Teilnehmern Bedenken geäußert werden, können diese sofort in ein Risiko umdefiniert werden und ebenfalls notiert und protokolliert werden.

5.6.2 Aus Problemen Risiken machen

Am Ende eines Workshops kann das Problem auftreten, dass eine lähmende Grundstimmung herrscht, wenn es zu viele ungelöste Probleme gibt. Hier kann ein kurzes Risikomanagement zum Ende helfen. Die Umdeutung eines Problems in ein Risiko verschiebt die eher negative-destruktive Sicht (»Das klappt doch nicht!«) in eine positiv-konstruktive Form (»Damit das klappt, werden wir folgende Risikomaßnahmen ergreifen!«). Dieses Reframing (Kasten auf Seite 69) führt also hin zu einer risikoorientierten konstruktiven Einstellung. So können wir auch schwierigen Einwänden etwas Wichtiges und Nützliches abgewinnen.

Ein kleines Beispiel erläutert dieses Vorgehen: Wir haben eine Aufgabe für Tim erkannt. Dieser reagiert folgendermaßen: »Schöne Idee, doch bis Mai habe ich vor lauter dringlichem Tagesgeschäft sowieso keine Zeit dafür.« Eine konstruktive Gegenfrage, die dazu dient, Tims persönliche Ressourcen zu fokussieren, könnte wie folgt lauten: »Was brauchen Sie, damit Sie der Aufgabe bis Mai ausreichend nachkommen können?« Als Antwort sollten wir Maßnahmen zur Minimierung des Umsetzungsrisikos erhalten. Diese können wir gleich bewerten und ggf. einplanen.

Reframing – Umdeuten von Erlebnissen und Verhaltensweisen

Das *Reframing* ist eine Technik, bei der Erlebnisse oder Verhaltensweisen in einen anderen Zusammenhang oder aus einem anderen Blickwinkel betrachtet werden. Wir erweitern so unsere Wahrnehmung, können fremde Verhaltensweisen als angemessen anerkennen oder kommen zu anderen Schlussfolgerungen, über die wir unsere Flexibilität erhöhen.

Wenn wir unsere Wahrnehmungen, Bewertungen und die möglichen Reaktionen zu einer Erfahrung zusammenfassen, schaffen wir einen Rahmen (frame). Beim Reframing brechen wir diesen Rahmen auf und erkennen so neue Zusammenhänge oder Bedeutungen. Grundsätzlich lassen sich zwei Arten unterscheiden [70]:

- Beim Kontext-Reframing geht es um eine differenzierte Sichtweise auf die Eigenschaften an uns, die uns stören. Im Reframing klären wir, unter welchen Rahmenbedingungen (Kontext) diese Eigenschaft angemessen und passend ist. Ziel ist es, eine Eigenschaft im Repertoire beizubehalten, sie jedoch nur noch im passenden Kontext anzuwenden.
- Das Bedeutungs-Reframing transformiert eine störende oder nervende Problemsituation auf konstruktive Weise. Aus »Mein Kunde nervt mich mit seinen vielen E-Mails zu organisatorischen Details!« wird dabei z. B. »Mein Kunde zahlt eine Menge Geld für die Beratung und sichert so meine Existenz!« oder »Mein Kunde braucht sehr viel Sicherheit, um den nächsten Schritt gehen zu können!«.

5.6.3 Fotoprotokoll als visueller Anker

Wir haben schon mehrfach auf den hohen Wert eines Fotoprotokolls hingewiesen. Es dient als visueller Anker und unterstützt damit die Umsetzung geplanter Maßnahmen. Das Fotoprotokoll wird in der Nachbereitung des Workshops erstellt und verteilt. Die im Workshop grob aufbereiteten Aufgaben werden in das reguläre Planungstool eingepflegt und um noch fehlende Information ergänzt, sodass sie analog zu den anderen Aufgaben verfolgt werden können. Falls es kein allgemein genutztes Planungswerkzeug gibt, können auch Outlook-Aufgaben oder entsprechende Erinnerungs-E-Mails eingestellt werden. Damit stellen wir sicher, dass der Schwung und die Motivation aus dem Workshop im Tagesgeschäft erhalten bleibt.

Die Wirkung auf die Teilnehmer als visueller Anker ihres weiteren Vorgehens kann durch ein persönliches Planfoto erhöht werden. Dazu schreibt und gestaltet jeder Teilnehmer, der mindestens eine Aufgabe aus dem Workshop mitnimmt, ein Flipchart, auf dem er seine Aufgaben und die geplanten Schritte dafür notiert. Diese Flipcharts werden nacheinander von ihren Erstellern hochgehalten und gemeinsam mit der Person, deren Kopf zu sehen sein muss, fotografiert und in das Fotoprotokoll aufgenommen. Eine mögliche Struktur für die Planungsflipcharts finden Sie in Abbildung 5.10 [32].

Abbildung 5.10: Planungsflipchart als Foto für das Protokoll [32]

So können Sie die Planung der nächsten Schritte mit dokumentieren und es entsteht eine direkte Bindung und Verantwortung für die Aufgaben. Ganz nebenbei kann es ein Hinweis auf überflüssige Teilnehmer am Workshop sein, wenn einzelne Teilnehmer keine Aufgaben haben und daher nicht in dieser Auflistung erscheinen.

Lassen Sie sich als Moderator nicht von einzelnen Teilnehmern, die vielleicht das Arbeiten mit Flipcharts und Fotoprotokollen nicht gewohnt sind, davon abbringen, eine solche Planung zu machen und zu dokumentieren. Unserer Erfahrung nach springen auch diese schnell mit ins Boot, sobald sie die Klarheit und unterstützende Fokussierung eines solchen Bildes erkennen. Meist sind es gerade diese Personen, die sich einen Ausdruck der Seite des Fotoprotokolls oder gar das originale Flipchart an ihre Bürowand hängen.

Bleiben Einwände aus dem *Warum*-Quadranten[5] dauerhaft bestehen, kann das ein Hinweis darauf sein, dass ein wichtiges Hindernis für die Umsetzung der Aufgaben auf dem Flipchart noch nicht gefunden und bearbeitet wurde. Da es oft diese kleinen Details sind, die unsere tägliche Arbeit behindern, lohnt sich ein genauer Blick. Handelt es sich dagegen nur um ein Motivationsproblem, da die Person *keine Lust* dazu hat, so bitten Sie denjenigen höflich darum, sich darauf einzulassen und es auszuprobieren, und betonen, wie wichtig diese Person für die erfolgreiche Umsetzung der Maßnahmen ist. Häufig hat dann nur die direkte, persönliche Ansprache gefehlt.

5.7 Große Gruppen

Die ideale Anzahl an Teilnehmern eines Workshops ist ca. fünf bis sieben und auf jeden Fall kleiner als zwölf Personen. Diese Größe ist nicht verwunderlich, denn bei Workshops handelt es sich eher um ein ergebnisorientiertes, direktes Zusammenarbeiten, das stark von der Interaktion zwischen den einzelnen Teilnehmern lebt und ihre individuellen Stärken zu nutzen versucht [9, 79]. Und das gelingt mit kleinen Gruppen am besten.

Leider leben wir nicht in einer idealen Welt und haben uns mit ihren Unzulänglichkeiten zu arangieren. So kommt es auch zu Workshops mit 20 oder mehr Teilnehmern. In diesem Abschnitt stellen wir ein paar Ideen vor, wie auch in einem solchen Rahmen möglichst effizient und ergebnisorientiert gearbeitet werden kann.

5.7.1 Organisatorische Rahmenbedingungen

Ein Großgruppen-Workshop ist von den Rahmenbedingungen deutlich anspruchsvoller. Reicht für eine kleine Gruppe ein ausreichend großer Arbeitsraum meist aus, so benötigen wir nun einen Großraum, in dem alle Platz haben, einen gemeinsamen Pausenraum und diverse kleinere Arbeitsräume. Der gemeinsame Pausenraum ist nicht zwingend notwendig, doch organisatorisch eine enorme Erleichterung, wenn es darum geht, bestimmte Personen in der Pause zu finden, organisatorische Dinge anzusagen und ein gemeinsames Pausenende zu finden.

Die Anzahl der Arbeitsräume richtet sich nach der Gesamtanzahl. Da das Ziel von Großgruppen-Workshops ist, möglichst viel in Kleingruppenarbeit durchzuführen, brauchen wir so viele Räume, dass wir die ganze Gruppe in Teilgruppen von maximal sieben Personen aufteilen können. Natürlich zählt der große, gemeinsame Arbeitsraum auch zu den Arbeitsräumen, sodass wir für 20 Personen mindestens einen großen und zwei

[5] Solche typische Einwände sind oft Verallgemeinerungen wie »Das klappt doch nie!«, wie wir sie bereits in Abschnitt 2.2 ab Seite 12 behandelt haben.

kleine Arbeitsräume benötigen. Diese Regel stellt nach unserer Erfahrung die absolute Untergrenze dar. Wenn Sie auf Nummer sicher gehen möchten und es sich leisten können, nehmen Sie stets einen kleinen Arbeitsraum mehr hinzu.

Die Räume sollten nicht zu weit auseinanderliegen und eindeutige Namen haben. In jedem Raum benötigen wir mindestens ein Flipchart, Karten, Stifte und einen Klebestift. Idealerweise kommen noch ein Whiteboard und eine Metaplanwand hinzu. Haben wir keine solche Moderationswand, so können wir mit den Karten auf den Tischen oder dem Fußboden arbeiten und die Ergebnisse mit dem Klebestift auf einem Flipchart fixieren. Ein Beamer im großen Raum und ein zusätzlicher mobiler Beamer für je zwei bis drei kleine Arbeitsräume reichen meist aus.

Da große Gruppen für viele Menschen eher anstrengend sind, braucht es Freiraum, den anderen auch mal entkommen zu können. Dafür eignet sich hervorragend ein großer Garten oder ein anderes Stück Natur direkt am Veranstaltungsort. Ein kurzer Spaziergang lässt einen wieder Ruhe finden und baut Stress ab.

Das Essen sollte Mittags leicht und vielfältig sein mit einem hohen Salat- und Obstanteil. Dies reduziert die Müdigkeit am Nachmittag. Bei mehrtägigen Workshops kann Abends gerne ein reichhaltiges Menü geboten werden. Sehr hilfreich sind auch gemeinsame Freizeitaktivitäten. Wir wundern uns immer wieder, wie viel inhaltlich wertvolle Diskussionen in der Sauna, beim Billiard oder Bier an den freien Abenden geführt werden. O.K., solange es nicht zu viel Bier ist.

5.7.2 Effiziente Gruppenarbeit

Damit große Gruppen überhaupt sinnvoll arbeiten können und die Mehrheit der Teilnehmer sich nicht langweilt oder frustriert wird, weil sie sich nicht einbringen können, teilen wir sie in mehrere kleine Gruppen auf. Diese Aufteilung kann zufällig, nach individuellem Interesse oder nach fachlichen Kriterien erfolgen. Die Teilgruppen nutzen dann die verschiedenen Arbeitsräume und bearbeiten ein Thema.

So weit, so gut ... Doch was passiert, wenn die Großgruppe wieder zusammenkommt und die Teilgruppen ihre Ergebnisse vorstellen? Hier gibt es prinzipiell zwei Szenarien:

- Die Teilgruppen haben verschiedene, z. T. voneinander unabhängige Themen bearbeitet.
- Die Teilgruppen haben dasselbe Thema parallel bearbeitet.

Beide Wege werfen in der Ergebniszusammenführung schnell Probleme auf. Betrachten wir zunächst den ersten Fall. Die wohl häufigsten Probleme bei der Zusammenführung der Arbeiten sind einerseits die geringe Akzeptanz eines Ergebnisses einer Gruppe bei den anderen und andererseits unterschiedliche Annahmen über die Ergebnisse der anderen Gruppen, die das Zusammenspiel der verschiedenen Resultate stark beeinträchtigen. Die Lösung erfolgt über drei Wege:

Gruppenzusammenstellung: Hierbei ist darauf zu achten, dass Vertreter jeder Interessengruppe sich in jeder Arbeitsgruppe befinden. Diese heterogenen Gruppen haben eine wesentlich höhere Chance, Ergebnisse zu erarbeiten, die breit akzeptiert werden, als reine Spezialistenteams. Die Hoffnung ist dabei, dass die einzelnen Interessenvertreter die jeweiligen Aspekte in die Gruppenarbeit derart einbringen können, dass sie im Gruppenergebnis ausreichend Berücksichtigung und Würdigung erhalten.

Themenverteilung: Das Arbeiten mit aufeinander aufbauenden Ergebnissen ist stets problematisch und zu vermeiden. Dies scheint dazu zu führen, dass es für einzelne Teilgruppen gerade zu Beginn kein sinnvolles Thema zu geben scheint. Hier kann z. B. dennoch versucht werden, von der betroffenen Teilgruppe ein Thema bearbeiten zu lassen, auf das die Mitglieder nicht spezialisiert sind. Oft werden wir von der Qualität der Ergebnisse überrascht und können zumindest Teile davon wiederverwenden. Wenn dieser Weg ausgeschlossen scheint, kann eine organisatorische Aufgabe vergeben werden wie z. B. die Gestaltung des Abendprogramms. Auch das hilft dem Workshop weiter.

Zwischenabgleiche: Wenn wir wirklich zwei Aspekte des gleichen Themas parallel behandeln müssen, sind Abgleiche zwischen den Teilgruppen bereits in der laufenden Gruppenarbeit notwendig. Dazu können beide Gruppen möglichst nah beieinander arbeiten oder vielleicht sogar gemeinsam in gegenüberliegenden Ecken des großen Arbeitsraums. Diese Abgleiche von ein bis fünf Minuten erfolgen in festen Intervallen alle 15 bis 45 Minuten.

Das führt zu zwei organisatorischen Rahmenbedingungen. Wir benötigen insgesamt mehr Zeit für die Gruppenarbeit, da die Abgleiche zusätzlich zur Nutzzeit erfolgen, und wir brauchen in den meisten Fällen jemanden, der dafür sorgt, dass der Prozess auch eingehalten wird, und die Abgleiche moderiert. Diese Rolle bezeichnen wir in Anlehnung an die Rollen im Scrum als *Gruppenarbeits-ScrumMaster* (Anhang A.3 ab Seite 264).

Wenn die Teilgruppen parallel am selben Thema arbeiten, kommen wir direkt zum abschließenden Problem jeder Gruppenarbeit: Wie führen wir die erarbeiteten Ergebnisse wieder zusammen? Dies betrifft auch die unabhängige Teilgruppenarbeit, da auch deren Ergebnisse im Plenum vorgestellt werden. Auf den Punkt kommt dieses Problem natürlich, wenn mindestens zwei Gruppen dieselbe Aufgabe hatten.

5.7.3 Autor-Kritiker-Treffen: Ergebnisse zusammenführen

Wir haben zwei oder mehr Gruppen mit der gleichen oder einer ähnlichen Aufgabe betraut, um eine breite Ideenvielfalt zu erreichen. Doch wie führen wir nun die vielen nützlichen Ideen der verschiedenen Gruppen zu einem Ergebnis zusammen? Hierzu gibt es wieder mehrere Möglichkeiten. Vielleicht möchten wir nur eine möglichst breite Sammlung von Ideen und Möglichkeiten erarbeiten. Dann werden die Ergebnisse nur vorgestellt und nicht weiter inhaltlich diskutiert. Verständnisfragen werden noch geklärt und mehr nicht.

Dieser Fall ist eher selten. Meist ist es das Ziel, die ersten Ergebnisse weiter auszubauen und einsatzfähig zu machen. Dann hilft uns eine Adaption der Technik des Autor-Kritiker-Treffens [44]. Ein solches modifiziertes Autor-Kritiker-Treffen läuft in vier Stufen ab:

1. Die Teilarbeitsgruppen (Autoren) stellen die zusammengehörigen Ergebnisse nacheinander vor. Es findet dabei keine inhaltliche Diskussion statt. Nur Verständnisfragen sind in dieser Phase erlaubt.
2. Die Zuhörer (Kritiker), also alle anderen Teilnehmer, hören still zu und notieren sich während einer Ergebnispräsentation sowohl alle positiven wie auch aus ihrer Sicht kritischen Aspekte. Dazu bereitet sich jeder Kritiker mit einem Blatt Papier nach dem Muster aus der Abbildung 5.11 vor.
3. Wenn ein Thema abgeschlossen ist, also nachdem eine unabhängige Teilgruppe ihr Ergebnis oder alle konkurrierenden Teilgruppen ihre Ergebnisse vorgestellt haben, legen die Kritiker ihre gefundenen Aspekte dar. Dabei beginnen sie mit den positiven Dingen und erst danach geht es mit den kritischen Aspekten weiter. Dabei hören nun die Autoren still zu und rechtfertigen sich nicht. Auch hier sind nur Verständnisfragen erlaubt.
4. Die Autoren ziehen sich zurück und werten das Feedback aus.

Dieser ganze Prozess benötigt einen Moderator, da bei wichtigen Themen die Emotionen schnell hochgehen können. Auch ist es wichtig, die Kritikpunkte ebenso wie die Auswertung des Feedbacks zu dokumentieren, damit sie im Fotoprotokoll erscheinen.

Gerade dann, wenn es gilt, wichtige Entscheidungen zu treffen, um damit Weichen für das weitere Vorgehen zu stellen, hat sich diese Technik bewährt. Wir setzen das Autor-Kritiker-Treffen sowohl bei technischen

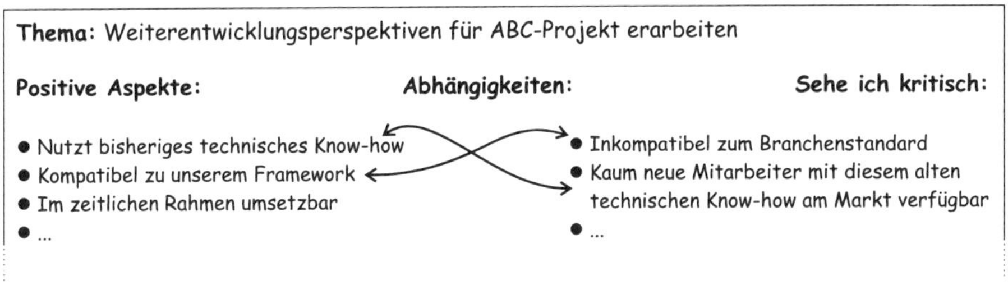

Abbildung 5.11: Musterbogen für ein Autor-Kritiker-Treffen (DIN A4 quer)

Diskussionen wie auch bei Planungsaufgaben gerne ein. So können wir Architektur- oder Designentscheidungen optimieren und in der Gruppe verankern, weil das ganze Team aktiv am Prozess beteiligt ist. Ein weiterer Einsatzbereich ergibt sich bei Entscheidungen unter hoher Unsicherheit wie z. B. ersten groben Projektplänen. So können wir andere Projektleiter und erfahrene Kollegen, die nicht Teil unseres Kernteams in der Vorbereitung unseres Projekts sind, für eine kurze Zeit hinzuziehen und von ihren Erfahrungen direkt profitieren. Über diese Technik ergeben sich also zahlreiche Möglichkeiten, die Mitarbeiter des Kunden im Rahmen unserer Beratung in Entscheidungsprozesse zu integrieren, um deren Wissen zu nutzen und die Akzeptanz der Beratungsergebnisse zu erhöhen.

Bei komplexen Themen kann es sinnvoll sein, analog zum Abgleichen in der Gruppenarbeit, die Autor-Kritiker-Treffen bereits zwischendurch, also bevor wir die endgültigen Ergebnisse erwarten, auf Basis von Zwischen- oder Teilergebnissen durchzuführen. Die Teilgruppen (Autoren) haben dann zusätzlich die Möglichkeit, das Feedback in die Arbeitsergebnisse einfließen zu lassen. Ein- bis zweimal am Tag kann ein solches Autor-Kritiker-Treffen stattfinden. Es hilft uns dann, auch in einem Workshop iterativ zu arbeiten. Die Ergebnisqualität wie auch die breite Akzeptanz der Ergebnisse wird sich in der Regel dadurch erhöhen, sodass sich der Mehraufwand rentiert.

5.8 Selbstorganisation in Workshops – Open Space

5.8.1 Ideenvielfalt und motivierte Teilnehmer

Gerade wenn 20 oder mehr Teilnehmer an einem Workshop teilnehmen und zwei oder drei Tage dafür zur Verfügung stehen, können wir kaum noch in einer gemeinsamen Gruppe effizient arbeiten. Wir können diese Tage aufwendig vorab planen, indem wir Themen sammeln und priorisieren. Wir versuchen, die aus unserer Sicht geeigneten Mitarbeiter auszuwählen, die diese Themen dann bearbeiten sollen, und schätzen den dafür notwendigen Aufwand. Doch lohnt sich diese Arbeit?

Da bei einem solchen Workshop oft fachlich hochrangige Experten zusammenkommen, mit denen wir als Berater im Alltag gemeinsam schwierige Softwareprojekte stemmen, können wir als Alternative versuchen, einen solchen Workshop stärker selbstorganisiert durchzuführen. Dies wird in der Regel zu besseren Ergebnissen bei geringerem planerischem Aufwand führen und wirkt sich gleichzeitig positiv auf die Motivation im Workshop und für die weitere Umsetzung der dort angestoßenen Aktivitäten aus.

Auf Konferenzen erprobt und auch für Workshops ab zwölf Teilnehmern adaptierbar ist das Konzept eines *Open Space*. Das ist eine Konferenzmethode und auch ein Instrument der Organisationsentwicklung, bei dem es darum geht, Ansätze für Veränderungsprozesse zu finden. Charakteristisch für einen Open Space ist die Offenheit gegenüber den zu bearbeitenden Themen, denn die Teilnehmer bringen ihre eigenen Themen ein und gestalten jeweils die Arbeitsgruppen dazu. Durch diese optimale Einbindung aller Teilnehmer werden besonders schnell und kreativ Ergebnisse erarbeitet und gleichzeitig die Identifikation der Teilnehmer mit dem Ergebnis optimiert [36].

5.8.2 Fünf Regeln und zwei Rollen

In einem Open Space finden meist drei oder mehr Workshops parallel statt. Es gibt definierte Synchronisationspunkte und ein knappes Regelwerk für alle Beteiligten. Für die Einhaltung der Regeln und den Abgleich an den Synchronisationspunkten gibt es eine explizite Moderation. Das Regelwerk besteht aus vier Leitlinien und einem Gesetz [36]:

1. **Wer kommt, ist die richtige Person!** Zu einer bestimmten Veranstaltung bzw. Arbeitsgruppe kommen nur die Teilnehmer, die auch ein dringendes Interesse an dem konkreten Thema verspüren. Sie möchten etwas zum Ergebnis beitragen.
2. **Offenheit für das, was geschieht!** Den neuen Ideen, unerwarteten Erkenntnissen oder Ereignissen soll offen begegnet werden, um eine Atmosphäre des gegenseitigen Lernens zu schaffen.
3. **Es beginnt, wenn die Zeit reif ist!** Passende Ansätze oder neue Ideen entstehen nicht auf Kommando, sondern wenn die Zeit dafür reif ist. Daher wird der zeitliche Rahmen für die Arbeit von der Arbeitsgruppe selbst festgelegt. Sie fangen an und setzen die Gruppenarbeit fort, wenn alle produktiv mitarbeiten können, und machen Pausen, wenn sie angebracht sind.
4. **Vorbei ist vorbei!** Wenn ein Thema erschöpfend bearbeitet worden ist, ist es auch vorbei. Das gilt auch, wenn im ursprünglichen Rahmen

mehr Zeit vorgesehen wurde. Die Gruppe löst sich dann auf und die einzelnen Teilnehmer schließen sich ggf. noch anderen Gruppen an – ganz individuell.

5. **Das Gesetz der zwei Füße.** In der vierten Leitlinie ist dieses Gesetz bereits angedeutet. Wenn eine Person in einer bestimmten Veranstaltung nichts mehr lernen oder beitragen kann, verlässt sie diese und sucht sich eine andere Gruppe mit einem Thema, zu dem sie etwas beisteuern oder über das sie etwas lernen möchte.

Das Gesetz der zwei Füße führt bei einigen Menschen zu zwei extremen, für einen Open Space wertvollen Ausprägungen, den sogenannten *Hummeln* und den *Schmetterlingen*:

Hummel: Dies ist eine Person, die an vielen Arbeitsgruppen teilnimmt. Sie wechselt häufig den Raum und bleibt nur so lange, wie sie etwas beitragen oder lernen kann. Dadurch sorgt sie auch für einen Austausch gerade gehörter, neuer Ideen oder Anregungen und es findet eine gegenseitige Befruchtung statt, ohne dass diese explizit organisiert wird. Wie eine Hummel fliegen diese Menschen von Blüte zu Blüte. Sie erhalten dabei einen guten Überblick und verteilen die neu erworbenen Informationen unter den anderen Teilnehmern.

Schmetterling: Dies ist eine Person, die etwas unentschlossen ist und sich nicht sofort einer Arbeitsgruppe anschließt. Sie wirkt auf den ersten Blick etwas nutzlos, wenn sie sich primär in der Raucherecke, an der Kaffeemaschine oder in der Sitzecke aufhält. Doch auch sie leistet einen wichtigen Beitrag. Zum einen strahlt sie Ruhe auf ihr Umfeld ab und markiert so nebenbei die Pausenbereiche. Dabei entsteht häufig auch eine rege Unterhaltung zwischen dem *Schmetterling* und den vorbeikommenden anderen Teilnehmern. Diese Person dient also auch als Ideen-Anlaufstelle aus den einzelnen Arbeitsgruppen und verteilt diese weiter auf andere. Da Schmetterlinge anders als Hummeln länger an einem Ort verweilen, bringen sie eine gewisse Ruhe und Stabilität in eine ansonsten eher dynamische Veranstaltung. Das Bild des Schmetterlings ist die personifizierte Erlaubnis, an keiner Gruppe teilnehmen zu müssen. Wie ein Schmetterling sind sie »einfach da und sind schön« [77].

Als thematischen Rahmen für einen Open Space gibt es nur eine Leitfrage und keine feste Liste an konkreten Themen. Die Prioritäten werden im Open Space durch die Teilnehmer selbst gesetzt. Daher ist es für uns als Berater oder Organisatoren wichtig, als Teilnehmer sowohl die Mitarbeiter des Kunden wie auch die Beraterkollegen dabei zu haben, die für die spätere Umsetzung und Realisierung verantwortlich sind. Nur sie bringen die konkreten Impulse und das notwendige Engagement von Kundenseite mit.

Organisatorisch werden in einer Matrix aus Arbeitsräumen und Zeitscheiben von ca. zwei Stunden Dauer von allen Teilnehmern die Themen entwickelt und geplant (Abb. 5.12). Dafür eignen sich große Metaplanwände und reichlich Karten bzw. lose Papierblätter.

Dienstag	Raum A Beamer, Nw.	Raum B Netzwerk	Raum C Netzwerk
08:30-09:00	Ankunft, Räume herrichten		
09:00-11:00	Raum A: Begrüßung, Einführung, Themen sammeln, erste Planung		
11:00-13:00	AH	AvF	RM
14:00-16:00	BG	SK	
16:00-18:00	AH	BD	SK
18:00-18:30	Raum A: Abendnachrichten		

Mittwoch	Raum A Beamer, Nw.	Raum B Netzwerk	Raum C Netzwerk
08:30-09:00	Raum A: Morgennachrichten		
09:00-11:00	TW	MW	
11:00-13:00	AH		
14:00-16:00	BG	RK	
16:00-18:00			
18:00-18:30	Raum A: Abendnachrichten		

Abbildung 5.12: Beispiel einer Open-Space-Planungswand nach der initialen Planung für die ersten beiden Tage eines dreitägigen Workshops

Die Teilnehmer gehen nach der ersten Planungsphase zu den anstehenden Workshops, die sie interessieren. Dabei verändert sich die Planungstafel immer wieder, weil Arbeitsgruppen verschoben, zusammengelegt oder gestrichen werden. Wichtig ist dabei, dass eine Veränderung nur vom Ersteller der Karte vorgenommen werden darf, sodass nicht einfach fremde Karten ab- oder umgehängt werden. Dazu wird der Ersteller auf der Karte vermerkt. Damit die Zusammenführung der Ergebnisse funktioniert, ist jede Arbeitsgruppe selbst dafür verantwortlich, ihre Ergebnisse in geeigneter Form zu dokumentieren.

Eine dreitägige Open-Space-Veranstaltung beginnt also mit einer Einführung und dem initialen Sammeln und Planen der Themen. Danach finden die einzelnen Arbeitsgruppen statt. Am Abend gibt es eine gemeinsame Veranstaltung, die oft *Abendnachrichten* genannt wird, um einen gemeinsamen Abgleich aller Teilnehmer vorzunehmen. Der zweite Tag besteht dann aus entsprechenden *Morgennachrichten*, den Workshopeinheiten und wiederum den Abendnachrichten zum Abschluss (Abb. 5.12). Der dritte Tag beginnt wie der Vortag mit den Morgennachrichten. Danach werden die Ergebnisse der einzelnen Arbeitsgruppen zusammengeführt. Die weitere Umsetzung und ggf. begleitende Maßnahmen werden geplant und priorisiert. Der dritte Tag und damit der Open Space endet mit einer gemeinsamen Abschlussrunde.

Die Idee des Open Space ist auch auf *normale* Workshops mit vielen Teilnehmern adaptierbar. Im Folgenden möchten wir kurz aufzeigen, welche Anpassungen möglich sind, um auch konkretere Workshopziele mit vielen Teilnehmern erarbeiten zu können oder wenn einige der Voraussetzungen für einen *richtigen* Open Space nicht gegeben sind.

5.8.3 Modifizierter Open Space

Wie können wir die Stärken des Open-Space-Konzepts nutzen und gleichzeitig sicherstellen, dass bestimmte Themen mit erforderlichen Ergebnissen bearbeitet werden? Eine Möglichkeit besteht darin, den Regeln und Rollen bei Open-Space-Veranstaltungen einige weitere Regeln hinzuzufügen, um bestimmte Ziele zu erreichen, wobei wir die Freiräume des Open Space nach wie vor wirken lassen. Das kann dann im Detail wie folgt aussehen.

Vorbereitung

Es werden vorab Themen für den Open Space gesammelt. Dabei kann jeder Teilnehmer seine Themen in ein geeignetes Medium wie z. B. ein Wiki einstellen. Dieser Prozess kann auch vom oberen Management genutzt werden, um eigene Themen zu sammeln. Kurz vor Workshopbeginn werden aus der Liste des oberen Managements die Pflichtthemen extrahiert, die wir im Folgenden A-Themen nennen (Abb. 5.13).

	Raum A Beamer, Nw.	Raum B Netzwerk	Raum C Netzwerk	Raum D
11:00-12:00 60 min.	A-Thema XYZ_{BOE}			
12:00-12:20	Gemeinsame Ergebnispräsentation in Raum A			
Pause				
13:30-14:00 30 min.				
14:00-14:20	Gemeinsame Ergebnispräsentation in Raum A			
14:25-15:10 45 min.		A-Thema UVW_{CW}		
14:25-15:10	Gemeinsame Ergebnispräsentation in Raum A			
Pause				

Abbildung 5.13: Beispiel eines Schemas für eine Arbeitsraum-Zeitslot-Matrix für einen modifizierten Open-Space-Workshop. Vom Topmanagement eingestellte Themen sind bereits zugeordnet und mit dem Kürzel der verantwortlichen Person gekennzeichnet.

Die Anzahl dieser A-Themen sollte nach unseren Erfahrungen bei 15 – 20 zur Verfügung stehenden Zeitslots 3 ± 2 nicht überschreiten, um genügend Freiraum für den Open-Space-Charakter des Workshops zu lassen.

Die Wände mit der Raum-Zeit-Matrix werden vorbereitet. Dabei können alle Zeitslots gleich lang dauern oder verschiedene Längen anbieten. Wir haben dabei mit 30, 45 und 60 Minuten Slots erfolgreich experimentiert (Abb. 5.13). Wenn längere Zeiträume benötigt werden, können mehrere Slots dafür belegt werden. Aus organisatorischen Gründen bietet es sich an, einige Pausenslots fest einzuplanen, damit die Teilnehmer leichter zwischen den Gruppen wechseln können.

Regelmäßig nach jedem oder jedem zweiten Slot wird eine kurze Ergebnispräsentation und Abstimmung der weiteren gewünschten Themen eingeplant. Die Präsentationsdauer jeder Arbeitsgruppe darf dabei fünf Minuten nicht überschreiten. An den mit A gekennzeichneten Themenkarten können sich die Teilnehmer später bei der Planung der anderen Arbeitsgruppen orientieren, damit nur dazu passende andere Themen im gleichen Zeitabschnitt behandelt werden.

Initiale Planung

Zu Beginn des modifizierten Open-Space-Workshops, bevor die eigentliche Gruppenarbeit beginnt, werden die bereits bekannten Themen aufgelistet und auch weitere neue Themen gesammelt. Jeder Verantwortliche für ein Thema stellt es daraufhin im Plenum kurz vor, schreibt spätestens jetzt die dazugehörige Karte, versieht sie mit seinem Kürzel und vermerkt die gewünschte Dauer des Zeitslots. Wenn ein Thema vermutlich länger dauert, als der maximale Zeitlot lang ist, können bereits jetzt Folgekarten geschrieben werden, sodass ausreichend Zeit eingeplant werden kann. Abschließend werden aus dieser Themenliste maximal 20 % als besonders wichtig gekennzeichnet. Die Priorisierung kann durch Führungskräfte in Abstimmung mit uns Beratern oder durch die ganze Gruppe erfolgen, indem eine geeignete Priorisierungstechnik zum Einsatz kommt (Abschnitt 5.1 ab Seite 49). Diese ausgewählten Themen werden in der Planung als Erstes den Slots zugeordnet. Über diese Auswahl wird sichergestellt, dass diese Themen auf der Planungswand landen, auch wenn es mehr Themenkandidaten als freie Slots gibt. In welcher Form die restlichen Themen dann bearbeitet werden, kann nicht vorbestimmt werden. Das wird sich im Laufe des Open Space zeigen.

Jetzt beginnt die eigentliche Planung, d. h., die einzelnen Verantwortlichen suchen für ihre Karte einen passenden Slot auf der Planungswand und hängen die Karte dort auf. Bestimmte notwendige Ausstattungsmerkmale wie ein Beamer oder ein Netzwerkanschluss können zusätzlich auf der Karte vermerkt und dann bei der Raumauswahl berücksichtigt werden. Es wird dabei mit den als besonders wichtig gekennzeichneten Themen begonnen. Danach wird die Liste der verbliebenen Themen abgearbeitet. Sind mehr Themen vorhanden, als es Slots gibt, wird ein Themenpool auf einer Wand aufgebaut, an die diese Karten gehängt werden.

Wichtig ist es bei der Planung, primär den ersten Tag konkret zu planen. An den Folgetagen kann sich in Abhängigkeit von den Ergebnissen aus den Arbeitsgruppen noch viel ändern.

Durchführung

Nun kann mit den ersten parallelen Arbeitsgruppen begonnen werden. Die Zeitslots sind dabei feste Timeboxen, die nicht überschritten werden dürfen. Daher ist es erlaubt und notwendig, aufwendige Themen schon zu Beginn auf mehrere Slots zu verteilen. Durch die Präsentationen der Zwischenergebnisse erfolgt eine gute Ergebnisfokussierung und anderen Teilnehmern wird es so ermöglicht, ggf. zu späteren Sessions noch hinzuzustoßen.

In den regelmäßigen Ergebnisabgleichen stellt jede Gruppe kurz ihre Ergebnisse auf einem Flipchart oder in elektronischer Form über den Beamer dar. Das *Ergebnis* muss also während der Session erstellt werden. Dafür gibt es prinzipiell zwei Arten von Ergebnistypen, das Verlaufs- und das Ergebnisprotokoll. Welche Form gewählt wird und wer es erstellt, bleibt der jeweiligen Gruppe überlassen.

Bevor die nächsten Sessions beginnen, wird die Planungswand aktualisiert. Nach Absprache der Teilnehmer untereinander können Sessions mit anderen Slots oder Räumen getauscht, ganz entfernt sowie bestehende durch neue Karten ersetzt oder neu aufgekommene Themen hinzugenommen werden. Wichtig ist dabei, dass nur der Verantwortliche eines Themas, dessen Kürzel auf der Karte steht, diese verändern darf! Typische Änderungen aus unserer Erfahrung sind das Tauschen von Karten mit unterschiedlicher Zeitslotdauer und das Entfernen von Folgekarten, die nicht mehr notwendig sind, weil das Thema bereits vollständig bearbeitet ist.

Ein kurzer Abgleich direkt vor Beginn der nächsten Arbeitsgruppe, wie viele Teilnehmer initial zu welchem Thema gehen möchten, ermöglicht noch kurzfristig einen Raumwechsel oder das Streichen eines Themas, an dem ansonsten keiner interessiert ist. Die Teilnahme ist jedem freigestellt. Auch ein als Verantwortlicher für ein Thema eingetragener Teilnehmer kann sich kurzfristig noch für ein anderes Thema entscheiden.[6] So können noch kurzfristige Anpassungen erfolgen.

[6]Dies kann sinnvoll sein, wenn sich mehrere Experten oder externe Berater flexibel auf verschiedene Arbeitsgruppen verteilen möchten oder wir als Berater nur eine Arbeitsgruppe initiieren möchten, ohne selbst inhaltlich etwas beitragen zu wollen.

Auf diese Art und Weise können auch Workshops mit vielen Teilnehmern zum großen Teil selbstorganisiert, ergebnisfokussiert und mit viel Engagement ablaufen. Die Gefahr der Langeweile bei großen Workshops ergibt sich so kaum mehr, denn die Motivation der Teilnehmer ist bei Open Space erfahrungsgemäß sehr hoch. Durch die große Flexibilität in der Planung kann auch kurzfristig auf neue Erkenntnisse oder Bedürfnisse der Teilnehmer reagiert werden.

Open Space in der Beratung

Ein Open Space ist sicherlich kein Mittel, mit dem wir häufig arbeiten werden. In der Projektvorbereitung oder zu Beginn von Projekten kann dieses Werkzeug jedoch sehr wertvoll werden, um in wenigen Tagen mit einer größeren Gruppe aus Führungskräften und Mitarbeitern des Kunden sowie mehreren Beratern einen umfassenden Blick auf das Projekt zu gewinnen. Wir können z. B. Risiken und Möglichkeiten analysieren sowie erste Planungen und Realisierungsideen entwerfen.

Mit einem solchen ein- bis dreitägigen Workshop kann sich ein neues Projektteam gut kennenlernen und die externen Berater integrieren. Allein daraus ergibt sich bereits ein großer Mehrwert. Dazu kommt häufig, dass wir für diese wenigen Tage noch weitere erfahrene Experten von Kunden- oder Beratungsseite hinzunehmen können, die uns für das Projekt nicht weiter zur Verfügung stehen. So können diese Personen ihr Wissen zu Beginn mit dem Team teilen und in die ersten Projektartefakte wie eine Grobplanung, ein Product Backlog und eine Risikoliste einfließen lassen.

Teil II

Kunden beraten

6 Methodische Beratung

6.1 Beratung ist nicht gleich Beratung

Gerade Leser mit einem starken Erfahrungshintergrund aus der Technologieberatung werden sich fragen, wie eine methodische Beratung für ein Beratungshaus wirtschaftlich dauerhaft erfolgreich sein kann. Die Frage ist berechtigt, da die einzelnen Kundenaufträge sowohl zeitlich kürzer als auch von der Anzahl der eingesetzten Berater her geringer ausfallen als bei einer Beratung, die eher einem Outsourcing gleicht. Die Antwort liegt im Troja-Prinzip, das einige Leser bereits aus *Soft Skills für IT-Führungskräfte und Projektleiter* [71] kennen werden.

6.1.1 Das Troja-Prinzip in der methodischen Beratung

Das Troja-Prinzip beschreibt als Metapher Veränderungen in Gruppen und Organisationen. Ähnlich einer Stadt baut die aktuelle Ausprägung auf den vorhergehenden Formen und Strukturen auf. So kann man z. B. am Verlauf einiger Gräben und an Straßennamen in Hamburg weite Teile des Verlaufs der Wallanlagen aus dem 30-jährigen Krieg (1618 – 1648) rekonstruieren, obwohl kein Teil mehr aus dieser Zeit dort steht. Noch besser können wir dieses Prinzip an einer antiken Stadt wie Troja erkennen (Abb. 6.1).

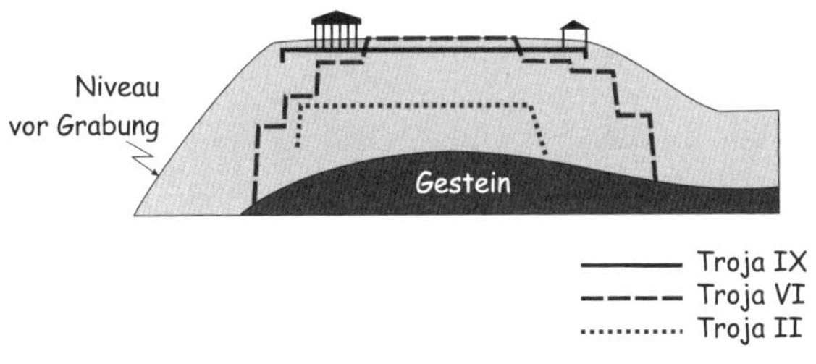

Abbildung 6.1: Schnitt durch die Entwicklungsstufen der Stadt Troja [71]

Mit dem Begriff Troja-Prinzip beschreiben wir sowohl die evolutionären als auch die revolutionären Veränderungen auf dem Weg einer Gruppe oder

Organisation im Laufe der Zeit. Ähnlich einer Stadt wie Troja entdecken wir innere Auslöser für Veränderungen, aber auch äußere Dynamiken wie Kriege oder wirtschaftliche Rahmenbedingungen. Meist finden wir dabei auch ein qualitatives und quantitatives Wachstum. Wir versuchen nach diesem Prinzip die zahlreichen evolutionären Veränderungen so zu steuern, dass revolutionäre Veränderungen selten oder mit vergleichsweise geringen Auswirkungen erfolgen. Mit diesem Prinzip erkennen wir an, dass es ein Wechselspiel zwischen evolutionären und revolutionären Veränderungen gibt und sich auch durch größte Sorgfalt revolutionäre Veränderungen nicht vermeiden lassen, sodass es günstiger ist, seine Organisation darauf einzustellen.

Das Troja-Prinzip

Das Troja-Prinzip lautet [71]: »Führe möglichst oft kleine evolutionäre Änderungen und Anpassungen durch, um dadurch den Druck, revolutionäre Änderungen durchführen zu müssen, deutlich zu verringern bzw. zeitlich in die Zukunft zu verschieben. Revolutionäre Änderungen werden sich so nicht gänzlich vermeiden lassen, aber sie werden dann seltener notwendig werden und oft in ihren Konsequenzen geringer ausfallen.«

Ein treffendes Beispiel für einen Bereich, in dem sehr erfolgreich nach dem Troja-Prinzip vorgegangen werden kann, ist die Softwarearchitektur. Mit diesem Begriff werden nach Martin Fowler (*1963) die Teile eines Softwaresystems bezeichnet, die sich nur schwer bzw. mit viel Aufwand nachträglich ändern lassen [22].

Gleichzeitig bedeutet Softwarearchitektur mit agilen Kontexten, dass sich das Entwicklerteam regelmäßig in jeder Iteration mit aktuell anstehenden Architekturaspekten befasst und beispielsweise gemeinsame Prinzipien schärft, Regeln anpasst oder kleine Refactorings durchführt. Dennoch wird es auch in agil durchgeführten Projekten beispielsweise für spätere Releases zu größeren Umbauten, also revolutionären Änderungen der Softwarearchitektur, kommen.

Durch begleitende Prozesse und Artefakte wie ein durchgängig testgetriebenes Vorgehen mit der damit verbundenen hohen Anzahl an aussagekräftigen Unit Tests wird diese revolutionäre Änderung jedoch schneller und qualitativ hochwertiger durchzuführen sein als in einem traditionelleren Umfeld.

Ein wichtiger Aspekt kommt noch hinzu. Wenn wir betrachten, welche Eigenschaft sowohl Städte wie Organisationen langfristig wirtschaftlich erfolgreich macht, so ist das ihre Fähigkeit zur Veränderung. Charles Darwin (1809 – 1882) erkannte in seiner bahnbrechenden Evolutionstheorie, dass weder der Größte noch der Klügste langfristig überlebt, sondern derjenige, der sich am besten anpassen, also verändern kann.

6.1.2 Beratung zur Veränderung

Kommen wir zurück zu unserem Thema der methodischen Beratung. In Organisationen ist der Leidensdruck bei revolutionären Veränderungen besonders hoch. Hier finden wir in der Regel den Einstieg in eine Kundenbeziehung auf Basis einer methodischen Beratung. Solche revolutionären Veränderungen sind eher selten. Zwischen ihnen treffen wir auf eine Abfolge vieler mehr oder weniger großer evolutionärer Veränderungen. Hier liegt das Potenzial für Folgeaufträge. Eine methodische Beratung ist nicht nur auf die großen Umwälzungen ausgelegt, sondern kann jede Veränderung unterstützen.

Die Trennung zwischen Beratungs- und Veränderungsprozess, die wir in diesem Buch aus didaktischen Gründen vornehmen, ist folglich in der Praxis einer methodischen Beratung nicht zu finden. Beide Prozesse sind ineinander verwoben und bedingen sich gegenseitig. Eine Ursache ist daher auch immer eine Wirkung und eine Wirkung stets auch eine Ursache. Organisationen sind komplexe Systeme. Auf die Aspekte des Veränderungsmanagements kommen wir in Teil III ab Seite 157 ausführlich zu sprechen. In diesem Teil betrachten wir zuerst den Beratungsprozess.

6.2 Unsere Kunden methodisch beraten

6.2.1 Methodische Beratung – ist das nicht Coaching?

Eine methodische Beratung hat eine gewisse Nähe zum Coaching (Anhang A.4 ab Seite 270). Ziel ist, gemeinsam mit dem Kunden eine individuelle Lösung für einen bestimmten Kontext und unter bestimmten Rahmenbedingungen zu entwickeln und zu implementieren. Der Unterschied zwischen Coaching und Beratung liegt in der Rolle des *Experten*. Um diesen kleinen, aber wichtigen Unterschied klarer zu machen, möchten wir noch zwei Begriffe zur Differenzierung von unterschiedlichen Formen von Beratung einführen:

Prozessberatung: Damit ist der Aufbau einer Beziehung zwischen Berater und Kunden gemeint, die es dem Kunden ermöglicht, die in seinem internen und externen Umfeld auftretenden Ereignisse angemessener wahrzunehmen, zu verstehen und darauf zu reagieren, um die Situation, wie der Kunde sie definiert, zu verbessern [55]. Eine solche Beratung beinhaltet die strukturierte Unterstützung bei Entscheidungsprozessen auf der Kundenseite. Dabei werden vom Berater keine Vorgaben für die Lösung von außen eingebracht. Der Berater versetzt die beteiligten Personen auf der Kundenseite in die Lage, selbstständig und eigenverantwortlich die für sie passenden Lösungen zu entwickeln. Das Ziel einer Prozessberatung ist die Erweiterung der Wissens- und Handlungskompetenz des Kunden, in dem u. a. für den Kunden neue Informationen, Perspektiven oder Erkenntnisse über das System, in dem sich der Kunde befindet, geschaffen werden.

Expertenberatung: Hierbei liefert der Berater sein Fach- und Prozesswissen. Der Kunde weiß zumindest grob, wo sein Problem liegt und wie eine Lösung aussehen kann. Der Kunde hat auch eine Vorstellung davon, wo er diese Lösung bekommen kann. Der Berater beschafft die notwendigen Informationen und erarbeitet federführend gemeinsam mit den Mitarbeitern des Kunden die Lösung.

Im Coaching ist der Coach verantwortlich für den Coaching-Prozess und der Coachee, also der *Gecoachte*, als inhaltlicher Fachexperte verantwortlich für die Lösung. Ein Coach fungiert ähnlich einem Moderator als Prozessexperte und ermöglicht es seinen Kunden, unter Nutzung ihrer Fachexpertise eine akzeptierte und machbare Lösung zu entwickeln. Ein Coach muss dazu prinzipiell kein technisches Fachwissen besitzen, obwohl es unserer Erfahrung nach im IT-Umfeld nützlich ist, um die Akzeptanz des Coachees zu erreichen. Das technische Fachwissen des Coachs fließt jedoch nicht in die Lösung ein [71]. Coaching ist also eine Prozessberatung. Diese Definition ist extrem, aber zur Klärung von Aufgaben innerhalb einer methodischen Beratung durchaus hilfreich. Problematisch kann hierbei in unserer Kommunikation mit unserem Kunden sein, dass der Begriff *Coach* umgangssprachlich eine erweiterte Bedeutung hat wie z. B. im Sport.

Ein Berater ist dagegen der Experte für den Informationsgegenstand, also den einzuführenden Arbeitsprozess, eine bestimmte Technik oder ein Tool und gleichzeitig für den Beratungsprozess. Der Kunde ist der Experte für sein Umfeld sowie seine Rahmenbedingungen und steuert das Wissen über die internen Zusammenhänge für die konkrete Umsetzung bei. Im Gegensatz zu einem reinen Coach tritt ein Berater also in einer Doppelrolle auf: Er ist verantwortlich für den Prozess und die Lösung. Der Kunde ist verantwortlich für die qualitative Umsetzung der Lösung. In diesem Fall liegt also eine Expertenberatung vor. Tabelle 6.1 fasst den Vergleich zwischen methodischer Beratung und Coaching zusammen.

6.2.2 Zusammenhänge erklären, ohne zu verunsichern

Ein Problem, das sich bei der Umsetzung einer methodischen Beratung oft stellt, ist eine angemessene Informationsübermittlung an die Entscheider und Mitarbeiter des Kunden. Die Komplexität und Kompliziertheit der Ob-

	methodische Beratung	Coaching
Problemexperte	Kunde	Kunde
Lösungsexperte	**Berater**	**Kunde**
Umsetzungsexperte	Kunde	Kunde
Prozessexperte	Berater	Coach
Vorgehen	Expertenberatung mit großem Anteil einer Prozessberatung	reine Prozessberatung

Tabelle 6.1: Vergleich zwischen methodischer Beratung und Coaching

jekte und Sachverhalte, mit denen wir es in einer IT-Beratung zu tun haben, ist enorm. In einer methodischen Beratung sprechen wir diese Komplexität mit ihren Risiken und Konsequenzen bei unseren Kunden offen an und liefern maximale Transparenz.

Leider wirkt diese Transparenz für manche Auftraggeber verunsichernd, weil damit auch möglicherweise bislang unbekannte Risiken aufgezeigt werden, was z. B. in realistischeren Aufwandsschätzungen resultiert. Natürlich ist das genau die Informationsgrundlage, die wir für eine erfolgreiche Arbeit benötigen. Aber wie können wir die verunsichernde Wirkung minimieren?

Die Arbeit mit Metaphern macht es dem Kunden oft leichter, die wesentlichen Teile der Information aufzunehmen. Das klingt jetzt nicht besonders originell oder hilfreich. Der Trick ist es dabei, die Metaphern in Bezug auf die aktuelle Kommunikationssituation des Kunden auszuwählen. Dazu kommt unsere einfache Typologie aus Abschnitt 2.2 ab Seite 12 wieder ins Spiel.

Kommuniziert unser Auftraggeber gerade aus dem *Warum*, indem er aus der Vergangenheit heraus vielleicht sogar hoch emotional argumentiert und dabei gerne Universalquantoren[1] verwendet, so passen Bilder, die das Wir-Gefühl und die Gemeinschaft ansprechen und ethisch-moralisch kraftvoll wirken. Arbeiten Sie z. B. mit der Metapher des *Brückenbaus* oder dem Bild einer *eisernen Kette* zwischen Beraterteam und Kundenmitarbeitern. Und vergessen Sie in der nachfolgenden Diskussion nicht, die Einwände des Kunden aufzugreifen und in Ihr Beratungskonzept als Risiken oder über passende Lösungsansätze einfließen zu lassen.

[1]Universalquantoren bezeichnen extreme Mengenangaben, die keine Ausnahme zulassen wie: alle, jeder, immer, keiner, nie, sämtliche usw. Da es immer Ausnahmen gibt, gilt ein Universalquantor nie! Achtung: Im letzten Satz stecken zwei Universalquantoren. Sie sehen, die haben es in sich (vgl. Abschnitt 2.1.4 ab Seite 11).

Nehmen Sie Ihren Gesprächspartner gerade sehr sachlich wahr und er fragt nach Referenzen, Beispielen oder Hintergrundwissen und Zusammenhängen, so können Sie mit sachlichen, eher wissenschaftlichen Metaphern arbeiten. Machen Sie das Pilotprojekt zum *Testlabor*, um mögliche Ängste zu nehmen, und versuchen Sie jede Frage des Kunden geduldig zu beantworten. Halten Sie Referenzen bereit, die Sie anführen können. Und bleiben Sie ruhig und sachlich.

Ein *Macher* auf der anderen Gesprächsseite braucht keine Aufmunterung, etwas zu tun, sondern vielleicht eher eine *Bremse*. Diese Bremse bezieht sich dabei nicht auf die Geschwindigkeit der Ergebnisse, sondern auf deren Umfang. Wir brauchen die Ergebnisse für unsere Steuerung des Beratungsprojekts und sind daher auf schnelle Resultate angewiesen. Jedoch wollen wir nicht alles auf einmal, sondern gehen schrittweise vor. Das können wir mit plastischen Metaphern unterstützen, indem Sie z. B. *das Haus Stein auf Stein bauen* oder *mit vielen kurzen Pässen den Ball ins gegnerische Tor bringen*.

Wenn Ihr Gesprächspartner sich bereits in den vielen zukünftigen Möglichkeiten zu verlieren scheint, können wir ein kleines Stück des Wegs *mitfliegen*. Doch dann holen wir ihn wieder zurück in die Gegenwart, um hier die Voraussetzungen zu schaffen, dass wir in Zukunft diese Möglichkeiten haben. Unser Kunde sucht Flexibilität und möchte sich viele Optionen offenhalten. Wir sprechen dann z. B. von *Baukästen* oder geben dem Projekt einen *Gummiring* als Rahmen, der die Teammitglieder zwar zusammenhält, aber doch Flexibilität ermöglicht.

Um Problemen ihre verunsichernde Wirkung zu nehmen, können wir auch oder zusätzlich mit abstrakten und vereinfachenden Vergleichen arbeiten [49]. »Ihre Situation ist vergleichbar mit ...« bildet einen belastbaren Einstieg. Bilder wie *Schlamm schaufeln* oder *einen Pudding an die Wand nageln* können passen und helfen uns durch ihren Überraschungseffekt, das Denken unserer Kunden in neue Bahnen zu lenken und so auf die Lösungsebene zu kommen. Wir könnten versuchen, einen Pudding direkt an eine Wand zu nageln, was jedoch scheitern würde, oder ihn auf ein Regalbrett zu kippen, das wir zuvor auf zwei lange Nägel in der Wand gelegt haben. Der Pudding würde darauf liegen bleiben. Jetzt können Sie Ihre Gesprächspartner fragen, was ins Beratungsprojekt übertragen die Funktion des Regalbretts leisten könnte, oder Sie können selbst Vorschläge dazu machen. So sprechen Sie über Vergleiche und Metaphern Probleme an und kommen im Gespräch mit dem Kunden spielerisch auf die Lösungsebene.

Wenn Sie bereits Projekterfahrung bei dem Kunden haben, können Sie vielleicht auch Vergleiche aus älteren Projekten heranziehen: »Das ist dann jetzt im ABC-Projekt vom Ablauf her ähnlich wie es beim XYZ-Projekt vor zwei Jahren war, nur dass wir jetzt vier Fachbereiche auf der Anforderungsseite zu steuern haben.« Durch das Herausarbeiten der Gemeinsamkeiten und Unterschiede vor dem Hintergrund eines bereits abgeschlossenen, erfolgreichen Projekts können Sie auch auf die kritischen Punkte eingehen und doch aus der positiven Erfahrung heraus Zuversicht ausstrahlen.

6.2.3 Die Fähigkeit zur Selbstorganisation nutzen!

Eine methodische Beratung bewahrt sich eine ausreichende Flexibilität, um auf aktuelle Gegebenheiten angemessen reagieren zu können. Die Basis unserer Beratung bildet das Erstellen eincs Konzepts, in dem die Ziele und Risiken klar herausgearbeitet sind. Daraus ergibt sich eine erste Grobplanung für den Beratungsprozess und eine konkrete Planung der ersten Schritte. Jetzt können wir guten Gewissens mit weiteren Versuchen einer detaillierteren Planung aufhören und diese ersten Schritte gemeinsam mit dem Kunden umsetzen. Erfolg versprechender als weitere theoretische Betrachtungen zu unserer Planung ist es, auf Basis gewonnener Erfahrungen und erster Ergebnisse nur die jeweils nächsten anstehenden Schritte detailliert zu planen, um angemessener auf die Realität beim Kunden reagieren zu können. Oder, um es mit den Worten von General Carl von Clausewitz (1780 – 1831) zu sagen: »Kein Plan übersteht den ersten Feindkontakt!« Eine angemessene Iterationsdauer liegt je nach Intensität des Beratungsprozesses bei einer oder wenigen Wochen.

Unser Vorgehen in der Planung unserer Beratung ähnelt dabei einer zweistufigen Planungsweise, wie sie auch im agilen Projektmanagement nach Scrum gelebt wird. Auf einer Gesamtsicht auf unser Beratungsprojekt werden die groben Schritte skizziert, priorisiert und im *Product Backlog* in eine Reihenfolge gebracht sowie die zu erreichenden Zwischenergebnisse markiert, die bereits umgesetzt sind und gelebt werden sollen. Letzteres entspricht den regelmäßigen Lieferungen, den *Releases*. Nur die Schritte für die jeweils nächste *Iteration* werden im *Sprint Backlog* konkreter geplant, weiter in Aufgaben zerlegt und umgesetzt. Auf Basis dieser konkreten Ergebnisse erfolgt dann die detaillierte Planung der nächsten Iteration [44].

Eine solche flexible Arbeitsweise ist notwendig, da sich eine methodische Beratung innerhalb eines komplexen Systems abspielt. Daher sind die impliziten Kausalketten in ihren Konsequenzen nicht (vollständig) vorhersehbar. Wir gehen deshalb Schritt für Schritt vor und implementieren die Ergebnisse aus diesem Beratungsprozess schrittweise. So können wir über das Mittel der Retrospektive erkennen, was auf welche Weise funktioniert, und mit dieser Erkenntnis die nächsten Schritte angehen. Wir bauen Regelkreise für unsere Prozesssteuerung auf (vgl. Abschnitt 3.1.3 ab Seite 23).

Ein solcher Beratungsprozess, der agile Methoden anwendet, leistet noch mehr. Da wir die Mitarbeiter des Kunden von Anfang an in den Prozess integrieren und sie die ersten Beratungsergebnisse gleich umsetzen lassen, können wir auf Probleme sofort reagieren. Im Sinne einer selbstorganisierten Gruppe können Aufgaben intern verteilt und ggf. zeitlich verschoben oder erneut aufgegriffen werden. Es arbeiten eben nicht nur die Berater an dem Beratungsprojekt, sondern auch eine Reihe von Mitarbeitern des Kunden, die nach und nach selbst zu Experten werden.

Was ist Selbstorganisation? In der Systemtheorie wird Selbstorganisation als eine »Form der Systementwicklung definiert, bei der die Form gebenden, gestaltenden und beschränkenden Einflüsse von den Elementen des Systems selbst ausgehen«. In anderen Worten bedeutet dies, dass sich eine selbstorganisierte Gruppe in eigener Verantwortung eine innere Struktur gibt, die Reaktion auf äußere Ereignisse bestimmt und die Schnittstellen nach außen sowie die inneren Abläufe selbst entwickelt und an Veränderungen anpasst. Eine solche Gruppe stellt ihre eigenen, für sie geltenden Regeln auf und implementiert die Mechanismen, um diese Regeln durchzusetzen [71].

Die selbstorganisierte Gruppe handelt also eigenverantwortlich und wird im Beratungsprozess nicht ihrer Verantwortung für die Umsetzung und Optimierung der Lösung entbunden. Die innere Ordnung der Gruppe entsteht dabei meist als absichtlicher und geplanter Schritt, was als autonome Selbstorganisation bezeichnet wird. Die Mitglieder der Gruppe brauchen dazu einen ausreichenden Handlungsspielraum, damit jedes Gruppenmitglied gestalterisch tätig sein kann [71, 77].

Die selbstorganisierte Gruppe besteht dabei aus dem oder den Beratern und den Mitarbeitern des Kunden. Damit eine ausreichende Selbstorganisation erfolgen kann, wird im Gegensatz zu einer Hierarchie oder einem *allmächtigen* Berater im Zentrum einer Gruppe ein flexibles Netz als Organisationsform gewählt (Abb. 6.2) [41, 71].

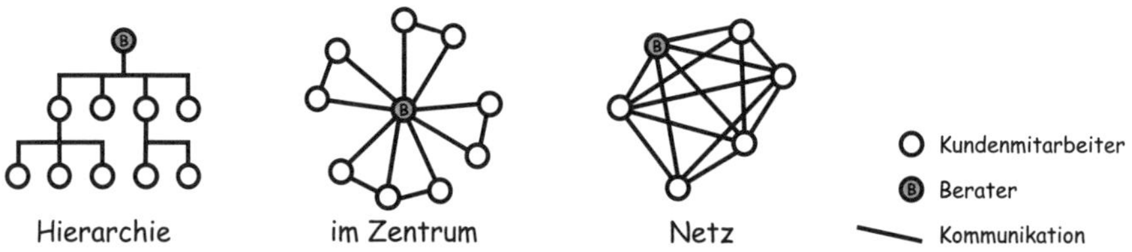

Abbildung 6.2: Mögliche Organisationsformen für das Management einer Gruppe [41]. Eine methodische Beratung mit einem hohen Anteil an Selbstorganisation erfolgt typischerweise in einer Netzstruktur (rechts) [71].

6.2.4 Ambiguitätstoleranz

Im Rahmen einer methodischen Beratung kann es passieren, dass wir als Berater mehr möchten als unsere Kunden. Wir sehen Chancen und

Möglichkeiten, die aufseiten unserer Kunden nicht erkannt oder in ähnlicher Form bewertet werden. Manchmal schätzen wir eine Situation auch anders ein oder halten ein Teilziel unseres Kunden für wenig sinnvoll. In solchen Situationen werden wir mit Rahmenbedingungen konfrontiert, mit denen wir umgehen müssen. Wir haben dann die Grenzen unseres Auftrags oder der Umsetzbarkeit bestimmter Ideen in einer Organisation erreicht.

Wir befinden uns dann typologisch im *Wohin noch*, während unsere Kunden noch versuchen, die gegenwärtigen Aufgaben zu meistern, oder gar noch gewohnten Strukturen hinterhertrauern (Abb. 2.5 auf Seite 13). An solch einer Situation können wir uns als Berater regelrecht aufreiben. Damit es dazu nicht kommt und wir uns auf das jetzt Machbare konzentrieren können, brauchen wir eine ausreichende *Ambiguitätstoleranz*.

Unter Ambiguitätstoleranz verstehen wir die Fähigkeit, die Aspekte, die wir gerne verändern würden, was aber zumindest derzeit vom Kunden nicht gewünscht wird, so sein zu lassen, wie sie sind. Wir tolerieren diese Kundenentscheidung und blenden diese Aspekte damit aus unserem Arbeitsfokus aus. So bleiben wir handlungsfähig und erreichen die vom Kunden gewünschten Ziele.

Ambiguitätstolerantes Beraten bedeutet, sich auf das Gewünschte und Machbare zu konzentrieren. Alles andere kann Inhalt von Folgeprojekten werden. Ambiguitätstoleranz ist allerdings kein Freibrief, ethische und moralische Aspekte auszublenden. Diese sollten bereits zu Beginn der Beratung mit dem Kunden gemeinsam geklärt werden. Aufträge, die für Sie ethisch und moralisch nicht akzeptabel sind, sollten Sie gleich ablehnen. Wenn Sie einen Beratungsauftrag übernommen haben, gehören ein für eine Beratung notwendiger innerer Abstand zum Kunden und eine ausreichende Ambiguitätstoleranz zur Professionalität, damit wir auf die kleinen Schritte fokussieren können und uns nicht an schönen Ideen aufreiben. Unsere Kunden haben unsere volle Aufmerksamkeit verdient.

6.2.5 Aufgaben eines methodischen Beraters

Im Rahmen einer Beratung haben wir als methodische Berater mindestens fünf Aufgaben zu erfüllen [5]:

- Eine kooperative, vertrauensvolle und belastbare Beziehung zum Kunden aufbauen.
- Gemeinsam mit dem Kunden klare Beratungsziele setzen.
- Die Mitarbeiter des Kunden auf ein lösungsorientiertes Handeln ausrichten.
- Den Kunden lösungsorientiert beraten.
- Den Kunden dabei unterstützen, dass seine Mitarbeiter an den veränderten Strukturen und Verhalten etc. dauerhaft festhalten.

Dabei haben wir eine Reihe von Entscheidungen zu treffen, um unsere Beratungsarbeit erfolgreich ausführen zu können. Zuallererst und von besonderer Bedeutung ist die Frage, ob überhaupt eine methodische Beratung beim Kunden benötigt wird. Diese Frage verdeutlicht noch einmal unsere Intention, den Kunden in seiner Eigenständigkeit zu belassen und unsere eigene Arbeit voll und ganz in den Nutzen des Kunden zu stellen. Diese Frage ist auf dem ersten gemeinsamen Workshop[2] zu klären. Bei Bedarf können Sie als greifbare Ergebnisse die Alternativen zu einer methodischen Beratung erarbeiten und festhalten.

Wenn die Beratung erfolgen soll, haben wir ihren Umfang und Rahmen zu klären. Manchmal werden weitere Hilfsquellen für die Beratung benötigt. Diese können technischer Natur sein und zusätzliche Beratungsleistungen anderer Unternehmen oder auch spezielle Ausbildungsmaßnahmen für die Mitarbeiter des Kunden beinhalten.

Im Rahmen eines fortlaufenden Risikomanagements suchen Sie regelmäßig nach Risiken für den Beratungserfolg, informieren gegebenenfalls Ihren Kunden und leiten innerhalb des mit dem Auftraggeber abgestimmten Rahmens Maßnahmen zur Risikominimierung ein. Sie haben dabei auch zu entscheiden, wen Sie wann über welche Risiken informieren.

6.3 Erfolgsbarrieren überwinden

6.3.1 Beratung ist Vertrauenssache

Viel stärker als bei anderen *Produkten* basiert eine Beratungsleistung auf dem Vertrauen des Auftraggebers in einen Berater bzw. ein Beraterteam. Auch wenn es prinzipiell möglich ist, den Wert einer Beratungsleistung zu messen, so erfolgt dies nur selten in vollem Umfang. Dies mag auch daran liegen, dass einerseits gerade eine methodische Beratung eine langfristige Wirkung im Unternehmen erzeugen kann, die ähnlich wie andere strategische Themen erst spät messbar wird, und sich andererseits Beratungsleistungen häufig auf firmenpolitisch schwierige Themen und Aspekte beziehen, die auf Kundenseite neben den Promotoren auch Gegner haben, sodass eine exakte Messbarkeit gar nicht angestrebt wird.

Ein weiterer Aspekt bei Beratungsleistungen, mit dem eine Reihe von Schwierigkeiten verbunden sein kann, ist, dass der Auftraggeber durch das Hinzuziehen externer Berater ein eigenes Defizit auf Kundenseite deutlich und auch offen eingesteht. Insbesondere einen methodischen Berater einzukaufen bedeutet das Eingestehen eigener Schwächen und des eigenen Unvermögens, ein erkanntes Problem angemessen zu lösen. Ähnlich wie bei

[2] Zu den Möglichkeiten einer stufenweisen Beauftragung kommen wir im nächsten Kapitel.

einem Arztbesuch gesteht sich der Kunde ein, *krank* zu sein, und begibt sich in die Hände eines Experten, dem er mehr oder weniger blind dabei vertrauen muss, eine *Heilung* herbeizuführen [20].

Alleine aus dieser Situation ergibt sich eine Reihe von schwierigen Situationen in der Akquise und der Beratung selbst, auf die wir in Abschnitt 6.3.4 ab Seite 97 noch zurückkommen. Zunächst betrachten wir die Erfolgsbarrieren auf Berater- und Kundenseite genauer.

6.3.2 Erfolgsbarrieren auf Beraterseite

Grundsätzlich führt ein methodischer Beratungsansatz zu geringen Erfolgsbarrieren auf der Beraterseite, da der Kunde mit seinen Bedürfnissen im Zentrum der Beratung steht und nicht oder nur in bestimmten kurzen Phasen und in Abstimmung mit dem Kunden aus seiner Verantwortung entbunden wird. Dennoch gibt es eine Gefahr auf Beraterseite, die wir bereits selbst erlebt haben und auch immer wieder durch Gespräche mit Kollegen aufgezeigt bekommen: Der Berater möchte mehr, als sein Kunde wünscht bzw. zulässt. Es mangelt uns dann an *Ambiguitätstoleranz*, die wir bereits in Abschnitt 6.2.4 ab Seite 92 kennengelernt haben.

Unsere Fähigkeit, Aspekte, die aus Kundensicht beibehalten und nicht verändert werden sollen, als feste Rahmenbedingungen zu akzeptieren und uns auf unsere Aufgabe innerhalb dieser Rahmenbedingungen zu konzentrieren, ist ein Erfolgsfaktor für unsere Beratung. Unser Beratungsspielraum ist vom Kunden durch seine Rahmenbedingungen klar definiert. In der Akquise prüfen wir, ob für uns dieser Spielraum ausreichend ist.

Meist stellt das kein Problem dar, doch manchmal steht sich unser Kunde damit aus unserer Sicht bei dem Beratungsprozess selbst im Weg und unsere Ambiguitätstoleranz wird auf eine harte Probe gestellt. Wir tappen dann schnell in die Falle, immer wieder auf direktem oder indirektem Weg zu versuchen, auch diese Rahmenbedingungen zu verändern. Dabei geraten wir entweder in einen Konflikt mit dem Auftraggeber oder reiben uns dabei auf, Aspekte verändern zu wollen, an denen die Beteiligten festhalten wollen. Da wir bei unserer methodischen Beratung auf die aktive Arbeit der Mitarbeiter unseres Kunden angewiesen sind, stellt dies auch den Beratungserfolg infrage.

Die konkrete Falle, in die wir dann getappt sind, liegt darin, dass wir den Beratungsprozess dann nicht mehr aktiv führen. In einer methodischen Beratung wie auch einem Coaching führt den Prozess stets die Person, die weniger will. Das klingt vielleicht zunächst seltsam, doch beschreiben wir damit eine wichtige Dynamik im Beratungsprozess. Wer ein Ziel erreichen oder ein Problem lösen möchte, der ist entweder bereits selbst aktiv oder wird sich im Beratungsprozess schnell selbst aktiv an der Umsetzung neuer Ideen und Vorgehensweisen beteiligen. Da unser Kunde mit der neuen

Lösung auch nach unserer Beratung eigenverantwortlich arbeiten soll und auch möchte, gestalten die Mitarbeiter unseres Kunden durch ihr Tempo, ihre Handlungsmöglichkeiten und ihre Fähigkeiten und Fertigkeiten den konkreten Lösungsweg aktiv und verantwortlich mit.

Wenn die Mitarbeiter unseres Kunden jedoch bereits z. B. durch die alte Situation oder ungünstige Rahmenbedingungen stark frustriert und demotiviert sind, geben sie dadurch auch die dann extrem eingeschränkten Möglichkeiten des Beratungsprozesses vor. Wenn wir dies nicht erkennen und angemessen darauf reagieren, besteht die Gefahr, dass wir uns als Berater im Beratungsprozess völlig aufreiben, ohne sichtbare Erfolge zu erreichen. Wir drehen uns dann wie ein Hamster im Laufrad immer schneller und kommen trotzdem nicht vom Fleck. Eine beteiligte Person, die weniger erreichen möchte als die Treiber eines Prozesses, kann den Prozess bremsen und weg von den Zielen lenken.

Natürlich kommt es vor, dass wir eine solche Einschränkung erst im Laufe der Beratung erkennen können. In dem Moment, wo wir eine solche Dynamik feststellen, prüfen wir, inwieweit dadurch unser Beratungsauftrag betroffen ist. Vielleicht wollen wir zu viel zu schnell und überfordern damit die Organisation des Kunden. Dann arbeiten wir aktiv an unserer Ambiguitätstoleranz und machen uns klar, wo unser Spielraum liegt. Solange unser Kunde mit unserer Beratung einen Fortschritt erreicht, den er ohne uns nicht hätte, leisten wir eine wertvolle Arbeit. Wenn uns dieser Spielraum jedoch als nicht zielführend erscheint oder wir dadurch eine Neubestimmung des Beratungsziels wahrnehmen, das wir nicht tragen können oder wollen, suchen wir sofort das Gespräch mit dem Auftraggeber und brechen im Extremfall die Beratung ab. Wir sind dann nicht der passende Berater.

6.3.3 Beratungsresistenz – Erfolgsbarriere auf Kundenseite

Mit Beratungsresistenz wird ein Phänomen beschrieben, was meist nur kleinen und mittleren Unternehmen zugeschrieben wird. Es äußert sich entweder dadurch, dass bei Problemen keine externen Berater hinzugezogen werden, oder aber dadurch, dass ein Beratungsprozess bei Führungskräften und Mitarbeitern auf starken Widerstand stößt [50].

Die Ursachen dafür sind sicherlich vielfältig. Häufig steht dabei einer von zwei Konflikten im Zentrum.

1. Bereits durch die Anwesenheit eines externen Beraters wird allen Führungskräften und Mitarbeitern des Kunden klar, dass es ein Problem gibt, zu dessen Lösung man auf fremde Hilfe angewiesen ist. Es entwickelt sich dann ein Gefühl der Hilflosigkeit und Ohnmacht beim Kunden.

2. Es kann eine Differenz geben zwischen den Analyseergebnissen des Kunden und des Beraters. Der Kunde sieht ein Problem und die Lösungswege deutlich anders, als es der Berater nach seinen ersten Analysen und Workshops erkannt hat.

So wird deutlich, dass eine externe Beratung, die den Mitarbeitern z. B. durch ihre Führungskräfte auferlegt wird, trotz bester Absichten auch für den methodisch geeignetsten Berater zum Problem werden kann. Die starre Haltung der Mitarbeiter, die wir dann als Beratungsresistenz wahrnehmen, macht unsere Erfolge zunichte.

Auch in solchen Situationen können wir bei einer methodischen Beratung noch zum Erfolg kommen. Die Ursachen der wahrgenommenen Beratungsresistenz sind Teil des Problems und können in den Beratungsauftrag aufgenommen werden. Bevor wir zur inhaltlichen Arbeit mit unseren Ansprechpartnern des Kunden kommen können, sind die ursächlichen Konflikte, die der Beratungsresistenz zugrunde liegen, aufzulösen. Bevor wir zur inhaltlich-methodischen Beratung kommen, fokussieren wir dann auf den begleitenden Veränderungsprozess und legen so zuerst die Grundlagen für die methodische Beratung.

Wichtig ist es dabei, die Lösungskompetenz auf der Kundenseite hervorzuheben und zuerst auszubauen, bevor es an die Umsetzung geht. Als methodischer Berater entbinden wir unsere Kunden nicht aus ihrer Verantwortung, sodass wir zumindest für den ersten Konflikttyp gewappnet sind.

Der zweite Konflikttyp führt dann zu einer genauen Analyse unserer Ambiguitätstoleranz. Halten wir das gewünschte Vorgehen des Kunden für nicht zielführend, können wir versuchen, ihn zu überzeugen oder einen dritten Lösungsweg, der vielleicht angenehmer für unseren Auftraggeber ist, zu finden. Ergibt sich daraus keine Lösung, bleibt uns oft nur, den Auftrag vorzeitig zu beenden. Die Beratungsresistenz auf Kundenseite hat dann gewonnen. Wie gehen wir mit solch einer Situation um? Dabei hilft uns eine innere Haltung, die für eine methodische Beratung wichtig ist.

6.3.4 Die innere Haltung in der methodischen Beratung

Wie fühlen wir uns als Berater, wenn z. B. ein vielversprechender Kunde nach einer langen und aufwendigen Akquise oder sogar kurz nachdem wir unseren Beratungsauftrag begonnen haben, den Prozess vorzeitig beendet? Wir sind verärgert oder erleichtert, je nachdem, wie sich die Zusammenarbeit bis dahin entwickelt hat. Aus unserer eigenen wirtschaftlichen Sicht sind wir oft jedoch auch verunsichert oder gar verängstigt. Wenn wir keine kurzfristige Möglichkeit oder alternativen Auftrag haben, fragen wir uns, wie es mit uns als Berater weitergehen kann.

Für uns Berater können sich in solchen und ähnlichen Situationen verschiedene Ängste ergeben. Patrick Lencioni (*1962) nennt in diesem Zusammenhang drei häufig auftretende Ängste unter Beratern [20, 31]:

- Die Sorge, einen Auftrag nicht zu bekommen oder schnell wieder zu verlieren, wenn wir dem Kunden gegenüber wirklich ehrlich sind und nicht alles versuchen, ihm mit unserer Arbeit zu gefallen.
- Fehlender Mut, Gefahren bzw. heikle Themen anzusprechen und Widerstände zu thematisieren, um sie angehen zu können.
- Die Angst, gegenüber dem Kunden nicht ebenbürtig oder minderwertig auftreten zu können, da uns zu viel fachliches Wissen aus dem Kundenkontext fehlt.

Wenn bei uns Beratern Angst oder fehlender Mut unser Handeln dominiert, können wir keine methodische Beratung leisten. Um das zu vermeiden, gehen wir aktiv mit unseren Sorgen und Ängsten um. Dies wird mittel- und langfristig auch der wirtschaftlich bessere Weg sein, da wir nur so zu den Kunden kommen, mit denen wir langfristig und vertrauensvoll zusammenarbeiten können. Methodische Beratung ist auf Kundenseite von einem tiefen Vertrauen geprägt und auf unserer Beraterseite von Offenheit und Ehrlichkeit.

Wie genau gehen wir bewusst mit unseren Sorgen um und sichern das vertrauensvolle Verhältnis mit unseren Kunden? Lencioni schlägt dazu eine Reihe von Prinzipien vor, von denen wir die aus unserer Sicht wertvollsten kurz darlegen und unseren Umgang damit zeigen [31].

Stets beraten, anstatt zu verkaufen: Es geht darum, dem Kunden zu helfen, und nicht, Folgeaufträge zu sichern oder besonders hohe Tagessätze zu erzielen. Unser eigener wirtschaftlicher Erfolg stellt sich als Folge des methodischen Beratungsansatzes ein.

Das Geschäft aufgeben: Wenn wir uns als methodische Berater nicht mit unserem Kunden identifizieren können oder dieser die Zusammenarbeit behindert oder deutlich erschwert, sodass wir nicht mehr methodisch angemessen arbeiten können, ist dieser Kunde nicht für unsere Arbeit passend. Wir geben ihn daher auf, auch wenn dies kurzfristig für uns wirtschaftlich riskant ist. Dieses Risiko machen wir uns bewusst, bevor wir eine methodische Beratung beginnen, und sichern es ggf. durch Rücklagen ab.

Dumme Fragen stellen und dumme Vorschläge machen: Es ist nicht wichtig, besonders kompetent oder überlegen aufzutreten, sondern für den Kunden wertvolle Ergebnisse zu erzielen. Dazu lernen wir etwas über das Geschäft und die Organisation des Kunden und stoßen neue Sichten und Betrachtungsweisen bei den Mitarbeitern unseres Kunden an.

Zum Lernen ist jede Frage wichtig und jeder Vorschlag ermöglicht neue Blickwinkel. In der methodischen Beratung ist es notwendig, Schwächen und Probleme beim Kunden offen zu benennen, um eine nachhaltige Wirkung und Verbesserung zu erzielen.

Der Kunde steht im Vordergrund: Die Mitarbeiter unseres Kunden leisten wertvolle Arbeit und ihr Erfolg ist unser Erfolg. Der Kunde hat auf seinem bisherigen Weg sicherlich vieles richtig gemacht. Das gilt es wertzuschätzen. Unsere Beratung ist offen und ehrlich. Damit wir das können, ist unsere Kommunikation sowohl mit unseren Kunden wie auch anderen Beratern beim Kunden stets wertschätzend.

Auch schmutzige Arbeit verrichten: Obwohl wir primär gegenüber unserem Kunden als Ermöglicher und Coach auftreten, arbeiten wir im konkreten Tagesgeschäft dort, wo es brennt. Das schließt auch die konkrete Mitarbeit zur Bewältigung der aktuell anstehenden Aufgaben ein.

Die eigenen Grenzen und Schwächen kennen: Methodische Beratung kann uns an unsere eigenen Grenzen bringen. Wir dürfen aber unsere eigenen Kompetenzen nicht überschreiten. Dafür ist es notwendig, unsere eigenen Grenzen zu kennen. Nur so können wir uns auch selbst weiterentwickeln und diese Grenzen verschieben.

Lencioni nennt dieses Konzept den *nackten Berater*. Das mag auf den ersten Blick abschrecken. Er meint damit, dass wir Berater unseren Kunden gegenüber offen und ehrlich auftreten und nichts verdecken. Wir geben unseren Kunden dann, was sie für ihren Erfolg benötigen.

7 Methodische Beratung als Prozess

Allen Arten einer systematischen Beratung unterliegt eine Methode bzw. ein gesteuerter Prozess. Diesen Beratungsprozess werden wir uns jetzt genauer anschauen. Wir verwenden dazu ein sechsstufiges Modell, das wir Schritt für Schritt betrachten.

7.1 Sechs Stufen zur erfolgreichen Beratung

Zu einer erfolgreichen Beratung gehört deutlich mehr, als die konkrete Beratungsleistung abzuliefern. Wir haben eine ganze Menge an Vorarbeit zu leisten, damit es überhaupt zur Beratung beim Kunden kommt, und danach die Kontinuität unserer Beratungsergebnisse sicherzustellen.

7.1.1 Überblick

Werfen wir zunächst einen ersten Blick auf die sechs Stufen eines Beratungsprozesses nach Ulf Andresen (*1953) in Abbildung 7.1 [4, 5].

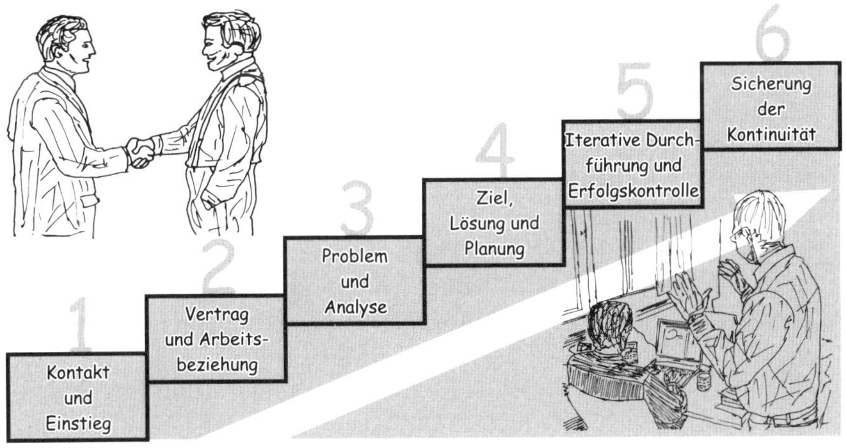

Abbildung 7.1: Die sechs Stufen im Beratungsprozess (nach [4, 5])

1. **Kontakt und Einstieg:** Unser erster Kontakt mit einem potenziellen Kunden kommt zustande. Wir lernen uns gegenseitig kennen und erhalten erste Informationen über die Bedürfnisse des Kunden. Der Kunde lernt dabei unsere Qualifikation als Berater kennen, sodass er sie einschätzen kann. Gemeinsam werden die Probleme identifiziert und die Möglichkeiten einer Zusammenarbeit ausgelotet. Wir erhalten auch einen ersten Eindruck von der Veränderungsbereitschaft aufseiten des Kunden.
2. **Vertrag und Arbeitsbeziehung:** Wir entwickeln und schließen einen Vertrag. Mit einer ersten groben Zielfestlegung stellen wir fest, welche Ergebnisse erstrebenswert sind und welche Ergebnisse in dem Rahmen erreicht werden können. Damit schaffen wir die Basis für ein gegenseitiges Verständnis, das für die Vertragsgestaltung notwendig ist. Dabei regeln wir insbesondere die Art und Weise unserer Zusammenarbeit und die regelmäßigen, möglichst kurzen Rhythmen unserer Meilensteine. Nach Abschluss des Vertrags beginnen wir, die Arbeitsbeziehung aufzubauen.
3. **Problem und Analyse:** Wir analysieren und detaillieren die identifizierten Probleme aus Schritt 1 und bestimmen die Faktoren, die das Erreichen der Ziele fördern oder gefährden könnten. Daraus leiten wir operative Zwischenziele ab. Wir entwickeln alternative Lösungsideen, um die Zwischenziele zu erreichen, und Entscheidungskriterien, um zwischen den Alternativen abwägen zu können.
4. **Ziel, Lösung und Planung:** Wir leiten den iterativen Beratungsprozess ein, um die Zwischenziele zu erreichen. Dazu legen wir die allgemeine Vorgehensweise fest und konkretisieren unsere ersten Schritte. Die ersten ein bis zwei Iterationen planen wir terminlich und bezüglich der beteiligten Personen, also der Mitarbeiter des Kunden und der Berater, im Detail. Unser besonderes Augenmerk haben dabei die Rückkopplungen zum Auftraggeber und die Retrospektiven am Ende jeder Iteration.
5. **Iterative Durchführung und Erfolgskontrolle:** Wir führen unsere Beratung iterativ durch. Wir steuern den Beratungsprozess, indem wir Informationen über den Projektfortschritt gewinnen, die Zielerreichung überprüfen und täglich Entscheidungen innerhalb unserer Zusammenarbeit mit den Mitarbeitern des Kunden treffen. Auf Basis dieser Informationen passen wir unsere grobe Planung und unsere Handlungsweisen iterativ an die Realität des Beratungsprojekts an.
6. **Sicherung der Kontinuität:** Die Beratung wird beendet und unser Ausstieg aus dem Projekt konkretisiert. Wir planen ggf. die periodische Überprüfung von im weiteren Projektverlauf erzielten Ergebnissen und die Art und Weise, wie weiterhin sichergestellt wird, dass die Lösungen umgesetzt und weiterentwickelt werden. Wir prüfen die

Möglichkeiten und den Bedarf, wie und wann wir nach Projektabschluss in weiterführende, anschließende oder mit dem Beratungsprozess zusammenhängende Bereiche einbezogen werden können.

Wir setzen also unseren methodischen Beratungsprozess wie ein agiles Projekt auf. Dazu gehen wir iterativ vor und binden den Auftraggeber eng in die Entscheidungen der Beratung ein. Werfen wir dazu einen genaueren Blick auf die einzelnen Schritte.

7.1.2 Kontakt und Einstieg

In diesen Schritt fällt auch die Frage, wie Kunden auf Ihre Dienstleistungen bzw. Ihre Produkte aufmerksam werden, damit ein Kontakt überhaupt zustande kommt, und wie ein solcher Kontakt so weit qualifiziert bzw. vertieft wird, bis ein Einstieg entstehen kann. Auf diesen marketing- und vertrieblich orientierten Aspekt kommen wir in Abschnitt 7.2 ab Seite 114 zurück. Wir werfen jetzt einen Blick auf den ersten ernst zu nehmenden Kontakt und die Ziele in einem solchen Gespräch. Das bedeutet allerdings, dass Sie als Berater nicht nur fachliches und methodisches Wissen, sondern auch vertriebliche Fähigkeiten benötigen [5].

Unabhängig von bereits bestehenden Kontakten zwischen Ihnen und dem Kunden oder in Beratungshäusern auch seitens Marketing und Vetrieb bezeichnen wir das erste Gespräch im Beratungsprozess als *ersten Kontakt*. Damit stellen wir die enorme Bedeutung dieses Gesprächs für die Beauftragung und die Beratung heraus. Das bedeutet, dass Sie sich selbstverständlich auf ein solches Gespräch vorbereiten. Klären Sie dazu, welche Ziele Sie dabei haben und welche Ziele Sie auf Kundenseite vermuten.

Wenn Sie sich persönlich noch nicht kennen, möchte Ihr Kunde Sie kennenlernen und einschätzen können. Bereiten Sie sich darauf vor, wie Sie Ihre Firma und sich selbst vorstellen möchten. Welche Erfahrungen, abgeschlossenen Beratungen und Referenzen sind vermutlich für diesen Kunden interessant? Wie möchten Sie dem Kunden einen Überblick über Ihr methodisches Beratungskonzept geben? Bereiten Sie einen *Elevator Pitch*, also eine fokussierte Kurzvorstellung in zwei Sätzen beim Kunden, vor (Kasten auf Seite 104). Der erste Eindruck beim Kunden ist besonders wichtig!

Auch wenn Sie sich bereits kennen, hat der Kunde vielleicht ein Interesse daran, zu erfahren, was sich bei Ihnen seit dem letzten Auftrag verändert hat oder warum Sie auch für diese Beratung der Richtige sind. Beachten Sie auf jeden Fall die Struktur von Workshops auch für solche Gespräche (Abb. 3.4 auf Seite 31). Zum einen ist diese Struktur universell und zum anderen entwickeln Sie gemeinsam erste Ergebnisse, was einen Workshopcharakter haben kann. So haben Sie auch die Gelegenheit, Ihre Arbeitsweise demonstrieren zu können.

Auf den Punkt gebracht: Elevator Pitch

Das *Fahrstuhlverkaufsgespräch* gibt uns eine Metapher an die Hand, unsere Aussagen auf den Punkt zu bringen. Wie kann ich die wesentlichen Aspekte eines Produkts oder einer Dienstleistung in ca. 30 Sekunden präsentieren? Ein kurzes Template kann uns dabei helfen. Es besteht aus zwei Sätzen mit insgesamt sechs Teilen:

- Für *«Kundengruppe»*
- ist unser Produkt/unsere Dienstleistung *«Produktname»*
- eine *«Art der Lösung»*,
- die *«Nutzen für Kundengruppe»* liefert.
- Im Vergleich zu *«Produkt / Dienstleistung der Wettbewerber»*
- bietet unser Produkt/unsere Dienstleistung *«herausragende Eigenschaft»*.

Für eine methodische Beratung könnte ein Elevator Pitch also folgendermaßen lauten: »Für Firmen, die Scrum einführen wollen, ist unser Scrum-Coaching eine gezielte Unterstützung ihrer Mitarbeiter, mit der sie sofort und durch unsere Berater abgesichert, agile Softwareprodukte entwickeln. Im Vergleich zu Seminaren bietet unser Coaching neben dem notwendigen Grundlagenwissen auch den direkten Transfer agiler Methoden in den Projektalltag und in die Köpfe der Mitarbeiter des Kunden«.

Daraus folgt, dass der erste Kontakt so direkt wie möglich erfolgen sollte. Eine Telefonkonferenz ist ein brauchbarer Weg. Wenn es sich ermöglichen lässt, ist ein Besuch vor Ort meist noch besser. Der Kunde möchte Sie in Ihrer menschlichen und fachlichen Kompetenz, in Ihrer Glaubwürdigkeit und Vertrauenswürdigkeit kennenlernen und erfahren, wie feinfühlig Sie auch mit kniffligen Situationen umgehen können. Geben Sie ihm die beste Möglichkeit dazu!

Eine gute Gelegenheit dafür ist die Klärung des Anliegens des Kunden. Eine häufige Schwierigkeit dabei ist der lösungsorientierte Ansatz des Kunden. Das klingt paradox, stellt aber ein Problem dar. Wenn uns z. B. ein Kunde damit beauftragen möchte, in seiner Softwareentwicklung UML[1] einzuführen, könnten wir sofort damit loslegen. Doch dann wäre die Gefahr groß, in eine typische Falle zu tappen.

UML ist eine Lösung für eine gewisse Art von Problemen und die Einführung von UML ist eine Maßnahme. Doch was ist das Problem des Kun-

[1] Unified Modeling Language – eine standardisierte grafische Beschreibungssprache zur Modellierung von IT-Systemen.

den? Das wissen wir noch nicht! Warum möchte er UML einführen? Was möchte er erreichen? Wir brauchen Informationen über die Intentionen des Kunden. Was ist seine Absicht? Ohne Wissen über seine Intentionen können wir keine zielführenden Maßnahmen oder Alternativen entwickeln. Vielleicht ist die Einführung von UML sinnvoll, vielleicht aber auch etwas ganz anderes. Vielleicht ist es noch zu früh, um UML einzuführen, und es braucht vorbereitende Maßnahmen usw. Im ersten Kontakt benötigen wir Informationen über die Ziele des Kunden.

Meist handelt es sich um ein Zielgeflecht, das wir im ersten Kontakt noch gar nicht vollständig erfassen können. Deshalb kommen wir in Schritt 3 darauf zurück. Um jedoch einen vertraglichen Rahmen zu schaffen, benötigen wir bereits jetzt diese Informationen oder zumindest einen ersten Blick darauf.

Der Weg dahin erfolgt weitgehend über Prozessfragen, auf die wir in Abschnitt 2.1.3 ab Seite 10 genauer eingegangen sind. In dem obigen UML-Beispiel könnten diese folgendermaßen lauten:

- Was möchten Sie mit der Einführung von UML erreichen?
- Wie haben Sie diese Aufgabe bisher gelöst?
- Was möchten Sie an Ihrer jetzigen Arbeitsweise verändern?
- Was möchten Sie an Ihrer jetzigen Arbeitsweise beibehalten?
- Woran erkennen Sie, dass die Einführung von UML erfolgreich sein wird?
- Woran erkennen Sie, dass die Einführung von UML möglicherweise gescheitert ist?
- Wie und durch wen sind Sie auf den Ansatz gekommen, UML einführen zu wollen?
- Welche Alternativen sehen Sie zu einer UML-Einführung?
- Welche angrenzenden Bereiche wären noch von einer UML-Einführung betroffen?
- Woran erkennen diese angrenzenden Bereiche, dass eine UML-Einführung erfolgreich war?

Dies sind nur Beispiele, um das Frageprinzip zu erläutern. Blicken Sie hinter die Maßnahme! Dabei erkennen Sie auch erste Hinweise auf die Veränderungsbereitschaft und Veränderungsfähigkeit aufseiten des Kunden.

Halten Sie die Ergebnisse fest und stellen Sie sie auch dem Kunden bereit. Eine E-Mail-Abschrift oder vielleicht sogar ein Fotoprotokoll reichen völlig aus, um die erste Basis für eine offene und vertrauensvolle Atmosphäre zu legen. So können beide Seiten prüfen, ob und wie eine Zusammenarbeit aussehen kann.

7.1.3 Vertrag und Arbeitsbeziehung

Mit einem Vertrag schaffen wir die Grundlage der Arbeitsbeziehung. Er sollte den notwendigen Rahmen für die Beratung schaffen und damit braucht er meist nur kurz und knapp auszufallen. Im Vertrag wird festgelegt, in welcher Art die Zusammenarbeit erfolgt, welche Ziele unter welchen Bedingungen angestrebt werden und in welcher Form und welchen Ausprägungen Ergebnisse erreicht werden sollen (Abb. 7.2).

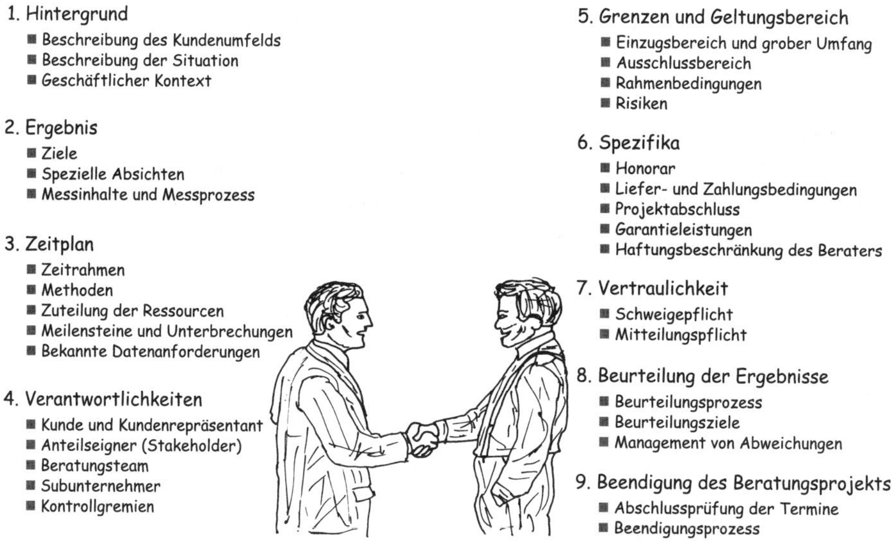

Abbildung 7.2: Mögliche Inhalte eines Beratungsvertrags [5]

Da wir mit einer methodischen Beratung zu einer auf die Kundenbedürfnisse maßgeschneiderten Lösung kommen möchten, kann die Lösung zu diesem Zeitpunkt nicht detailliert dargestellt werden. Daher legen wir im Vertrag die Rahmenbedingungen für den Beratungsprozess fest, ohne uns damit einer ausreichenden Flexibilität zu berauben. Dies betrifft die Dauer möglicher Iterationen, die Termine für Ergebnisreviews und Retrospektiven und die Ziele, die angestrebt werden. Darüber hinaus werden die Zuarbeiten des Kunden geregelt, also wann wer was bereitstellt. Genauso werden die Informationswege über Zwischenergebnisse an den Kunden definiert und die regelmäßigen Planungsworkshops für die nächsten anstehenden Schritte eingeplant.

Kunde und Berater verfolgen in diesem Schritt das Ziel, grundlegende Dinge über die jeweils andere Seite zu erfahren und festzuhalten. Ein Kunde möchte zumindest wissen, wie umfangreich die Beratung zeitlich wohl sein wird bzw. wie viel Zeit der oder die Berater bis wann aufbringen können. Außerdem braucht er Aussagen darüber, was die Beratungsunterstützung kosten wird, also zumindest den Tages- bzw. Stundensatz.

Auf Beraterseite möchten wir erfahren, welche Personen unser *Beratungssystem* auf Kundenseite bilden. Dazu brauchen wir Informationen darüber, welche Personen auf Kundenseite einbezogen sind oder werden und welcher Zeitrahmen vom Kunden bereits angedacht ist bzw. welche zeitlichen Rahmenbedingungen zu beachten sind. Zwei Fragen sind dabei besonders wichtig: Wer ist aufseiten des Kunden verantwortlich für das Beratungsprojekt und welche Unterstützung durch die Führungskräfte des Kunden ist zu erwarten?

Wir können hier bereits klären, welche Aktivitäten als durchführbar eingeschätzt werden und welche nicht. In diesem Zusammenhang können wir auch erfahren, welche zeitlichen und finanziellen Verpflichtungen der Kunde bereit ist, einzugehen. Eine Übersicht der möglichen Inhalte eines Beratungsvertrags finden Sie in Abbildung 7.2 [5]. Organisatorisch kann es sinnvoll sein, den Vertrag in zwei Teile zu zerlegen, die unabhängig aktualisiert werden können. Dies ermöglicht es z. B., die juristischen Aspekte von denen des agilen Vorgehens zu trennen.

7.1.4 Mehrstufiges flexibles Vorgehen

Zu den vertraglichen Regelungen gehört auch die Art des Vorgehens. Wir schlagen dazu vor, eine Beratung wie ein Projekt anzugehen. Eine methodische Beratung kann dabei sehr gut mit agilen Methoden, z. B. Scrum, und einer inkrementell-iterativen Vorgehensweise umgesetzt werden. Wir übertragen dazu die Bewertungen und Prinzipien des *Manifests für agile Softwareentwicklung* (Abb. 7.3) in den Kontext einer methodischen Beratung [3]. Da die Resultate einer methodischen Beratung weitaus mehr als ein Softwareprodukt sind, haben wir den agilen Aspekt *funktionierende Software* mit dem Begriff *funktionierende Ergebnisse* erweitert (Abb. 7.3).

Wie in einem agilen Softwareprojekt genießt die Kundenzufriedenheit höchste Priorität. Wir arbeiten direkt mit den Mitarbeitern des Kunden und dem Auftraggeber zusammen. Die Entfaltung einer maximalen Wirkung der Beratung wird unserer ursprünglichen Planung übergeordnet, weshalb wir regelmäßig mit dem Auftraggeber die konkrete Planung der anstehenden Schritte abstimmen. Wir zerlegen unsere Beratung in kleine Schritte, die ein Ergebnis liefern, das für sich alleine bereits einen Wert für den Kunden darstellt. So können wir dem Auftraggeber den Fortschritt der Beratung transparent darstellen und wir erreichen damit einen offenen und vertrauensvollen Umgang miteinander.

Da ein agiles Vorgehen manchmal erhebliche Unsicherheiten auf der Auftraggeberseite auslöst, schlagen wir eine mehrstufige Beauftragung vor. Am Ende jeder Stufe erhält der Kunde nutzbare Ergebnisse und kann auf

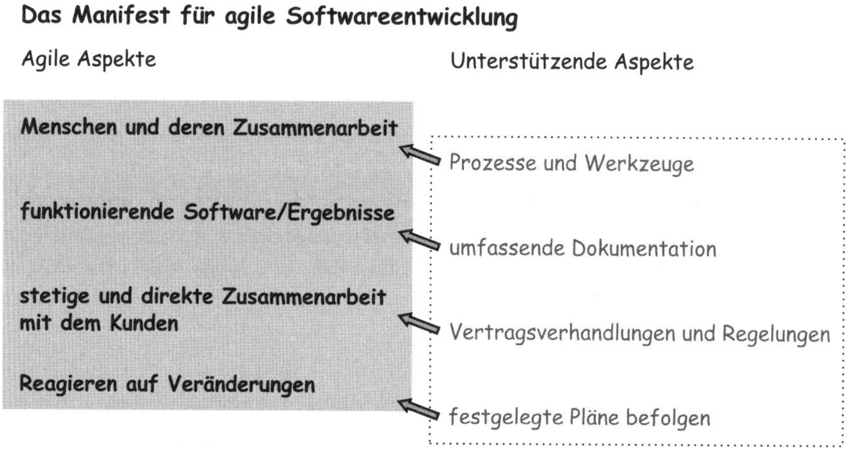

Abbildung 7.3: In einer methodischen Beratung werden die agilen Aspekte (links) höher bewertet als die unterstützenden Aspekte (rechts). Aber auch die unterstützenden Aspekte sind wichtig und werden insoweit implementiert, dass sie die agilen Aspekte optimal unterstützen [3].

dieser Basis das Beratungsprojekt steuern. Die einfachste Form ist die zweistufige Beauftragung, in der der dritte und vierte Schritt des Beratungsprozesses in Form von einem oder mehreren Workshops unabhängig von der Durchführung in Schritt fünf beauftragt werden. Erst wenn die Ziele und Vorgehensweise geklärt sind, wird die Durchführung beauftragt. Bei großen Beratungsprojekten kann zusätzlich die Durchführung in einzelne Ausbaustufen unterteilt werden, die einzeln beauftragt werden können.

Die Vorteile der zweistufigen Beauftragung liegen auf Auftraggeber- wie Auftragnehmerseite. Da wir ohne die beiden umfangreichen Schritte drei und vier keine verlässlichen Aussagen zu Umfang und Dauer einer Beratung machen können, ist auf beiden Seiten keine ausreichende Basis für eine umfangreiche Beauftragung gegeben. Mit den Ergebnissen aus den beiden Schritten kann eine maßgeschneiderte Beauftragung erfolgen, aber auch ein Wechsel des Beratungspartners oder sogar der Abbruch des Projekts.

Alle drei Resultate sind die Ergebnisse unserer qualifizierten Arbeit und führen zu einer belastbaren Kundenbeziehung. Im ersten Fall ist das offensichtlich, doch wie geht das, wenn jemand anderes den großen Auftrag erhält oder das Projekt gar nicht stattfindet? Wenn wir im Rahmen der Analyse- und Planungsworkshops zu der Erkenntnis gelangen, dass unsere Firma nicht der geeignete Durchführungspartner ist, so ist das schade, aber ein brauchbares Ergebnis einer methodischen Beratung. Vielleicht ist unsere Firma zu klein oder es fehlt eine ganz bestimmte Expertise. Wir haben dann zumindest den ersten Teil des Auftrags erhalten und ein für den Kunden wertvolles Ergebnis erreicht. Unsere Beratungsaufgabe kann dann nur noch darin liegen, einen geeigneten Partner zu finden, wofür wir unser Beziehungsnetz zu anderen Beratungshäusern nutzen können. Damit haben wir eine wertvolle Dienstleistung erbracht und, obwohl wir einen anderen Berater hinzugezogen haben, bleiben uns gute Möglichkeiten, später weitere Aufträge von ihm zu erhalten, die zu unserem Beratungsspektrum passen. Wie geht das? Sowohl wir als auch der neu hinzugezogene Berater haben eine klar definierte Expertise, die sich vermutlich nur geringfügig überdeckt. Sonst wären entsprechende Berater vermutlich gar nicht in unserem Beziehungsnetz. Damit bleiben wir mit unserer Kernkompetenz beim Kunden weiterhin gut platziert.

Genauso verhält es sich mit dem Projektabbruch. Wir haben unserem Kunden eine Menge Geld gespart. Vielleicht kann er das in ein anderes, Erfolg versprechenderes Projekt investieren, um eine Lösung für sein Problem auf eine andere Art und Weise zu erreichen, und wir können dort unsere Unterstützung einbringen. Unsere Kundenbeziehung bleibt hochgradig belastbar. Wir haben diese Erfahrung bereits mehrmals machen dürfen und es hat sich unterm Strich auch für uns wirtschaftlich gelohnt.

7.1.5 Problem und Analyse

Nach den beiden vorbereitenden Schritten kann jetzt unser Beratungsprojekt und damit die fakturierbare Arbeit beginnen. In einem ersten Workshop gehen wir zuerst in die detaillierte Problemanalyse. Wir beginnen mit einer Zusammenfassung unseres bisherigen Erkenntnistandes und bauen darauf mit einer Stakeholderanalyse weiter auf. Wir können danach die Schlüsselfiguren klarer identifizieren und verstehen die Kundenorganisation deutlich besser.

Als Nächstes betrachten wir die Risiken für das Beratungsprojekt. Wir können dazu ein komplettes Risikomanagement für das Beratungsprojekt aufsetzen. Wir erstellen dann eine initiale Risikoliste, priorisieren diese nach dem Produkt aus *Schadenshöhe* × *Eintrittswahrscheinlichkeit* und setzen für die größten Risiken Maßnahmen zur Risikominimierung auf. Ein solches Risikomanagement ist ein kontinuierlicher Prozess, sodass wir dann regelmäßig am Ende jeder Iteration einen Risikoaktualisierungsworkshop durchführen, an dem Vertreter aus allen beteiligten Fachbereichen und andere Stakeholder teilnehmen.

Eine Auswahl der Techniken zur Analyse, mit denen wir gerne arbeiten, finden Sie in Abschnitt 7.3 ab Seite 119. Wichtig ist es, bereits im ersten Workshop mit möglichst schnellen, effizienten und einfachen Werkzeugen zu arbeiten, die eine klare Visualisierung der Inhalte ermöglichen.

So können die Ergebnisse sofort in einem Fotoprotokoll übersichtlich dokumentiert werden.

7.1.6 Ziel, Lösung und Planung

Bereits beim ersten gemeinsamen Analyseworkshop integrieren wir den nächsten Schritt. Die beiden Schritte drei und vier sind nach methodischen Gesichtspunkten aufgeteilt. Organisatorisch gehören sie zusammen in den ersten Analyseworkshop.

Während wir im Analyseteil einen eher rückwärts gerichteten Blick in die Vergangenheit machen, erfolgt nun ein Ausblick in die Zukunft. Wir steigen gemeinsam mit dem Kunden in einen kreativen Prozess ein, um potenzielle Lösungen für die Aufgabenstellung zu finden, die noch weiter zu detaillieren sind. Es ist wichtig, diesen positiven Ausblick bereits im ersten Workshop zu erreichen, da wir uns sonst nur in Problemen *gewälzt* hätten.

Häufig ist zu diesem Zeitpunkt der erste Workshop beendet, damit wir nun die weiteren Schritte vorbereiten können, bevor es in eine abschließende Bewertung und in die detaillierte Ausarbeitung des Vorgehens und unseres Beratungsprozesses geht. Manchmal ist eine längere Mittagspause dafür ausreichend, sodass wir gleich am Nachmittag mit dem Folgeworkshop beginnen können. Nicht selten ist der notwendige Aufwand zur Aufbereitung der Ideen so groß, dass wir uns dafür zurückziehen und diese Arbeit intern in eigenen Workshops mit unserem Beraterteam leisten möchten. Dann geht es erst wenige Tage später mit dem Folgeworkshop weiter.

Auf dem Folgeworkshop präsentieren wir unseren aus den Lösungsmöglichkeiten abgeleiteten und aus Beratersicht auf Machbarkeit geprüften Lösungsvorschlag. In der gemeinsamen Diskussion mit den Kundenvertretern prüfen wir die Machbarkeit aus Kundensicht und erhalten damit auch einen guten Einblick in die Veränderungsbereitschaft auf Kundenseite. Wir stimmen die Lösung weiter ab und erhalten am Ende eine Entscheidung von Kundenseite für die Art und Weise der Lösung und ihre Durchführung.

Die erste und häufig auch die zweite Iteration mit Zwischenergebnissen von direkt und sofort nutzbarem Wert für den Kunden werden gemeinsam geplant. Dabei erhalten wir erste Eindrücke darüber, ob die Verantwortlichkeiten auf Kundenseite klar und passend zugewiesen sind und wie das Interesse der einzelnen Personen ist, Verantwortung zu übernehmen. Wir können jetzt auch besser die Vorkenntnisse und Fähigkeiten unserer Ansprechpartner einschätzen. Daraus ergeben sich direkte Konsequenzen für unser Risikomanagement und die Planung der anstehenden Iteration.

Da wir als Ergebnisse einen abgestimmten Grobplan und einen detaillierten Plan der ersten (beiden) Iterationen erreichen möchten, erkennen wir dabei auch, wie die Herangehensweise auf Kundenseite ist und wie bisher Lösungen dafür erarbeitet wurden. Diese Information fließt ebenfalls in die Planung unserer Beratungsleistung ein. Nun kann die eigentliche Beratung beginnen.

7.1.7 Iterative Durchführung und Erfolgskontrolle

Wir wählen eine gleichmäßige Iterationsdauer zwischen ein bis vier Wochen und legen die Iterationen als eine Art Prüfraster über den zeitlichen Ablauf unserer Beratung. Die Iterationsdauer hängt von der Intensität der Beratungsleistung ab und sollte unserer Meinung nach nicht einen Monat überschreiten. Jetzt ordnen wir die bereits von der geplanten Dauer her in eine Iteration passenden Aufgaben aus unserer groben Planung den Iterationen zu. Das wird vermutlich für die meisten Aufgaben funktionieren. Aufwendigere oder länger währende Aufgaben zerlegen wir in passende Teile mit einem überprüfbaren Zwischenergebnis und ordnen sie dann in sinnvoller Weise den Iterationen zu.

Dabei gehen wir noch nicht weiter in die Detaillierung der Aufgaben, um uns unnötige Mehrarbeit zu ersparen. Wir möchten zuerst einen besseren Überblick über das Gesamtprojekt und seine Abhängigkeiten gewinnen. Die Detaillierung und konkrete Ausprägung einer Aufgabe wie auch ihre exakte zeitliche Einordnung hängen aber von den Ergebnissen der vorherigen Aufgaben ab. Auch möchten wir uns maximale Flexibilität erhalten, um auf neue Erkenntnisse in der laufenden Beratung angemessen reagieren zu können. Von daher halten wir den Planungsaufwand für die Gesamtübersicht minimal.

Wir detaillieren nur die Aufgaben der anstehenden Iteration und, wenn wir einen weiteren Planungshorizont und Vorausblick z. B. bei sehr kurzen Iterationen benötigen, die der darauf folgenden Iteration. Danach geht es in die Umsetzung und wir bearbeiten gemeinsam mit dem Kunden die konkreten Aufgaben. Dabei schließt jede Aufgabe mit einem konkret messbaren Ergebnis, das wir mit der Detaillierung der Aufgabe vom Typ her vorgeben. Wenn also z. B. eine Aufgabe die Evaluierung von möglichen Softwaretools beinhaltet, so könnte der Ergebnistyp eine Vergleichsliste der Kandidaten sein mit einer abschließenden Empfehlung, ähnlich wie sie in typischen Testberichten von Fachzeitschriften zu finden ist.

Am Ende einer Iteration halten wir den Projektfortschritt kurz an und führen ein abschließendes Ergebnisreview der Iteration durch und bewerten den Projektfortschritt (Abb. 7.4). Danach führen wir einen Risikomanagementworkshop durch und gehen mit diesen Informationen in die Planung bzw. Planungskorrektur der nächsten (beiden) Iterationen. Abschließend führen wir eine Retrospektive unseres Beratungsprozesses durch, um bereits im laufenden Projekt Verbesserungen an unserer Vorgehensweise vornehmen zu können. Daran nehmen die direkt am Beratungs- bzw. Veränderungsprojekt beteiligten Personen von Kundenseite teil und wir als Berater moderieren diese Veranstaltungen. Danach beginnt die nächste Iteration, für die wir aus der Retrospektive ein oder zwei Verbesserungsmaßnahmen entwickelt haben.

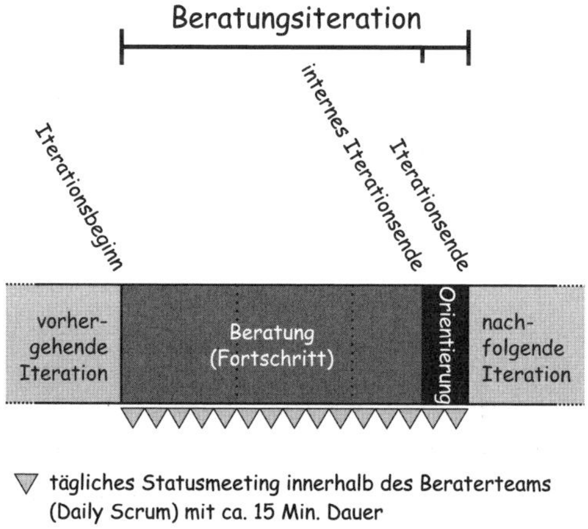

Abbildung 7.4: Die Struktur einer Beratungsiteration am Beispiel einer dreiwöchigen Iterationsdauer: Am Ende jeder Iteration findet ein Orientierungsteil statt, in dem die Iterationsergebnisse bewertet, eine Retrospektive und ein Risikoworkshop durchgeführt werden und die Planung der Folgeiteration erfolgt. Das Beraterteam führt tägliche Standup-Meetings durch, um sich abzustimmen (nach [71]).

Alle diese Workshops werden also mit Vertretern des Kunden und dem Berater als Moderator durchgeführt, um sofort Entscheidungen treffen zu können. Daher ist die Auswahl der Teilnehmer von besonderer Bedeutung für die Qualität der Beratung. Die an einem Workshop nicht beteiligten Mitarbeiter des Kunden arbeiten währenddessen an ihren Aufgaben weiter, sodass der Fortschritt des Beratungsprojekts in dieser Orientierungsphase nicht vollständig angehalten wird, sondern sich ggf. nur verlangsamt.

Innerhalb des Beraterteams finden täglich kurze Abstimmungen in Form von täglichen Standup-Meetings statt. Darüber koordinieren wir das Tagesgeschäft und erkennen Probleme oder aufkommende Risiken sofort. Falls Sie als einzelner Berater vor Ort beim Kunden arbeiten, empfehlen wir Ihnen, sich regelmäßig mit einem Kollegen in Form einer vereinfachten Supervision im Sinne einer Intervision bzw. kollegialen Beratung auszutauschen [33, 66]. Der Kollege braucht dafür den Kunden nicht zu kennen. Sie schildern ihm dann im direkten Gespräch oder z. B. per Skype-Videokonferenz Ihre Eindrücke und Probleme und Ihr Kollege nennt Ihnen seine Gedanken und Ideen dazu. So haben Sie auch als Einzelkämpfer die

Möglichkeit, sich inhaltlich auszutauschen und Ideen zu schärfen.[2] Bauen Sie sich als Freelancer ein kleines Netz befreundeter Kollegen auf. Es lohnt sich und wird Ihre Beraterqualität erhöhen.

7.1.8 Sicherung der Kontinuität

Wie jedes Projekt ist auch ein Beratungsprojekt einmal zu Ende. Wir haben dann die notwendigen Abschlussarbeiten durchzuführen. Wir verfolgen dabei zwei Ziele [5]:

- Wir führen Maßnahmen ein, die sicherstellen, dass die im Laufe der Beratung erreichten Ergebnisse auch nach Projektende weiter Bestand haben, gepflegt und weiterentwickelt werden. Da die Ergebnisse einer methodischen Beratung in der Regel auch Veränderungen in den Abläufen und Arbeitsweisen beim Kunden beinhaltet, sind z. B. entsprechende Reviews und Retrospektiven regelmäßig vom Kunden durchzuführen. Spätestens im Rahmen des Projektabschlusses befähigen wir die Mitarbeiter des Kunden dazu.
- Wir prüfen die Möglichkeiten für aufbauende oder erweiternde Beratungen beim Kunden. Eine offensichtliche Möglichkeit bietet der vorhergehende Punkt. Wir bieten eine große Retrospektive ca. sechs Monate nach Beratungsende an. So unterstützen wir die Qualität der Ergebnisse und bleiben automatisch in Kontakt mit dem Kunden. Häufig ergeben sich auch andere Möglichkeiten, ein weiteres Treffen verbindlich zu vereinbaren.

Zum Abschluss eines Beratungsprojekts gehören ein abschließendes Review der Ergebnisse, eine Gesamtretrospektive auf den Beratungsprozess und eine Planung des weiteren Vorgehens durch die Mitarbeiter des Kunden. Spätestens zum Ende der Beratung werden häufig ausgewählte Mitarbeiter des Kunden in Workshops oder einem Coaching darin ausgebildet, die Aufgaben, die bislang der Berater durchgeführt hat, zu übernehmen. Meist ist dies ein fließender Prozess, der bereits im letzten Drittel des Projekts begonnen hat und jetzt zu einem definierten Abschluss kommt.

Prüfen Sie auch formale Aspekte wie ausstehende Leistungen oder Zahlungen. Zum Projektende sollte alles ausgeglichen und abgeschlossen sein. Eine interessante Idee, den Erfolg eines Beratungsprojekts sichtbar und als Referenz nutzbar zu machen, ist es, mit Einverständnis des Kunden darüber zu veröffentlichen. Sie können eine Veröffentlichung sogar als zu erbringendes Ergebnis in den Plan des Beratungsprojekts aufnehmen. Wichtig ist es, Veröffentlichungen gemeinsam mit Vertretern des Kunden

[2] Vgl. Abschnitt 7.3.3 ab Seite 122.

zu erstellen. So erhöhen Sie die Wahrscheinlichkeit, von Fachzeitschriften oder Konferenzgremien für einen Artikel oder Vortrag angenommen zu werden.

Leider gehen uns in diesem letzten Schritt im Beratungsprozess oft aus Unachtsamkeit Gelegenheiten für Folgeaufträge verloren. Doch ergänzende oder Folgeaufträge sind bei einer methodischen Beratung ein angestrebtes Ziel und für uns von enormer wirtschaftlicher Bedeutung. Der Kunde ist spätestens zum Ende der Beratung wieder voll verantwortlich für seine Arbeitsweise und Ergebnisse. Er braucht uns jetzt nicht mehr für die ursprüngliche Aufgabe.

Jedoch ergeben sich auf dem nun erreichten, neuen Arbeits- und Qualitätsniveau unseres Kunden sofort oder in naher Zukunft neue Herausforderungen und Aufgaben, die wir beratend begleiten können. So arbeitet jetzt beispielsweise die Softwareentwicklung des Kunden erfolgreich nach Scrum, jedoch sind vielleicht die Fachbereiche, mit denen die Entwicklung zusammenarbeitet, noch nicht so weit. Eine neue, sinnvolle Aufgabe lässt sich oft finden.

Dadurch, dass wir die Mitarbeiter des Kunden und ihre Arbeitsweise bereits gut kennengelernt und zum Teil selbst verändert haben, sind wir meist automatisch der Ansprechpartner, sobald unser Kunde wieder eine methodische Beratung benötigt. Daher brauchen wir einen regelmäßigen Kontakt zu unseren Kunden, um die Möglichkeiten für Folgeaufträge früh erkennen oder sogar gemeinsam mit dem Kunden entwickeln zu können. In jedem methodischen Berater steckt also auch ein Vertriebler!

7.2 Marketing, Vertrieb und Projektgeschäft

Im Rahmen dieses Buchs gehen wir nur am Rande auf Marketing und Vertrieb im Beratungsprojektgeschäft ein. Das bedeutet allerdings nicht, dass diese beiden Aspekte von untergeordneter Bedeutung wären. Ganz im Gegenteil, sie sind sogar von strategischer Wichtigkeit für ein Beratungshaus. Uns geht es in diesem Buch um die Gestaltung eines methodischen Beratungs- und Veränderungsprozesses. Dafür reichen uns die vertrieblichen Anknüpfungsstellen und unterstützenden Aufgaben aus. Einen fundierten Blick auf die vertriebliche Seite z. B. in der Technologieberatung finden Sie bei Alex Rammlmair (*1971) [51].

7.2.1 Produkthersteller oder Dienstleister?

Die Firmenstrategie ist ein wesentlicher Erfolgsfaktor für ein Unternehmen. Nach Robert S. Kaplan (*1940) und David P. Norton sollte ein Unternehmen eine zentrale Strategie verfolgen und alle anderen strategischen

Aspekte dieser unterordnen, um inhärente, also bereits in der Strategie begründete Konflikte zu vermeiden [27]. Von zentraler Bedeutung ist es dabei, ob sich ein Unternehmen in erster Linie als Produkthersteller oder Dienstleister sieht.

Dieser Unterschied zieht mehr Konsequenzen nach sich, als es vielleicht auf den ersten Blick vermuten lässt. Das oberste fachlich steuernde Gremium eines Produktherstellers ist das Produktmanagement. Alle anderen Einheiten, wie auch ein Vertrieb, ordnen sich dem Produktmanagement unter. Bei einem Dienstleister sieht die Struktur dagegen anders aus. Hier ist der fachliche Vertrieb die oberste fachlich steuernde Instanz. Wenn es zusätzlich eigene Produkte wie z. B. ein Softwaretool oder ein eigenes Seminargeschäft gibt, so ordnen sich diese dem fachlichen Vertrieb unter. Das bedeutet z. B., dass nur ein oder wenige Softwareprodukte erstellt und gepflegt werden und als Referenzen bzw. Optionen für die Kunden dienen oder ein thematisch stark fokussiertes Seminargeschäft die Beratungsleistungen unterstützt. Für ein Beratungshaus kann das insoweit ratsam sein, als z. B. die Softwarewerkzeuge mit Verlust verkauft oder sogar verschenkt werden, um das Beratungsgeschäft zu optimieren.

7.2.2 Wie spielen Marketing, Vertrieb und Projekt zusammen?

Der fachliche Vertrieb spielt also im Beratungsgeschäft eine zentrale Rolle. Damit ein Vertrieb mit seiner Arbeit beginnen kann, benötigt er Erfolg versprechende Kontakte[3]. Im Marketing- und Vertriebsdeutsch wird ein Kontakt als *Lead* bezeichnet. An Leads kommt man im Marketing im sogenannten *Lead Management* über Kampagnen heran, also über am Markt sichtbare, geplante Maßnahmen wie Anzeigen, Konferenzmessen, Veröffentlichungen usw. Ein so gewonnener Lead wird dann weiter qualifiziert, was zumindest bedeutet, die für den Vertrieb geeigneten Ansprechpartner zu identifizieren (Abb. 7.5 links oben) [60].

Im Vertrieb wird diese Gelegenheit im *Opportunity Management* ergriffen und in die Vertriebskanäle übergeben und u. a. eine Analyse der Möglichkeiten und Potenziale des Lead erstellt. Von den Ergebnissen hängen Art und Intensität der weiteren vertrieblichen Aktivitäten ab. Um eine sinnvolle Vertriebssteuerung erreichen zu können, wird durch ein Customer-Relationship-Management-(CRM-)System eine technische Informationsbasis gelegt, um eine Übersicht und Transparenz über den gesamten Kundenbeziehungsprozess zu erhalten. Eine solche Verdichtung von Informationen im Vertriebsprozess wird als Vertriebstrichter (Sales Funnel) bezeichnet (Abb. 7.5 mittig oben).

[3]Einen ersten Überblick dieser Thematik verdanken wir Timm Peters, Director Customer Care und Mitglied der Geschäftsleitung der etracker GmbH, Hamburg.

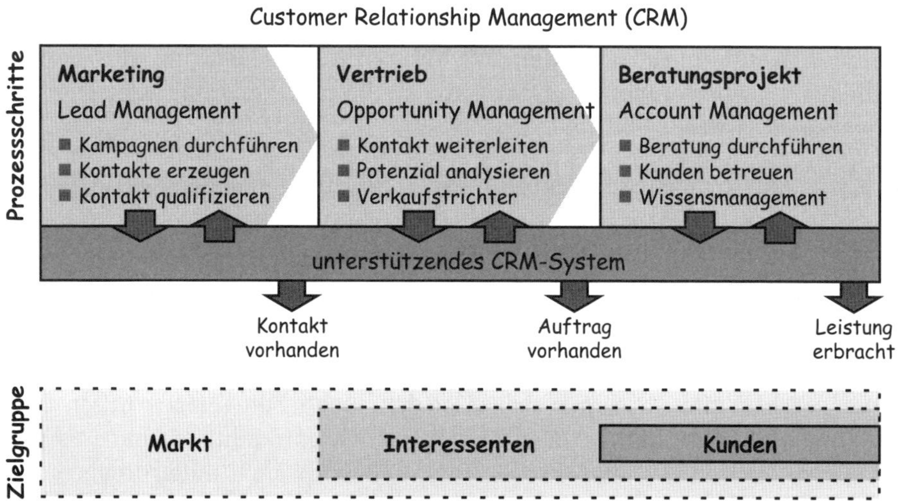

Abbildung 7.5: Das Zusammenspiel von Marketing, Vertrieb und Beratungsprojektgeschäft im Customer Relationship Management [60]

Die direkte Kundenbetreuung (Customer Care) findet im Kundenmanagement (Account Management) statt. Beide sind bereits Teile des Beratungsprojekts, in dem auch ein Wissensmanagement erfolgt und Informationen mit dem CRM-System ausgetauscht werden (Abb. 7.5 rechts oben). Über das CRM-System können Marketing, Vertrieb und Projekt Kundeninformationen sammeln, um z. B. Querbeziehungen und damit Optimierungsmöglichkeiten zu anderen Beratungsprojekten oder generell Möglichkeiten für Folgeprojekte erkennen zu können (Abb. 7.5 unten). Lead Management, Opportunity Management und Account Management arbeiten also über drei Organisationseinheiten direkt und bidirektional zusammen.

Betrachten wir die Zielgruppen für die drei Prozessschritte, so adressiert das Marketing unseren Markt, um darin die Interessenten zu identifizieren. Im Vertrieb werden in der Gruppe der Interessenten die späteren Kunden gefunden, für die dann in der Kundenbetreuung die benötigten Leistungen erbracht werden (Abb. 7.5 unten).

Große Beratungshäuser haben dafür eigene Abteilungen mit detaillierten Prozessen und zugeordneten Budgets. Für die kleineren Beratungsfirmen oder vernetzte Freelancer sind diese Aufgaben aber ebenso wichtig, um die einzelnen Marketing- oder Vertriebsmaßnahmen effizient und effektiv durchzuführen. Dazu werden keine aufwendigen Softwarelösungen benötigt, sondern ein klares Verständnis der einzelnen Aufgaben und Abläufe sowie eine einfache Datenbank zur Erfassung wertvoller Informationen und ggf. einer einfachen betriebswirtschaftlichen Auswertung.

7.2.3 Bestandsakquise vs. Neuakquise

Die enorme Bedeutung einer engen Zusammenarbeit zwischen Marketing, Vertrieb, Beratung und von vertrieblichen Aktivitäten im Account Management wird durch eine Betrachtung des Akquiseaufwands bei Neu- oder Bestandskunden noch weiter verschärft. Das Erzeugen neuer, qualifizierter und mit ausreichendem Potenzial versehener Leads im Marketing und Vertrieb ist um ein Vielfaches teurer als die Akquise bei Bestandskunden. Ein Faktor 5 kann sich schnell ergeben [11]. Das bedeutet nicht, dass Sie nur mit einem Kunden in einer aktiven geschäftlichen Beziehung stehen sollen. Das wäre betriebswirtschaftlich extrem riskant. Uns geht es in diesem Abschnitt darum, bestehendes Potenzial besser zu nutzen.

Den intensivsten und belastbarsten Kontakt zu unseren Bestandskunden haben nicht Marketing oder Vertrieb, sondern das methodische Beraterteam vor Ort. Hier werden mit wenig Aufwand weitere Ansprechpartner gefunden und Möglichkeiten generiert. Als methodische Berater bei unseren Kunden sind wir die leistungsfähigste *Kampagne* und wertvoller als die coolste Anzeige oder der interessanteste Konferenzvortrag. Dessen sollten wir uns stets bewusst sein. Leider haben viele Berater damit Schwierigkeiten, einen vertrieblich motivierten Kontakt zu nutzen oder eigene Vorurteile gegen vertriebliche Tätigkeiten zu überwinden. Wir schließen diesen Abschnitt damit ab, Ihnen ein paar Tipps für Ihre vertrieblichen Aktivitäten mit auf den Weg zu geben. Mehr Informationen dazu finden Sie in [51].

7.2.4 Den Kunden beim Kaufen beraten!

Bei der Überwindung der obigen Vorurteile oder Ängste kann uns ein Reframing helfen (Kasten auf Seite 69). Dabei deuten wir Erlebnisse und eigene Verhaltensweisen um und versuchen, ein differenzierteres Bild auf unser Verhalten oder die aktuelle Situation zu erhalten. Wir betrachten dazu bewusst positive wie negative Aspekte vertrieblicher Berateraktivitäten und interpretieren diese entsprechend [70].

Das Bild eines *Verkäufers*, das beim Thema *Verkaufen* automatisch in uns hochkommt, ist oft wirklich nicht schmeichelhaft. Er will doch nur unser Geld und wirkt im Extremfall *schmierig* auf uns. Wir fühlen uns vielleicht belästigt oder sogar von Manipulationsversuchen bedroht. Doch halt! Gehen wir in Gedanken etwas zurück: Methodisches Beraten bedeutet, dem Kunden Mehrwert zu liefern und zum Erfolg zu verhelfen! Das ist sicherlich erstrebenswert und es ist keine Schande, für eine erfolgreiche Arbeit mit messbaren Ergebnissen eine angemessene Vergütung zu erhalten. Unser Ziel ist Erfolgsmaximierung und nicht Gewinnmaximierung. Ein angemessenes Einkommen ist die direkte Folge hochwertiger Arbeit zum wirtschaftlichen Nutzen unserer Kunden.

Unsere Dienstleistung zu verkaufen bedeutet dabei, unsere Kunden auf die gleiche Art und Weise methodisch zu beraten, wie wir es auch innerhalb eines Beratungsprojekts machen. In einer Akquise erleben unsere Kunden bereits, wie wir arbeiten und welche Werte wir leben. Das kann im Extremfall auch bedeuten, dem Kunden zu keiner oder einer anderen Dienstleistung einer anderen Firma[4] zu raten. Auf Grundlage dieser vertrauensvollen Beziehung können wir regelmäßig in Kontakt bleiben und bei passender Gelegenheit einen Auftrag erhalten.

Wir nutzen unser Einfühlungsvermögen, um uns in die Welt unseres Kunden hineinzuversetzen. So erkennen wir, welche Probleme er hat, unter welchem Druck er steht und welche Intentionen sowie Motivation hinter bestimmten Aussagen und Handlungsweisen stecken. Wir arbeiten lösungsfokussiert und liefern im Gespräch regelmäßig kleine, konkrete und überprüfbare Ergebnisse, die unserem Kunden bereits weiterhelfen.

Es kann auch hilfreich sein, sich klarzumachen, dass unsere Gesprächspartner gewohnt sind, Entscheidungen zu treffen. Unsere Auftraggeber sind Führungskräfte, die Verantwortung tragen. Wir sind Berater, die unsere Verantwortung ebenfalls wahrnehmen. Ein solches Gespräch findet dann auf Augenhöhe statt und hat nichts Verwerfliches an sich.

7.2.5 Vorbereitung auf ein Akquisegespräch

In der Vorbereitung auf ein Akquisegespräch können wir wertvolle Arbeit leisten, die uns eine solche Situation deutlich erleichtert. Zunächst benötigen wir Informationen über das Kundenunternehmen wie seine Struktur, Historie, Produkte, Markt und Marktposition sowie Mitbewerber. Außerdem sollten wir über unsere Ansprechpartner wissen, wer sie sind und welche Positionen sie im Unternehmen bekleiden. Bei Bestandskunden wissen wir das häufig, dennoch kann ein Update der Informationen nicht schaden und sollte auch im CRM-System dokumentiert werden.

Legen Sie für jedes Kundengespräch ein Ziel fest. Diese Regel gilt generell für jedes Meeting und damit erst recht für eine Akquise. Was wollen Sie konkret erreichen und wie können Sie Ihre Zielerreichung nach dem Gespräch messen?

Wie stellen Sie sich vor, dass das Gespräch laufen soll? Möchten Sie mögliche Lösungen präsentieren oder die neue Preisgestaltung vorstellen? Vor ungewohnten Situationen können Sie mögliche Gesprächsverläufe in Rollenspielen mit Ihren Kollegen üben und Alternativszenarien ausarbeiten oder zumindest andenken. Sie können auch Ihre Reaktion auf

[4]Diese Information über Kundenbedürfnisse, die wir derzeit nicht erfüllen können, ist wiederum für den Vertrieb wichtig, um ggf. neue Beratungsprodukte zu entwickeln oder andere entsprechende Maßnahmen einzuleiten.

Einwände, die Sie voraussehen, durchspielen und Ihre Argumente ausprobieren. Wie logisch und nachvollziehbar sind Ihre Argumente für den Kunden?

Wie definieren Sie Ihre eigene Position und die Ihrer Firma? Wo liegen Ihre Stärken und warum passen diese so besonders gut zu Ihrem Kunden? Wodurch unterscheiden Sie sich von Ihren Mitbewerbern? Bedenken Sie, dass ein hoher Tagessatz nicht automatisch hohe Geamtkosten für Ihren Kunden bedeuten und umgekehrt. Wo sind Sie in Ihrer Beratungstätigkeit besonders effektiv oder effizient?

Wenn zu diesem Zeitpunkt bereits ausreichend Informationen vorliegen oder im Gespräch erarbeitet werden, können wir konkreter werden. Wo liegen die Probleme und deren Ursachen auf Kundenseite? Welche Konsequenzen oder verpasste Gelegenheiten sehen Sie, wenn Ihr Kunde nicht handelt? Wie unterstützt Ihre Dienstleistung den Kunden bei seiner Problemlösung genau und wie kann der Nutzen gemessen werden?

Jetzt brauchen Sie nur noch einen Gesprächstermin und der (Folge)Auftrag ist akquiriert. Akquise durch die Berater beim Kunden ist zusätzliche Arbeit, die sich lohnt. Alle alternativen Akquisewege sind aufwendiger und teurer. Bei Bestandskunden können Sie auf Ihren bestehenden Beziehungen aufbauen und finden leichter einen konkreten und vielversprechenden Anknüpfungspunkt [24].

7.3 Prozesswerkzeuge

Nachdem wir uns den Beratungsprozess und seine Einbindung in Marketing und Vertrieb genauer angesehen haben, werfen wir einen Blick auf eine Reihe von Werkzeugen, die wir innerhalb des Prozesses einsetzen können. Wir stellen dazu Techniken vor, die uns im Rahmen analytischer Aufgaben besonders unterstützen, weil wir davon überzeugt sind, dass das Verstehen des Problems der zentrale Ausgangspunkt einer methodischen Beratung ist.

7.3.1 Das Kontextmodell

In der Auftragsklärung kann uns das Kontextmodell helfen, eine Struktur zu finden und sicherzustellen, nichts Wesentliches zu vergessen. Im Kontextmodell werden sechs Bereiche durchlaufen [39, 71]: Ziele, Ergebnisse, Aktivitäten, Rahmenbedingungen und Kontext, Vorhandenes und Benötigtes. Beispiele für dazu passende Fragen finden Sie in Abbildung 7.6.

Ein Vorteil dieser Struktur ist, dass sie uns einen Gesprächsleitfaden liefert, ohne uns im Gespräch einzuschränken. Wir können im Gespräch von Ast zu Ast hin- und herspringen. So erlaubt uns dieses Muster z. B.,

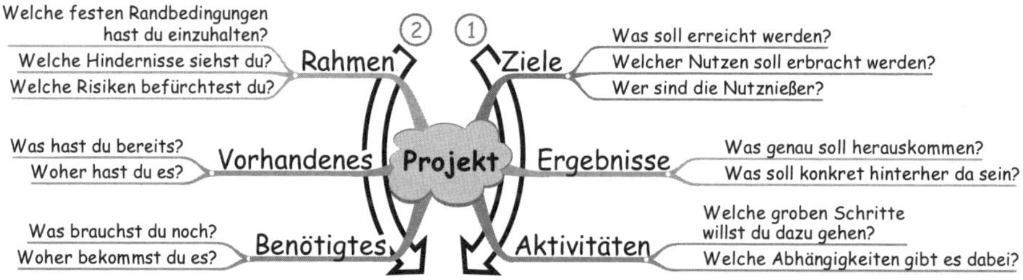

Abbildung 7.6: Das Kontextmodell zur Analyse und Auftragsklärung für Beratungsprojekte ([71], modifiziert nach [39]). Ein möglicher Weg durch die Äste der Mindmap ist durch die beiden Pfeile ① und ② angedeutet.

schrittweise die Ziele zu konkretisieren, indem wir für eher abstrakte Ziele die Ergebnisse und Aktivitäten betrachten, um mit diesem Wissen im Hinterkopf die Ziele weiter zu schärfen. Durch diese Übersicht behalten wir stets den roten Faden in der Hand und erkennen die noch offenen Punkte sofort.

Wir können dieses Muster auch als Ausgangspunkt für unsere eigenen Strukturen nutzen und im Kontextmodell unsere Erfahrungen adaptieren. Eine Struktur ist stets auf den Informationsstand zu einem gewissen Zeitpunkt bezogen. Ändert sich unser Wissensstand, so können davon strukturelle Elemente betroffen sein. Passen Sie dann die Struktur an. Anatol Rapoport (1911 – 2007), auf den wesentliche Beiträge zur System- und Spieltheorie zurückgehen, formulierte es einmal so: »Organisation ist gefrorene Information!«

7.3.2 Das Systemmodell in der Beratung

Eine methodische Beratung verfolgt stets auch einen ganzheitlichen Ansatz. Wir möchten die Intentionen, Ziele und Rahmenbedingungen verstehen, um daraus wirkungsvolle, zum Ziel führende Maßnahmen ableiten zu können. Eine dafür notwendige Analyse und Klärung des Problems gemeinsam mit dem Auftraggeber kann über das Kontextmodell aus dem vorherigen Abschnitt hinaus gehen. Dann kann vielleicht das Systemmodell in der Beratung helfen (Abb. 7.7) [39].

Mit dem Systemmodell können wir ganze Unternehmen oder bei großen Firmen einen ihrer Unternehmensbereiche genauer betrachten und strukturieren. Dies kann das Kundenunternehmen sein, aber auch unsere eigene Firma. Das Beratungsprojekt bildet immer noch den zentralen Teil des Modells. Es zerfällt in drei Bereiche, die die Führung, Prozessgestaltung und Kultur beeinflussen:

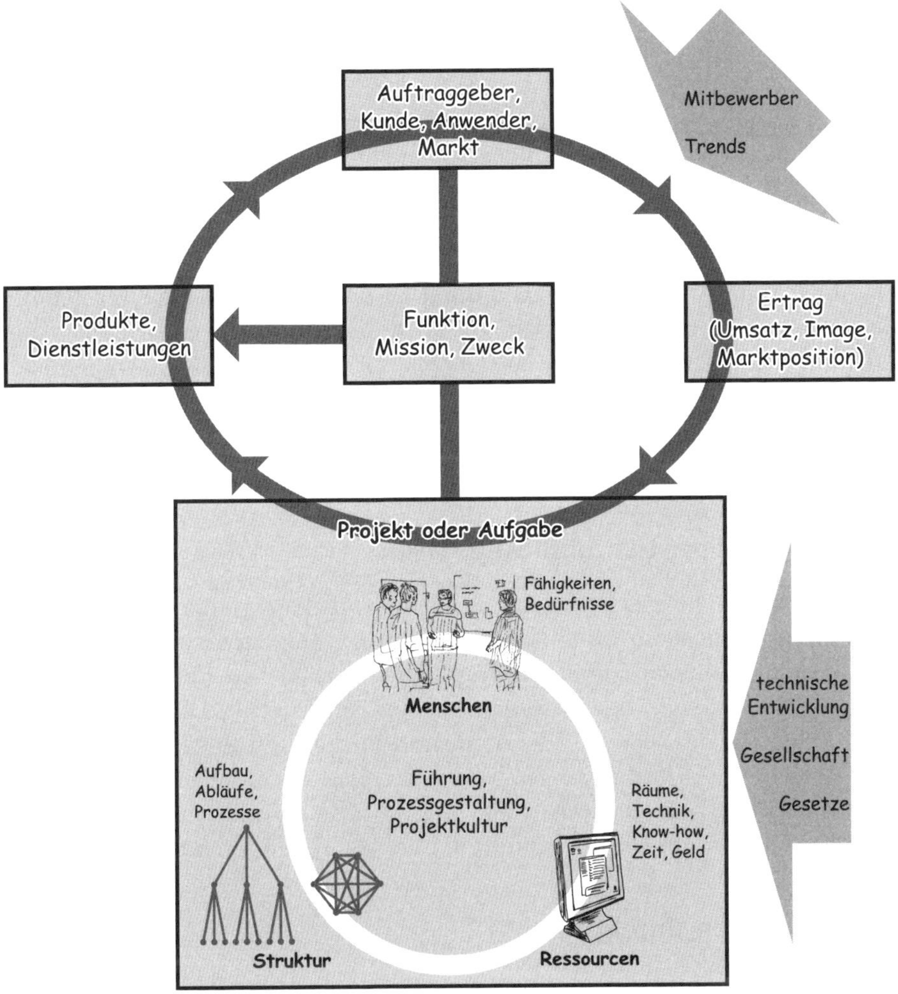

Abbildung 7.7: Das Systemmodell in der Beratung (modifiziert nach [39])

- Menschen: Welche Fähigkeiten bringen sie mit und welche Bedürfnisse haben sie?
- Struktur: Wie sieht die Aufbauorganisation aus und wie laufen auf dieser Struktur die Arbeitsabläufe und Prozesse ab?
- Ressourcen: Welche Räumlichkeiten und Techniken können wo genutzt werden? Wie viel Zeit und Geld steht zur Verfügung? Welche Fertigkeiten können genutzt werden?

Ein konkretes Projekt erfüllt einen bestimmten Zweck und hat eine gewünschte Funktion einerseits in Bezug auf den Markt und die Kunden der betrachteten Organisation und andererseits in Bezug auf die eigenen Dienstleistungen oder Produkte. Diese Dienstleistungen und Produkte sind ihrerseits auf die Kunden und den avisierten Markt der betrachteten Organisation ausgerichtet und tragen darüber zum Ertrag, Umsatz und Image der Organisation bei. Dies beinflusst seinerseits wiederum die Projekte, aus denen Produkte oder Dienstleistungen entstehen, und der Kreis schließt sich.

Dieses Modell bildet den Rahmen und gibt eine Struktur vor, um ein Projekt in einem Unternehmenskontext zu analysieren und zu verstehen. Eine methodische Beratung verfolgt zu einem gewissen Grad stets eine ganzheitliche Sichtweise, um die optimalen Alternativen auswählen zu können. Jeder der genannten abstrakten Bereiche und Überschriften kann für ein zu beratendes Projekt oder eine bestimmte Aufgabe schrittweise konkretisiert werden.

7.3.3 Retrospektive und Supervision

Mit Retrospektiven und Supervisionen haben wir Werkzeuge, um einerseits die Prozessqualität im laufenden Projekt zu verbessern bzw. bestehende Abläufe an geänderte Rahmenbedingungen anzupassen und andererseits auf der Meta-Ebene über unsere Arbeit zu reflektieren. Dazu halten wir den fortschreitenden Prozess kurz an und blicken auf die Art und Weise, wie wir gemeinsam arbeiten. Während Retrospektiven durch agile Vorgehensweisen mittlerweile recht weite Verbreitung gefunden haben, wird in der IT das Mittel der Supervision noch eher selten eingesetzt.

Retrospektiven durchführen

Bereits in Abschnitt 6.2.3 ab Seite 91 sowie zur kontinuierlichen Verbesserung und Anpassung unserer Beratung haben wir auf den enormen Wert von Retrospektiven hingewiesen. Jetzt ist es an der Zeit, einen genaueren Blick darauf zu werfen. Die Grundstruktur einer Retrospektive besteht aus vier Teilen (Abb. 7.8) [18, 28]:

- Was ist im Betrachtungszeitraum wie z. B. der vergangenen Iteration passiert?
  - Wir sammeln die Ereignisse z. B. auf Karten horizontal entlang eines Zeitstrahls und
  - bewerten diese hinsichtlich ihrer Wirkung als eher positiv, neutral oder negativ z. B. vertikal über, auf und unter dem Zeitstrahl.
- Was lief dabei besonders gut?
- Was war besonders schwierig?

- Was wollen wir im nächsten Betrachtungszeitraum anders machen?
  - Welche Maßnahmen wollen wir ergreifen? Hier konzentrieren wir uns auf wenige, sofort umsetzbare Schritte oder Handlungen.
  - Welche Hindernisse innerhalb der Gruppe bzw. außerhalb, z. B. bei den Rahmenbedingungen oder Vorgaben, haben wir erkannt?

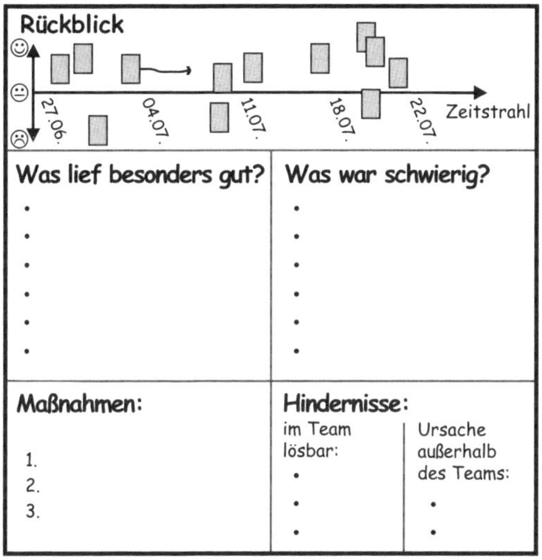

Abbildung 7.8: Die Struktur einer Retrospektive passt für kurze Retrospektiven sogar auf eine Metaplanwand. Der Rückblick erfolgt mit Klebezetteln über einer Zeitachse (oben).

Ein paar wichige Grundregeln sind dabei zu beachten. So sind möglichst alle im betrachteten Zeitabschnitt beteiligten Personen an der Retrospektive beteiligt. Das Ziel einer Retrospektive ist es, Ursachen zu ergründen und nicht nur einfach Symptome aufzulisten. Wenn wir z. B. als Problem erkennen, dass immer wieder Teilnehmer unpünktlich zum Standup-Meeting kommen, so wäre eine Maßnahme auf der Ebene der Symptome, in jeden Outlook-Kalender der Mitarbeiter eine tägliche Erinnerung zu setzen. Solange der Grund für die Verspätungen nicht in der Vergesslichkeit der Mitarbeiter liegt, geht diese Maßnahme aber vermutlich an den wirklichen Ursachen vorbei.

Mit Prozessfragen können wir in dem Beispiel besser erkunden, warum das Meeting nicht die ausreichend hohe Priorität bei den Mitarbeitern genießt und warum es ihnen zu wenig Nutzen bringt. Danach können wir im

Team wirkungsvolle Maßnahmen entwickeln, um den Prozess weiter zu verbessern und das Problem an der Ursache zu lösen. Vielleicht hilft bereits eine organisatorische Maßnahme wie das Verschieben des Standup-Meetings auf einen passenderen Zeitpunkt? Vielleicht bedarf es einer schärferen Fokussierung auf die Themen, die von Wert und Interesse für die beteiligten Personen sind, und damit einer verbesserten Vorbereitung oder Anpassung der Leitfragen bzw. Agenda des Standup-Meetings? Vielleicht passt aber auch der Rhythmus der Meetings nicht zur Länge des Betrachtungszeitraums? Wir erforschen die Ursachen, um daraus Maßnahmen abzuleiten, die zu einer Verbesserung in der Zusammenarbeit führen.

Zwei weitere Regeln gilt es bei der Durchführung einer Retrospektive noch zu beachten. Bei den Maßnahmen sind nur wenige und möglichst kleine, konkrete Schritte anzustreben. Das erhöht die Wahrscheinlichkeit einer erfolgreichen und kurzfristigen Umsetzung der Maßnahmen. Die Maßnahmen sollten idealerweise sofort umsetzbar sein.

Wenn wir Störungen bzw. Hindernisse innerhalb der Teamarbeit oder aus dem Umfeld des Projekts finden, erfassen wir diese ebenfalls. Aus den internen Hindernissen können wiederum Maßnahmen abgeleitet werden, um diese zu verringern. Häufig sind solche Maßnahmen organisatorischer Natur, um die Zusammenarbeit der Menschen im Projekt weiter zu verbessern.

Stoßen wir auf Hindernisse, die den Charakter von Rahmenbedingungen haben und die wir daher nicht innerhalb des Teams auflösen können, werden diese bei einem Teilnehmer an der Retrospektive gesammelt, der eine passende Managementrolle innehat, um sich deren meist langfristiger Lösung zu widmen. Je nach Art des Problems und Rollenmodell in der Organisation kommen dafür Projektleiter, Linienführungskräfte oder ein Prozessverantwortlicher wie z. B. ein ScrumMaster[5] infrage. Das Team muss bis zur Auflösung des äußeren Hindernisses Wege finden, damit umgehen zu können.

Noch wichtiger als diese vier Regeln ist die *erste Direktive*[6] für Retrospektiven: »Unabhängig davon, was wir in der Retrospektive herausfinden, verstehen und glauben wir, dass in der gegebenen Situation mit den verfügbaren Ressourcen, dem vorhandenen Wissen und den individuellen Fähigkeiten jeder sein Bestes getan hat« [28]. Nur darüber kommen wir und die Gruppe in eine konstruktive Grundhaltung, die notwendig ist, um wertvolle Ergebnisse zu erreichen.

Nach den Grundregeln und der Struktur betrachten wir abschließend den Ablauf einer Retrospektive. Wir folgen dabei einem aus fünf Phasen bestehenden Ablauf [28]:

[5] Rolle aus dem agilen Projektmanagement-Framework *Scrum*.

[6] Star-Trek-Fans sind anscheinend überall zu finden.

1. Ankommen und den Rahmen schaffen
2. Daten sammeln
3. Erkenntnisse produzieren
4. Entscheiden, was passieren soll
5. Die Retrospektive abschließen

Wichtig ist es, in der Moderation einer Retrospektive diese Schritte mit ihren Ergebnissen zu visualisieren. Über ein Fotoprotokoll kann dann auch in der nächsten Retrospektive die Umsetzung der Maßnahmen geprüft und analysiert werden.

Supervision und kollegiale Beratung einsetzen

Supervision ist ein interdisziplinäres Reflexionsverfahren mit dem Ziel, die Arbeit des oder der Ratsuchenden zu verbessern. Im Gegensatz zum Coaching, in dem eher strukturiert und verhaltensorientiert vorgegangen wird, ist der Charakter einer Supervision stärker reflektierend. So werden im Coaching z. B. psychologische Aspekte eher indirekt adressiert, wohingegen in einer Supervision explizit über die verschiedenen Meta-Ebenen und damit auch direkt über psychologische Aspekte gesprochen wird [21].

Wenn wir als einzelner Berater über längere Zeit beim Kunden arbeiten, kann uns eine Supervision auch dabei helfen, die erforderliche professionelle Distanz zum Kunden zu bewahren oder ggf. wieder aufzubauen. Eine häufige und einfach umzusetzende Form der Supervision ist die kollegiale Beratung. Dabei stehen in unserem Fall die Reflexion und die Verbesserung der Arbeitsbeziehung zwischen Berater und Kunde bzw. zwischen einzelnen Personen auf der Kundenseite im Vordergrund. Besonders wichtig ist dabei der Fokus auf die Kompetenzen der betrachteten Personen und wie diese Fähigkeiten weiter ausgebaut oder aufeinander abgestimmt werden können.

Von der Form her läuft eine IT-Berater-Supervision wenig formal ab und unterscheidet sich damit von den klassischen Ursprüngen des Verfahrens aus der Sozialarbeit, Psychoanalyse oder Pädagogik. Meist reicht es aus, dass der Ratsuchende dem Supervisor, also in unserem Fall einem Kollegen, die Situation aus seiner Sicht schildert und dann seine Interpretationen zur Diskussion stellt. Der Supervisor stellt dann seine Interpretationen dagegen, um danach eine Diskussion darüber zu führen, welche Handlungsoptionen dem Ratsuchenden zur Verfügung stehen, welche Konsequenzen sich daraus ergeben können und welche Rahmenbedingungen dabei notwendig oder zu vermeiden sind.

Natürlich funktioniert eine Supervision auch im Gruppenkontext. So kann ein Supervisor mit einem Beraterteam arbeiten oder auch ein Team als Supervisoren tätig sein. In besonderen Situationen kann eine Supervision mit der Idee des sogenannten Reflecting Team kombiniert werden. In dieser von Tom Andersen (1936 – 2007) entwickelten Methode findet die Supervision unter Beisein der Kunden statt. Wichtig ist dabei, dass die Kommunikation in einer den Kunden wertschätzenden Art und Weise erfolgt. Im Anschluss an diese Supervision reflektieren dann die Kunden gemeinsam mit den Beratern über das, was die Kunden gerade gehört und wahrgenommen haben. Diese offene Form der Supervision kann z. B. als *Ultima Ratio* eingesetzt werden, wenn das Scheitern oder der Abbruch der Beratung droht.

7.3.4 Kundenkultur verstehen

Die Art und Weise, wie eine Beratung und die damit verbundenen Veränderungen erfolgen kann, hängt stark von der Unternehmenskultur des Kunden ab. Wenn wir ein größeres Unternehmen beraten, kann die Unternehmenskultur historisch bedingt sogar zwischen einzelnen Unternehmensteilen unterschiedlich sein. Manchmal können wir sogar kulturelle Unterschiede auf den einzelnen Hierarchieebenen finden [5].

Wir können unsere Kunden offen nach ihrer Firmenkultur fragen. Die Antworten spiegeln aber häufig nur einen Teil der Realität wider. Dieser offen kommunizierte Teil entspricht oft nur einem Ideal, das sich unsere Ansprechpartner wünschen. Wir haben also zwischen einem expliziten, offen kommunizierten Teil und einem impliziten, tatsächlich gelebten Teil zu unterscheiden. Bitte beachten Sie dabei, dass implizite Regeln im Allgemeinen kraftvoller und dauerhafter sind als die expliziten. Daher reichen entsprechende Statements der Geschäftsführung auch nicht aus, eine bestehende Unternehmenskultur verändern zu wollen. Wie so oft gilt es auch hier, die Kommunikationsebenen aus dem Eisbergmodell aus Abschnitt 2.3 ab Seite 16 zu beachten!

Wenn also Vorbilder und die gelebten Regeln und Prozesse maßgeblich die Unternehmenskultur bestimmen, brauchen wir andere Hinweise, um uns die Firmenkultur bei einem konkreten Kunden zu erschließen. Schauen wir uns dazu einzelne Aspekte näher an.

Bürogestaltung

Bereits beim ersten *Kontakt und Einstieg* können wir oft die Gelegenheit nutzen, uns ein Bild vom Arbeitsumfeld und der Gestaltung der Büros und Arbeitsplätze zu machen. Wie normiert oder wie individuell sind die Arbeitsplätze? Wie sehen die Möglichkeiten für spontane Arbeitstreffen oder Workshops aus? Wie ruhig und konzentriert kann gearbeitet werden? Welche Rangordnungen lassen sich erkennen oder wie offensichtlich können Sie

Statusunterschiede ausmachen? Welcher Wert wird dem Arbeitsplatz (und damit oft indirekt auch der Arbeit) beigemessen?

Wir haben auch die Erfahrung gemacht, dass ausgedruckte Sprüche und Cartoons an der Wand sehr viel Aussagekraft besitzen, weil damit meist auf aktuelle oder ständige Probleme reagiert wird. Je mehr Dilbert-Cartoons [2] wir z. B. vorfinden, desto stärker treten die dort karrikierten Effekte in dieser Kundenarbeitswelt auf. Achten Sie doch beim nächsten Besuch bei Ihrem Kunden auf diese *Dilbert-Metrik* zur Unternehmenskultur.

Rituale und Verhaltensnormen

Rituale sind für Gruppen von besonderer Bedeutung, da sie für ein Gefühl der Zusammengehörigkeit sorgen und Sicherheit geben. Typische Rituale, die wir beobachten, sind der gemeinsame Gang in die Mittagspause, oft sogar stets um dieselbe Uhrzeit, oder gemeinsame Frühstückspausen. Rituale bzw. eine Art interner Verhaltensnorm finden wir häufig auch bei Geburtstagen oder Jubiläen und natürlich bei Verabschiedungen. Achten Sie doch auch einmal darauf, wie Projekte aufgesetzt oder beendet werden. Auch daraus können wir interessante Rückschlüsse auf die Werte in einer Unternehmenskultur ziehen.

Belohnungssysteme

Vorhandene oder nicht vorhandene Belohnungssysteme sagen auch viel über das Arbeitnehmerbild in einer Organisation aus. Wird versucht, eine grundsätzliche Erfolgsbeteiligung zu erreichen oder neben den Arbeitszielen auch Anreize für die persönliche Weiterentwicklung zu geben? Wie stark entsteht dadurch ein Leistungsdruck? Wie ist das Verhältnis zwischen intrinsischer (Ich möchte gute Arbeit machen!) und extrinsischer Motivation (Ich möchte diesen Bonus bekommen!)? Wie starr sind die Belohnungssysteme an die ursprünglichen Ziele gebunden, wenn sich kurzfristig übergeordnete Prioritäten ändern?

Prioritäten

Der Umgang mit Prioritäten liefert uns eine Menge an Hinweisen auf eine Unternehmenskultur. Wer setzt Prioritäten? Wie lange haben diese Bestand? Wer orientiert sich bei seiner Arbeit an den Prioritäten und wer nicht? Wie schwer fällt es den verantwortlichen Personen, Prioritäten zu setzen? Werden dabei Verantwortlichkeitsbereiche überschritten und wenn ja, wo erfolgen Überschreitungen und wo nicht? Bereits nach dem ersten gemeinsamen Workshop können Sie eine Reihe dieser und ähnlicher Fragen beantworten.

Art der Machtausübung

Wie erfolgt der Umgang mit *Macht*? Auch daraus lässt sich eine Reihe von Rückschlüssen auf eine Unternehmenskultur ziehen. Wer versucht, Machtinstrumente einzusetzen? Wer hat dabei bei welcher Gruppe Erfolg und wer nicht? Welche Entscheidungen werden im Konsens und welche von einzelnen Personen bzw. Untergruppen getroffen? Wie wirksam sind die getroffenen Entscheidungen? Wem wird von den Gruppen Macht zugebilligt und wem nicht? Ist die Wirksamkeit von Entscheidungen von der jeweiligen Situation oder dem Kontext abhängig? Wer sind die formellen Führungskräfte und wer die informellen? Stimmen diese weitgehend überein oder finden wir große Differenzen vor?

Antworten auf diese und ähnliche Fragen können Sie auf Workshops erhalten und vor allen Dingen bei der Umsetzung von Workshopergebnissen und anderen Aufgaben. In Workshops können Sie z. B. darauf achten, zu welchen Personen von den meisten Gruppenmitgliedern regelmäßig zu Fragen oder bei Entscheidungen Blickkontakt gesucht wird. Diese Personen stellen unabhängig von formalen Rollen die Orientierungspunkte für die Gruppe dar. Dieser Blickwinkel ist dafür wichtig, dass Sie die Wirksamkeit wichtiger Entscheidungen, Beschlüsse oder Aufgaben angemessen steuern können.

Fluktuation

Wie lange sind die Mitarbeiter in dem Unternehmen tätig? Das sagt nicht nur etwas über die Zufriedenheit der Mitarbeiter aus, sondern auch über das Interesse der Führungskräfte an dauerhaften Qualifizierungs- und Weiterentwicklungsmöglichkeiten und damit auch über unsere Möglichkeiten für eine methodische Beratung.

Die Fluktuation kann jedoch auch von anderen Effekten überlagert werden. Stellt ein Unternehmen überwiegend Berufseinsteiger ein, so ist eine erhöhte Fluktuation nach ca. 3 Jahren Betriebszugehörigkeit relativ normal. Verhältnismäßig viele Softwareentwickler und natürlich auch andere Mitarbeiter sind dann neugierig auf andere Umfelder und Möglichkeiten. In einer Wirtschaftskrise oder wenn Mitarbeiter bereits eher älteren Semesters sind, ist die Fluktuation eher gering, auch wenn unter den Mitarbeitern eine hohe Unzufriedenheit herrscht.

Interessant ist auch der Umgang des Unternehmens mit einer hohen Fluktuation. Wird diese akzeptiert und eine entsprechend dazu passende Einstellungspolitik umgesetzt oder wird versucht, die Fluktuation durch eine stärkere Mitarbeiterorientierung zu reduzieren? Nicht selten ist ein Ziel einer methodischen Beratung, Mitarbeitern neue Perspektiven und Möglichkeiten im Unternehmen zu eröffnen, um eine betriebswirtschaftlich zu teure Fluktuation beim Kunden zu verringern.

Innovationsmuster

Unter Innovationsmustern verstehen wir verschiedene typische Arten, wie die Dynamik von Veränderungen in Unternehmen ablaufen kann. Sie geben uns Hinweise auf die grundsätzliche Veränderungsfähigkeit einer Organisation und typische Probleme, die bei Veränderungen auftreten können. An dieser Stelle möchten wir nur auf die Bedeutung der Innovationsmuster und ihre Aussagekraft für kulturelle Aspekte einer Organisation hinweisen. Genauer gehen wir darauf in Abschnitt 10.2.5 ab Seite 174 ein.

Kommunikationsverhalten und Wertschätzung

Die Art und Weise, wie kommuniziert wird, kann uns auch Hinweise auf die Unternehmenskultur geben. Wir können die Kommunikation entlang der hierarchischen Linie und innerhalb einer Gruppe betrachten. Wer sind die informellen Führungspersonen und wie verhalten sich deren Aussagen zu denen ihrer formalen Führungskräfte? Was wird offen vor der Gruppe kommuniziert und was wird Ihnen nur unter vier Augen erzählt? Wie viel Wertschätzung wird in der Kommunikation ausgedrückt?

Abschließend wiederholen wir den Tipp von weiter oben: Bereits auf dem ersten Workshop können Sie die informellen Führungspersonen identifizieren, wenn Sie auf die Blickkontakte der Gruppe achten. Wohin wandern die Blicke, wenn eine knifflige Frage im Raum steht? Achten Sie einmal darauf, es lohnt sich!

8 Der Sinn in unserer Arbeit

8.1 Der Mensch hinter der methodischen Beratung

Es kann sein, dass Sie beim Lesen der bisherigen Teile des Buchs auf den Gedanken kommen, die vorgestellten Prinzipien, Regeln und Techniken einfach nur anwenden zu müssen, um ein erfolgreicher Berater zu sein. Weit gefehlt! Ganz im Gegenteil gilt: Sie als Mensch und Persönlichkeit sind das Wesentliche in der Beratung! Der Rest ist nur Technik. Damit die ganze Technik wirkungsvoll eingesetzt werden kann, brauchen Sie Ihre Persönlichkeit und Ihre gelebten Werte als *Treibstoff*.

8.1.1 Erdbeermarmelade: effektiv und effizient

Auf Gerald Weinberg (*1933) gehen die Marmeladengesetze zurück. Er setzt dabei die beiden Sorten Himbeer- und Erdbeermarmelade als Metaphern für Beratungen ein. Wenn man eine Botschaft, Vision oder Idee verbreiten möchte, leidet sie, je weiter sie verbreitet wird. Missverständnisse und Fehlinterpretationen kommen gehäuft vor oder wesentliche Teile werden vergessen. Da wir bei einer Verbreitung unserer Ideen und Konzepte nicht mehr mit jeder Person in engem Kontakt stehen können, lässt sich das nicht vermeiden. Wenn wir Himbeermarmelade über eine große Fläche streichen, wird sie immer dünner. Bei Erdbeermarmelade hingegen finden wir jedoch kleine Erdbeeren darin vor. Auch wenn wir Erdbeermarmelade noch so dünn streichen, die kleinen Erdbeerstückchen bleiben bestehen. Oder, wie Weinberg es formuliert: »Wenn Klumpen drin sind, wird es niemals zu dünn« [74, 75].

Bei Ihrer wichtigen Botschaft, bei der überzeugenden Arbeit mit Ihren Konzepten und Ideen sind Sie quasi der *Klumpen*! Durch Sie als Person bleibt Ihre Beratung gehaltvoll. Damit unterscheiden Sie sich deutlich von *namenlosen Beraterklonen*, wie Weinberg es bezeichnet. Sie haben Wiedererkennungswert. Die Person, also Sie, sind das Produkt.

Was bedeutet das für unsere Arbeit als methodische Berater? Wir denken, eine ganze Menge. Dadurch, dass unsere Dienstleistung sehr abstrakt ist, wird sie für potenzielle Kunden nur schwer erfassbar sein. Deshalb ist der direkte Kontakt zum Kunden in der Akquise so wichtig. Unsere Kunden können vorab die Wirkung und Qualität unserer Dienstleistung oder unseres Produktes nur über den Umweg über unsere Person abschätzen. Kunden vertrauen nicht abstrakten Konzepten, sondern den Menschen, die mit Engagement eine Idee vertreten und ihre Prinzipien oder Werte auch für sich leben.

Damit wir als Berater effektiv in unserer Arbeit sind, braucht es eine Menge Persönlichkeit, innere Ruhe, Engagement und Mut. Von unserer Persönlichkeit geht die Überzeugungskraft aus. Um effizient zu sein, also ein angemessenes Verhältnis von Qualität des Ergebnisses zu den eingesetzten Mitteln zu erreichen, verwenden wir die bereits besprochenen Techniken. Wenn wir einen Auftrag klären, kommt das Kontextmodell aus Abschnitt 7.3.1 ab Seite 119 zum Einsatz, hat unsere Arbeit gerade eher einen Coaching-Charakter, setzen wir Prozessfragen aus Abschnitt 2.1.3 ab Seite 10 ein, usw. Die Techniken bilden unseren Werkzeugkasten.

Wie ein guter Handwerker sollten wir viele qualitativ hochwertige Werkzeuge besitzen und damit auch umgehen können. Viele Ideen für solche Werkzeuge finden Sie hier in diesem Buch oder in den beiden anderen Soft-Skill-Büchern[1], den bereits zitierten beiden Büchern von Gerald Weinberg [74, 75] oder in spezialisierten Werken wie dem ebenfalls bereits erwähnten Buch von Alex Rammlmair [51].

Damit wir effizient arbeiten können, brauchen wir Übung im Einsatz der Techniken. Nur das Lesen und Verstehen reicht meist nicht aus. Wir möchten Sie dazu ermuntern, neue Techniken und Ideen in einem geeigneten Kontext auszuprobieren. Dann erhalten Sie ein belastbares Gefühl dafür, wie und wann eine Technik sich gut einsetzen lässt. Genauso, wie wir an unserer Persönlichkeit arbeiten, optimieren wir auch unsere Werkzeuge.

8.1.2 Unsere Beratungsleistung optimieren

Lassen Sie uns in diesem Kontext die Möglichkeiten für die fortlaufende Verbesserung von Prozessen, wie wir sie bereits im Kundenkontext beschrieben haben, auf unsere eigene Beratungsleistung abbilden. So wie wir in unseren Arbeitsprozessen beim Kunden regelmäßige Ergebnisreviews und Retrospektiven durchführen, können wir auch unsere Dienstleistung oder Produkte hinterfragen. Das sollte regelmäßig erfolgen, doch insbesondere in der Akquise und zum Ende eines Auftrags sind solche Reflexionen für unseren eigenen Lernprozess hilfreich.

---

[1] *Soft Skills für Softwareentwickler* [70] und *Soft Skills für IT-Führungskräfte und Projektleiter* [71].

Hilft dem Kunden eine externe Beratung wirklich weiter? Was auf den ersten Blick wie eine ketzerische Frage aussieht, gehört zur methodischen Beratung. Sind alle Möglichkeiten für interne Lösungen ausgeschöpft? Die Antworten auf diese Fragen sind wichtig, da eine externe Beratung Vor- und Nachteile mit sich bringt. So kann eine methodische Beratung die Handlungskompetenz der Mitarbeiter des Kunden weiterentwickeln. Auch kann ein nur zeitlich begrenzt benötigtes Spezialwissen oder Projektleitungskompetenz kurzfristig verfügbar gemacht werden. Dem stehen jedoch auch Risiken entgegen. Eine externe Beratung kann für eine erhebliche Unruhe im Kundenunternehmen sorgen. Auch bindet sie für die Dauer der Beratung in erheblichem Maß Ressourcen des Kunden und verringert seine Arbeitskapazitäten. Darüber sollte sich der Kunde im Klaren sein, insbesondere dann, wenn er eine interne Lösung mit den Möglichkeiten einer externen Beratung vergleicht [35].

Auch wenn eine externe Beratung als sinnvoller Weg erkannt wird, ist das noch lange keine Erfolgsgarantie. Dazu finden methodische Beratungen, die meist an mehr oder weniger umfassende Veränderungsprozesse geknüpft sind, in zu komplexen Systemen statt. Es gibt jedoch eine Reihe von Aspekten, die wir im Fokus haben sollten, um die Erfolgschancen zu erhöhen. Dies beginnt bereits in der Akquise mit der Zielklärung. Was soll erreicht werden? Da wir typischerweise die Ziele vorab nicht detailliert herunterbrechen können, setzen wir einen flexiblen und sich regelmäßig an die Gegebenheiten beim Kunden anpassenden Beratungsprozess auf, in dessen Verlauf wir die Ziele und Anforderungen usw. schrittweise konkretisieren.

In diesem Kontext spielt unser Kunde eine wesentliche Rolle für den Erfolg unserer Arbeit. Wie gut können sich die Mitarbeiter des Kunden auf einen solchen, flexiblen Beratungsprozess einlassen? Eine methodische Beratung ist ein Lernprozess. Das ist einer der Gründe, ein solches Vorgehen zu wählen, da sich darüber Lernprozesse bei den Mitarbeitern z. B. über die Retrospektiven und die laufende Kontrolle der einsetzbaren Ergebnisse aktiv steuern lassen. Doch wie lern- und veränderungsfähig ist die Kundenorganisation? Inwieweit können sich die Entscheider auf komplexe Systembetrachtungen einlassen? Für die frühzeitige Beantwortung dieser Fragen brauchen wir ein belastbares Gespür für Kundensituationen, das sich aus unserer eigenen Erfahrung speist.

Das bedeutet nicht, dass wir bestimmte Kunden brauchen, um eine methodische Beratung erfolgreich gestalten zu können, sondern dass wir genau darauf achten, welche Ziele wir versuchen zu erreichen. In der Akquise können wir bereits in erste Konflikte mit dem Auftraggeber geraten, wenn dieser zu früh mehr möchte, als wir ihm und seiner Organisation zu diesem Zeitpunkt zutrauen. Auch hier spielt unsere Erfahrung eine zentrale Rolle. Sie hilft uns einerseits bei unserer Einschätzung und andererseits liefert sie uns konkrete Argumente in der Diskussion mit den Kunden.

Ein weiterer Aspekt für unsere Reflexion ist unsere Rolle im Beratungsprozess und das Rollenverständnis bei uns sowie auf Kundenseite. Hier können sehr unterschiedliche Erwartungen aufeinandertreffen. Auch diese Klärung beginnt bereits in der Akquise. Doch es wäre deutlich zu kurz gedacht, wenn sich unsere Reflexion nur auf die frühen Schritte im Beratungsprozess beziehen würde. Sie begleitet unsere gesamte Arbeit beim Kunden. Da sich unsere Rollen im laufenden Prozess meist verändern, finden z. B. auch Klärungen der konkreten Ziele oder des Rollenverständnisses immer wieder statt.

Ein letzter Aspekt, den wir in diesem Kontext betrachten wollen, spielt sich ebenfalls kontinuierlich ab. Oft konzentrieren wir uns auf konkrete Schwächen in den Arbeitsabläufen beim Kunden. Die Gefahr dabei ist, dass wir das Ziel unserer Beratung aus den Augen verlieren. Wir hinterfragen also bei jedem Schritt unserer Tätigkeit und bei jeder unserer Intervention beim Kunden, wie das zur Zielerreichung beitragen kann. So stellen wir in einem *geistigen Spagat* den Bezug her zwischen unserer konkreten, detaillierten täglichen Arbeit und den übergeordneten Zielen.

Indem wir uns regelmäßig kurz zurücknehmen und über diese und damit verbundene Fragen reflektieren, machen wir unsere eigene kleine Retrospektive. Dadurch gestalten wir unseren eigenen Lern- und Erfahrungsprozess, von dem unser Kunde bereits in der laufenden methodischen Beratung profitiert.

Wenn wir in einem Beraterteam arbeiten, führen wir eigene Retrospektiven durch. Doch was machen wir, wenn wir alleine beim Kunden arbeiten? Eine regelmäßige vereinfachte Supervision mit einem Kollegen, wie in Abschnitt 7.3.3 ab Seite 125 beschrieben, kann eine brauchbare Ergänzung für eigene Reflexionen sein. Ein letzter Rat dazu: Planen Sie diese Retrospektiven und Supervisionen ein wie einen Kundentermin, damit sie auch wirklich stattfinden. Es lohnt sich für alle Beteiligten!

8.1.3 Balance zwischen Beruf und Privatleben finden

Viele Berater haben ein enormes Arbeitspensum mit weit über 40 Arbeitsstunden pro Woche und oft noch zusätzlichen Reisezeiten. Das scheint in der Branche so üblich zu sein und es scheint undenkbar, das zu verändern. Zu viel Arbeit liegt an und unsere Schlüsselrolle im Beratungs- und Veränderungsprozess ist von zu großer Bedeutung, als dass wir es da schleifen lassen können.

Doch machen wir kurz halt! Zu leicht lassen wir uns in einen solchen Strudel hineinziehen. Eine methodische Beratung bedeutet, dass wir die Verantwortung für die Umsetzung beim Kunden lassen. Die Prozesse in der Kundenorganisation werden individuell gestaltet und abgestimmt. Dort liegt unsere Hauptaufgabe. Spätestens jetzt laufen die Kundenmitarbeiter wieder alleine und wir bleiben noch ein wenig in der Nähe, bis klar ist, dass eine dauerhafte und belastbare Veränderung erfolgt ist.

Als Konsequenz daraus ergibt sich, dass wir von Beginn unserer Beratung an auf der Kundenseite Mitarbeiter aufbauen, die erst mit unserer Unterstützung und dann selbstständig die neuen Abläufe durchführen und die neuen Methoden einsetzen. Das Wissen verteilt sich in mehrere Köpfe und die Übung in der Umsetzung gibt unseren Kunden schrittweise mehr Sicherheit. Das bedeutet aber auch, dass unsere permanente Anwesenheit häufig in diesem Lernprozess störend wäre.

Ein klares und rigoroses Auszeitensystem kann daher für alle Beteiligten von Vorteil sein [46]. Je nach Beratungsprojekt ist es von vornherein so geplant, dass unsere Kunden an festen Tagen in der Woche ohne uns auskommen müssen bzw. wir nur regelmäßig tage- oder wochenweise beim Kunden vor Ort sind und dazwischen unsere Kunden auf sich allein gestellt arbeiten. Wir richten unsere Beratung von Anfang so ein, dass unsere Kunden bereits zu einem frühen Zeitpunkt erste Schritte alleine gehen können und so echte Erfahrungen sammeln. Wenn wir wieder vor Ort sind, wird zuerst in einer kurzen Retrospektive darauf geschaut, wie diese Zeit alleine gelaufen ist.

Wir sagen damit nicht, dass Überstunden für Berater damit der Vergangenheit angehören. Sie lassen sich aber auf ein geringes Maß reduzieren. Dies ist aus mehreren Gründen wichtig. Zum einen begegnen wir so der Gefahr, dass unsere Kollegen sich nach wenigen Jahren einen anderen Job suchen oder gar ausgebrannt sind. Ohne eine Überlast durch zu viele Überstunden haben wir Berater auch wieder Freiräume, uns selbst persönlich und methodisch weiterzuentwickeln. Das kommt letzten Endes auch unseren Kunden zugute.

8.2 Ethik in der Beratung und im Coaching

Die Ethik bietet Antworten auf die Frage: Wie soll ich handeln? Dabei wird schnell deutlich, dass alles Handeln stets einem gewissen Ziel dient und somit stellt sich aufbauend auf der ersten Frage die nächste: Wessen Ziele soll ich unterstützen?

Diese Frage ist nicht leicht zu beantworten, da sie immer zwischen dem klassischen Gemeinschafts- und dem modern-individualistischen Freiheitsdenken hin- und herschwankt. Fest steht, dass wir als Berater immer zuerst im Sinne unseres Kunden handeln sollten. Wir schauen also, welche Ziele unser Kunde verfolgt und ob er, um diese Ziele zu erreichen, eher auf der gemeinschaftlichen oder auf der individuellen Ebene arbeiten sollte. Schon die Zielfindung kann dabei ein schwieriger und langwieriger Prozess sein, bei dem wir als Berater unterstützen können.

Um diese Beratungsarbeit bestmöglich ausführen zu können, haben sich in unserer Arbeit die Vorannahmen[2] aus dem *Neurolinguistischen Programmieren* (NLP, Kasten auf Seite 138) als äußerst hilfreich herausgestellt. Sie stellen einen Satz von Erkenntnissen dar, die, wenn sie sich uns Beratern erschlossen haben, dazu dienen, durch unser Handeln auf die Ziele des Kunden zu fokussieren. Diese Grundannahmen wurden schon oft zitiert und dabei auch in ihrer Wortwahl verändert, vermutlich stets mit dem Ziel, die Vorannahmen eingängiger zu formulieren. Uns gefällt die Zusammenfassung aus Wikipedia[3] [77] am besten, an der wir uns im Folgenden orientieren.

8.2.1 Das menschliche Verhalten

Betrachten wir zunächst die Vorannahmen zum menschlichen Verhalten. Woran orientieren wir uns bzw. sich unsere Kunden und was können wir bzw. unsere Kunden alles erreichen? Was bedeuten diese NLP-Vorannahmen für unsere Beratung?

Die Landkarte ist nicht das Gebiet.

Das menschliche Handeln basiert auf inneren Repräsentationssystemen, den sogenannten *Landkarten*, und nicht auf dem tatsächlichen, realen Gebiet. Diese Landkarten stellen das dar, was wir meinen, wenn wir von Realität sprechen. In unserer Beratungsarbeit gilt es, sich auf die Landkarte des Kunden einzulassen und ihm eine zieldienliche Veränderung seiner Landkarte zu ermöglichen.

Menschen treffen innerhalb ihres Modells von der Welt grundsätzlich die beste ihnen mögliche Wahl.
Jedes Verhalten ist durch eine positive Absicht motiviert.
Der positive Wert eines Individuums bleibt konstant, aber die Angemessenheit des Verhaltens kann bezweifelt werden.

Die Wahl des Kunden ist in jedem Fall zu respektieren, auch wenn wir als Berater es besser zu wissen meinen. Die Wahl dient immer dazu, seine Landkarte zieldienlich zu verändern. Wir können auf Risiken und Nebenwirkungen aufmerksam machen, aber wir stimmen den Kunden niemals aktiv um.

Menschen haben alle Ressourcen in sich, um jede gewünschte Veränderung an sich vorzunehmen.

---

[2]http://www.dvnlp.de/NLP-Vorannahmen.703.0.html
[3]http://de.wikipedia.org/wiki/Neurolinguistische_Programmierung

Wenn jemand etwas Bestimmtes tun kann, so ist es möglich, dieses Verhalten zu modellieren (nachzumachen) und es weiterzugeben.

Die Hauptaufgabe für uns als Berater ist es, dem Kunden zu ermöglichen, das bereits in ihm Vorhandene wahrzunehmen und als Ressource zu nutzen. Diese Vorannahme legt nahe, dass *alles* möglich ist. Wir empfehlen, den Kunden darin zu unterstützen, seine physischen Grenzen zu akzeptieren und dadurch den möglichen Veränderungsraum zu begrenzen. Oft gibt es im Kontext des Kunden andere Personen, die das Problem schon gelöst haben oder nie hatten. Oder es lassen sich völlig andere Situationen finden, in denen der Kunde ein ähnliches Problem schon mal gelöst hat. All das können wir als Berater nutzen, indem wir die Aufmerksamkeit darauf lenken und es auf das aktuelle Problem anwenden.

8.2.2 Kommunikation und Steuerung

Kommen wir nun zu den Vorannahmen zur Kommunikation und Steuerung in einer Gruppe. Was macht Kommunikation aus? Wie erfolgt die Steuerung in einer Gruppe? Was bedeutet es, wenn wir auf Widerstand stoßen?

Es gibt in der Kommunikation keine Fehler oder Defizite. Alles ist Feedback.
Wenn etwas nicht funktioniert, tue etwas anderes.
Die Bedeutung der Kommunikation liegt in der Reaktion, die man erhält.
Der Sinn jeder Kommunikation ist nicht die Absicht, sondern die Reaktion, die sie beim Gegenüber auslöst.

Diese Vorannahmen nehmen auf der einen Seite den Wind aus den Segeln von einseitigen Schuldzuweisungen und laden den Kunden ein, neue Verhaltensweisen mutig auszuprobieren. Als Berater ist es unsere Aufgabe, immer darauf zu achten, dass eine veränderte Handlungsweise auch soziale Realität wird. Dies ist der Fall, wenn Feedback von anderen die positive Absicht des neu gelernten Handelns bestätigt.

In einem ansonsten gleichbleibenden System kontrolliert das Element mit den größtmöglichen Verhaltensmöglichkeiten das System.

In unserer Beratungsarbeit geht es darum, den Kunden dabei zu unterstützen, seine Anzahl an Handlungsmöglichkeiten zu vergrößern. Erst dieses gleichgewichtete Nebeneinander von Möglichkeiten führt zu einer nachhaltigen Entscheidung für eine der Möglichkeiten durch den Kunden.

Widerstand beim Kunden bedeutet mangelnde Flexibilität aufseiten des Beraters.

Widerstand des Kunden weist meistens auf ein nicht angemessenes Vorgehen des Beraters hin. In diesen Fällen sollten wir uns fragen, inwieweit wir gerade versuchen, den Kunden von unserer Lösung zu überzeugen oder ihm einen Prozess aufzwingen, den der Kunde nicht bereit zu gehen ist.

NLP – Neurolinguistisches Programmieren

Das neurolinguistische Programmieren (NLP) wurde Anfang der 70er-Jahre vom Linguistikprofessor John Grinder (*1939) und vom Informatikstudenten Richard Bandler (*1950) im Rahmen eines gemeinsamen Forschungsprojekts entwickelt. Es ging dabei um die Frage, warum es manchen Menschen besser gelingt, auch in schwierigen Situationen Vertrauen und Kontakt zu anderen Menschen aufzubauen, sie zu verstehen und selbst verstanden zu werden. Die Vorannahmen des NLP gehen von einem humanistischen, Entwicklungsmöglichkeiten bejahenden Menschenbild aus [12, 43].

NLP ist in Anlehnung an die akademische Psychologie entstanden, selbst jedoch nicht wissenschaftlich abgesichert. Es ist eher ein Modell menschlichen Lernens und menschlicher Kommunikation. Alle Interventionen eines Beraters sind mit den ethischen und moralischen Werten des Kunden abzustimmen. Der Begriff *Programmierung* ist daher ausdrücklich nicht manipulativ zu verstehen, sondern bezieht sich darauf, dass sich Kunden von Programmen, die in ihrer Kommunikation unbewusst ablaufen, unabhängig machen und diese selbst verändern können [77].

Aufgrund dieser Möglichkeiten sind NLP-Techniken auch zur Manipulation z. B. im Verkaufstraining eingesetzt worden, weshalb NLP stark in Verruf geraten ist. Das Wissen um die Techniken und Hintergründe kann Sie allerdings davor bewahren, selbst manipuliert zu werden [70].

8.2.3 Den Kunden professionell beraten und coachen

Wie Leitlinien helfen uns die NLP-Vorannahmen bei unserer Orientierung im Beratungsalltag, um unseren Weg zwischen den Zielen und Möglichkeiten aufseiten unserer Kunden für eine im Sinne des Kunden erfolgreiche Beratung zu finden. Hier schließt sich für uns auch der Bogen zum professionellen Arbeiten als Berater und der dafür notwendigen Ambiguitätstoleranz, die wir bereits in Abschnitt 6.2.4 ab Seite 92 kennengelernt haben. Die Basis einer Beratung wird durch die Ziele des Kunden gelegt und nicht dadurch, was wir Berater an Möglichkeiten für den Kunden sehen!

Wir entbinden unseren Kunden nicht aus seiner Verantwortung und fokussieren unsere Arbeit auf die Ziele und Inhalte, die innerhalb der Rahmenbedingungen zu erreichen bzw. leistbar sind. Wir nennen dies die Handlungsebene, die zu jeder Beratung gehört.

Zusätzlich kann es auch eine strategische Ebene geben, in der wir die Organisationsentwicklung langfristig mit dem Kunden betrachten. Hier können wir die Rahmenbedingungen diskutieren und eine langfristige Veränderung initiieren. Diese Ebene ist optional und wird nur bearbeitet, wenn wir dazu auch beauftragt sind. Es erfolgt keine Beratung ohne Mandat bzw. Auftrag!

Für eine ethische Beratung ist es also wichtig, keine *hidden agenda* zu haben, die wir dem Kunden im Rahmen einer Beratung auf der Handlungsebene heimlich unterschieben. Natürlich können wir dem Kunden Feedback geben und in die Klärung einer Organisationsberatung auf strategischer Ebene gehen. Handeln dürfen wir jedoch nur, wenn wir dazu auch beauftragt wurden!

9 Unternehmenskultur greifbar machen

Als IT-Berater haben wir es immer direkt oder indirekt mit einer Gruppe von Menschen zu tun, die ein System bilden und in diesem System ein Ziel versuchen zu erreichen. Im beruflichen Kontext nennen wir dieses System Unternehmen oder Organisation. Bei genauerer Betrachtung zeigt sich, dass in jedem Unternehmen Regeln existieren, wie sich die Elemente des Systems (Mitarbeiter) verhalten dürfen oder auch gerade nicht verhalten dürfen. Diesen Verhaltensregeln liegen Werte zugrunde und die Summe aller Werte eines Unternehmens nennen wir die Unternehmenskultur.

Wenn wir als IT-Berater die jeweilige Unternehmenskultur kennen, dann macht uns das die Arbeit leichter, weil wir uns leichter im Unternehmen bewegen und unsere Beratungsleistung zielgerichtet anpassen können. Im Folgenden wollen wir Ihnen zwei Modelle vorstellen, die uns in unserer Arbeit gute Dienste leisten, um Unternehmenskultur in ihrer ganzen Komplexität erfassbar und zum Teil auch vorhersehbar zu machen.

9.1 Graves-Modell – Entwicklung als Spirale

9.1.1 Einführung

Das Graves-Modell wurde von Dr. Clare W. Graves (1914 – 1986) entwickelt und u. a. von Don Beck (*1937) zum *Spiral Dynamics*®-Modell[1] ausgebaut [8]. Graves Ziel bestand darin, »die Menschheitsentwicklung in Abhängigkeit der von ihr zu lösenden Probleme zu beschreiben«[2]. Das Modell besteht aus mehreren aufeinander aufbauenden Entwicklungsschritten, den sogenannten Memen.

Der Begriff *Mem* geht auf den Biologen Richard Dawkins (*1941) zurück, der ihn 1976 einführte, um damit ein hypothetisches kulturelles Konstrukt analog zum Begriff *Gen* zu schaffen. Ein Mem bezeichnet also einen durch Kommunikation weitergegebenen und darüber vervielfältigten Bewusstseinsinhalt wie z. B. eine Idee, Überzeugung oder ein Verhaltensmuster [77]. Meme lassen sich sowohl auf einzelne Lebewesen, wie z. B. Men-

[1] *Spiral Dynamics* ist eine eingetragene Marke des National Values Center, Inc.
[2] Siehe Zitat auf http://www.clarewgraves.com.

schen, oder Gruppen von Lebewesen, wie z. B. Unternehmen oder ganze Gesellschaften, anwenden.

Jedes dieser Meme repräsentiert im Graves-Modell ein in sich konsistentes Wertesystem und definiert damit Regeln, wie ein Element eines solchen Systems denken, sich verhalten und wie es seine Umwelt wahrnehmen darf. In der Entwicklungsgeschichte haben sich bei jedem Mem hilfreiche und nicht hilfreiche Eigenschaften herauskristallisiert. So enthält die jeweils nächste Entwicklungsstufe die in der vorherigen Stufe hilfreichen Eigenschaften und kombiniert sie mit neuen Eigenschaften, die sich im weiteren Verlauf wieder als teilweise hilfreich und teilweise nicht hilfreich herausstellen werden. Deshalb sind die von uns heute als Menschheit noch nicht erreichten Entwicklungsstufen immer schwieriger zu fassen, je weiter sie in der Zukunft liegen, und deshalb kann es auch keinen Abschluss der Entwicklung geben, den wir heute erahnen könnten.

Auch beim Graves-Modell handelt es sich nur um ein Modell, d. h., niemand handelt aus nur einem Mem heraus. Vielmehr ist dieses von der jeweiligen Situation, also dem jeweiligen Kontext, abhängig. Und gleichzeitig bietet uns das Modell eine hilfreiche Abstraktion der Wirklichkeit an, die kommunizierbar und damit greifbar ist. Die einzelnen Stufen des Modells bauen aufeinander auf und bilden eine aufsteigende Spirale [8]. Diese Darstellung führt auch zur Bezeichnung *Spiral Dynamics* (Abb. 9.1).

Wir arbeiten in unserem Beratealltag sehr viel mit diesem Modell, um z. B. uns untereinander schnell über Kunden auszutauschen. Auch in der Kommunikation mit dem Kunden entfaltet das Modell schnell Verständnis für die aktuelle Situation und kann die Richtung für eine gewünschte Veränderung anzeigen.

9.1.2 Meme in Unternehmen

Schauen wir aus der Sicht von Unternehmen auf das Modell, so können wir uns auf die heute relevanten Stufen beschränken. Was zeichnet die einzelnen Meme dabei aus?

Macht – Imperium: Das Imperium wird von einem Anführer geführt, er hat sich an diese Position gekämpft und das belegt seine Stärke. Wer es in diesem System zu etwas bringen will, muss andere unter sich haben und mit direkten Befehlen steuern. Lob wird sparsam ausgeteilt, jeder ist für sich verantwortlich. Es geht um Macht und der Beweis für richtiges Handeln ist der Sieg. Als Beispiel in der Menschheitsgeschichte sind z. B. Stammesführer oder andere regionale Herrscher zu sehen.

Ordnung – Autoritätsstruktur: Dieses System zeichnet sich durch besonders feste Führungsstrukturen aus, die immer von oben nach unten und nach festen Regeln aufgebaut werden. So gibt es für jeden eine

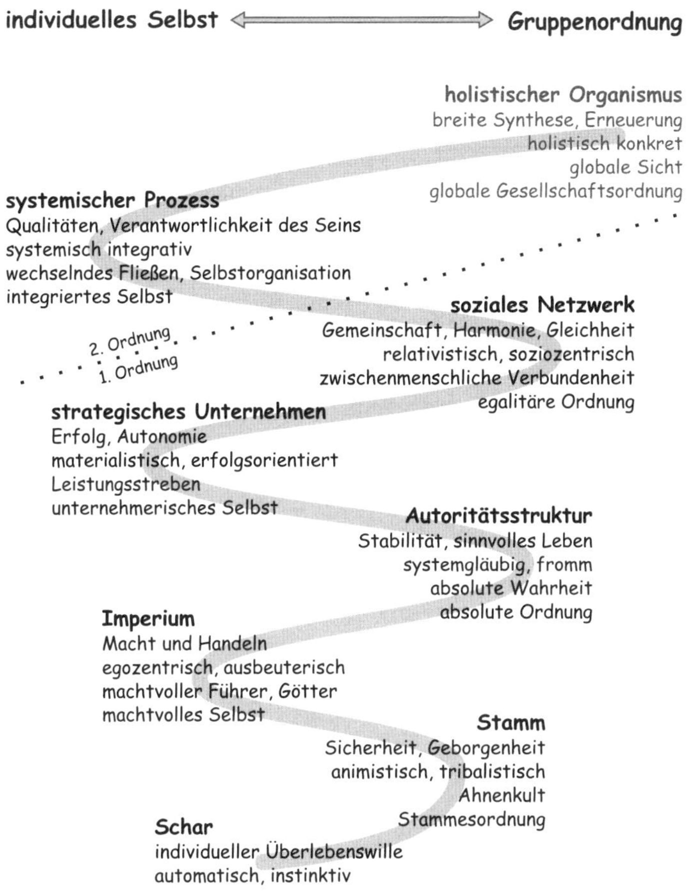

Abbildung 9.1: Spiral Dynamics: Die Entwicklung von Systemen pendelt zwischen der Betonung des individuellen Selbst (links) und der Gruppenordnung (rechts) hin und her [8].

rechtmäßige Führungskraft, die auch nicht angezweifelt werden darf. Die Folge sind klare Aufgabenzuweisungen und Verantwortlichkeitsstrukturen. Für diejenigen, die den Regeln nicht entsprechen können, gibt es keine Chance, jemals aufzusteigen. Beispiele sind hier Adelsleute, Könige und Kaiser.

Leistung – Strategisches Unternehmen: Mit Beginn der Industrialisierung stellte sich ein anderes System ein: das strategische Unternehmen. Es handelt nach dem Leistungsprinzip. Auch in solchen Unternehmen gibt es Führungsstrukturen, doch sie können sich ändern. Oben ist, wer die größte Leistung, meist bezogen auf das wirtschaftliche Ziel des Unternehmens, zeigt. Zielerreichungspläne, Management-by-

Objectives, Turn-around-Programme: Alles dies sind Anzeichen eines strategischen Unternehmens. Heutzutage gehen die meisten großen, an der Börse notierten Unternehmen diesem Leitbild nach.

Gemeinschaft – Soziale Netze: In diesem System sticht der Aspekt der Gemeinschaft sofort ins Auge. Alle sind gleich und haben deshalb auch die gleiche Macht. Es entsteht eine feste Gruppe, in der alle nach den gleichen Regeln agieren. Entscheidungen sind hier richtig, wenn sie im Konsens getroffen werden. Richtet sich jemand gegen die Gruppe, ist er draußen. Heute ist dieses Bild z. B. bei vielen Non-Profit-Unternehmen oder Vereinen anzutreffen.

Integration – Systemischer Prozess: Das systemische Unternehmen besitzt eine möglichst kleine und geringe Aufbauorganisation. Die Arbeiten werden in selbstorganisierten Teams verrichtet, in denen es, solange das Team besteht, Teamleiter gibt. Es herrscht Transparenz über die Stärken und Schwächen der einzelnen Teammitglieder und das Unternehmen ist bemüht, die Stärken zu kombinieren. Die Agilität und insbesondere Scrum haben viele Aspekte, die diese Arbeitsweise fördern, wie z. B. das Rollenkonzept in Scrum.

Wir finden heute zahlreiche Beispiele für Organisationen, in denen einzelne dieser Meme dominant sind. Daher ist diese Kenntnis für unsere Analyse von Kundenunternehmen von Bedeutung. Es lässt sich jedoch noch mehr mit diesem Modell erreichen.

Wie schon erwähnt haben alle Entwicklungsstufen hilfreiche und weniger hilfreiche Aspekte. Alle Stufen sind auch heute noch zu finden. In der Tabelle 9.1 möchten wir Ihnen hierzu einen Überblick über Chancen und Risiken der Meme geben.

Meme	Chance	Risiko
Macht	klar, kraftvoll, schnelle Entscheidungen	zerstörerisch, gefährlich
Ordnung	berechenbar, Sicherheit, stabil	unflexibel, ungerecht, Struktur wichtiger als Ergebnis
Leistung	effektiv und effizient, pragmatisch, zielorientiert	Manipulation, Zweck heiligt Mittel, ruinös
Gemeinschaft	tolerant, multiperspektivisch, gefühlsbetont	langsame Entscheidungen, träge, große Unklarheit
Integration	flexibel, wertschätzend, Betonung auf Stärken	Gefahr, das große Ganze und den Sinn zu verlieren

Tabelle 9.1: Übersicht der Chancen und Risiken der einzelnen Meme

Aus der Tabelle 9.1 wird auch schnell klar, worauf wir als Berater achten müssen, wenn wir unsere Kunden dabei unterstützen wollen, von einer in die nächste Stufe zu kommen. Es geht immer darum, kundenspezifische Maßnahmen zu entwickeln, die die Chancen der aktuellen Stufe nicht beschneiden, aber die Risiken minimieren.

9.2 Theorie U

9.2.1 Warum noch eine weitere Theorie?

Die *Theorie U* wurde von Otto Scharmer entwickelt und stellt den Versuch dar, die vielen Denkrichtungen und Strömungen zu vereinen, die es gibt, um soziale Situationen treffend zu beschreiben. Somit ist sie anwendbar auf jegliche Art von sozialen Systemen, wie z. B. Teams, Organisationen und Gesellschaft. Die Theorie U geht aber auch noch einen Schritt weiter und definiert ein Verhalten, das laut Scharmer bereits vereinzelnd beobachtet werden kann und das sich weiter ausbilden wird. Damit schaut die Theorie U auch in die Zukunft unseres sozialen Miteinanders und bildet Thesen über dessen Ausgestaltung [54].

Zielgruppe der Theorie U sind somit alle, die an der Entwicklung von Systemen interessiert sind, wie z. B. Führungskräfte, Berater und Wissenschaftler. Und hier haben wir den Berührungspunkt zu Unternehmenskulturen: Da die Theorie U einen Entwicklungsprozess darstellt und jedes System einen aktuellen Status bezüglich dieses Prozesses hat, können wir die Theorie U zu einer Standortbestimmung heranziehen und damit Aussagen zur Unternehmenskultur beisteuern.

Theorie U kann auch als eine Führungsmethode angesehen werden, die eine Umkehr des Blickwinkels vornimmt. Man versetzt sich in die Zukunft und betrachtet von dort Lösungsmöglichkeiten für aktuelle Probleme. Der Vorteil dieses Sichtwechsels liegt darin, dass so auch vollkommen neue Lösungsideen entdeckt werden können, die über die einfache Variation bereits bekannter Lösungsmuster weit hinausgehen. Otto Scharmer hat dafür einen Begriff geschaffen: Presencing. Dieses Kunstwort setzt sich aus zwei Begriffen zusammen: *presence* und *sensing*. Presencing kann also mit *in die Gegenwart hineinspüren* übersetzt werden.

9.2.2 Der Innovationsprozess

In erster Linie stellt die Theorie U einen Prozess dar, mit dessen Hilfe z. B. Teams Innovation betreiben können. Diesen Prozess möchten wir hier kurz darstellen, da er die Basis für weitere Gedanken bildet (Abb. 9.2) [54]. Betrachten wir die einzelnen Schritte links in das U hinab. Was passiert, wenn wir unser Denken, Fühlen und unseren Willen öffnen?

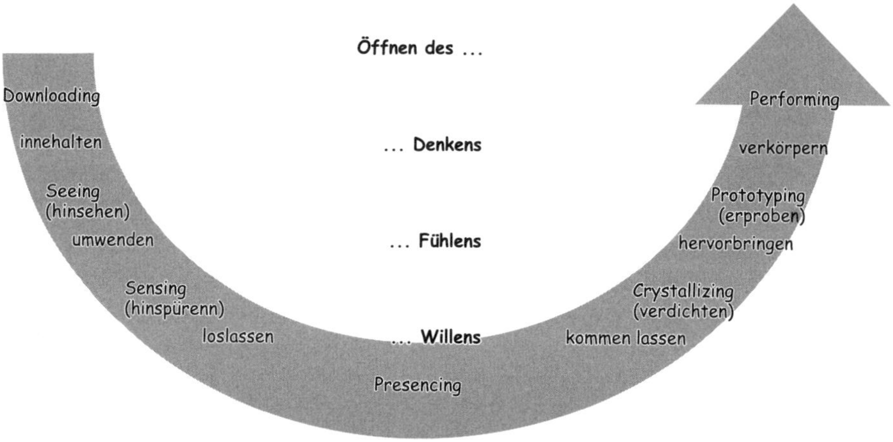

Abbildung 9.2: Die einzelnen Schritte im Theorie-U-Innovationsprozess [54]

Downloading: Auf dieser Stufe handeln wir in gewohnten Mustern. Wenn wir vor einem Problem stehen, schauen wir, wie wir dieses Problem in der Vergangenheit gelöst haben, und versuchen, es wieder auf die gleiche Art und Weise zu lösen. Klappt dies nicht, versuchen wir, *mehr vom Gleichen* zu machen, d.h., wir strengen uns mehr an.

Seeing: Wir erreichen die nächste Stufe, wenn wir es schaffen, innezuhalten, d.h. nicht dem gewohnten Handlungsimpuls zu folgen, sondern das Problem und die umgebene Situation zu verstehen. Es eröffnen sich Fakten, die sich uns vorher so nicht gezeigt haben. Aufgrund dieser neuen Fakten können wir unser Handeln anpassen und somit neue und effizientere Prozesse entwickeln.

Sensing: Während das *Seeing* sich auf der Ebene unseres Verstandes abspielt, erreichen wir die nächste Stufe, wenn wir uns in die Gefühlswelten aller am Problem Beteiligten hineinbegeben und nachfühlen. Die Schlüsselqualifikation ist hier Empathie.

Presencing: Haben wir uns durch die vorherigen Stufen mit dem Problem verbunden, kommt Stille auf. Wir verstehen einander und haben erst einmal keinen direkten Handlungsimpuls mehr. Es hat sich gezeigt, dass genau in dieser Stille neue Ideen auftreten und dass diese Ideen einen Innovationsgehalt haben, der ohne das Durchlaufen der obigen Stufen nicht hergestellt werden kann.

Interessanterweise misst Otto Scharmer der rechten Seite des U-Prozesses eine nicht so starke Bedeutung zu. Es hat sich herausgestellt, dass, wenn man die linke Seite bis zum *Presencing* durchläuft, die rechte Seite oft automatisch durchlaufen wird. Betrachten wir nun die rechte Seite der Abbildung 9.2. In welchen Schritten kommt es zum Handeln?

Crystallizing: Uns wird die Vision und Intention der neuen Lösung bekannt und sie dienen als weiterer Motivator, um in die Umsetzung zu gehen.

Prototyping: Als Nächstes bauen wir einen Prototyp, der die größten Umsetzungsrisiken abdecken soll und somit zu mehr Sicherheit bei der Umsetzung führt.

Performing: Hier findet nun die eigentliche Implementierung statt.

So finden wir zum Ende des Weges durch das U wieder zurück auf die konkrete Handlungsebene, um dort die neuen oder veränderten Abläufe in die Breite zu bringen und den angestrebten Nutzen zu erreichen.

9.2.3 Theorie U und der Coaching-Prozess

Bevor wir weiter in die Theorie U einsteigen, möchten wir einen für uns interessanten Bezug herstellen, der Ihnen beim Lesen der einzelnen Schritte vielleicht auch aufgefallen ist. In einem persönlichen Coaching werden typischerweise genau die Stufen der Theorie U durchlaufen.[3]

Als Erstes wird der Berater Fakten sammeln und Verständnisfragen stellen, die dazu dienen, das eigentliche Problem zu verstehen. Er wird erfragen, wie die gewohnte Reaktion des Klienten aussieht (*Downloading*), und er wird verstehen wollen, wie der Klient das Problem wahrnimmt und warum er auf seine ganz eigene Art und Weise darauf reagiert (*Seeing*). Während dieser Phase der Beratung hält der Berater eigene Meinungen und Impulse zurück (*innehalten*) und wird dann als Nächstes erfragen, wie sich der Klient in der problematischen Situation fühlt (*umwenden*). Der Berater versucht dann, die Gefühle nachzufühlen, indem er dem Klienten empathisch zuhört und seine eigenen von den klientenseitigen Gefühlen trennt (*Sensing*).

Meistens stellt sich nun eine kurze Phase der Stille und eventuell Rat- oder Hilflosigkeit ein (*loslassen*). Und erst nach diesem Schritt lässt der Berater aufkommende Impulse zum weiteren Verlauf der Sitzung in das Gespräch einfließen (*Presencing*). Diese Impulse können dann aufgrund der entstandenen Verbindung zwischen Berater und Klient sofort in die Umsetzung gebracht werden (*Crystallizing* → *Prototyping* → *Performing*).

[3]Auf eine konkrete Coaching-Technik, die ebenfalls in dieses Muster passt, gehen wir im Anhang A.4 ab Seite 270 und in *Soft Skills für IT-Führungskräfte und Projektleiter* [71] genauer ein.

9.2.4 Konsequenzen für die Führung und Beratung

Die einzelnen Stufen der Theorie U lassen sich auch auf das Thema Führung anwenden. Da Führung in einem Unternehmen maßgeblich die Kultur beeinflusst, lassen sich über eine Betrachtung der Führungsimpulse innerhalb eines Unternehmens auch Aussagen zu dessen Kultur ableiten. Dabei beobachten wir die Führung bei ihren Handlungen und bestimmen, auf welcher Stufe sie im U-Modell handeln und zu welchen Handlungen dies bei den Mitarbeitern führt.

Gemäß den oben beschriebenen drei Stufen *Downloading* → *Seeing* → *Sensing* lassen sich auch drei Stufen der Führung ableiten, die Scharmer *Management*, *Führung* und *Inspiration* nennt (Abb. 9.3) [54].

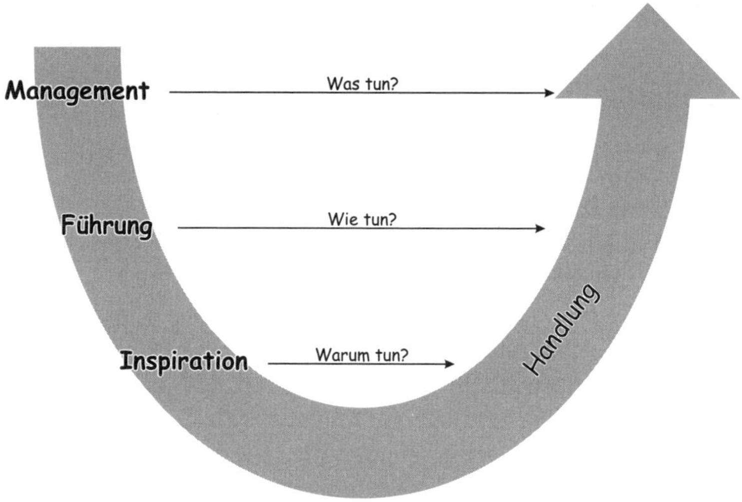

Abbildung 9.3: Drei Stufen der Führung aus der Theorie U [54]

Management: Eine Führungskraft, die auf dieser Stufe operiert, wird stets eine klare Richtung vorgeben und dann die Durchführung der Anweisungen im Sinne der Zielerreichung kontrollieren. Im Mittelpunkt steht die Entwicklung des Produkts, es entsteht eine tayloristische Struktur ggf. mit einer Massenproduktion. In heutigen IT-Projekten ist diese Art der Unternehmensführung nicht mehr angemessen, da sie stabile Rahmenbedingungen und bekannte Annahmen voraussetzt.

Führung: Hier werden die Mitarbeiter von der Führung in den Prozess der Zielsetzung und Richtungsfindung mit einbezogen und es ist die Verantwortung der Führungskraft, daraus einen Rahmen zu definieren, in dem die Mitarbeiter dann handeln können. So entstehen Prozesse, Delegation und Dezentrierung. Im Mittelpunkt stehen die Bedürfnisse des Kunden und daraus eine dienstleistungsgetriebene Ökonomie. Diese Art der Führung stellt den heute von uns oft beobachteten Status quo in IT-Unternehmen dar. Er ist geeignet, um den heutigen Herausforderungen angemessen zu begegnen, jedoch zeichnet sich langsam ab, dass auch diese Art der Führung in Zukunft nicht ausreichend sein wird.

Inspiration: Diese dritte Stufe lässt sich heute an einigen Führungspersönlichkeiten beobachten. Sie ergänzt die beiden obigen Stufen um eine starke instrinsische Motivation der Führungskraft, bestimmte Ziele zu erreichen und damit die Mitarbeiter zu begeistern. Sie durchläuft das U-Modell implizit immer wieder und ermöglicht Innovation, die die Zukunftsfähigkeit des Unternehmens sicherstellen kann. Der Kunde wird vollständig mit einbezogen und nun als Partner betrachtet. So wird das typische Dienstleistungsverhältnis zwischen Kunde und Auftragnehmer aufgebrochen und damit eine kreative und innovative Zusammenarbeit auf Augenhöhe zum gemeinsamen Nutzen erreicht.[4]

Für uns als Berater bietet die Theorie U noch eine Antwort auf die Frage: Wie können wir unseren Kunden helfen, die einzelnen Stufen zu erklimmen? Wir können ihnen als externe Beobachter zur Verfügung stehen und bei der notwendigen Öffnung von einer zur nächsten Stufe helfen (Abb 9.2). Auf dem Weg durch die Stufen treten typische Probleme auf, die Scharmer die *inneren Feinde* der Veränderung nennt. Die einzelnen Schritte, wie wir Berater dabei mit den inneren Feinden der Veränderung umgehen können, sind in Tabelle 9.2 zusammengestellt.

Wir trennen dazu immer wieder die einzelnen Wahrnehmungen von ihren Interpretationen und den darauf aufbauenden Bewertungen und machen dies für unsere Kunden transparent, um nicht zu früh Urteile zu fällen und das Denken zu öffnen. Wir sprechen über die damit verbundenen Gefühle und versuchen, auf Kundenseite die Ebene der Beziehungen zwischen den Kundenmitarbeitern ausreichend zu klären. Damit bilden wir die Basis für performante Teams bei unseren Kunden. Abschließend gehen wir mit den Ängsten und Befürchtungen unserer Kunden geeignet um und entwickeln konkrete Schritte, wie in Zukunft angemessener gearbeitet werden kann. Auf diesem Weg begleiten wir die Mitarbeiter unseres Kunden und passen gemeinsam die Ideen und Abläufe an die aktuellen Gegebenheiten an. Wir bauen so bei unserem Kunden eine agile Organisation auf.

[4] Scharmer klassifiziert die drei Stufen der Führung und bezeichnet diese Stufe als *kreative Klasse*.

Öffnung	Zu tun	Innerer Feind	Unterstützung als Berater
Denken	Sagen, was man denkt	Urteile	Urteile transparent machen, andere Meinungen fördern, Widerstand und Konflikte aufspüren und nutzen
Fühlen	Fühlen, was da ist	Zynismus	Gefühle aussprechen und würdigen, Beziehungsebene bearbeiten, Kommunikationstrainings
Wille	Sinn schaffen	Angst	Umwenden von der Vergangenheitsbetrachtung auf die Zukunft, Verbinden von unterschiedlichen (persönlichen) Zielen

Tabelle 9.2: Schritte zur Öffnung beim Durchlaufen des U-Modells

9.3 Die agile Organisation

Für uns ist Agilität der Begriff innerhalb der IT, um auf die gesellschaftlichen Veränderungen zu reagieren, die wir auszugsweise mit dem Graves-Modell und der Theorie U dargestellt haben. Nun wollen wir schauen, wie wir die Kultur und Werte der Agilität einer IT-Organisation prägen und wie wir diesen Prozess als Berater unterstützen können. Dabei beziehen wir uns auf die Grundlagen der Selbstorganisation und gehen im Folgenden alle relevanten Rollen einer Matrix-Organisation durch.[5]

9.3.1 Scrum-Teams

Die Scrum-Teams setzen die Kundenanforderungen in ein Produkt um und stellen damit den eigentlichen Kern jeder Entwicklung dar. Je nach Rolle ergeben sich unterschiedliche Ansatzpunkte für uns als Berater, die Menschen in ihren Rollen zu unterstützen.

ScrumMaster: Dem ScrumMaster fällt die Aufgabe zu, den Prozess zu definieren, anzupassen und zu moderieren. Damit nimmt er für den Rest des Scrum-Teams die Rolle eines Prozessberaters, wie in Abschnitt

[5] Auf die Themen *Selbstorganisation* und *Matrix-Organisation* gehen wir in *Soft Skills für IT-Führungskräfte und Projektleiter* [71] in den Abschnitten 4.1, 4.3.3 und Kapitel 10 näher ein. Für die folgenden Betrachtungen reicht ein allgemeines Verständnis der beiden Begriffe aus.

6.2.1 ab Seite 87 beschrieben, ein. Mit folgenden Fragen können wir den ScrumMaster unterstützen:

- Ist jeder in deinem Scrum-Team arbeitsfähig?
- Ist der Prozess jedem bekannt und sind alle Artefakte auf einem angemessenen Stand?
- Wie kannst du Meetings (z. B. Retrospektiven) abwechslungsreich gestalten?
- Gibt es neben Hochleistungsphasen auch langsamere Passagen? Wie verhält sich die Motivation der Teammitglieder?
- Ist die Transparenz über den Projektstatus ins Team und Management hinein ausreichend?
- Gelingt es dir, Aufgaben zu delegieren?
- Ist das Kundenfeedback allen bekannt?

Product Owner: Der Product Owner ist für die Maximierung des Geschäftswertes der geschaffenen Lösung verantwortlich. Sein Aufgabengebiet orientiert sich somit entlang der gesamten Wertschöpfungskette. Als Berater gehen wir diese Kette mit dem Product Owner durch und prüfen auf eventuell vorhandene Hindernisse oder Resignationen und bewegen ihn dazu, Konflikte proaktiv anzugehen. Auch hier können uns Prozessfragen gute Dienste leisten, wie z. B.:

- Was müsste geschehen, damit die *Arbeit XY* (z. B. Dokumentieren von Anforderungen) leichter von der Hand geht?
- Wie erledigen andere die *Arbeit XY*?
- Was sagen Kollegen dazu, dass du die *Arbeit XY* so tust?
- Was denken Teammitglieder, der Kunde und das Management über dich?

Entwicklungsteam: Als Berater können wir häufig Entwicklungsteams nur beobachten und unsere Erkenntnisse dann dem ScrumMaster oder dem Product Owner mitteilen. Diese müssen dann versuchen, die erkannten Hindernisse aus dem Weg zu räumen. Sollten Konflikte im Team bestehen, denen der ScrumMaster nicht gewachsen ist, können wir uns natürlich als externer Mediator oder Moderator z. B. eines Teambuildings anbieten. Fehlt fachliches Wissen, so ist der ScrumMaster zu informieren und dieser hat Abhilfe zu organisieren. Bestehen tiefer gehende Konflikte z. B. zwischen ScrumMaster und Team, kann es als Berater auch hilfreich sein, Einzelgespräche zu führen und dann mit der Linie über Abhilfemaßnahmen zu diskutieren.

9.3.2 Leitungsfunktionen in der Linie

In großen IT-Organisationen ist es unserer Erfahrung nach nicht möglich, Scrum-Teams ohne eine Matrix-Organisation sinnvoll zu steuern, weil es Aufgaben gibt, die sich nicht in den Scrum-Teams abbilden lassen. Dazu gehört z. B. die disziplinarische Verantwortung für die Mitarbeiter und das Darstellen einer Eskalationsebene, die unterhalb des Topmanagements angesiedelt ist. Wenn wir als Berater Linienführungskräfte unterstützen, so achten wir stets darauf, dass diese sich aus den operationalen Aufgaben der Scrum-Teams heraushalten, denn ihre Tätigkeiten sind beispielsweise folgende:

- Sicherstellen, dass die Mitarbeiter qualifiziert sind, in den Scrum-Teams zu arbeiten (Prozess, Fachlichkeit und Technik)
- Führen der Personalgespräche (inkl. Feedback und Gehalt)
- Bindeglied zu Personalabteilung und eventuell Betriebsrat und -arzt
- Eskalationsebene, wenn Scrum-Teams ihre Konflikte nicht mehr lösen können
- Unternehmensstrategie und -vision vertreten
- Aufgreifen von Querschnittsthemen, wie z. B. Architektur, Design von unternehmensweit einheitlichen Benutzerschnittstellen oder Bündeln von Datenbank-Know-how und Formen zur Bearbeitung dieser Themen finden

Als Berater gehen wir diese Themen mit den Linienführungskräften durch und schauen, ob sie alle abgedeckt sind und akzeptierte Prozesse dafür existieren.

Topmanagement: Das Topmanagement braucht am häufigsten Unterstützung von uns als Beratern, wenn es darum geht, den Kern des agilen Vorgehens zu verstehen und den Vorteil aus der unternehmerischen Sicht wahrzunehmen. Nur dann wird es einer Organisation gelingen, agile Werte im Unternehmen zu verankern und so eventuell einen entscheidenden Wettbewerbsvorteil zu erlangen. Es gilt, das Topmanagement zu einem Vertrauensvorschuss gegenüber den Mitarbeitern zu bewegen und mit ihnen Reporting-Wege und -Mechanismen herauszuarbeiten, mit deren Hilfe sie möglichst schnell erkennen, dass die neue Arbeitsweise zu zufriedenen Kunden und so letztlich zum Erfolg führt. Häufig ist es dazu nötig, Misstrauen, das in der Vergangenheit aufgebaut wurde, zu würdigen und gleichzeitig dazu zu ermutigen, etwas Neues auszuprobieren.

Personalabteilung: Meistens bekommt die Personalabteilung den Auftrag, die Transition zur agilen Organisation zu unterstützen. Hier wird von uns als Beratern verlangt, den meist IT-fremden Mitarbeitern die agilen Werte näherzubringen. Zu oft haben wir erlebt, dass ansonsten die Personalabteilung nach alten Mustern Schulungen einkauft, Feedbackbögen auswertet und ihre Arbeit damit als getan ansieht. Als sehr hilfreich hat es sich für uns hingegen herausgestellt, der Personalabteilung näherzubringen, wie konkrete Coaching-Maßnahmen im agilen Kontext aussehen und welche Vorteile sie bringen können.

Weitere organisatorische Schnittstellen: Fast in allen Fällen haben wir bei unseren Beratungseinsätzen festgestellt, dass die Einführung von Agilität auch in den an die IT-Abteilung angrenzenden Bereichen Auswirkungen hat. Hier können wir als Berater mit Schnittstellenworkshops helfen, in denen die Prozesse zwischen den einzelnen Abteilungen angepasst und definiert werden. Vorher ist meistens, wie bei der Personalabteilung, eine allgemeine Einführung in die Agilität notwendig, um Ängste und Widerstände abzubauen.

Gerade in größeren Organisationen gilt es, den methodischen Beratungsansatz empfängerorientiert auszuarbeiten, um die maximale Wirkung und damit den Nutzen für den Kunden entfalten zu können. Dies kann kaum von einem Berater alleine geleistet werden, sodass dazu kleine Beraterteams aus zwei bis drei Personen eine optimale Basis schaffen. Die unterschiedlichen Stakeholder im Beratungsprozess können mit einer klaren Rollenverteilung im Beraterteam individuell und angemessen adressiert werden.

Teil III

Veränderungen gestalten

10 Veränderungsmanagement im Überblick

10.1 Warum fallen uns Veränderungen so schwer?

Mit fast jedem IT-Projekt geht auch ein Veränderungsmanagement einher. Die neue Geschäftsprozess-Software verändert z. B. die Arbeitsweise der Sachbearbeiter einer Versicherung oder neue Produktionssteuerungen den Ablauf bei der Computerchip-Herstellung. Selbst die Umstellung von Windows XP auf Windows 7 warf bei einigen Firmen organisatorische Fragen auf, die z. B. ihre Abläufe mit selbsterstellten Makros in den eingesetzten Office-Paketen optimiert haben und diese nun an die neue Version anpassen mussten.

Warum benötigen Beratungsprojekte fast immer auch ein begleitendes Veränderungsmanagement? IT-Beratungen sind aufwendige und teure Maßnahmen, die sich aus Kundensicht dann lohnen, wenn es um Themen geht, die aus eigener Kraft nicht oder für die aktuellen Rahmenbedingungen nicht schnell genug umsetzbar sind. Diese Themen ergeben sich also nicht aus dem normalen Tagesgeschäft des Kunden, sondern betreffen in der Regel Maßnahmen, die sich aus strategischen Zielen ableiten. Diese Maßnahmen tangieren damit fast immer die Art und Weise, wie die Mitarbeiter des Kunden zusammenarbeiten.

Ein begleitendes Veränderungsmanagement ist also ebenso notwendig, wenn es um die Einführung eines neuen Entwicklungswerkzeugs, einer neuen Produktivsoftware für Sachbearbeiter, die Ablösung einer bestehenden Software durch eine Eigenentwicklung oder die Einführung von Scrum oder eXtreme Programming in der Softwareentwicklung geht. Der Veränderungsprozess auf Kundenseite ist ein begleitender und unseren Beratungserfolg sicherstellender Aspekt!

10.1.1 Der einzelne Mitarbeiter

Nun ist eine Weiterentwicklung ganz normaler Alltag, doch leider ist oft ein angemessenes und langfristig erfolgreiches Veränderungsmanagement weit davon entfernt, alltäglich zu sein. Die Mitarbeiter werden teilweise überfordert und frustriert, sodass sich die erhofften Verbesserungen z. B.

nach der Einführung einer neuen Software oder durch eine Prozessoptimierung deutlich später als erhofft oder vielleicht sogar nie einstellen. Die *Boston Consulting Group* hat dazu eine typische Verlaufskurve veröffentlicht, die das Wechselbad der Gefühle bei den betroffenen Mitarbeitern versucht darzustellen (Abb. 10.1) [23].

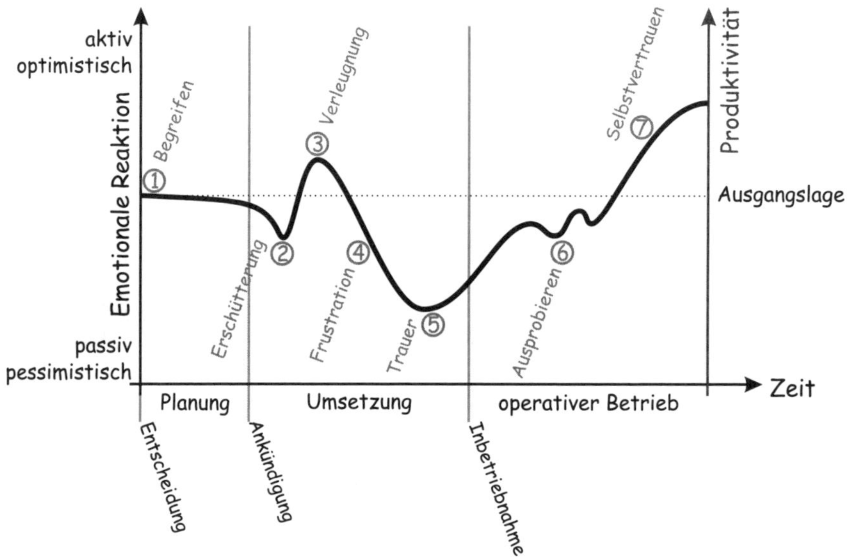

Abbildung 10.1: Typische Struktur einer Veränderungskurve [23]

Die einzelnen nummerierten Bereiche in Abbildung 10.1 bedeuten:

1 – Begreifen, Besorgnis, Ärger
2 – Erschütterung, Angst vor dem Unbekannten
3 – Verleugnung, Ablehnung, Irritation
4 – Frustration, rationales Verstehen, Unvermeidlichkeit
5 – Trauer, gefühlsmäßige Akzeptanz, Ertragen des Verlusts
6 – Ausprobieren, gefühlsmäßiges Öffnen, erster Enthusiasmus
7 – Selbstvertrauen, Bindung

Wir durchlaufen eine solche Kurve, wenn wir unsere eigenen Erwartungen oder Wünsche bei einer Veränderung als nicht erfüllbar ansehen (① in Abb. 10.1). Das kann wie ein Schock wirken und tief sitzen (②). Wir schützen uns dann selbst durch Verneinung der Veränderung oder eine Selbstüberschätzung (③). Über die Schritte des Verstehens (④) und der Akzeptanz der Veränderung (⑤) erkennen wir, dass wir direkt von der Veränderung betroffen sind und alte Verhaltensmuster aufgeben müssen.

Diese Verunsicherung führt in eine tiefe Trauer, das sogenannte *Tal der Tränen*. Aus diesem *Tal der Tränen* kommen wir durch das Ausprobieren der neuen Verhaltensweisen heraus (⑥), was meist mit einzelnen, kleinen oder auch größeren Rückschlägen verbunden ist. Wir bauen dabei ein konkretes Wissen über die neuen Abläufe auf und erwerben damit verbundene neue Fertigkeiten. Dies schafft einerseits wieder Sicherheit und andererseits erkennen wir den Zusammenhang zwischen der Veränderung unseres Verhaltens mit neuen Erfolgen, die sich einstellen. Diese Erfolgsmuster werden dann automatisiert und unbewusst ausgeführt, was uns spätestens jetzt unser Selbstvertrauen wieder zurückgibt (⑦).

Wir erkennen in Abbildung 10.1 auch, dass bezogen auf die Ausgangslage (gepunktete horizontale Linie) die Produktivität einer Person, Gruppe oder Organisation über die Dauer der Veränderung stark schwankt und erst recht spät einen dauerhaften Mehrwert erbringt. Diese Kurve weist uns auch auf ein anderes Phänomen von Veränderungsprojekten hin: Der Ausgangszustand vor Beginn einer Veränderung kann nicht mehr wiederhergestellt werden! Der Ablauf in der Veränderungskurve ist unumkehrbar. Natürlich lässt sich eine alte Struktur wiederherstellen, jedoch ist in den Köpfen der Mitarbeiter bereits etwas passiert. So ist z. B. eine Verunsicherung entstanden, die nachfolgende Veränderungsversuche beeinflusst. Diese Unumkehrbarkeit von Veränderungsprozessen ist einer der Gründe für die von Mitarbeiter zu Mitarbeiter unterschiedliche Reaktion auf eine bestimmte Veränderung und die damit verbundene Unsicherheit.

10.1.2 Die Organisation und das Timing

Eine IT-Beratung wird meist auf einer bestimmten Managementebene angestoßen. Da die Konsequenzen einer neuen Inhouse-Software bzw. eines neuen Softwareprodukts oder aber der Arbeitsweisen wie der Einführung einer agilen Softwareentwicklung sowohl die Mitarbeiter als auch Linienführungskräfte und weitere Rollen wie z. B. Projektleiter betreffen, hat ein solcher Veränderungsprozess eine eigene Dynamik. Ein Veränderungsprozess und damit das Durchlaufen der Veränderungskurve findet auf den verschiedenen Hierarchieebenen einer Organisation zu unterschiedlichen Zeitpunkten statt, weshalb die Veränderungskurven auf den verschiedenen Ebenen zueinander phasenversetzt sind (Abb. 10.2).

Auf einer Hierarchieebene wird der Druck, etwas zu verändern, so groß, dass ein Veränderungsprozess initiiert wird. Auf den benachbarten Ebenen findet der benötigte Veränderungsprozess für die Anpassung der dort betroffenen Aspekte mit einer Verzögerung statt. Dabei ist es egal, ob eine Veränderung vom Topmanagement als strategisches Ziel für eine Organisationseinheit auf den Weg gebracht wird, wie es in Abbildung 10.2 dargestellt ist, oder das mittlere Management initiativ wird oder eine Veränderung

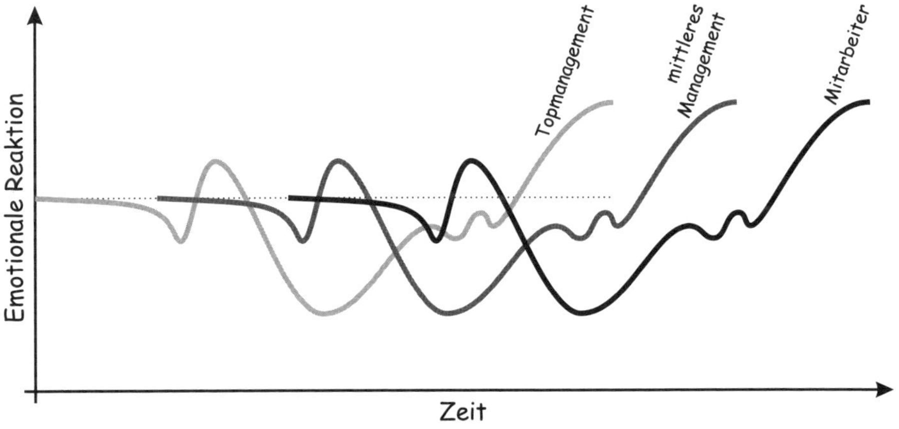

Abbildung 10.2: Die Veränderungskurven auf den einzelnen Hierarchieebenen eines Unternehmens sind zueinander phasenverschoben (Beispiel einer vom Topmanagement angestoßenen Veränderung).

von unten angestoßen wird. Die Veränderungskurven auf den verschiedenen Ebenen werden zueinander versetzt sein.

Aus dieser *Phasenverschiebung* resultiert eine Reihe von Problemen in der internen Kommunikation eines Unternehmens. Besonders dramatisch kann sich diese Verschiebung äußern, wenn z. B. für das Topmanagement die Veränderung bereits abgeschlossen ist, während die Mitarbeiter sich noch im *Tal der Tränen* befinden. Das mittlere Management kann dann auch nur schwer vermitteln, da es selbst noch in der Phase des Ausprobierens steckt (Abb. 10.2). Die Kommunikation ist dann oft nicht mehr empfängerorientiert und verfehlt damit das Ziel.

Der wesentliche Erfolgsfaktor im Veränderungsmanagement sind die beteiligten und betroffenen Menschen. Daher ist auch eine der zentralen Leitlinien des Veränderungsmanagements gut nachvollziehbar: »Aus Betroffenen Beteiligte machen!« Doch wie machen wir das? Was genau steckt hinter Veränderungsmanagement? Was ist mit Veränderungsmanagement im Rahmen unserer IT-Beratung überhaupt machbar?

10.1.3 Was kann Veränderungsmanagement leisten?

Wir wollen noch eine Blick auf die Veränderungskurve werfen und die Frage stellen, inwieweit sich der Verlauf der Kurve und damit die emotionale Reaktion über die Zeit ändert, wenn das Unternehmen ein Veränderungsmanagement einsetzt und es ihm gelingt, die notwendigen Aktionen erfolgreich umzusetzen (Abb. 10.3).

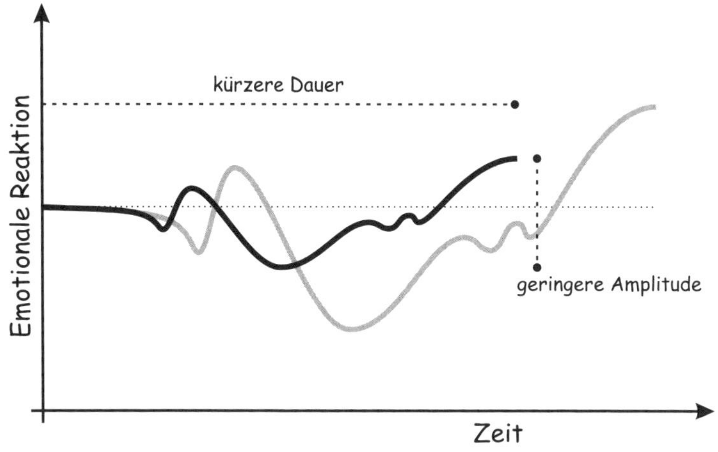

Abbildung 10.3: An der Veränderungskurve lassen sich die Möglichkeiten für ein Veränderungsmanagement erkennen.

Aus der Abbildung können wir zwei Schlüsse ziehen. Die Phasen der Veränderung bleiben erhalten. Es hat sich gezeigt, dass auch mit einem Veränderungsmanagement die einzelnen Phasen der Kurve durchlaufen werden. Das liegt an der inhärenten Eigenschaft von Veränderungen und hängt damit zusammen, dass bei jeder Veränderung ein Verabschieden von bekannten und ein Sicheinlassen auf neue Handlungsmuster stattfindet.

Es kann zu einer Verkürzung der Dauer der Veränderung und zu einer geringeren emotionalen Reaktion kommen. Hier gibt es keine allgemeingültige Regel, wann was von beidem stattfindet. In der Praxis haben wir stets eine Mischung gesehen. Interessant für das Unternehmen ist dabei, dass die gesparte Energie in andere Projekte gesteckt werden kann. So können z. B. die parallel laufenden Projekte weniger stark unter der Veränderung leiden und eine höhere Produktivität erreichen. Dies ist auch für uns als Berater eine einfache und Erfolg versprechende Taktik, um dem Topmanagement die Vorteile eines aktiven Veränderungsmanagements näherzubringen.

10.1.4 Veränderungen unterstützen

Als Nächstes wollen wir schauen, wie wir das Wissen des Graves-Modells in unsere Veränderungsarbeit einfließen lassen können. Dazu verknüpfen wir die einzelnen Phasen der Veränderungskurve mit den Memen aus Abschnitt 9.1.2 ab Seite 142, deren Anwendung sich in der jeweiligen Phase am hilfreichsten herausgestellt hat. So können wir, nachdem wir die aktuelle Phase einer Veränderung bestimmt haben, unser Verhalten so lenken, dass es die Menschen bei ihrem Weg durch die Veränderung bestmöglich unterstützt.

Es sei noch angemerkt, dass es sich bei den im Folgenden aufgeführten Memen um jene handelt, die die Führungskräfte, die die Veränderung anleiten, benötigen. Wir als Berater haben dann wiederum die Aufgabe, den Informationsfluss zwischen den Führungskräften und ihren Mitarbeitern sicherzustellen.

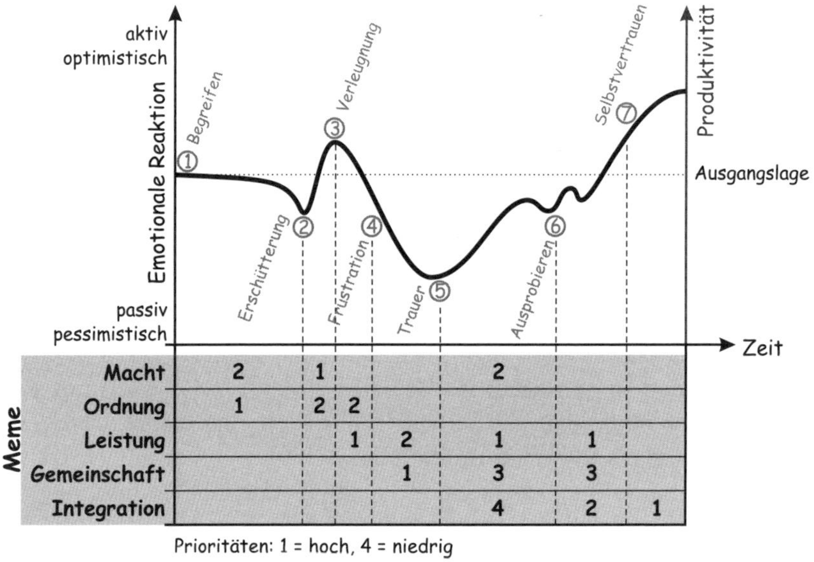

Abbildung 10.4: Benötigte Meme in einem Veränderungsprozess (zur Definition der Meme siehe Abschnitt 9.1.2 ab Seite 142)

Vom Begreifen zur Erschütterung: In dieser Phase geht es primär darum, die Ordnung, wie sie vor Beginn der Veränderung gegeben war, beizubehalten. Wird jetzt vorschnell auf die steigende Erschütterung eingegangen, ergeben sich suboptimale Lösungen, die nicht die nötige und gewünschte Veränderung aufzeigen. Für Führungskräfte heißt das, ihren Mitarbeitern aktiv zuzuhören und nicht müde zu werden, die Beweggründe für diese Veränderung zu erläutern.

Von der Erschütterung zur Verleugnung: Nach dem Schock, dass die Veränderung wirklich kommen wird, folgt die Verleugnung. Mitarbeiter reagieren oft mit Angst, die sich in der Ablehnung der möglichen Folgen der Veränderung zeigt. Von Führungskräften wird in dieser Phase verlangt, keinen Zweifel an der Veränderung aufkommen zu lassen, daran unumstößlich festzuhalten. Kleinste Unsicherheiten würden die

Verleugnung nähren und die Veränderung so schwächen. Deshalb ist hier das Mem *Macht* am wichtigsten.

Von der Verleugnung zur Frustration: Erste Mitarbeiter merken, dass die Veränderung unabwendbar ist und sie ihr Verhalten ändern bzw. anpassen müssen. Für die Führungskräfte gilt es, diese Mitarbeiter zu finden, sie so gut es geht zu unterstützen und sie dadurch als Multiplikatoren und Promotoren der Veränderung einzusetzen. Als Berater achten wir darauf, dass diese erst kaum sichtbaren Veränderungen kommuniziert und somit für alle transparent gemacht werden.

Von der Frustration zur Trauer: In der Frustration ist die autentische Offenheit gegenüber der Lösungslosigkeit seitens der Führungskräfte gefragt. Die alte Ordnung wird unwichtig und ein Gefühl der Gemeinsamkeit, das sowohl Führungskräfte als auch die Mitarbeiter einschließt, ist der Grundstein für die weitere Entwicklung der Veränderung. Führungskräfte geben zu, dass sie auch noch keine detaillierte Lösung in der Tasche haben, nutzen dies, um mit ihren Mitarbeitern in eine engere Kommunikation zu kommen und sie zum Durchhalten zu ermutigen. Als Berater können wir helfen, Vergangenes zu würdigen und eine Offenheit für Neues zu entwickeln.

Von der Trauer zum Ausprobieren: Erfahrungsgemäß werden erste Mitarbeiter nun neues Verhalten ausprobieren. Hierbei können die Führungskräfte unterstützen und gerade bei ersten Misserfolgen ermutigen. Es hilft, erste kleine Erfolge zu kommunizieren, um so auch andere zu unterstützen. Auch wenn noch nicht alle Mitarbeiter überzeugt sind, dass es sich um Erfolge handelt, darf es darüber bei den Führungskräften keine Zweifel geben. Als Berater können wir unterstützen, beobachtetes Verhalten zu reflektieren, um so die Nützlichkeit im Sinne der Veränderung besser beurteilen zu können.

Vom Ausprobieren zum Selbstvertrauen: Mehr und mehr wird jetzt deutlich, welches Verhalten zieldienlich ist. Für Führungskräfte heißt das, sich wieder etwas aus der zuvor engen Beziehung zu entfernen und ihren Mitarbeitern mehr beratend und reflektierend zur Seite zu stehen. Sie müssen Spitzenleistung honorieren, kommunizieren und dabei dafür sorgen, dass Strukturen entstehen, die maximal unterstützend wirken. Als Berater achten wir darauf, dass der Fokus auf den Erfolgen bleibt und dass die Führungskräfte die Stärken ihrer Mitarbeiter in geeigneter Weise kombinieren.

Beachten Sie dabei, dass sich die Ausprägung des Verlaufs der Kurve von Umfeld zu Umfeld unterschiedlich darstellt, die Kurve jedoch stets mit allen Phasen durchlaufen wird. Damit haben Sie ein Grundgerüst für Ihre situativ angepasste Beratung im Rahmen von Veränderungsprozessen. Als Nächstes befassen wir uns mit Managementmodellen zur Veränderung.

10.2 Veränderungsmanagementmodelle

10.2.1 Definition

Was genau ist eigentlich Veränderungsmanagement? In der Wikipedia finden wir dazu folgende Definition [77]:

> Unter Veränderungsmanagement lassen sich alle Aufgaben, Maßnahmen und Tätigkeiten zusammenfassen, die eine umfassende, bereichsübergreifende und inhaltlich weit reichende Veränderung – zur Umsetzung neuer Strategien, Strukturen, Systeme, Prozesse oder Verhaltensweisen – in einer Organisation bewirken sollen.

Für uns bedeutet das, dass Veränderungsmanagement eine kontinuierliche Begleitung von grundsätzlichen Veränderungen ist. Die einzelnen Maßnahmen im Laufe dieses Prozesses werden als Projekte durchgeführt. Das bedeutet im Umkehrschluss für die IT, dass die Ergebnisse vieler ihrer IT-Projekte und IT-Beratungen für deren Anwender und andere Stakeholder genau solche grundsätzlichen Veränderungen mit sich bringen und damit zusätzlich zum IT-Projekt oder der Beratung auch ein Veränderungsmanagement benötigt wird. Berater und IT-Projektleiter sind damit automatisch auch Veränderungsmanager!

10.2.2 Drei Phasen – die Lewin-Veränderung

Die typische Sichtweise darauf, die sich Mitte des 20. Jahrhunderts auf den anzustrebenden Veränderungsprozess ergeben hat, ist die auch als Drei-Phasen-Modell bezeichnete sogenannte Lewin-Veränderung, die auf Kurt Lewin (1890 – 1947) zurückgeht. Es werden dabei im Veränderungsprozess nacheinander drei Phasen durchlaufen (Abb. 10.5):

Unfreezing: Die Erwartungen entsprechen nicht mehr der Realität und Veränderung tritt als Möglichkeit ins Bewusstsein, darauf zu reagieren. Das alte Verhalten wird infrage gestellt.

Moving: Lösungen werden entwickelt und neue Verhaltensweisen ausprobiert. Es werden neue Gleichgewichte gesucht, um die verlorene Balance wiederzufinden.

Freezing: Die gefundenen Lösungen werden implementiert und die Strukturen wieder stabilisiert.

Diese Sichtweise kann in einem dynamischen Umfeld problematisch werden, da kaum ausreichend Zeit für ein Freezing vorhanden ist. Auch ist eine Veränderung nach diesen drei Phasen dann zu reaktiv, d. h., es erfolgt

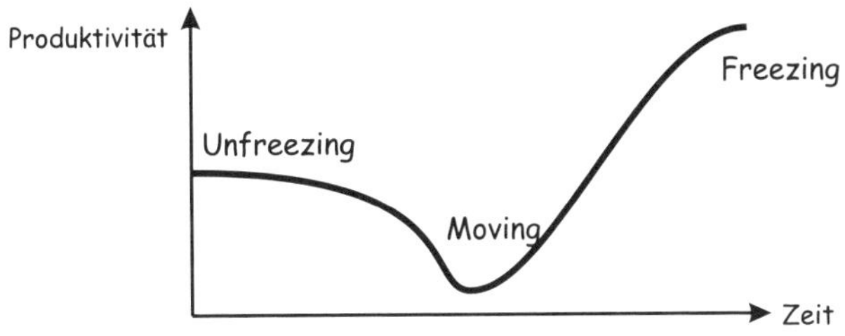

Abbildung 10.5: Die drei Phasen der Lewin-Veränderung [77]

erst eine Veränderung, wenn es bereits zu Problemen gekommen ist. Je dynamischer das Umfeld ist, desto attraktiver werden proaktive Strategien, die es ermöglichen, zu handeln, bevor es zu Problemen kommt. Das einfache Modell der Lewin-Veränderung ist daher inhaltlich ein guter Einstieg, aber für unsere Praxis zu stark vereinfachend.

10.2.3 Veränderungen nach Doppler und Lauterburg

Ein modernes Modell für einen erfolgreichen Veränderungsprozess zeigt sich detaillierter als die Lewin-Veränderung. Klaus Doppler (*1939) und Christoph Lauterburg (*1937) beschreiben in ihrem Standardwerk dazu zwölf Schritte eines Veränderungsprozesses und die dabei häufig auftretenden, typischen Fallen (Abb. 10.6) [19].

Auch wenn das Konzept für das Veränderungsmanagement steht, ist die Arbeit noch lange nicht getan! Das ist nur der erste Schritt. Wir bringen die richtigen Leute zusammen und besprechen in Ruhe und mit etwas Zeit mit ihnen die notwendigen Schritte. So werden wir brauchbare Konzepte entwickeln. Die Kunst des Veränderungsmanagements liegt nicht in der Entwicklung, sondern in der Umsetzung der Konzepte, dem Transfer! Auch dafür gibt es eine Reihe von Prinzipien [19]:

1. **Zielorientiertes Management:** Es gilt, die Ausgangssituation genau zu analysieren und die konkreten Ziele mit ihren messbaren Erfolgskriterien zu definieren. Darüber hinaus wird die Aufgabenverteilung organisiert, das Veränderungsprojekt geplant und eine Projektfortschrittskontrolle implementiert.
2. **Keine Maßnahme ohne Diagnose:** Neben einer initialen, direkten Befragung der von der Veränderung betroffenen Menschen können noch weitere Datenerhebungen wie z. B. Messungen von Prozessdurchlaufzeiten oder eine durch Fragebögen gestützte und standardisierte Massenerhebung von Informationen folgen. Die ermittelten Daten werden dann verdichtet und in dieser Form allen beteiligten Personen

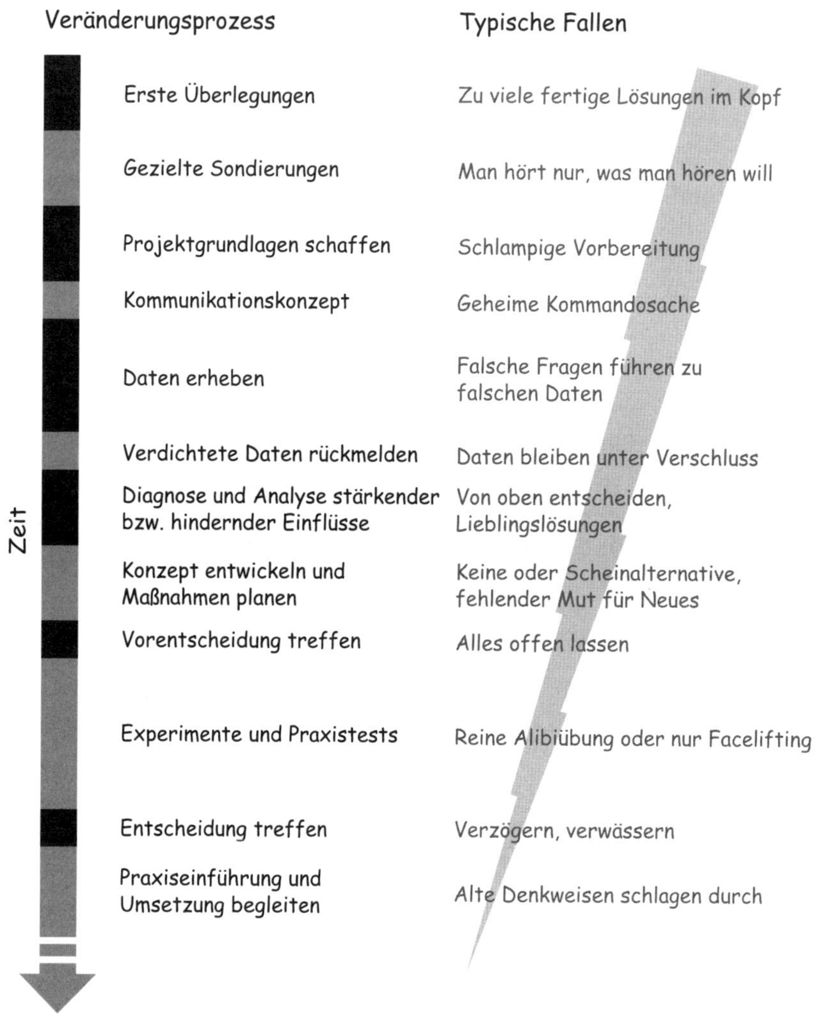

Abbildung 10.6: 12 Schritte des Veränderungsprozesses und die damit einhergehenden typischen Fallen nach Doppler. Der Balken links deutet die entsprechenden Aufwände für die einzelnen Schritte an [19].

bereitgestellt. Die Datenanalyse baut darauf auf und versucht, Zusammenhänge zwischen Problemen und möglichen Ursachen zu erkennen, Schwachstellen in der Zusammenarbeit zu identifizieren und Lösungsansätze aufzuzeigen.

3. **Ganzheitliches Denken und Handeln:** Neben den technischen, ökonomischen und strukturellen Aspekten sind genauso auch die menschlichen und zwischenmenschlichen Gesichtspunkte zu beachten. Dies be-

trifft die Struktur der Organisation und das Verhalten seiner Individuen bezüglich Motivation, Identifikation mit den eigenen Aufgaben und dem Unternehmen, Kommunikation sowie Kooperation und Konkurrenz ebenso wie die Unternehmenskultur mit ihren geschriebenen wie ungeschriebenen Gesetzen und Regeln bzw. Normen und den damit verbundenen Belohnungs- und Sanktionierungsprinzipien.

4. **Beteiligung der Betroffenen:** Die unmittelbar von den Veränderungen betroffenen Personen sind die Experten für die konkrete Umsetzung der Aufgaben. Nur sie kennen alle notwendigen Details. Indem wir diese Personen früh in den Veränderungsprozess einbinden, kommen wir zu praxisgerechteren Lösungen und erhöhen gleichzeitig die Motivation sowie die Identifikation mit den Ergebnissen.
5. **Hilfe zur Selbsthilfe:** Veränderungsprozesse beruhen bei aller notwendigen Führung auf einer dezentralen Selbstorganisation der beteiligten Mitarbeiter und Gruppen. Diese benötigen dafür das notwendige Rüstzeug an Techniken und die Unterstützung der Führung. Dies betrifft die Aus- und Weiterbildung ebenso wie die in diesem Buch und in [70, 71] beschriebenen Soft Skills.
6. **Prozessorientierte Steuerung:** Als Voraussetzung für eine prozessorientierte Steuerung ist Folgendes notwendig:

   - regelmäßige Retrospektiven und Prozessanalysen,
   - eine zeitnahe Bearbeitung von Konflikten und Widerständen sowie
   - die flexible, situative und operative Feinplanung, wie sie z. B. aus dem agilen Projektmanagement bekannt ist [44].

   Unter diesen Voraussetzungen können wir die vier Dimensionen einer prozessorientierten Steuerung bedienen:

   - Energie: Wer fühlt sich verantwortlich? Wer sind unsere Verbündeten und Promotoren?
   - Macht: Wie können die Meinungsführer und aktiven Führungskräfte motiviert werden?
   - Kraftfeld: Wie können wir stärkende Faktoren nutzen und hindernde Einflüsse erkennen und minimieren?
   - Vernetzungen: Wer sind die Beteiligten sowie direkt Betroffenen und wer bzw. was gehört noch zum Umfeld?

7. **Sorgfältige Auswahl der Schlüsselpositionen:** Prozesse laufen über Personen! Wer ist dafür wichtig, wird als Meinungsführer akzeptiert und hat auch das Zeug dazu, im Veränderungsprozess in die Führung zu gehen?
8. **Lebendige Kommunikation:** Information ist nicht Kommunikation! Direkte Kontakte und interaktive Formen bei der Kommunikation und

in Besprechungen sind durch nichts zu ersetzen, um den Prozess permanent am Leben zu halten. Und dabei darf es gerne gefühlsnah, spontan, humorvoll und unkompliziert zugehen.

Der Wert dieses Modells liegt neben seiner angemesseneren Detaillierung in der Fokussierung auf die typischen Fallen in einem Veränderungsprozess (Abb. 10.6 rechts). So fällt es uns leichter, diese zu vermeiden.

Bereits bei unseren ersten Überlegungen zu einer anstehenden Veränderung können wir vorschnell über Lösungen nachdenken, ehe wir wissen, was alles bei der Veränderung zu beachten ist. Unsere Lieblingslösungen z. B. zu einer neuen Organisationsstruktur oder für bestimmte agile Techniken können passend sein, müssen es aber nicht. Bevor wir nicht konkrete Informationen erfasst und Daten erhoben haben, ist es meist schädlich, über konkrete Lösungen tiefer nachzudenken. In der Folge führt diese gedankliche Lösungsprägung leicht dazu, nur noch die Aussagen genauer zu betrachten, die bereits zu unserem vorschnellen Bild in unserem Kopf passen. Die Gefahr ist dann groß, wichtige Hinweise zu übersehen. Oft werden dann die Fähigkeiten der einzelnen betroffenen Menschen zur Veränderung oder konkret zum Einsatz einer bestimmten Lösung als viel zu optimistisch gesehen. Die Konsequenzen daraus gehen dann von zeitlichen Verzögerungen über mangelnde Effizienz der neuen Lösung bis zum Scheitern eines Veränderungsprozesses.

Wird eine anstehende Veränderung nicht bereits frühzeitig offen kommuniziert, sondern zur geheimen Kommandosache erklärt, z. B. um die Mitarbeiter nicht zu irritieren oder gar zu verschrecken, so entsteht auch daraus eine Reihe von Problemen. Da wir nur eingeschränkt mit den relevanten Personen über die Veränderungen reden können, bleibt unser Bild unvollständig. Unsere Konzeption weist dann schwerwiegende Lücken auf, wir stellen die falschen Fragen oder vergessen wichtige Stakeholder. Unser Veränderungskonzept kommt dadurch in eine Schieflage, die die Hintertür für die nächste Falle aufmacht. Wir haben uns überwiegend mit den Personen ausgetauscht, die eine ähnliche Sicht zu unserer haben und die daher unsere Lieblingslösungen unterstützen, die wir dann zu implementieren und durchzusetzen versuchen. So droht das Scheitern des Veränderungsprozesses.

Wenn wir mit allen relevanten Stakeholdern reden, treten Konflikte offen zutage. Diese gilt es, konstruktiv zu lösen. Interessenkonflikte werden verhandelt und unterschiedliche Werte in der Zusammenarbeit geregelt oder organisatorisch getrennt[1]. Faule Kompromisse verwässern den Veränderungsprozess. Ein häufiges Symptom dafür ist es, die alten Abläufe oder Rollen noch optional bestehen zu lassen und die neuen Prozesse und

[1] vgl. [70] Teil V.

Rollen nur alternativ anzubieten. Eine prototypische Umsetzung neuer oder veränderter Abläufe hat dann oft nur noch Alibicharakter.

Damit einher geht oft auch das Hinausschieben von Entscheidungen, die jetzt benötigt werden. Die Kunst liegt darin, regelmäßig viele kleine Entscheidungen zu treffen, sodass der optimale, meist möglichst späte Zeitpunkt für eine dieser kleinen Entscheidung bezogen auf bereits neue Erkenntnisse und verbleibende Unsicherheit gewählt werden kann. Veränderung hat viel mit Ausprobieren zu tun. Das wird häufig vergessen, sodass ein vermeintlicher Druck entsteht, zu einem frühen Zeitpunkt alle relevanten Entscheidungen treffen zu müssen. Da dann aber die Unsicherheiten zu groß sind, wird lieber gar nicht entschieden, was zu schweren Problemen im Veränderungsprozess führt.

Wird ein Veränderungsprozess so verzögert oder verwässert, fällt es den betroffenen Mitarbeitern leicht, ihre bisher gewohnten Abläufe zu behalten und so den Veränderungsprozess scheitern zu lassen. Ein bewusster Umgang mit diesen Fallen kann uns davor bewahren.

10.2.4 Acht Stufen nach Kotter

John P. Kotter (*1947) beschreibt acht Stufen für eine erfolgreiche Veränderung in Unternehmen [30]. Auf den ersten Blick ähneln diese Stufen einer verdichteten Form der zwölf Schritte nach Doppler und Lauterburg aus Abschnitt 10.2.3. Kotters Fokus liegt jedoch noch stärker auf den emotionalen Hindernissen, die die von einer Veränderung betroffenen Mitarbeiter blockieren können. Damit eignet es sich ideal als Basis für Veränderungsprozesse im IT-Kontext. Die beteiligten Personen haben oft eine hohe Identifikation mit den bisherigen Prozessen, Rollen und Artefakten, die bei Veränderungsprozessen zu besonders großen, emotionalen Konflikten und Störungen führen können.

Ein genauerer Blick ist daher für uns lohnend. Gemeinsam mit den typischen Fallen aus dem vorherigen Modell ergibt sich eine kraftvolle Einheit. Die acht Stufen nach Kotter sehen folgendermaßen aus:

1. Ein Gefühl der Dringlichkeit erzeugen
2. Eine Führungskoalition aufbauen
3. Vision und Strategie entwickeln
4. Die Vision des Wandels kommunizieren
5. Die Menschen zum Handeln befähigen und ermächtigen
6. Kurzfristige Ziele und schnelle Erfolge anstreben
7. Erfolge festigen und darauf aufbauend weitere Veränderungen ableiten und durchführen
8. Die Veränderungen in der Firmenkultur verankern

Obwohl Sie jetzt vielleicht geneigt sind, diesen Abschnitt zu überblättern, weil das doch ganz logisch ist, bitten wir Sie, kurz innezuhalten, den Impuls zu unterdrücken und darüber nachzudenken, wie viele wenig bis kaum erfolgreiche Veränderungen Sie bereits erlebt haben, obwohl doch alles klar und logisch war. Dieses Stufenmodell ist genauso wie alle anderen nur ein Raster. Wichtig ist, wie es gefüllt wird, und hier liegt der wertvolle Aspekt der Betrachtungen Kotters gerade für uns Berater.

Dringlichkeit

Gerade die erste Stufe ist für Berater besonders wichtig und wertvoll, da hier unsere externe Sicht für die Mitarbeiter unserer Kunden notwendig ist, um überhaupt ins Handeln zu kommen. Unsere Kunden führen erfolgreiche Firmen und es läuft doch immer noch ganz gut. Gerade in der IT finden wir viele Firmen, die Wert auf eine sehr harmonische Arbeitskultur legen. So macht die Arbeit Spaß, doch kann diese Harmoniekultur den Blick auf längst überfällige Veränderungen verstellen. Dieser Blick sollte sowohl auf die inneren Abläufe gehen als auch auf die Markt- und Kundensituation. Als Berater können wir helfen, die Dringlichkeit zu klären, indem wir empirische Untersuchungen heranziehen oder Informationen zur Marktlage und den Aktivitäten der Konkurrenten unseres Kunden.

Bei der Sicht auf die Kunden unseres Kunden sieht es anders aus. Diese kennen die Mitarbeiter unseres Kunden am besten. Doch kennen sie deren Bedürfnisse wirklich? Wir können als Berater auch dabei methodisch unterstützen, die Kommunikation zwischen unseren Kunden und deren Kunden zu intensivieren, um aktuelle Informationen zu erhalten.

Unsere Rolle als Berater ist hier bereits sehr vielfältig. Wir moderieren Workshops und liefern Informationen einerseits in Form von harten Zahlen und Fakten und andererseits aus unseren Erfahrungen bei anderen Unternehmen mit vergleichbaren Projekten.

Das Ziel dieser Stufe ist es, mindestens drei Viertel des Managements und alle Topentscheider unseres Kunden von der Dringlichkeit der Veränderung zu überzeugen. Wenn uns das nicht gelingt, wird auch der Veränderungsprozess scheitern [30].

Führungskoalition

Veränderungen in einer Organisation zu gestalten ist ein Projekt. Also bedarf es eines Projektteams, das sich um dieses Veränderungsprojekt kümmert. Als Berater können wir unseren Kunden dabei unterstützen, das Team zusammenzustellen, das die größte Erfolgsaussicht hat. Da diese Form der Projektleitung im Wesentlichen auf der Prozessebene erfolgt und die konkrete Umsetzung der Handlungen durch andere Mitarbeiter ausgeführt wird, bedarf es einer dafür angemessenen Führung, wie sie der Führung selbstorganisierter Teams entspricht [71].

In dieser Führungskoalition brauchen wir also Topmanager, doch dürfen die Egos der einzelnen Personen einer vorbildlichen Zusammenarbeit und dem Teamaspekt in der Führungskoalition nicht im Wege stehen. Als Berater können wir also einerseits auf die Zusammensetzung des Teams achten und andererseits z. B. im Rahmen von Workshops teambildende Maßnahmen durchführen. Eine dafür gut geeignete Form ist die Simulation alter und neuer Prozesse, auf die wir in Abschnitt 12.4 ab Seite 209 genauer eingehen.

Die direkte Erfahrung mit einer Problemlage oder einem Lösungskonzept erzeugt also eine andere Aufmerksamkeit und berührt Menschen stärker als die beste Theorie. So erreichen wir, dass die Mitarbeiter unseres Kunden aktiv werden und die Veränderung mitgestalten und leben.

Vision und Strategie

Das Entwickeln einer Vision ist ein ambitioniertes Vorhaben. Als Berater können wir hierbei moderierend unterstützen, da die Inhalte ausschließlich vom Management unseres Kunden kommen dürfen. Es ist deren Vision, nicht unsere. Diese Vision gibt dem Veränderungsprojekt eine Richtung und hilft damit, die Aktivitäten zu gewichten, zu lenken und untereinander abzustimmen.

Mit der Strategie liefert die Führungskoalition die ersten Ideen, wie diese Vision erreicht werden kann. Hierbei können wir Berater mit unserer Erfahrung unterstützen, einen brauchbaren ersten Entwurf zu gestalten. Dabei ist es unsere Aufgabe, darauf zu achten, dass eine geeignete Strategie entsteht und der Fokus der Führungskoalition auf deren Umsetzung liegt. Ein typischer Fehler ist die langwierige Arbeit an einer perfekten Strategie, die auf eine Organisation trifft, die zu deren Umsetzung nicht in der Lage ist. Strategie und Möglichkeiten müssen zueinander passen [27, 71].

Kommunikation

Damit die Vision ihre Kraft entfalten kann, bedarf es einer angemessenen und wirkungsvollen Kommunikation aus der Führungskoalition in die Organisation. Die Botschaften sind natürlich inhaltlich zu schärfen und aufeinander abzustimmen. Mindestens ebenso wichtig ist es dabei, dass mit einfachen Botschaften kommuniziert wird, über die die Gefühle der Mitarbeiter angesprochen werden.

Unsere Beratung kann auch dabei äußerst nützlich sein. Zum einen können wir als erste Testadressaten genau darauf achten und der Führungskoalition ein konstruktives Feedback geben. Zusätzlich bringen wir unser Expertenwissen ein und passen auf, dass in der Kommunikation der Vision auf viele verschiedene Kommunikationskanäle zugegriffen und mit wirkungsvollen Visualisierungen gearbeitet wird. Die zentralen Botschaften werden dabei regelmäßig wiederholt und auf die verschiedenen Kontexte abgebildet. Im Rahmen dieser Kampagne achten wir auf eine verständliche Kommunikation ohne unnötige Fachbegriffe oder Anglizismen und eine daran anschließende konstruktive Diskussion, in der erneut unsere Fähigkeiten als Moderator zum Einsatz kommen können.

Dieser Schritt gestaltet sich oft als der schwierigste für die Manager in der Führungskoalition, da sie in dieser Form der empfängerorientierten und sehr persönlichen Kommunikation wenig Erfahrung mitbringen. Als Berater können wir dann auch die Rolle des Coachs einnehmen und so den Prozess unterstützen. Das bereits oben erwähnte Simulieren der neuen Abläufe kann jetzt auch zur Unterstützung der Kommunikation dienen. Die Mitarbeiter können so am Modell lernen und erste Erfahrungen sammeln, die ihnen helfen, die Transformation der Umsetzungsstrategie des Veränderungsprozesses in ihre tägliche Arbeit abzubilden und einfließen zu lassen.

Befähigen und ermächtigen

Jetzt haben wir im Veränderungsprozess die Ebene der Organisations- und Personalentwicklung erreicht. Zum einen können wir als Berater bei den notwendigen Qualifizierungsmaßnahmen unterstützen und Schulungen oder Workshops gestalten, zum anderen braucht die Führungskoalition Unterstützung im Management der jetzt in die Breite gehenden und schnell parallel ablaufenden einzelnen Aktivitäten.

Neben diesen allgemeinen Maßnahmen können wir auch weitere Mitarbeiter des Kunden in Schlüsselpositionen coachen, die in neuen, verantwortungsvollen Rollen als Vorreiter bei der Umsetzung der Veränderung vorangehen. Jetzt ist die Intensität unserer Beratung oft am höchsten.

Schnelle Erfolge

Auch hier arbeiten wir als Berater auf zwei Ebenen. Einerseits gilt es, schnelle Erfolgsmöglichkeiten zu erkennen, und zum anderen, erreichte Zwischenziele zu kommunizieren und zu feiern. In unserer Beratung achten wir darauf, die jeweiligen konkreten Projektpläne durch die verantwortlichen Mitarbeiter unseres Kunden so zu gestalten, dass in kurzen Inkrementen gearbeitet wird, die bereits erste Vorteile für die Mitarbeiter unseres Kunden bringen.

Wie in einem iterativ durchgeführten Softwareentwicklungsprojekt fokussieren wir auf *lauffähige und testbare* Zwischenergebnisse, die wir in einem festen Zeitraster regelmäßig überprüfen. Dies hat zwei Vorteile, die beide Ebenen angemessen adressieren. Die Zerlegung des Veränderungsprozesses in kurze Teilschritte führt schnell zu motivierenden Erfolgen, die den Veränderungsprozess stabilisieren und verstärken. Damit dies auch funktioniert, bedarf es regelmäßiger Erfolgsmeldungen. Am Ende jeder Iteration kann daher ein kurzes *Prosecco-Event* erfolgen [44]. Alle beteiligten Mitarbeiter kommen kurz zusammen und Vertreter aus der Führungskoalition würdigen den Fortschritt. Dieses Ritual, das kaum länger als 15 Minuten dauert, hält die Vision am Leben und schafft ein Gefühl von Gemeinsamkeit. Solche Rituale geben auch Sicherheit, was in Zeiten der Veränderung für die betroffenen Mitarbeiter besonders wichtig sein kann.

Eine Frage, auf die wir als Berater dabei besonders achten, ist die nach der idealen Iterationslänge. Sie sollte so kurz wie möglich sein und immer ungefähr gleich lang. Typischerweise liegen die Werte zwischen einer und vier Wochen. Eine Iterationslänge über sechs Wochen ist unserer Erfahrung nach nicht zielführend und daher zu vermeiden.

Erfolge festigen

Eigentlich ist unsere Arbeit als Berater jetzt beendet, denn der Kunde braucht ja nur noch weiterzumachen. Leider liegt genau dort das größte Risiko für Veränderungsprozesse. Bis hierhin war alles logisch und klar und auch das Neue hatte seinen Reiz. Jetzt heißt es, die alltägliche Arbeit dauerhaft neu zu gestalten, ohne in alte Muster zurückzufallen. Genau dort liegen zwei enorme Risiken, die unseren bisherigen Veränderungsprozess komplett torpedieren können.

Zum einen ist es besonders schwer, Verhaltensweisen, die sich über Jahre hinweg als erfolgreich bewährt und dauerhaft eingeschliffen haben, auch wirklich umzustellen. Der Rückfall in alte Muster ist zu verlockend und so einfach. Um eine Verhaltensweise wirklich umzustellen und zu automatisieren, bedarf es vieler Wiederholungen. Jeder Leser, der eine technisch anspruchsvolle Sportart wie Tennis, Golf oder Billard ausprobiert hat, weiß, was wir damit meinen.

Da in der Softwareentwicklung die Projekte eine Laufzeit zwischen ein und zwei Jahren haben (sollten), verwundert es nicht, dass diese Phase mehrere Jahre dauern kann. Erst dann sind die alten Muster ausradiert und komplett überschrieben.

Das zweite Risiko lauert in der Person des stillen Veränderungsgegners. Diese Mitarbeiter des Kunden waren stets gegen die Veränderungen, weil sie z. B. für sich überwiegend Nachteile daraus erleben. In den bisherigen Schritten des Veränderungsprozesses war es ihnen noch nicht möglich, gegen die Veränderung vorzugehen. Zu groß war der Druck aus der Führungskoalition und der Schwung der Kollegen. Doch jetzt zerfällt die Führungskoalition oft bereits, ohne dass ihre verantwortungsvolle Aufgabe einen neuen

Platz in der Organisation bekommt, und der Alltag ist wieder in die Arbeitswelt eingekehrt.

Als Berater haben wir darauf zu achten, dass diese beiden Risiken nicht eintreten und dass die Führungskoalition ihre Aufgabe weiterhin wahrnimmt. Wir können in größeren Abständen von ca. sechs Monaten Folgereviews des Veränderungsprozesses durchführen und so dem Kunden helfen, diese Risiken zu umgehen bzw. zu vermeiden.

Verankerung

Jetzt erreicht der Veränderungsprozess auch den letzten Winkel der Organisation, was sich z. B. darin zeigt, dass sich die Maßnahmen zum Personal-Recruiting verändert haben. Der Zusammenhang zwischen den Veränderungsmaßnahmen und dem Unternehmenserfolg wird immer wieder herausgestellt. Als Berater stoßen wir diesen Schritt meist nur noch an. Im Rahmen unserer weiteren Kundenbeziehung können wir den Erfolg der letzten Stufe meist nur noch indirekt erleben, was Sinn und Zweck einer methodischen Beratung ist.

10.2.5 Dynamik von Veränderungen – Innovationsmuster

Als letzten Aspekt, auf den wir einleitend hinweisen möchten, kommen wir zu einer Differenzierung der Dynamik bei einem Veränderungsmanagementprozess. Es werden unterschiedliche Anforderungen an unser Veränderungsmanagement gestellt, je nachdem, welchen Innovationsgrad wir wie oft zu erreichen haben. In Abhängigkeit davon können vier Innovationsmuster beschrieben werden (Abb. 10.7) [63].

Schrittweise Innovation: Gelegentlich treten änderungsbedingte Störungen im Arbeitsablauf auf. Die dafür verantwortlichen Faktoren sind uns bekannt und der Umgang mit ihnen bereitet keine Probleme. *Perfektion und Kontinuität* bestimmen das Geschäft. Es wird eine kontinuierliche, schrittweise Verbesserung gefördert und Risikoreserven als Pufferzonen werden einplant. Unternehmen, die Innovationen kontinuierlich und schrittweise einführen, können manchmal einen störenden Einfluss ignorieren oder bauen einen darauf zugeschnittenen Spin-off auf, der sich explizit den neuen Möglichkeiten widmet, die sich aus einer Störung ergeben. Im Finanzdienstleistungsbereich mit eigener Inhouse-IT sind solche Muster beispielsweise zu finden. Unter Professionalität wird ständiger Fortschritt ohne Überraschungen verstanden.

Sprunghafte Innovation: Hier geht es um eine gelegentliche Konfrontation mit einmaligen und begrenzten Änderungen. Die Änderung ist von

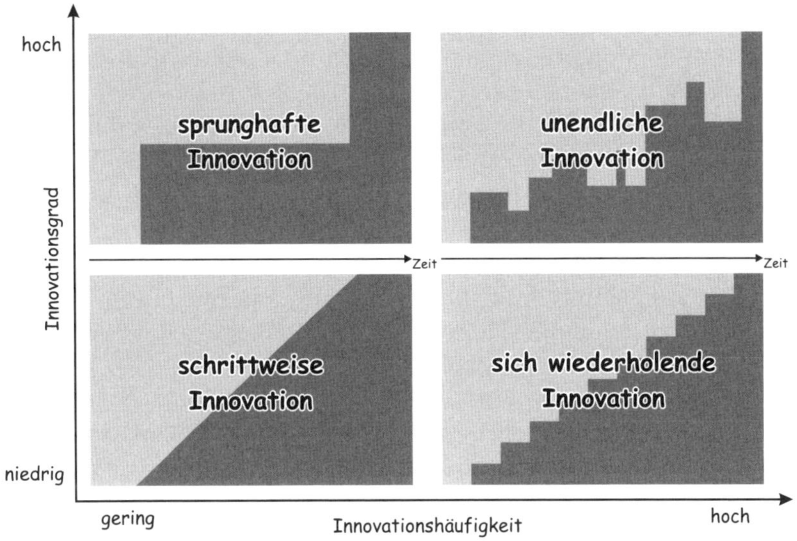

Abbildung 10.7: Betrachten wir die Anforderungen an das Veränderungsmanagement in unterschiedlichen Organisationen, so können wir in Abhängigkeit vom jeweiligen Innovationsgrad und der Häufigkeit von Innovationen, auf die wir reagiern müssen, vier Grundmuster identifizieren [63].

einem starken Impuls durch die gesamte Struktur und den damit verbundenen Hierarchieebenen begleitet. Die Phasen der Stabilität werden dadurch verlängert, dass die Änderungen gebündelt angegangen werden. Es folgt danach wieder eine längere Stabilitätsphase. *Vorbereitung und Timing* sind hier die Erfolgsparameter. Der Übergang wird dabei kontinuierlich vorbereitet. Durch eine im Wesentlichen gleichbleibende Grundstruktur des Unternehmens wird die dafür notwendige Sicherheit gegeben, auch wenn dabei Geschäftsbereiche gewechselt werden. Nokia hat z. B. als Hersteller von Gummistiefeln und Reifen begonnen, um dann Elektrogeräte wie Fernseher zu produzieren, bevor sie den Mobilfunkbereich dominiert haben. Im Veränderungsprozess wird Professionalität als effektive Übergangsphase mit einer nachfolgenden effizienten und möglichst langen Stabilitätsphase gesehen.

Unendliche Innovation: Hier geht es um die Konfrontation mit schnellen, tief greifenden Änderungen, über die keinerlei Erfahrungswerte vorliegen. Es wird dabei in allen Bereichen und Hierarchieebenen mit neuen Herausforderungen gerechnet. Dazu werden viele mögliche Richtungen und Alternativen ausprobiert, jedoch nur der stabilste Weg weiterverfolgt. Hier wird permanent *ausgewertet und dann* *agiert*. Die Professionalität zeichnet sich durch Flexibilität und das Nutzen von Gelegenheiten aus. Dabei wird versucht, Risiken kalkulierbar zu halten. Innovative Firmen und speziell solche mit einem breit gefächerten Portfolio wie z. B. Sony sind Beispiele dafür.

Sich wiederholende Innovation: Es sind häufig immer wieder vergleichbare Innovationen notwendig. Dieses Muster wird durch *Effizienz und Lernen* bestimmt. Es wird kontinuierlich zyklisch bzw. iterativ gearbeitet, sodass die einzelnen Störungen sich nur gering auswirken. Die Professionalität entsteht auf Basis des enormen Fachwissens, aus dem heraus den neuen Herausforderungen begegnet wird. Viele Softwarehäuser arbeiten danach erfolgreich.

Eine langfristig erfolgreiche Organisation wird versuchen, sich nicht nur bei Veränderungsprozessen, sondern auch in ihrer Struktur und Strategie auf ihr grundlegendes Innovationsmuster einzustellen. Dabei werden Veränderungen in einer eher reinen Form auftreten, da Vermischungen der Innovationsmuster von wenigen Ausnahmen abgesehen nicht erfolgreich funktionieren. Die entsprechenden Strukturen zeigen sich nur begrenzt verformbar [63].

So weit, so gut. Doch wieso scheitern so viele Veränderungsprojekte oder liefern zumindest nicht die erwünschten Resultate? Wie oben beschrieben hängt der Erfolg davon ab, wie fähig eine Organisation und damit alle in ihr arbeitenden Menschen zur Veränderung sind. Wir kommen darauf in Abschnitt 11.4 ab Seite 191 zurück. Vorher werfen wir noch einen Blick auf die Dynamik innerhalb von Gruppen und Teams.

10.3 Dynamik in Gruppen

Bislang haben wir die Dynamik von Veränderungsprozessen über die Veränderungsstrukturen bzw. mit den damit verbundenen Abläufen betrachtet. Das ist notwendig, aber noch nicht hinreichend, da ein zweiter, ebenso wichtiger wie mächtiger Aspekt bei Veränderungen in der Dynamik der Gruppen liegt, die wir im Rahmen von Veränderungsprozessen erleben. Die Gruppendynamik ist sehr kraftvoll und kann Veränderungsprozesse unterstützen oder aber auch blockieren. Es ist daher für IT-Berater äußerst wertvoll, diese Dynamik zu erkennen und zu verstehen.

10.3.1 Die Teamuhr

Sobald mindestens zwei Menschen zusammenarbeiten, entsteht eine eigene Dynamik innerhalb des Teams. Dies liegt einerseits an den individuellen Zielen der beteiligten Personen und andererseits an der Weiterentwicklung und der damit verbundenen Veränderung dieser Ziele. Die entstehende Dynamik lässt sich zyklisch in vier Schritten beschreiben [67, 70, 71] (Abb. 10.8).

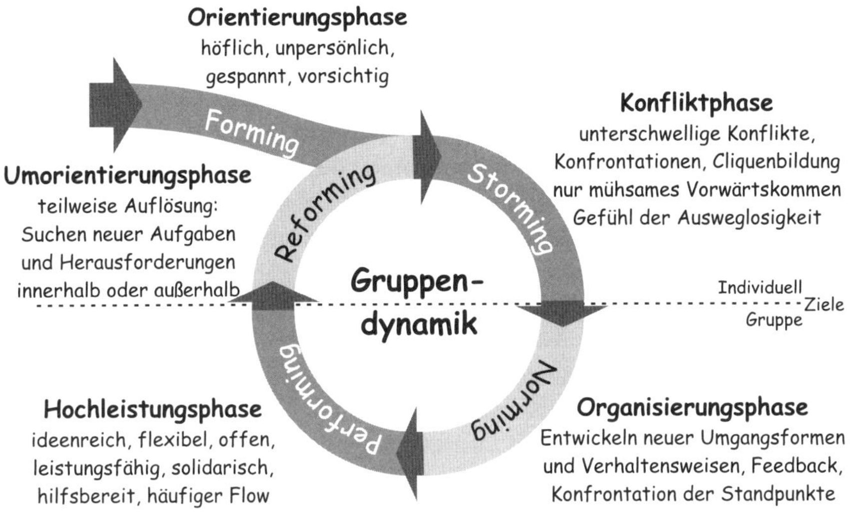

Abbildung 10.8: Jede Gruppe durchläuft zyklisch vier Phasen und obliegt damit einer inneren Dynamik. Damit verbunden ist eine Konfliktphase in der Findung einer Gruppe (Storming) [70]. Mit Flow ist im Performing ein idealer Arbeitsfluss gemeint [16, 71]).

Die vier zyklischen Phasen und das initiale *Forming* sind durch bestimmte Merkmale gekennzeichnet. Werfen wir einen kurzen Blick darauf:

Forming: In der *Orientierungsphase* herrscht Unsicherheit, distanziertes Verhalten bis hin zur Zurückgezogenheit vor. Die Gruppe hat sich erstmalig neu geformt und man geht höflich und eher unpersönlich miteinander um. Die Gruppenmitglieder versuchen, sich an die neue Situation und die ihnen bislang fremden Menschen zu gewöhnen. Dabei sind die Gruppenmitglieder eher angespannt und verhalten sich meist vorsichtig.

Storming: Daran schließt sich direkt die *Konfliktphase* an, auch Machtkampfphase genannt. Jetzt bilden sich Cliquen, es gibt unterschwellige Konflikte bis hin zur Konfrontation. Die Gruppe kommt nur mühsam voran und es macht sich ein Gefühl der Ausweglosigkeit breit. Um die einzelnen, gruppeneigenen Führungsrollen wird gekämpft und die inneren Strukturen bilden sich heraus. Diese Phase ist die Härteprobe einer Gruppe, und es zeigt sich, wer Machtkämpfe besser durchsteht und wer weniger.

Norming: In der *Organisierungsphase* entwickeln sich die gruppeneigenen Umgangsformen und Verhaltensweisen heraus. Es gibt mehr oder weniger offenes Feedback und eine Konfrontation der Standpunkte. Der noch in der Storming-Phase vorherrschende Konkurrenzgedanke entwickelt sich weiter zu einer intensiven Zusammenarbeit. Jedes Mitglied hat seinen Platz mit seinen Aufgaben und ist damit auch innerhalb der Gruppe weitgehend akzeptiert.

Performing: Jetzt hat die Gruppe ihre *Hochleistungsphase* erreicht. Die Gruppe ist ideenreich, flexibel, offen für Neues, untereinander solidarisch und hilfsbereit. Häufig wird ein *idealer Arbeitsfluss* (Flow) erreicht [16]. Dadurch wird das Team im Optimalfall bestmöglich leistungsfähig.

Reforming: Nach der Phase der Hochleistung erfolgt zumindest für einige aus der Gruppe der Aufbruch zu neuen Ufern. Die *Umorientierungsphase*, auch Trennungsphase genannt, ist erreicht. Dadurch wird anderen Gruppenmitgliedern die Möglichkeit zum Nachrücken gegeben und die Gruppenstruktur verändert sich meist dramatisch. Es entstehen Unruhe und Unzufriedenheit.

Bei der ersten Zusammenstellung einer Gruppe beginnt diese mit der Forming-Phase. Danach durchläuft sie bis zu ihrer Auflösung zyklisch die nachfolgenden vier Phasen.

Für einen Durchlauf kann dabei aufgaben- und größenabhängig eine Dauer von bis zu einigen Jahren benötigt werden. Gruppen, die sehr lange bestehen, wie Abteilungen, Entwicklungsteams in Großprojekten oder in Wartungsprojekten, werden den Zyklus vielleicht sogar mehrmals durchlaufen. Dabei kommt es in der Storming-Phase immer wieder zu Konflikten. Das ist ganz normal und wir können uns darauf einstellen, dass allein durch diese gruppendynamischen Zusammenhänge Konflikte entstehen werden. Die Kunst besteht darin, diese Konflikte konstruktiv zu nutzen und die unterschiedlichen Interessen der beteiligten Personen angemessen auszugleichen, damit das Team keine ihre Leistungsfähigkeit hemmenden Störungen in die folgenden gruppendynamischen Phasen mitnimmt.

In den drei oberen Phasen *Forming* bzw. *Reforming* und *Storming* dominieren die individuellen Ziele der beteiligten Personen die Dynamik. Wer möchte welche Rolle bzw. die damit verbundenen Aufgaben übernehmen? Wer hat noch andere Ziele außer den Gruppenzielen? Welche Priorität haben die gemeinsamen Aufgaben für die einzelnen Personen? Haben wir darüber eine tragfähige Klärung erreicht, wird die Gruppe diese gemeinsamen Gruppenziele verfolgen und in ein *Norming* und hoffentlich auch in das *Performing* übergehen. Erreichen wir diese Klärung nicht in ausreichender Form oder bleiben die Konflikte gar unter einer Harmoniedecke verborgen bzw. werden unterdrückt, dann wird die Gruppe auch in ein *Norming* übergehen, jedoch kein *Performing* erreichen, sondern immer wieder in das noch ungeklärte *Storming* zurückfallen.

10.3.2 Systemische Betrachtungen und Grundregeln

Das *systemische Denken* bezeichnet eine vielschichtige, ressourcenorientierte Sichtweise. Es geht über die Erkenntnis hinaus, dass hinter den eigenen Positionen und Handlungsweisen und denen der anderen Kollegen Bedürfnisse stehen. Wir versuchen, uns in den anderen Menschen hineinzuversetzen und so die Perspektive zu wechseln. Mit systemischem Denken ist gemeint, Problemlösungen als einen Prozess zu verstehen, in dem die Beteiligten auf verschiedenen Ebenen miteinander interagieren [34].

Die systemische Organisationsberatung geht davon aus, dass eine Lösung für ein Problem nicht erfolgen kann, wenn sich die Aufmerksamkeit nur auf ein Element des Systems richtet, sondern es sind mehrere Elemente im Zusammenspiel und im Kontext des Systems zu betrachten. Die Lösung kommt dabei von innen aus dem System heraus, da die von einem Problem betroffenen Personen die *Experten des Problems* sind [77].

Dieser Prozess läuft in einem komplexen System ab. Es wäre also müßig, zu versuchen, alle Kausalketten vorab zu analysieren. Im systemischen Ansatz wird versucht, das meist implizite Wissen um die Zusammenhänge im System zu nutzen, um zu einem offenen, lösungsorientierten Denken zu kommen. Im Rahmen dieser Offenheit verstehen sich alle beteiligten Personen im Team als Problemlöser und können gleichzeitig ihre unterschiedlichen Potenziale nutzen, um kreative Lösungen zu gestalten. Diese Fähigkeit, möglichst viele der eigenen Potenziale nutzen zu können, ist das Ziel dieses ressourcenorientierten Ansatzes.

In einem System gibt es drei Ebenen oder Abfolgen, nach denen wir miteinander in Kontakt kommen und unsere eigene Position innerhalb einer Gruppe bewerten. Diese drei Ebenen stehen in Wechselwirkung miteinander, sodass die Ursache eines Problems auf einer anderen Ebene liegen kann als die, auf der wir die Wirkung wahrnehmen (Abb. 10.9). Diese drei Abfolgen sind [48, 52, 71]:

Bindung: Als Erstes geht es um die Frage der Zugehörigkeit: Bin ich Bestandteil einer Gruppe oder nicht? Dies betrifft einerseits die formale Zuordnung: »Ich arbeite fest in dieser Abteilung und bin offizielles Mitglied des XY-Projektteams!« Doch die Bindung geht über das Formale hinaus. Bin ich wirklich dabei oder ist das nur wieder eine formale Blase: »Ich bin doch sowieso schon überlastet. Was soll ich noch in dem Projektteam?« Oder aber ich wäre gerne dabei und bin es auch formal, doch die anderen ignorieren mich und meine Ideen: »Es ist, als wäre ich nicht mit dabei!«

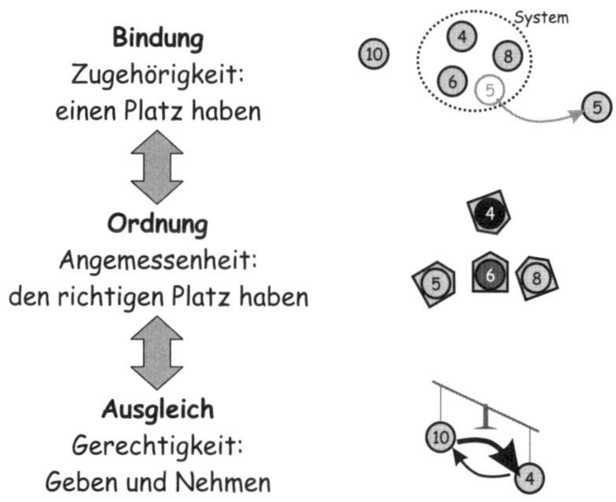

Abbildung 10.9: Bindung, Ordnung und Ausgleich hängen als systemische Grundregeln zusammen. Ursachen und sichtbare Auswirkungen können dabei auf verschiedenen Ebenen liegen (aus [71]).

Ordnung: Wenn die Zugehörigkeit geklärt ist, geht es als Nächstes um die Frage, ob ich am richtigen Platz bin. Ist die Struktur in Ordnung? Fühle ich mich in der Rolle als Chefarchitekt wohl? Passt das zu meinen Fähigkeiten und Erfahrungen? Oder umgekehrt: Denke ich, dass ich eigentlich eine andere Rolle wahrnehmen sollte, doch diese von einem *unfähigen Tropf* besetzt ist?

Ausgleich: Ich gehöre dazu und bin am richtigen Platz, doch wie verhält es sich mit dem Geben und Nehmen in der Gruppe? »Bin ich der Einzige, der andauernd Überstunden macht und immer wieder das Projekt rettet, und keiner nimmt es wahr und würdigt es? Und jetzt wird auch noch die Prämie reduziert!« Auf der Ausgleichsebene geht es um das Thema *Gerechtigkeit*.

10.3.3 Systemische Ordnung in Gruppen

Wenn wir als Berater neu zu einem bestehenden Team kommen, um dort unseren Beratungsauftrag wahrzunehmen, versuchen wir als Erstes zu verstehen, wie diese Gruppe funktioniert. Mit der sogenannten systemischen Ordnung beschreiben wir die innere Struktur einer Gruppe. Natürlich unterliegt diese Struktur auch Änderungen, doch ähnlich wie bei einem Fachklassenmodell erfolgen diese nach längeren Phasen der Stabilität.

Der Ausgangspunkt für Betrachtungen der systemischen Ordnung ist die Eintrittsreihenfolge. Wer war zuerst da? Wer bildet den Kern? Wer kam in welcher Reihenfolge danach hinzu? Diese Ordnung erkennen wir z. B.

daran, wer zu bestimmten Fragen hinzugezogen wird, wessen Entscheidung akzeptiert wird oder wer von den anderen Gruppenmitgliedern kaum wahrgenommen wird. Ein schematisches Beispiel, auf dem die folgende Betrachtung basiert, finden Sie in Abbildung 10.10.

Abbildung 10.10: Die Eintrittsreihenfolge als Ausgangspunkt der systemischen Ordnung (aus [71]).

Spannend wird das Ganze, wenn einzelne Mitglieder der Gruppe diese Reihenfolge verändern möchten. Gründe dafür sind z. B. die besondere Arbeitsleistung von Personen, die weiter hinten in der Eintrittsreihenfolge stehen, und natürlich individuelle Ziele, die beispielsweise die Besetzung von Rollen betreffen. Einschneidende Veränderungen an der Reihenfolge erfolgen stets, wenn Mitglieder eine Gruppe verlassen (Abb. 10.11). Die Ursprungsreihenfolge verliert mehr und mehr an Bedeutung.

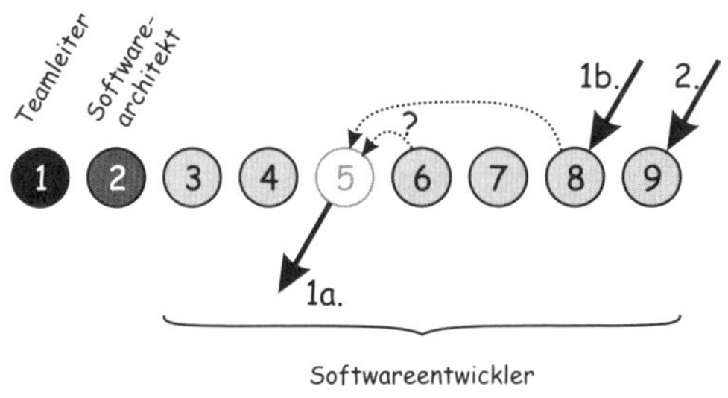

Abbildung 10.11: Veränderungen bringen die Eintrittsreihenfolge als Ausgangspunkt der systemischen Ordnung zum Wackeln (aus [71]).

Betrachten wir dazu kurz ein Beispiel, das in den Abbildungen 10.10 bis 10.12 dargestellt ist. Stellen wir uns vor, wir beraten ein Projektteam bei der Umstellung der Softwareentwicklung von C/C++ nach Java. Eine der besten C-Entwicklerinnen, Ina (Nr. 5), hat gerade das Team verlassen (Pfeil 1a. in Abb. 10.11). Um auf ihren Platz in der inneren Hierarchie nachzurücken, fühlt sich einerseits Paul (Nr. 6) berufen, da er als Nächster in der Ursprungsordnung *dran ist.* Als Berater haben Sie in Absprache mit dem Projektleiter jedoch bereits mit Nr. 8 für einen neuen, hochqualifizierten und Java-erfahrenen Ersatz gesorgt. Nr. 8 kommt etwas später neu ins Team (Pfeil 1b. in 10.11) und soll nun in der inneren Ordnung an Position 5 eingesetzt werden. Dies geht nur, wenn ihm die Gruppe, und dort insbesondere die Positionen 6 und 7, die Erlaubnis dazu gibt.

In unserem Beispiel ist ein Konflikt zwischen Paul (Nr. 6) und dem Neuen (Nr. 8) vorprogrammiert. Vielleicht kann sich der Neue seine Position schnell erarbeiten, vielleicht zieht sich Paul verärgert zurück. Viele Reaktionen sind vorstellbar. Wenn zu diesem Zeitpunkt ein weiterer neuer Mitarbeiter hinzukommt (Nr. 9 bzw. Pfeil 2. in Abb. 10.11), wird dieser sich nur schwer in die Gruppe integrieren können, solange der Konflikt zwischen Nr. 6 und Nr. 8 nicht gelöst ist.

Mit unserem Fokus auf die systemische Ordnung können wir als Berater mögliche Problembereiche früh identifizieren und gemeinsam Lösungen erarbeiten. Wo ist die neue Position für Paul? Wie gestaltet sich die Position des Neuen im Team und wo ist sein passender Platz? Ist noch etwas auszugleichen? Mit den passenden Antworten auf diese Fragen bringen Sie das Team wieder in eine stabile innere Ordnung und schaffen so die Grundlage für die Leistungsfähigkeit der Gruppe.

Im Rahmen unserer Beratung kann es zu Änderungen an der inneren Teamstruktur kommen, wenn wir z. B. die Verantwortlichkeiten und die damit verbundenen Rollen neu verteilen. Typische Fragen, wie sie z. B. bei einer Scrum-Einführung gestellt werden, lauten: »Wo bleibe ich als Projektleiter?« oder »Wer ist denn jetzt für die Architektur verantwortlich?«. Nicht nur im agilen Kontext, sondern bei vielen Prozessoptimierungen innerhalb einer Softwareentwicklung kommt es zu ähnlichen Fragen wie z. B.: »Wie genau sollen wir den die Tester ins Entwicklungsteam integrieren? Die können doch nicht mal programmieren!«.

Veränderungen an einer bestehenden Ordnung, weil jemand eine andere Position in der Gruppe einnimmt oder die Gruppe verlässt oder ein neues Teammitglied hinzukommt, führen oft zu Konflikten zwischen den Beteiligten. Wie kann mit einer solchen Veränderung konstruktiv umgegangen werden? Auch dafür lassen sich Grundregeln ableiten. Zuerst wird der neue Platz, also die zukünftige Rolle und Aufgabe, für denjenigen, der seine bisherige Position aufgibt, geschaffen. Erst danach darf eine andere Person, die bereits Gruppenmitglied ist oder dafür neu hinzukommt, die jetzt frei gewordene Position einnehmen. Unter diesen geklärten Rahmenbedingungen laufen Übergaben und Einarbeitungen deutlich reibungsloser ab.

Auch für solche Wechsel gibt es Varianten. Verlässt eine Person das Team, ist eine Nachfolge vergleichsweise einfach, da diese Person ihre Bindung zum Team, also die Zugehörigkeit, gelöst hat. Dann haben wir nur noch die Trennung zu regeln und zu klären, ob es eines abschließenden Ausgleichs z. B. finanzieller Art bedarf. Eine andere Person rückt entweder aus der Gruppe oder von außen auf die frei gewordene Position nach.

Bleibt die Person, die eine Rolle oder Position aufgibt, weiterhin dem Team zugehörig, haben wir zuerst für eine neue, angemessene Position für sie zu sorgen, um eine neue, stabile Ordnung als Zwischenzustand zu schaffen. Erst dann kann diese Person ihren alten Platz auch aufgeben und von den damit verbundenen Aufgaben und Verantwortlichkeiten innerlich loslassen. Sobald dieser stabile Zwischenzustand erreicht ist, wird ein weiterer Wechsel vollzogen, d. h., jemand anderes nimmt die freigewordene Position ein. Jetzt ist eine neue Ordnung geschaffen.

10.3.4 Innere Gruppenstrukturen visualisieren

Spätestens mit einer Gruppengröße von fünf Personen finden wir innerhalb einer Gruppe Untergruppen, die sogenannten Subsysteme, vor (Abb. 10.12). Diese Subsysteme sind bei Veränderungen der Organisation, wie sie z. B. bei der Einführung agiler Entwicklungsprozesse vorkommen, zu berücksichtigen. Dies gilt erst recht, wenn neue Mitglieder mit einer besonderen Expertise zur Gruppe hinzukommen (Abb. 10.12, Mitglied Nr. 9).

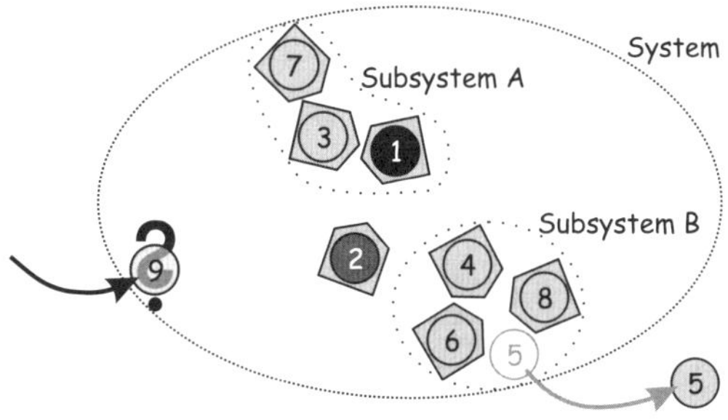

Abbildung 10.12: Beispiel einer Organisationsaufstellung (aus [71]).

Mit einer Organisationsaufstellung, wie sie Abbildung 10.12 zeigt, visualisieren wir die innere Struktur einer Gruppe in einer bestimmten Situation. Durch die Stellung der Personen zueinander und durch Spitzen oder Pfeile symbolisierte Blickrichtungen können wir intuitiv die innere Struktur der Gruppe sichtbar machen. So erhalten wir Kenntnis über die impliziten Hierarchien und Regeln. Diese sind besonders wichtig, da sie stärker sind als formale Hierarchien und explizite Regeln. Die bestehende systemische Ordnung im Team oder in der Organisation ist bei Veränderungsprozessen so gut wie immer betroffen und bedarf unserer besonderen Aufmerksamkeit.

11 Veränderungsmanagement konkret

Wenn wir konkrete Veränderungen betrachten, die wir erlebt haben, fallen uns zwei Aspekte sofort ins Auge:

1. Eine Veränderung durchzuführen ist mit Risiken behaftet und festen Rahmenbedingungen unterworfen. Veränderungen sind daher als Projekt durchzuführen!
2. Veränderungen werden stets von mehr oder weniger starken Widerständen begleitet!

Wir betrachten daher diese beiden Themen als Erstes. Uns erscheint allerdings noch ein weiterer Punkt überlegenswert: Wann führen wir Veränderungen durch? Wenn wir diese Frage weiter durchdenken, kommen wir zu dem Aspekt der Veränderungsfähigkeit von Organisationen und Individuen. Dazu führen wir abschließend ein paar Gedanken und Ideen an.

11.1 Jede Veränderung ist ein Projekt!

11.1.1 Ein Projekt braucht einen Leiter!

Wir haben uns in unserer Praxis als Veränderungsmanager angewöhnt, jede Veränderung als ein eigenes Projekt anzusehen und somit auch dieselben Kriterien anzuwenden. Unsere Beobachtung bei Kunden zeigt uns, dass genau das häufig nicht getan wird. Der typische Fehler in Veränderungsprozessen ist es, den Fokus nur auf die inhaltliche Veränderung zu legen. So wird dann z. B. bei einer Einführung von neuen Modellierungstechniken nur darauf geachtet, wann welche Mitarbeiter geschult werden und die neu gelernten Techniken im Pilotprojekt zum Einsatz kommen. Es ist aber essenziell für den Erfolg einer Veränderung, vorab zu betrachten und zu planen, wann z. B. welche Mitarbeiter über die anstehende Veränderung informiert oder wie und wann Teambildungsmaßnahmen oder Kick-off-Workshops sinnvoll platziert werden können.

Deshalb hat es sich bei größeren Veränderungen bewährt, einen separaten Veränderungsmanager einzusetzen, der die Führungskräfte genau bei diesen Aufgaben unterstützt. Somit werden die inhaltlichen Aufgaben, die während einer Veränderung abgearbeitet werden müssen, durch Aufgaben ergänzt, die einen angemessenen Informationsfluss sicherstellen. Veränderungen in Organisationen durchzuführen birgt eben eine Reihe von Risiken und ist oft schwer planbar. Das bedeutet per Definition, dass Veränderungen Projekte sind!

11.1.2 Veränderungsprojekte agil umsetzen

Veränderungsprojekte laufen im Kontext einer Organisation und damit innerhalb eines komplexen Systems. Veränderungsprojekte sind also wie Softwareentwicklungsprojekte komplex. So wie wir erfolgreich Softwareprojekte durchführen, können wir auch den Veränderungsprozess gestalten.

Agile Softwareentwicklung hat seit Mitte der 1990er-Jahre eine enorme Erfolgsgeschichte erreicht, die immer noch weitergeschrieben wird. Wir führen daher auch Veränderungsprojekte auf die gleiche Weise durch, wonach wir auch Softwareprojekte beraten, nämlich nach agilen Prinzipien. Ein Beispiel, wie so eine Vorgehensweise aussehen und mit einem Projektmanagement-Beratungsprojekt verknüpft werden kann, finden Sie in Kapitel 14 ab Seite 223. In diesem und den nächsten beiden Kapiteln betrachten wir, worauf ein Veränderungsmanager in seiner täglichen Arbeit zu achten hat und wie er mit den Anforderungen an seine Rolle angemessen umgehen kann.

11.2 Widerstand

Wenn Veränderungen bekannt gegeben und gestartet werden, dann gibt es gleichzeitig auch immer Widerstand. Wir wollen nun beleuchten, was dieser Widerstand bedeutet und wie man mit ihm als Führungskraft und auch als Veränderungsmanager umgehen kann.

11.2.1 Widerstand als missverstandene Botschaft

Häufig interpretieren Führungskräfte Widerstand von beteiligten und betroffenen Mitarbeitern als ein *Nicht-Wollen*. Dies resultiert dann in weniger Kontakt zwischen Führungskräften und Mitarbeitern mit dem Ziel, das Veränderungsprojekt nicht zu gefährden. Das ist jedoch ein gefährlicher Trugschluss und im Übrigen auch wirtschaftlich äußerst unvorteilhaft. Die Botschaft von Widerstand lautet nämlich: *Ich habe Energie für das Thema, ich weiß aber nicht, wie ich sie zieldienlich einsetzen kann!* Diesen Hilferuf mit Ignoranz zu beantworten, lässt wertvollen Input für das Veränderungsprojekt unbeachtet. Schauen wir uns diesen Hilferuf also mal genauer an.

11.2.2 Widerstandstypen

Die sogenannte Akzeptanzmatrix zeigt, dass sich Widerstand gegen eine Veränderung auf unterschiedliche Weise äußern kann. Dabei ist die Verteilung innerhalb von vier dabei oft anzutreffenden Kategorien stets ungefähr gleich [42].

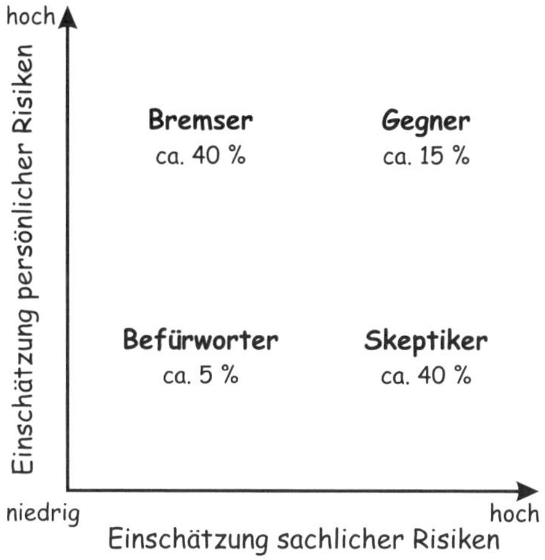

Abbildung 11.1: Die Akzeptanzmatrix [42]

Als Führungskraft oder Veränderungsmanager versuchen wir, die Motive der unterschiedlichen Gruppen von Mitarbeitern zu verstehen, um dann angemessen auf sie eingehen zu können. Dafür lassen sich die folgenden vier Kategorien finden.

Befürworter: Die Gruppe ist immer für Veränderung zu haben. Sie erkennt die Notwendigkeit sofort und ist meistens sogar eher ungeduldig, was die Umsetzung betrifft. Kommunikative Mitarbeiter aus dieser Gruppe können wir sehr gut als Multiplikatoren im Veränderungsprojekt integrieren. Sie kommunizieren die Notwendigkeit und setzen sich aktiv dafür ein, dass eine konstruktive Atmosphäre herrscht.

Bremser: Wie wir in obiger Abbildung erkennen, benötigt die Gruppe der Bremser weitere, sachliche Informationen bezogen auf die Veränderung. Hier sollte unser Hauptaugenmerk also darauf liegen, herauszubekommen, welche Informationen benötigt werden, und diese schnellstmöglich zur Verfügung zu stellen oder sie mit Vertretern eben dieser Gruppe auszuarbeiten. Dies können qualifizierte Angaben zu z. B. Kosten und Nutzen der Veränderung oder zu Veränderungen in der Toollandschaft sein.

Skeptiker: Diese Gruppe befürchtet persönliche Nachteile durch die Veränderung in Kauf nehmen zu müssen. Angst vor z. B. dem Verlust des Jobs oder vor einer Überforderung durch neue Aufgaben können hier Treiber sein. Für uns bedeutet das, zuzuhören, die Ängste zu verstehen, sie zu würdigen und Vertrauen zu schaffen, dass wir zusammen mit den betroffenen Mitarbeitern Lösungen finden werden. Häufig können die Ängste auch durch fehlende oder missverstandene Informationen ausgelöst werden. Diese liefern wir dann nach oder erarbeiten sie, wie bei der Gruppe der Bremser, mit ihnen gemeinsam.

Gegner: Interessanterweise gibt es stets eine Gruppe von Mitarbeitern, die ständig und ausdauernd gegen die Veränderung sind. Wir können hier noch so viel Energie investieren, sie zeigen keine Einsicht und finden immer wieder neue Argumente. Trotzdem können wir von diesen Mitarbeitern profitieren, indem wir uns ihre Punkte anhören. Danach entscheiden wir, inwieweit wir die Argumente für berechtigt halten und bei der Veränderung berücksichtigen oder ob wir sie ignorieren.

11.2.3 Widerstand nutzen

Aus Gegnern werden wir kaum Befürworter machen. Die Skeptiker und Bremser sind als Zielgruppen unserer Aktivitäten deutlich interessanter, um mit deren Widerständen konstruktiv umzugehen. Mit hoher Wahrscheinlichkeit können wir aus diesen beiden Bereichen den Pool der Befürworter vergrößern.

Insbesondere die Skeptiker sind einen genaueren Blick wert. Ihre Einwände sind häufig berechtigt, sodass wir daraus wichtige Aspekte für unseren Veränderungsprozess lernen können. Sobald die Einwände der Skeptiker in unserem Vorgehen Niederschlag gefunden haben, haben wir nicht nur unseren Veränderungsprozess verbessert, sondern eine gute Chance, auch den ein oder anderen neuen Befürworter gefunden zu haben. Die Einwandbearbeitung der Skeptiker erfolgt typologisch analog zum *Was?*-Quadranten aus Abschnitt 2.2 ab Seite 12.

Die Gruppe der Bremser ist da etwas schwieriger zu adressieren. Prinzipiell können hier Muster aus der Einwandbehandlung des *Warum?*-Quadranten helfen, in einen guten Kontakt zu kommen. Auch hierbei können sich hinter den Einwänden wertvolle Hinweise auf Fallen im Veränderungsprozess ergeben. Ein genauer Blick lohnt sich auch hier.

11.3 Stabilität und Veränderung

Jetzt haben wir einiges über Veränderungen und deren Notwendigkeit geschrieben und es könnte der Eindruck entstehen, dass es gut sei, so viele und so oft wie möglich Veränderungen anzustoßen. Das ist nicht der Fall! Nur während stabiler Phasen werden unsere Mitarbeiter im Stande sein, höchste Leistung zu liefern.

11.3.1 Neue stabile Zustände erreichen

Das Ziel jeder Veränderung ist ein neuer, besserer *stabiler* Zustand. Nur ein stabiles Funktionieren eines Systems beschert uns den wirtschaftlichen Erfolg. Stellen Sie sich z. B. einen Supermarkt vor, in dem jeden Tag die Waren umgeräumt werden. Die Verkaufszahlen würden rapide nach unten gehen, weil sich keiner effizient zurechtfinden würde. Stabile Systeme sind die Voraussetzung, um handlungsfähig zu sein. Deshalb tendieren alle Systeme immer zu einem stabilen Zustand. Im stabilen Zustand sind die Prozesse bekannt und es wird eine Funktionsoptimierung dieser Prozesse angestrebt.

Wenn sich jedoch äußere Einflüsse des Systems ändern, wird Veränderung notwendig, damit das System überlebt. Im obigen Beispiel könnte sich der Altersdurchschnitt der Kundschaft erhöhen. Wenn der Supermarkt nicht darauf reagiert, wird sein Umsatz sinken. Solche Störungen kommen von außen und zwingen ein System zur Anpassung und Weiterentwicklung. Hierzu ist die Bereitschaft, Altes loszulassen, gefragt und das Risiko einzugehen, Energie in neue Prozesse zu stecken, deren Erfolg bisher unbekannt ist. Wir können also festhalten:

- Das Ziel eines jeden Systems ist der stabile Zustand.
- Bei einer Störung des Systems, muss sich dieses anpassen.
- Das Ziel der Veränderung ist schnellstmöglich wieder einen stabilen Zustand zu erreichen.

11.3.2 Zustandsübergänge

Der Übergang von stabilen Systemen in neue Systeme kann dabei unterschiedlich ausfallen. Vier Beispiele für die unterschiedlichen Systemverhalten sollen dies verdeutlichen (Abb. 11.2). Wir nehmen dabei an, ein Projekt befände sich im stabilen Zustand, d. h., die Prozesse sind klar und die Arbeit schreitet planmäßig voran. Unterschiedliche Störungen können nun zu unterschiedlichen Systemverhalten führen [77]:

Stabiles Systemverhalten: Der Projektleiter geht in den Urlaub und benennt keinen Vertreter. Das System wird sich dann sehr schnell der neuen Situation anpassen und es werden sich Änderungen in den Prozessen ergeben. Es könnte z. B. sein, dass die Mitarbeiter einen Vertreter bestimmen, dieser aber einige Sachen anders steuert, als es der

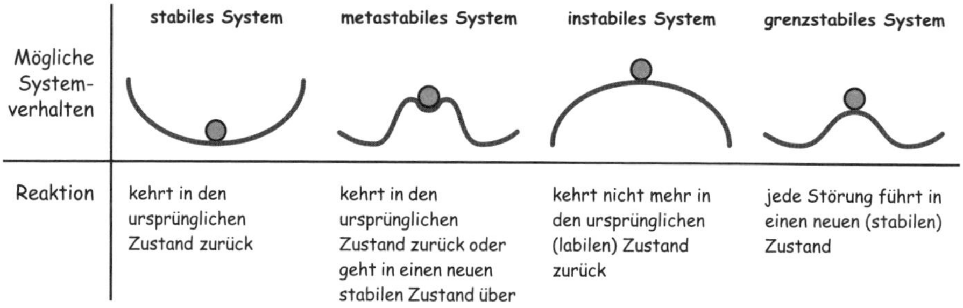

Abbildung 11.2: Systemverhalten und stabile Zustände [77]

Projektleiter tun würde. Beim stabilen Systemverhalten wird aber, wenn der Projektleiter aus dem Urlaub zurückkehrt, das System wieder genauso funktionieren wie vorher, d. h., es werden wieder die alten Prozesse in Kraft treten.

Metastabiles Systemverhalten: Wenn z. B. der Leiter des Projektes ausgetauscht wird, kann es entweder passieren, dass er alle Prozesse des Vorgängers übernimmt oder einige ändert. Das Systemverhalten ist metastabil, denn entweder es behält seinen Zustand oder der Zustand wird verlassen, jedoch ein neuer, stabiler Zustand eingenommen.

Instabiles Systemverhalten: Hier wird das System bei einer Störung komplett zerstört. Das erfolgt jedes Mal, wenn ein Projekt aufgelöst wird und damit das ursprüngliche System nicht mehr existiert. Ein instabiles Systemverhalten kann aber auch ungewollt eintreten, wenn z. B. in wirtschaftlich schwierigen Zeiten die Mitarbeiter in einem Projekt so stark verunsichert sind, dass eine Störung wie beispielsweise eine einzelne Kündigung ausreicht, dass sich die meisten anderen Kollegen nach anderen Stellen umsehen und das Projektteam verlassen.

Grenzstabiles Systemverhalten: Dieses Verhalten beinhaltet, dass jede Störung zu einer Anpassung des Systems führt. Daraufhin nimmt das System aber wieder einen neuen, stabilen Zustand ein. Das könnten z. B. größere Anforderungsänderungen an das Projekt sein, die umgesetzt werden müssen, um wettbewerbstauglich zu bleiben.

Störungen können also unproblematisch, gewünscht oder aber zerstörerisch auf ein System wirken. Da Organisationseinheiten wie z. B. Projektteams sich wie komplexe Systeme verhalten, ist die Wirkung einer Störung letztendlich nicht vorhersagbar. Ein agiles, iteratives Vorgehen mit regelmäßigen Regelkreisen wie in Abbildung 3.1 auf Seite 24 dargestellt und viel Fingerspitzengefühl helfen uns dabei, erfolgreich zu sein. Legen wir also noch ein paar Werkzeuge in unsere Werkzeugkiste.

11.4 Erfolgsschlüssel Veränderungsfähigkeit

Als letzte der für uns Berater in IT-Projekten wichtigen Sichten auf das Veränderungsmanagement möchten wir die Aspekte Wirkungszeitpunkt und Fokus auf die Optimierung von Prozessen oder die Zusammenarbeit der Menschen betrachten (Abb. 11.3). Es nützt wenig, die Prozesse maximal zu optimieren, wenn nicht die Einstellungen und Fähigkeiten der beteiligten Personen dazu passen. Die beteiligten Menschen sind immer noch der Faktor, der die PS auf die Straße bringt. Die Fähigkeit einer Organisation zur Veränderung macht den Unterschied aus!

11.4.1 Wirkungszeitpunkt und Fokus

Es geht also darum, mit der typischen Veränderungskurve aus Abbildung 10.1 auf Seite 158 angemessen und konstruktiv umzugehen. Wenn wir Veränderungsmanagement nach Wirkungszeitpunkt und Fokus differenzieren, kommen wir zu vier unterschiedlichen Arten von Veränderungsmanagement (Abb. 11.3) [78]:

Strategisches Veränderungsmanagement: Eine Organisation bereitet sich strukturell und langfristig auf die sich verändernden oder bereits veränderten Umwelt- und Rahmenbedingungen vor.

Projektveränderungsmanagement: Darunter verstehen wir das Projektmanagement von Veränderungsprozessen in der Organisation.

Kulturelles Veränderungsmanagement: Mitarbeiter und Führungskräfte einer Organisation stellen sich auf die Veränderungen ein und erhöhen ihre Veränderungskompetenz.

Führungsveränderungsmanagement: Mitarbeiter und Führungskräfte einer Organisation werden während eines Veränderungsprozesses geführt und begleitet.

Die für die Veränderungsfähigkeit einer Organisation bzw. einer Organisationseinheit wichtigen Aspekte sind also kulturelles Veränderungsmanagement und Führungsveränderungsmanagement. Darin findet die Ausrichtung der beteiligten und betroffenen Menschen auf die Veränderung statt. Hier liegen die Grundlagen für die Veränderungsfähigkeit einer Organisation. Die ersten beiden Arten von Veränderungsmanagement optimieren dagegen einen Prozess. Prozessoptimierung ist sicherlich wichtig, doch bildet die Veränderungsfähigkeit die Basis für erfolgreiche Anpassungen und Veränderungen.

Viele Organisationen sind aber auf ein kulturelles und Führungsveränderungsmanagement gar nicht ausgerichtet, was im Verantwortungsbereich des unteren und mittleren Managements angesiedelt ist. Doch die-

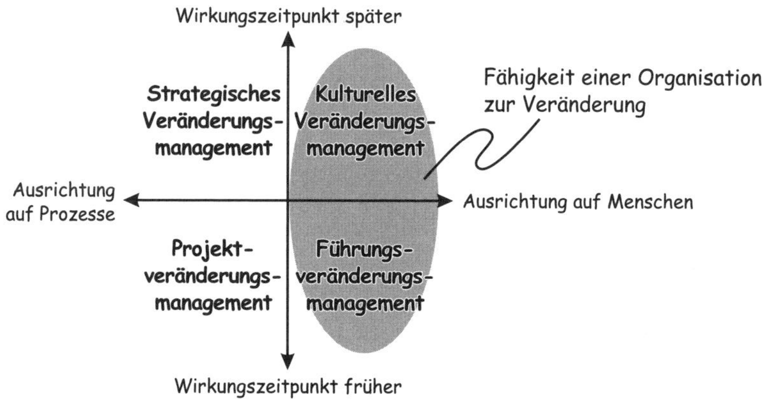

Abbildung 11.3: Betrachten wir die Ausrichtung und den Wirkungszeitpunkt, erhalten wir vier Arten von Veränderungsmanagement [78]. Auf der linken Seite finden wir die Optimierung unserer Veränderung. Die grundsätzliche Veränderungsfähigkeit liegt dagegen auf der rechten Seite bei der Ausrichtung auf die beteiligten Personen.

ses ist im Managementtrend zu flachen Hierarchien stark ausgedünnt worden, um Redundanzen und den nicht direkt produktiven Mitarbeiteranteil zu minimieren. Gerade diese Redundanzen bei den Mitarbeitern sind so wichtig für eine hohe Flexibilität (Kasten auf Seite 193). Besonders in einer netzwerkartigen Organisationsstruktur, die auf Selbstorganisation ausgerichtet ist, werden voneinander unabhängige Redundanzen benötigt, die sich auf die kurz- und langfristige Veränderungsfähigkeit konzentrieren.

Dass viele unserer Kunden in ihrer Veränderungsfähigkeit Defizite aufweisen, ist ein Risiko für unseren Beratungserfolg. Dieses Defizit bietet uns aber auch die Chance, unseren Beratungsauftrag auf die relevanten Aspekte des kulturellen und Führungsveränderungsmanagements auszudehnen. In diesem Kontext ist der Aufbau von fachlichen Redundanzen bei den Mitarbeitern und in den Teams auf Kundenseite zur Erhöhung der Flexibilität wesentlich. Wir kommen zu der Schlüsselstelle *Redundanzen* in Abschnitt 13.1 ab Seite 213 zurück. Zunächst möchten wir einen Blick auf die möglichen Störungen bei einem Veränderungsprozess werfen.

11.4.2 Störungen – Dissonanzen und Überlastung

Jeder Mensch, jede Gruppe und auch jede Organisation hat eine individuelle Schwelle für Dissonanzen und Überlastungen bei einem Veränderungsprozess. Aus beiden Faktoren lässt sich eine imaginäre Störungsschwelle ableiten (Abb. 11.4) [63].

Redundanzen? Spielräume!

Redundanzen können sinnvoll oder störend sein. In der Softwareentwicklung betrachten wir redundanten Code in der Regel als Ursache für einen höheren Wartungsaufwand, weshalb wir dort Redundanzen gerne minimieren. Redundanz kann aber auch gewollt und äußerst sinnvoll sein wie z. B. bei sicherheitsrelevanten Systemen. Wenn ein technischer Bereich ausfällt, kann eine redundant vorhandene Alternative übernehmen und die Grundfunktionalität aufrechterhalten wie z. B. bei Fahrzeugen mit zwei getrennten Bremskreisen. Auch in hochverfügbaren Serversystemen setzen wir Redundanzen ein, um die Lastverteilung dynamisch an das Transaktionsaufkommen anzupassen und eine hohe Ausfallsicherheit zu erreichen.

Im Kontext von Veränderungsprozessen stehen Redundanzen für nutzbare Spielräume, die notwendig sind, um Veränderungen erfolgreich und in der passenden Geschwindigkeit vornehmen zu können. Sie geben uns die Flexibilität, um mit unvorhersehbaren Situationen angemessen umgehen zu können.

Diese Redundanzen ergeben sich durch Personen auf der Kundenseite, die sich neue, ungewohnte Aufgaben zutrauen und diese übernehmen können. Als Voraussetzung bringen sie ausreichend Neugier und Mut sowie Erfahrung mit den internen Abläufen beim Kunden mit. Zusätzlich brauchen sie zeitlichen Freiraum und sie dürfen nicht mit anderen Aufgaben bereits ausgelastet sein.

Warum ist dieser Spielraum für Veränderungen so wichtig? Die Prozesse bei unseren Kunden sind in der Regel weitgehend optimiert. Alle Mitarbeiter sind ausgelastet. Warum ist das ein Problem? Kennen Sie noch das Geduldspiel mit 15 durchnummerierten Quadraten in einem 4×4-Rahmen, bei dem die Ursprungsreihenfolge wiederhergestellt werden sollte? Die Quadrate lassen sich nur verschieben, wenn es eine *Leerstelle* gibt. Ähnlich verhält es sich in Organisationen. Wenn beim Kunden alle Abläufe optimiert sind, finden wir quasi 16 Quadrate in dem 4×4-Rahmen vor und wir können als Berater nichts mehr bewegen. Für die notwendige Bewegung bei einer Veränderung braucht es aber genau diese freie Lücke als Spielraum.

Damit Veränderungsprozesse effizient und effektiv ablaufen, sollten die Veränderungsprozesse so gesteuert werden, dass ihre Auswirkungen von den Mitarbeiter stets unterhalb der Störungsschwelle im Arbeitsbereich wahrgenommen werden. Es lohnt sich also, sich etwas tiefer mit Dissonanzen und Überlastungen in einem Veränderungsprozess zu befassen, um ein Gefühl für die jeweilige Störungsschwelle zu erhalten.

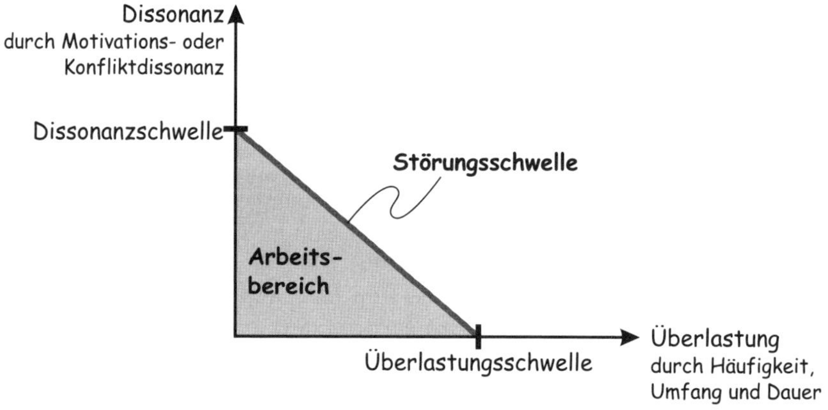

Abbildung 11.4: Die Störungsschwelle für einen Veränderungsprozess ergibt sich aus der Dissonanzschwelle und der Überlastungsschwelle. Effizientes und effektives Veränderungsmanagement spielt sich im grauen Bereich ab [63].

Wenn wir im Rahmen eines Veränderungsprozesses ein *ungeschriebenes Gesetz*[1] verändern oder abschaffen, entsteht eine sogenannte *Dissonanz*. Wenn dadurch die Arbeitsbedingungen so geändert werden, dass sie nicht mehr zur persönlichen Zielsetzung einer Person passen, kann eine Motivationsdissonanz auftreten. Sie kann ab dem Zeitpunkt entstehen, an dem ein Mitarbeiter über anstehende Veränderungen informiert wird. Er kann dann ermitteln, ob und in welchem Ausmaß er selbst von der Veränderung betroffen sein wird. Kommt ein Mitarbeiter dann zu der Erkenntnis, dass er nach der Veränderung z. B. bezüglich Gehalt, Aufgabeninhalte oder Arbeitszeit subjektiv schlechter abschneiden wird als vorher, wird er die Veränderung als störend empfinden.

Zusätzlich kann es auch zu einer Konfliktdissonanz kommen, wenn die Veränderungen nicht zu den bisherigen Verhaltensweisen am Arbeitsplatz passen – z. B. wenn Leistungskennzahlen eingeführt werden sollen, die unternehmerisches Denken und Risikobereitschaft belohnen, bislang aber Sicherheitsdenken und Beständigkeit gefördert wurden.

Dissonanzen können schlagartig auftreten oder sich langsam aus einer Kette kleiner Mikroveränderungen ergeben. Letztere sind deshalb so schwierig zu erkennen, weil jede einzelne Maßnahme für sich genommen nicht problematisch ist, jedoch irgendwann eine solche Maßnahme das Fass zum Überlaufen bringt. Die tatsächlichen Zusammenhänge sind dann oft nur aufwendig zu rekonstruieren.

[1]Aspekte des Themas *Geschäftsordnung* innerhalb einer Organisation finden Sie in den Abschnitten 2.3 ab Seite 16 und 11.4.3 ab Seite 195.

Neben den Dissonanzen gibt es auch noch den Faktor der *Überlastung* als wahrgenommene Störung. Der Aspekt der Überlastung, der uns in diesem Kontext interessiert, bezieht sich auf eine zu umfassende, weitgehende Veränderung, eine zu häufige, schnelle Abfolge von Veränderungen oder eine zu langwierige Veränderung, die einfach kein stabiles Ende erreicht.

11.4.3 Identität von Mitarbeitern wahren

Als letzten Aspekt zum Thema Veränderungsfähigkeit befassen wir uns mit der Identität von Mitarbeitern. Die Identität eines Menschen ist alles das, was ihn als Individuum kennzeichnet und von anderen Menschen unterscheidet [77]. Nach Frederick S. Perls (1893 – 1970) wird unsere Identität von fünf Säulen getragen (Abb. 11.5) [23]:

- Leiblichkeit, also z. B. unsere Gesundheit
- Soziales Netz und soziale Umwelt, also Familie, Freunde, Kollegen, Vereine usw.
- Arbeit, Leistung und Freizeit, also Beruf, Hobbys sowie andere Leistungen, die wir zu erbringen haben wie z. B. die Pflege von Familienangehörigen
- Materielle Sicherheit, die z. B. durch Besitz, Vermögen und Verbindlichkeiten bestimmt wird
- Werte, die uns dauerhaft wichtig sind und unsere Denkweisen sowie Handlungen bestimmen

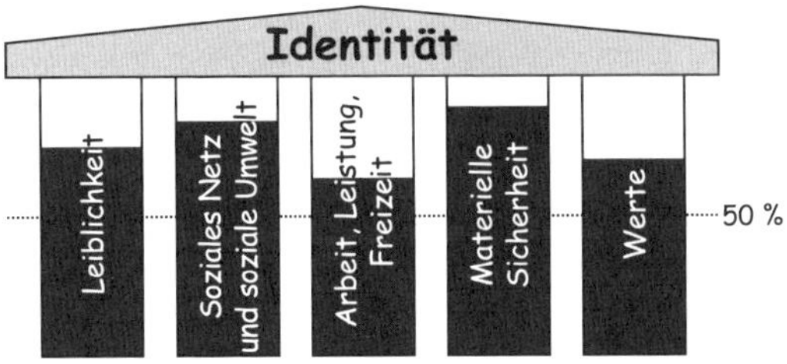

Abbildung 11.5: Die fünf Säulen der Identität nach F. S. Perls [23]

Die fünf Säulen beeinflussen sich gegenseitig. Daher kann das Einbrechen einer Säule auch die anderen in ihrer Tragkraft beeinträchtigen. Dies erfolgt dann, wenn eine dieser Säulen in der eigenen Wahrnehmung unter 50 % fällt. Dann wird auch die Identität der Person davon in Mitleidenschaft gezogen (Abb. 11.6).

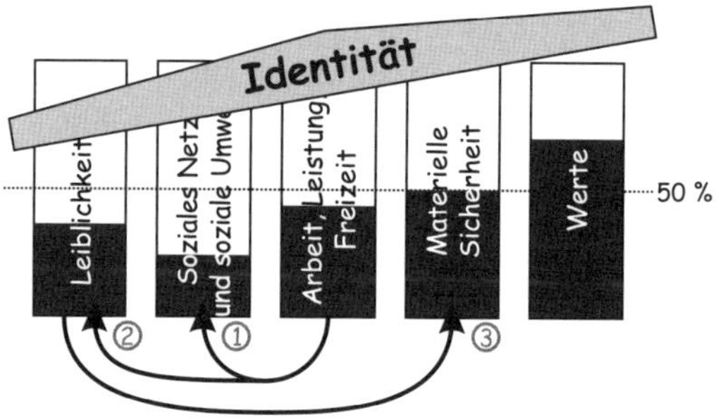

Abbildung 11.6: Wenn eine Säule zu schwach wird, kann dies Konsequenzen für andere Säulen haben und das ganze System *Identität* kann aus dem Gleichgewicht geraten (vgl. Abb. 11.5).

Im Beispiel aus Abbildung 11.6 erfolgt eine dauerhafte Überlastung in der *Arbeit*. Diese Überlastung schwächt diese Säule und wirkt sich negativ auf die Säule *soziales Umfeld* aus (① in Abb. 11.6) und nachfolgend sogar auf die Gesundheit bzw. *Leiblichkeit* der Person (② in Abb. 11.6). Eine Krankheit wiederum kann z. B. das Ausbleiben von fest eingeplanten Gratifikationen bewirken und damit die *materielle Sicherheit* gefährden (③ in Abb. 11.6).

Das Zusammenspiel von Veränderungen und Identität wird in einem Modell von Robert Dilts (*1955) deutlich. Veränderungen tangieren dabei sechs Ebenen (Abb. 11.7). Von außen nach innen sind dies:

- Die Umgebung, in der eine Person arbeitet, wie z. B. Niederlassung, Abteilung oder Hierarchieebene
- Die Geschäftsordnung, also das formal geregelte Verhalten eines Mitarbeiters
- Die individuellen Fähigkeiten des betroffenen Mitarbeiters
- Die Glaubenssätze und Werte der betroffenen Person
- Die Identität der betroffenen Person
- Die Identität der Gruppe, in der die betroffene Person Mitglied ist

Anhand dieses Modells können wir versuchen, die Stärke möglicher Widerstände abzuschätzen. Je stärker eine Veränderung dem Zentrum des Modells näher kommt und damit den Kern der Identität betrifft, desto stärker wird der zu erwartende Widerstand sein. Wird nur eine bestehende Geschäftsordnung verändert, so ist mit vergleichsweise wenig Widerstand zu rechnen. Ein Beispiel dafür ist die Umstellung eines Schließsystems von Schlüsseln auf Karten und Kartenlesegeräte.

Berührt eine Veränderung die Werte und Glaubenssätze einer Person, kann es zu starkem Widerstand kommen. Ein Beispiel ist die Änderung von

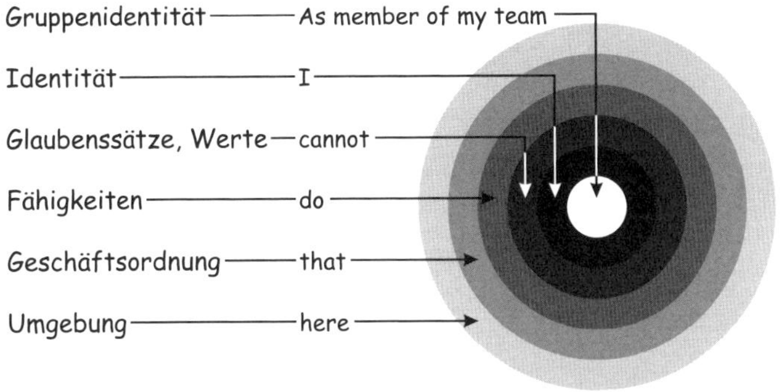

Abbildung 11.7: Die sechs Ebenen der Veränderung nach Robert Dilts [43] modifiziert nach [23]

Entscheidungswegen, bei der die Entscheidungsbefugnis einzelner Mitarbeiter vor allem eingeschränkt oder auch stark erweitert wird. Sie werden sofort folgende oder ähnliche Äußerungen hören, die typologisch aus dem *Warum*-Quadranten[2] kommen:

- »Das haben wir noch nie so gemacht!«
- »Das können Sie hier so nicht machen!«
- »Das geht nicht!«
- »Das kann ich doch alles gar nicht entscheiden!«
- »Was soll ich denn jetzt noch alles tun?«

In diesem Fall bedarf es des Willens zur Veränderung von innen aus der betroffenen Person selbst heraus. Die Möglichkeiten, von außen z. B. durch Druck eine nachhaltige Bereitschaft zur Veränderung zu erzielen, sind dagegen eher gering. Hier hilft nur, die betroffene Person aus einer belastbaren Beziehung heraus und mit ausreichender Nähe auf ihrem Weg zu begleiten. Wie oft trifft die Feststellung von Michael Lukas Moeller (1937 – 2003) zu, dass es keine Erziehung, sondern nur Beziehung gibt [23]!

[2]Vgl. Abschnitt 2.2 ab Seite 12.

12 Werkzeuge des Veränderungsmanagers

Wenn wir als Berater Veränderungen bei unseren Kunden begleiten, können uns einige spezielle Techniken und Werkzeuge dabei helfen, den Prozess optimal zu steuern. Die folgenden Werkzeuge haben uns bei unserer Arbeit gut unterstützt.

12.1 Sounding Board

Der Begriff des Sounding Board kommt ursprünglich aus der Musik und stellt dort den sogenannten Resonanzboden eines Saitenmusikinstruments dar. Dieser Resonanzboden fängt die Schwingungen der Saiten auf und gibt sie verstärkt wieder. Auf den Kontext eines Veränderungsprojekts übertragen heißt das, dass das Sounding Board die Meinungen und Gefühle von betroffenen Stakeholdern auffängt und sie den Führungskräften zur Verfügung stellt, die mit diesem Feedback dann Kurskorrekturen vornehmen können.

12.1.1 Rollen – die Struktur eines Sounding Board

Ein Sounding Board soll also dabei unterstützen, Veränderungen schneller und mit weniger Reibungsverlusten auszuführen. Damit lassen sich die folgenden Rollen identifizieren:

Führungskraft: Jedes Veränderungsprojekt hat einen Projektleiter, der im Idealfall sowohl die Ziele der Veränderung definiert als auch die Verantwortung über die benötigten Ressourcen besitzt. Das ist z. B. ein Abteilungsleiter, ein Vorstand oder ein dafür abgestellter und eingesetzter Projektleiter. Dieser hat meistens den Auftrag zur Veränderung von einer anderen Stelle in der Organisation bekommen. Das ist für den Veränderungsmanager und seine Auftragsklärung wichtig zu wissen.

Veränderungsmanager: Der Veränderungsmanager stellt das Bindeglied von den Sounding-Board-Mitgliedern zur Führungskraft dar. Er sammelt das Feedback, gibt es anonymisiert an die Führungskraft weiter, klärt Verständnisfragen mit der Führungskraft und berät ggf. bei der Entwicklung geeigneter Maßnahmen. Es empfiehlt sich für diese Rolle, eine externe Ressource einzusetzen, damit sichergestellt ist, dass sich die internen Mitarbeiter öffnen können, ohne negative Folgen befürchten zu müssen.

Sounding-Board-Mitglieder: Eine Auswahl von Mitarbeitern, die auf der einen Seite unter den Kollegen anerkannt und auf der anderen Seite bereit sind, die Veränderung mitzugestalten.

Mitarbeiter: Hier sind die Mitarbeiter gemeint, die direkt oder indirekt von der Veränderung betroffen sind.

12.1.2 Abläufe – die Dynamik eines Sounding Board

Ein Sounding Board als zentrales Element im Veränderungsmanagement ist über einen Prozess mit den anderen Rollen verbunden (Abb. 12.1). Die in der Abbildung benannten Handlungen werden im Folgenden erläutert.

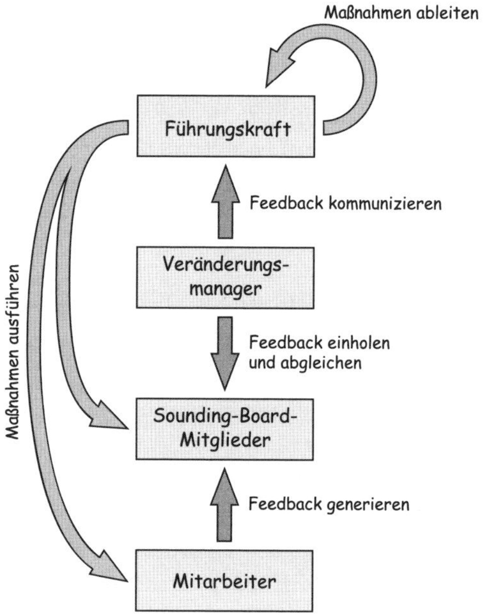

Abbildung 12.1: Ablauf eines Sounding Board

Feedback generieren: Die Sounding-Board-Mitglieder dienen als zentrale Anlaufstellen für die Mitarbeiter, um ihre Meinungen und Stimmungen zu adressieren. Die Sounding-Board-Mitglieder stellen sicher, dass sie die vorgebrachten Themen verstehen und im Gesamtkontext priorisieren können. Unserer Erfahrung nach ist es wichtig, den Sounding-Board-Mitgliedern deutlich zu machen, dass sie nicht aktiv auf Stimmungssuche gehen, indem sie z. B. alle Mitarbeiter befragen. Das bindet sehr viel Arbeitszeit und der Nutzen ist nicht dem Aufwand angemessen. Selbstverständlich können und sollen die Sounding-Board-Mitglieder sich auch eine eigene Meinung bilden und somit Feedbackthemen generieren.

Feedback einholen und abgleichen: Der Veränderungsmanager fragt in den einzelnen Sounding-Board-Workshops die Feedbackthemen ab, detailliert sie, nimmt Vorschläge für Maßnahmen auf und sorgt für ein einheitliches Verständnis unter den Sounding-Board-Mitgliedern. Dabei müssen unterschiedliche Meinung zu einzelnen Themen nicht ausdiskutiert werden, wenn deutlich wird, dass dadurch das Feedback nicht an Qualität gewinnt. Festgehalten sollten auch die Dinge werden, die gut laufen und ob Feedback, das in vorherigen Workshops gesammelt wurde, noch zutrifft oder durch bestimmte Maßnahmen bereits obsolet ist. Beides sind später für die Führungskraft wertvolle Informationen.

Feedback kommunizieren: Nach einem Sounding-Board-Workshop erstellt der Veränderungsmanager eine anonymisierte Sicht auf die Feedbackthemen, stellt sie der Führungskraft vor und klärt Verständnisfragen mit ihr. Bei Widerstand der Führungskraft zu einzelnen Punkten, ist es wichtig, dass der Veränderungsmanager keine Verantwortung für die Punkte übernimmt und in inhaltliche Diskussionen einsteigt. Seine Aufgabe ist es, die Motivation der Mitarbeiter glaubhaft wiederzugeben.

Maßnahmen ableiten: Die Führungskraft hat nun die Aufgabe, Maßnahmen aus dem ihr vorgestellten Feedback abzuleiten. Hierbei ist es wichtig, dass die Führungskraft versteht, dass es sich bei dem Feedback um eine Art Spiegel ihres Führungsverhaltens handelt und dass sie es deshalb nutzen kann, um ihr Verhalten zu optimieren. Der Veränderungsmanager kann bei diesem Schritt natürlich beratend zur Seite stehen.

Maßnahmen ausführen: Es ist wichtig zu verstehen, dass das von der Führungskraft initiierte Ausführen von Maßnahmen die einzige Möglichkeit ist, die Feedbackschleife zu schließen. Wir beobachten häufig den Fehler, dass der Veränderungsmanager den Sounding-Board-Mitgliedern Antworten auf ihre Themen gibt. Das Resultat ist eine Rollenunklarheit und Verunsicherung bei den Mitarbeitern. Außerdem erreicht die Kommunikation so auch nicht alle Mitarbeiter. Nur wenn die Mitarbeiter die u. U. von ihnen angeregte Kurskorrektur wahrnehmen, ist sie auch erfolgreich vollzogen. Und nur so kann die Veränderungsmotivation nachhaltig erhöht werden.

Unserer Erfahrung nach reicht es aus, alle 4-6 Wochen einen Sounding-Board-Workshop durchzuführen. Es ist in jedem Fall immer zu beachten, dass zwischen den einzelnen Workshops genügend Zeit ist, damit die Maßnahmen ausgeführt und eine Kurskorrektur für die Mitarbeiter sichtbar werden kann.

12.1.3 Ein Sounding Board aufsetzen

Zum Abschluss möchten wir noch beschreiben, wie man ein Sounding Board aufsetzt und in der Organisation etabliert. Dabei können einige Fallen auftreten, die, wenn sie einmal zugeschnappt sind, der eigentlichen Zielsetzung zuwiderlaufen:

Veränderungsmanager festlegen: Die Führungskraft entscheidet sich für die Unterstützung und sucht einen geeigneten Veränderungsmanager aus. Wenn dieser aus der gleichen Firma kommt, so sollte er möglichst geringe Abhängigkeiten zu dem Bereich haben, in dem die Veränderung stattfindet. Dann stellt die Führungskraft den Veränderungsmanager allen Mitarbeitern vor und erläutert ihre Ziele dieser Maßnahme.

Führungskraft wählt Mitglieder aus: Die Führungskraft wählt die einzelnen Sounding-Board-Mitglieder aus, erläutert das Veränderungsprojekt und fragt sie, am besten persönlich, ob sie Interesse an dieser Aufgabe haben. Der Veränderungsmanager kann bei diesem Schritt unterstützen, indem er darauf achtet, dass die Gruppe der Sounding-Board-Mitglieder sowohl aus Befürwortern wie auch aus Gegnern der anvisierten Veränderung besteht und dass alle Mitglieder konstruktiv mit der Veränderung umgehen wollen.

Kick-off des Sounding Board: Der Veränderungsmanager moderiert einen ersten Workshop, auf dem sich alle Sounding-Board-Mitglieder kennenlernen. Wichtige Fragen sind hierbei: Vertrauen sich die einzelnen Mitglieder untereinander? Welche Kommunikationsregeln bezüglich der Feedbackthemen sollen gelten? Haben die Mitglieder sowohl das Ziel der Veränderung als auch ihre Verantwortung verstanden? Dieser erste Workshop hat also auch immer einen Teambildungsanteil. Wenn sich dieser Kick-off-Workshop als unkompliziert herausstellt, ist es möglich, gleich den ersten Sounding-Board-Workshop im Anschluss durchzuführen.

Kommunikation: Die Führungskraft kommuniziert im Rahmen des Kick-off für das gesamte Veränderungsprojekt, dass sie ein Sounding Board eingesetzt hat, wer dessen Mitglieder sind und wie sich jeder Mitarbeiter einbringen kann.

12.2 Appreciative Inquiry – Interviews führen

Als Berater ein Unternehmen bei der Einführung neuer Abläufe zu begleiten, stellt uns sofort vor die beiden Aufgaben, in möglichst kurzer Zeit die betroffenen Abteilungen zu verstehen und unter den Mitarbeitern des Kunden eine konstruktive, offene Atmosphäre als Basis für die Kommunikation zu schaffen. Also führen wir mit möglichst vielen Mitarbeitern Zweiergespräche, die Interviews. Die Methode des *Appreciative Inquiry* gibt uns eine erfolgserprobte Leitlinie, die mehrfach bei unseren Auftraggebern zu der verblüfften Frage geführt hat, wie es uns gelungen sei, in so kurzer Zeit so viel von der inneren Dynamik der Organisation zu verstehen.

Appreciative Inquiry lässt sich mit *wertschätzender Erkundung* übersetzen. Bei dieser Methode geht es darum, die Schlüsselfaktoren in einer Organisation zu finden, aus denen das Unternehmen seine Kraft und Stärke zieht. Diese werden als *belebende Faktoren* bezeichnet. Wir möchten die Aspekte finden, auf denen wir unseren Veränderungsprozess aufbauen und die wir dabei weiterentwickeln können. Dazu treffen wir zwei Grundannahmen, die für den Erfolg unserer Interviews unabdingar sind [13]:

1. Jeder Mensch, jedes Team und jede Organisation hat ein ungeahntes Potenzial, das manchmal schon aufblitzt.
2. Organisationen entwickeln sich immer in Richtung dessen, worauf sie ihre Aufmerksamkeit richten und was sie untersuchen.

Dadurch nehmen wir einen anderen Ansatz ein, als wir es sonst in der Softwareentwicklung eher gewohnt sind. Wir fokussieren nicht auf die Probleme, sondern wir erkunden und wertschätzen, was an Wertvollem bereits vorhanden ist. In Tabelle 12.1 sind ein eher konventioneller Annalyseansatz und Appreciative Inquiry gegenübergestellt.

12.2.1 Interviews durchführen

Wie führen wir auf diese Art Interviews durch? Die Gespräche werden von uns vorbereitet. Wir erstellen dazu einen schriftlichen Leitfaden. Ein Interview besteht dabei mindestens aus den folgenden drei Teilen [13]:

1. Wahrnehmung der Organisation: Wie erlebt unser Interviewpartner das Unternehmen?
2. Kernthema: Konkrete Fragen zu den Themen, die weiterentwickelt werden sollen.
3. Zukunft der Organisation: Was möchte unser Interviewpartner machen, um die Zukunft nachhaltig erfolgreich zu gestalten?

Probleme lösen	**Vorhandene Potenziale entfalten**
Probleme identifizieren	Das erkunden, verstehen und wertschätzen, was an Wertvollem bereits vorhanden ist
Ursachen analysieren	Entwerfen, was im besten Fall sein könnte
Mögliche Lösungen erarbeiten	Gestalten und vereinbaren, was sein soll
Maßnahmen planen	Planen, was zukünftig sein wird
Grundannahme: Organisationen haben Mängel, die beseitigt werden müssen.	**Grundannahme:** Organisationen haben ungeahntes Potenzial, das manchmal schon aufblitzt.

Tabelle 12.1: Gegenüberstellung einer konventionellen Analyse (links) mit Appreciative Inquiry (rechts) (aus [13])

Wie sehen die typischen Fragen dazu aus. Werfen wir dazu einen genaueren Blick auf die drei Teile.

Wahrnehmung der Organisation

- Einstieg in die Organisation
  - Wie haben Sie Ihre Anfangszeit in dieser Organisation empfunden?
  - Wann haben Sie in welcher Rolle bei dem Unternehmen angefangen?
  - Was haben Sie vorher gemacht?
  - Was hat Sie dazu bewegt, hier anzufangen?
  - Was waren Ihre ersten Eindrücke?
  - Was hat Sie bereits am Anfang Ihrer Arbeit im Unternehmen begeistert?
- Ihre beste Erfahrung
  - Was war für Sie Ihre beste Erfahrung, die Sie besonders begeistert, hier im Unternehmen?
  - Was ist dabei genau geschehen?
  - Wer war dabei wichtig und warum?
  - Was genau hat es zu dieser besonderen Erfahrung gemacht? Welche Faktoren wie z. B. Führung, Regelungen, Strategie, Kollegen usw. machten diese großartige Phase möglich?
  - Was können wir als Berater daraus mitnehmen, um es in unsere Beratung des Veränderungsprozesses einfließen zu lassen?

- Wertschätzung Ihrer Arbeit und Person
  - Was schätzen Sie an Ihrer Arbeit am meisten?
  - Was schätzen Sie an Ihrer Organisation am meisten?
  - Welche Eigenschaft schätzen Sie an sich selbst am meisten?
- Belebende Faktoren in der Organisation
  - Was sind Ihrer Einschätzung nach und Ihrem direkten Erleben nach die Schlüsselfaktoren, die Ihrer Organisation Lebendigkeit und Stärke geben?
  - Wie haben Sie diese Schlüsselfaktoren konkret erlebt?

Die Kernthemen

Die Kernthemen leiten sich aus den Zielen unseres Beratungsauftrags ab. Sie beantworten die Frage, in welche Richtung eine Veränderung laufen soll. Typische Kernthemen sind mehr Flexibilität gegenüber Kunden oder eine höhere Qualität der Software.

Wichtig ist es, die Kernthemen positiv und bestärkend zu formulieren. Wir fragen nicht, wie die Qualitätsprobleme gelöst werden könnten, sondern wie die wichtigen Qualitätsaspekte erreicht werden können. Dabei können wir in der Formulierung einen hohen Anspruch zum Ausdruck bringen und von täglichen Kundenreleases oder makelloser Produktqualität sprechen. Eine Beratung findet nur zu wirklich wichtigen Themen statt und der Anspruch sowohl an die Berater wie auch an das Beratungsergebnis ist hoch. Kernthemen, die einen hohen Anspruch in sich tragen, inspirieren unsere Gesprächspartner eher und drücken deren Wertigkeit spürbar aus.

Zukunft der Organisation

Hier kommen wir zur sogenannten *Dschinn-Frage*. Sie erlaubt unserem Gesprächspartner, gedankliche Beschränkungen des Alltags zu ignorieren und frei zu denken. Sie können diese *Wunderfrage* natürlich individuell gestalten. Wir formulieren gerne so: »Wenn ich ein Dschinn wäre und Sie drei Wünsche frei hätten, die über Nacht erfüllt werden: Welche drei Dinge sind über Nacht verändert worden, die den Erfolg und die Lebendigkeit der Organisation nachhaltig gestärkt haben?«

12.2.2 Tipps für die Interviewer

Der schriftliche Leitfaden hilft uns dabei, den roten Faden im Interview besser halten zu können. Er gibt uns die Sicherheit, den geplanten Ablauf verlassen und uns auf den Redefluss und die Themen unseres Interviewpartners einlassen zu können. Über unseren Leitfaden finden wir auch nach größeren Exkursen schnell wieder zurück.

Uns ist es wichtig, unserem Interviewpartner Freiräume zu lassen, um seine Sicht besser verstehen zu können. Oft sind wir so auf wichtige Aspekte gestoßen, die uns in der Vorbereitung des Auftrags mit unseren Ansprechpartnern aus den Führungsebenen nicht genannt wurden. Dazu brauchen wir ausreichend Zeit für ein Interview. Wir nehmen uns dafür gerne bis zu 90 Minuten Zeit.

In unserem Leitfaden bauen wir reichlich Freiraum zwischen den Fragen ein, um dort die Antworten und andere Inhalte sofort notieren zu können. Wir nehmen also für jeden Interviewpartner einen eigenen Ausdruck des Leitfadens mit, um darauf das Interview zu protokollieren.

Auf Matthias zur Bonsen (*1958) und Carole Maleh (*1967) gehen der folgende Fragenkatalog und die Tipps für die eigene Einstellung zurück [13]. Beides hilft uns dabei, die Interviews locker und entspannt zu führen. Mögliche Fragen, um das Interview am Laufen zu halten, lauten:

- Erzählen Sie mir dazu bitte mehr!
- Warum war das so wichtig für Sie?
- Wie wirkte das auf Sie?
- Was war Ihr Beitrag zu diesem Thema?
- Was haben andere dazu beigetragen, dass Sie so handeln konnten, wie Sie gehandelt haben?
- Was glauben Sie, hat tatsächlich dazu geführt, dass dieses Thema so erfolgreich gelaufen ist?
- Was haben Sie daraus für sich gelernt?
- Was können wir aus diesem Erlebnis mitnehmen?

Damit kommen wir in vielen Situationen, in denen das Gespräch stockt, wieder gut in Fahrt. Grundlage dafür ist unsere eigene innere Einstellung, mit der wir in ein solches Interview gehen. Wir bewerten die Aussagen unserer Interviewpartner nicht, sondern lassen sie ihre Geschichten erzählen. Wir notieren uns interessante Geschichten und Zitate.

Manche Menschen brauchen etwas länger, um über ihre Antwort genau nachzudenken, bevor sie sich uns anvertrauen mögen. Wir lassen ihnen dazu die Zeit und halten auch eine längere Stille aus. Natürlich beantworten unsere Interviewpartner unsere Fragen auf rein freiwilliger Basis. Wenn sie nicht antworten möchten oder können, so geht das in Ordnung.

Wenn wir in den Interviews auf starke negative Gefühle wie Wut treffen, kann das den positiven Ansatz unserer Interviews an seine Grenzen bringen. Lassen Sie sich davon nicht ablenken und widerstehen Sie der Versuchung, negative Gefühlsäußerungen zu überdecken. Auch die negativen

Gefühle sind für den Veränderungsprozess wichtig. Wir schätzen also auch solche Äußerungen als wertvoll ein. Manchmal ist der Druck bei unseren Gesprächspartnern so groß, dass das negative Gefühl rausgelassen werden muss. Wir können zumindest für die Ehrlichkeit und Offenheit dankbar sein. Meist haben wir dadurch noch eine wichtige Information gewonnen.

Bei negativen wie positiven Gefühlsäußerungen gilt es für uns immer wieder, zu prüfen, ob dies ein rein individuelles Thema ist oder ob wir ein wertvolles Muster gefunden haben. Durch die Menge an Interviews über alle Ebenen und Rollen bekommen wir zu jedem Aspekt zahlreiche Facetten zu Gesicht. Das macht die Interviews für uns so wertvoll und erlaubt die hohe Geschwindigkeit bei uns Beratern, mit der wir uns die Zusammenhänge bei unserem Kunden erschließen.

12.2.3 Interviews auswerten

Die Auswertung erfolgt am besten gemeinsam mit Kollegen, die parallel auch Interviews geführt haben. Ähnlich wie die Interviews ist auch deren Auswertung kein streng wissenschaftlicher Prozess. Wir versuchen, aus den verschiedenen Sichten, die wir kennengelernt haben, ein gemeinsames Bild zu entwerfen. Zu welchen Aspekten haben wir eine einhellige Meinung gehört und wo differieren die Einschätzungen? Wem war was wichtig? Können wir Muster erkennen?

Auf diese und ähnliche Fragen finden wir die Antworten und verdichten dabei die Informationen, bis die Kernthemen klar herausgearbeitet sind. Dabei werden neue Fragen auftauchen, die wir notieren und uns im weiteren Beratungsprozess beantworten lassen. Häufig beziehen sich diese Fragen auf Aspekte, die wir nur von einem Interviewpartner gehört haben und weiter absichern möchten.

Wichtig ist, dass wir in Richtung Auftraggeber nur verdichtete Informationen fließen lassen. Wir möchten das Vertrauen unserer Interviewpartner nicht enttäuschen. Durch den Fokus auf die Potenziale unseres Kunden, lassen sich auch kritische Aspekte offen und wertschätzend ansprechen.

12.2.4 Voraussetzungen und Rahmenbedingungen

Damit wir mit einer Interviewtechnik zu den richtigen Ergebnissen kommen können, bedarf es einiger Veraussetzungen und Rahmenbedingungen. Wir führen die Interviews mit einem Querschnitt von Mitarbeitern aus allen beteiligten Führungsebenen und Rollen durch und achten bei der Auswahl auch darauf, Ansprechpartner mit unterschiedlich langer Firmenzugehörigkeit zu bekommen. Zentrale Rollen für die Kernthemen der Veränderung werden wenn möglich durch mehrere Mitarbeiter unseres Kunden, die diese Rolle einnehmen, in den Interviews repräsentiert. Die konkrete Auswahl der Mitarbeiter überlassen wir unserem Auftraggeber. Wir haben damit bislang nur gute Erfahrungen gemacht.

Wenn eine bestimmte Person zu den Interviews verhindert ist, kann das Interview auch telefonisch nachgeholt werden. So können wir den häufig geäußerten Wünschen nach einem Gespräch entsprechen, die wir oft von diesen Kundenmitarbeitern hören, wenn ein persönlicher Kontakt räumlich nicht sinnvoll möglich ist.

Bereits in der Auftragsklärung prüfen wir, ob es unserem Kunden um einen ehrlichen Beteiligungsprozess im Rahmen der Veränderung geht oder ob die Veränderung aufoktroyiert werden soll. Im letzteren Fall brauchen wir über solche Interviews nicht weiter nachzudenken.[1]

Es gilt, alle Mitarbeitergruppen und Führungsebenen an den Interviews zu beteiligen. Nur so kommen wir schnell zu einem umfassenden Bild und können Potenziale und Fallstricke früh erkennen. Jegliche Beschneidung der Zielgruppe birgt hohe Risiken für den Erfolg der Veränderung.

12.3 Veränderungsmetaphern

12.3.1 So finden wir Veränderungsmetaphern!

In Veränderungsprozessen ist Kommunikation das entscheidende Mittel bei unserer Arbeit mit den Mitarbeitern unseres Kunden. Metaphern sind ein mächtiges Werkzeug in unserer Kommunikation. In schwierigen Situationen können uns Veränderungsmetaphern helfen, eine für die Zielgruppe adäquate Sprache zu wählen und Bilder zu finden, mit denen wir die Zielgruppe ansprechen [38, 55].

Wir wählen Bilder in unserer Kommunikation, die die Veränderung beschreiben und in Kontext unseres Kunden bekannt und positiv besetzt sind. Wir schwingen uns damit auf die Gedankenwelt unserer Gesprächspartner ein und kommen darüber oft in einen engeren Kontakt. So bauen wir eine belastbarere Beziehung auf, auf deren Grundlage wir die wichtigen und für unsere Beratungsleistung erfolgsrelevanten Informationen, Zusammenhänge und Details schneller und umfangreicher erfahren.

Wie sehen diese Bilder aus? Grundsätzlich lassen sich vier Gruppen von Veränderungsmetaphern beschreiben [38, 55]:

- Fehlerbehebung und Aufbau
- Heilung und Entwicklung
- Wiedergeburt und Revitalisierung
- Neugruppierung und Reorganisation

[1] Generell können wir dann den Sinn einer methodischen Beratung für den Kunden infrage stellen.

12.3.2 Konkrete Beispiele für Veränderungsmetaphern

Das klingt vorerst noch sehr abstrakt und überhaupt nicht spezifisch für unsere Zielgruppen. Doch in Tabelle 12.2 finden Sie diese Idee weiter heruntergebrochen und mit konkreten Formulierungsbeispielen beschrieben. Mit dieser Struktur und den daraus abgeleiteten Metaphern lässt sich also sehr angemessen und zielgruppenorientiert kommunizieren.

Zielgruppe	Beispiele für Metaphern
Technisch-physikalische Metaphern	**Fehlerbehebung und Aufbau:**
Ingenieurmetapher	Problem beheben, Fehler ausbauen, Refactoring, Reengineering
Reisemetapher	sich an einen anderen Ort begeben, Umkehr, Laufrichtung ändern
Baumetapher	etwas Neues aufbauen, Wiederaufbau
Chemiemetapher	etwas katalysieren, zusammenbringen, verbinden oder kristallisieren
Biologisch-medizinische Metaphern	**Heilung und Entwicklung:**
Landwirtschaftsmetapher	Wachstum, Regeneration, Ernte, Früchte
Medizinische Metapher	heilen, immunisieren, schneiden, amputieren
Psychologische und spirituelle Metaphern	**Wiedergeburt und Revitalisierung:**
Psychologische Metapher	Einsichten erzeugen, Denkmodelle ändern
Spirituelle Metapher	konvertieren, befreien, erschaffen, umwandeln
Soziologische Metaphern	**Neugruppierung und Reorganisation:**
	Rollenmodelle und Normen ändern, Kultur ändern

Tabelle 12.2: Beispiele für Veränderungsmetaphern nach [38, 55]

12.4 Lego und Co: Neue Abläufe simulieren

12.4.1 Vorab eigene Erfahrungen sammeln!

Erfahrung ist durch nichts zu ersetzen. Das macht Veränderungen so schwierig, weil unsere Kunden mit den neuen Methoden und Abläufen noch keine Erfahrung gemacht haben. Das verunsichert einerseits die Mitarbeiter unseres Kunden und verhindert zu Beginn unserer Arbeit bereits einen ersten Feinschliff bei den zu verändernden Prozessen. Durch eine Simulation der neuen oder angepassten Abläufe können wir dieses Manko minimieren. Dazu braucht es nur ausreichend geeignetes Spielzeug und Spaß am Spielen [17].

Wir planen und gestalten ein Spiel als eine Variante einer Konfliktsimulation wie es z. B. die *War Games* als militärische Strategiesimulationen sind, genauso realitätsnah, aber natürlich weniger martialisch. Wir stellen den Mitarbeitern unseres Kunden eine spielerische Aufgabe wie den Bau einer Murmelsprungschanze mit Legobausteinen und Papier mit definierten und messbaren Zielen. Über die Rahmenbedingungen simulieren wir das konkrete Projektumfeld wie z. B. eine verteilte Entwicklung. Jetzt können wir einen neuen Entwicklungsprozess simulieren und konkretisieren, wobei alle Beteiligten sofort Erfahrungen mit der neuen Vorgehensweise sammeln.

Diese Simulationen können auch der Teambildung dienen oder der Istanalyse bestehender Abläufe. Wir können auch standardisierte Prozesse wie ein aufwendiges Releaseverfahren simulieren oder den Fokus der Simulation auf die Anforderungserhebung oder das Einbinden der Qualitätssicherung in den Entwicklungsprozess legen. Die Einsatzmöglichkeiten sind vielfältig.

In den Simulationen vereinfachen und beschleunigen wir die realen Aspekte, sodass eine Überhöhung der Vor- und Nachteile erfolgt. So können wir uns auch bedrohlich wirkenden Szenarien wie einer deutlichen Verkürzung von Releasezyklen oder dem Umgang mit drastischen Störungen auf das Projektgeschäft nähern und Lösungen dafür entwickeln.

12.4.2 Nachbesprechung und Analyse – Die Kraft entfalten!

In der Nachbesprechung und Reflexion erfolgt dann durch die Teilnehmer der Simulation eine Übersetzung in die konkrete und reale Arbeits- und Projektsituation. Dies ist zu Anfang häufig eine etwas zähe Arbeit, aber für die Wirkung der Simulation unerlässlich. Diese geistige Übersetzungsarbeit ist der große Nutzen solcher Simulationen. Die bei dieser Übersetzung ablaufenden kognitiven Prozesse führen dazu, der Veränderung Sinn zu geben und die neuen bzw. veränderten Abläufe von innen zu erleben und zu verstehen [17].

Für uns Berater ergibt sich ein weiterer Vorteil aus der Beobachtung der Simulation: Wir erleben unseren Kunden bei der Arbeit und erhalten schnell und deutlich Hinweise auf Stärken und Schwächen in der Teamarbeit. Damit können wir sowohl bei der konkreten Ausgestaltung der Zielprozesse wie auch im Coaching von Teams und Mitarbeitern arbeiten.

Konkrete Anregungen für Prozesssimulationen für die Einführung agiler Vorgehensweisen in einer Softwareentwicklung finden Sie im Anhang B.3 ab Seite 276. Diese Simulationen können Sie als Ausgangspunkte nehmen, um eigene, an die individuellen Anforderungen und Gegebenheiten bei Ihren Kunden angepasste Übungen zum ersten Sammeln von Erfahrungen zu entwickeln.

13 Veränderungen und das Troja-Prinzip

Das Troja-Prinzip haben wir bereits in Abschnitt 6.1.1 ab Seite 85 kurz kennengelernt. Wir möchten mit dieser Metapher im Hinterkopf Veränderungen in Organisationen betrachten. Dabei stellen wir zwei Fragen in den Mittelpunkt unserer Gedanken:

1. Welche organisatorischen Rahmenbedingungen braucht eine erfolgreiche Veränderung?
2. Wie finden wir nach einer Veränderungen die notwendige Balance innerhalb der Organisation, um wieder fokussiert arbeiten zu können?

13.1 Veränderung braucht Redundanz

Den Wert und Nutzen von Redundanzen haben wir bereits im Kasten auf Seite 193 beschrieben. Diesen zentralen Erfolgsfaktor für erfolgreiche Veränderungsprozesse möchten wir noch etwas genauer durchleuchten.

13.1.1 Abbildung auf das Troja-Prinzip

Was haben Veränderungsprozesse in Organisationen mit der Entwicklung einer Stadt gemeinsam? Wir denken, eine ganze Menge, und setzen diese Metapher auch in unserer Kommunikation ein, um das notwendige Verständnis auf Kundenseite zu erreichen.

Versetzen wir uns in Gedanken einige Hundert Jahre zurück und stellen uns eine eng bebaute Stadt vor, in der sich das ganze Leben innerhalb der schützenden Stadtmauern abspielt.[1] Außerhalb befinden sich Felder und freie Flächen, doch sind diese vor Angriffen feindlicher Truppen ungeschützt. Wie einst Troja liegt diese Stadt in der Nähe zum Meer und hat eine aufstrebende Schifffahrt im nahe liegenden kleinen Hafen. Für diese Schiffe werden lange Seile benötigt, die von Handwerkern verdrillt werden.

[1] Diese kleine Geschichte hat keinen historischen Bezug oder Anspruch auf historische Korrektheit und ist frei erfunden. Sie dient nur der Illustration.

Diese Handwerker, die sogenannten *Reepschläger*, brauchen dafür lange gerade Strecken, die sogenannten Reeperbahnen[2], die 400 Meter oder länger sind. In unserer über Jahrhunderte gewachsenen kleinen Stadt gibt es aber keine so langen geraden Wege mehr, weil sie im Laufe der Zeit so eng wie möglich bebaut worden ist. Wie würden Sie vorgehen?

Die einfachste Lösung scheint ein Outsourcing zu sein. Die Reepschläger verlassen die Stadt und bauen sich ihre Produktionsstätten und Häuser außerhalb neu auf. Dort haben sie ausreichend Platz und können ungestört arbeiten. Sie sind dann jedoch äußeren Störungen, die sich auf die Produktion auswirken können, schutzlos ausgeliefert. Für die Stadt würde ein kurzfristiger Ausfall kein großes Problem darstellen, solange deren Bewohner nicht dauerhaft besonders viele und hochwertige Seile benötigen oder auf andere Art von den Seilen abhängig sind.

Wenn Seile aber z. B. für unseren Hafen und die Schiffe an der Kaimauer enorm wichtig sind, brauchen wir eine Lösung innerhalb der Stadtmauern, um Engpässe zu vermeiden. Jetzt heißt es, im größeren Maße umzubauen. Vielleicht reicht es, an einer Stelle nur zwei Häuser einzureißen, um eine ausreichend lange Bahn für die Reepschläger zu schaffen. Doch was werden die Besitzer und Bewohner der beiden Häuser von unserem Plan halten? Wie wollen wir sie überzeugen?

Bevor wir also das Problem der Reepschläger lösen können, brauchen wir eine Lösung für die Hausbesitzer und -bewohner. Wir müssen dazu für das Alte (die beiden Häuser) erst einen neuen Platz finden, bevor das Neue (die Reeperbahn) geschaffen werden kann. Gelingt uns das, entsteht ein neuer stabiler Zustand in unserer Stadt. Wenn nicht, haben wir es schnell mit einer Aufruhr oder gar einem politischem Kampf zu tun, was eine Flucht der Stadtbewohner auslösen kann. Und so verkettet sich eine Lösung mit dem nächsten Problem. Die Wirkung einer Ursache ist selbst wiederum Ursache für Folgewirkungen usw. Wir haben es mit einem komplexen System zu tun.

Genauso wie moderne Stadtplaner oder Spieler aufwendiger Computersimulationen stehen wir als methodische Berater vor der Aufgabe, einen Veränderungsprozess so zu begleiten, dass eine neue, dauerhafte und stabile Lösung entsteht. Die Metapher des Troja-Prinzips kann uns immer wieder darauf hinweisen, worauf wir zu achten haben und mit welchen Mechanismen wir es dabei zu tun bekommen können. An dem obigen Beispiel erkennen wir, wie wichtig etwas Freiraum innerhalb unserer Stadtmauern ist, um veränderungsfähig zu sein. Eine wertvolle Möglichkeit, Freiräume zu schaffen, um flexibel zu bleiben, ergibt sich über Redundanzen.

[2]Als sich das Handwerk der Reepschläger nicht mehr unter offenem Himmel abspielte, wurden viele dieser Bahnen zu Straßen wie die Hamburger Reeperbahn umfunktioniert.

13.1.2 Redundanz im Veränderungsprozess

Wir verstehen unter *Redundanz* im Veränderungsprozess den notwendigen Freiraum, um Veränderungen überhaupt ergebnisorientiert durchführen zu können. Der offensichtlichste Grund ergibt sich indirekt aus der Veränderungskurve aus Abbildung 10.1 auf Seite 158. Wenn wir Mitarbeiter mit Veränderungen konfrontieren, sinkt zuerst ihre Produktivität und es dauert eine Weile, bis diese wiederhergestellt oder gar erhöht ist.

Wie stark dieser Effekt eintritt, ist von Organisation zu Organisation, Mitarbeiter zu Mitarbeiter und Veränderung zu Veränderung unterschiedlich, aber er tritt ein. Dieses Produktivitätsdefizit muss kompensiert werden und dafür brauchen wir eine erste Redundanz. Diese Kompensation kann unterschiedlich erfolgen. Vielleicht können wir den Zeitpunkt einer Veränderung in den Teil des Jahres legen, in dem unser Kunde eher wenig zu tun hat. Vielleicht brauchen wir auf Kundenseite zusätzliche Mitarbeiter, die natürlich vorher eingearbeitet werden sollten, was wiederum zu einer kurzzeitigen Reduktion der Produktivität führt. Oder es werden Überstunden gemacht. Letzteres kann offiziell angeordnet oder von den Führungskräften unseres Kunden stillschweigend vorausgesetzt werden.

Der eleganteste Weg ist sicherlich, den passenden Zeitpunkt zu wählen. Leider ist unseren Kunden das nur selten möglich. Nicht jede Organisation hat ein regelmäßiges Saisongeschäft. Der Druck zur Veränderung kann auch kurzfristig mit solcher Macht kommen, dass unser Kunde sofort handeln möchte. Wir können also fast immer davon ausgehen, dass es neben der Veränderungsbelastung als solches für die Mitarbeiter unseres Kunden auch eine Arbeitsmehrbelastung aufgrund der individuellen Produktivitätseinbußen geben wird. Dieser Effekt belastet den Veränderungsprozess zusätzlich zu den in der Veränderungskurve direkt erkennbaren Störungen.

Eine zweite, zusätzliche Redundanz benötigen wir für den Veränderungsprozess als solchen. Bis alles so läuft, wie es laufen kann, braucht es Zeit und ein paar Iterationen zum Ausprobieren und für den Feinschliff. Es dauert also, bis wir für die veränderten Prozesse und Arbeitsabläufe die mögliche Produktivität und den erwarteten Durchsatz erreichen. Das erste Projekt nach einer neuen Vorgehensweise wird länger dauern als vom reinen Projektinhalt her notwendig wäre, da alle beteiligten Mitarbeiter und eventuell andere betroffene Abteilungen oder Fremdfirmen sich auf die neue Arbeitsweise und die damit verbundenen neuen oder veränderten Aufgaben einstellen müssen. Alle müssen also üben, bevor es glatt laufen kann.

Dieser Effekt kann über verlängerte Projektlaufzeiten oder über kleinere Projektziele kompensiert werden. Auch können die direkt an den ersten Veränderungsschritten beteiligten Mitarbeiter extra dafür ausgewählt werden, um Personen zu finden, bei denen die Gefahr einer Überlastung gering ist. Andere Mitarbeiter haben dann die spezielle Aufgabe, den für die erste Veränderung ausgewählten Kollegen den Rücken frei zu halten und z. B. deren Tagesgeschäft mit zu erledigen.

Zusammengefasst bedeutet das, dass Veränderungen nur dann erfolgreich laufen werden, wenn die Mitarbeiter dafür ausreichend Freiraum haben. Die zu erledigende, *normale* Arbeit und das Tagesgeschäft werden dazu so geregelt und organisiert, dass entsprechende Spielräume für ausgewählte Mitarbeiter entstehen. Diese begleitende organisatorische Arbeit ist bereits in der Vorbereitung der Veränderung zu leisten und bis zum Ende des Veränderungsprojekts immer wieder neu zu organisieren und durchzuführen. Als methodische Berater ist es unsere Pflicht, unsere Kunden darauf hinzuweisen und gemeinsam dafür Lösungen zu entwickeln, um längere Überlastungen bei den Mitarbeitern unseres Kunden zu vermeiden.

13.1.3 Redundanzen und Innovationsmuster

Wie wichtig der Aspekt der Redundanzen im Rahmen einer konkreten Veränderung ist, hängt auch von den bisherigen Innovationsmustern ab, nach denen bislang Veränderungen abgelaufen sind. In Abschnitt 10.2.5 ab Seite 174 haben wir die vier grundlegenden Muster kennengelernt, die in Abbildung 10.7 auf Seite 175 schematisch dargestellt sind.

Finden wir in einer Organisation die beiden Muster mit einer hohen Innovationshäufigkeit vor, so sind meist ausreichend Redundanzen vorhanden. Anders lassen sich die *unendliche Innovation* und die *sich wiederholende Innovation* nicht langfristig erfolgreich durchführen. Beide Muster basieren darauf, dass ausreichend Spielraum für Veränderungen vorhanden ist.

Kritisch werden mangelnde Spielräume bei den beiden Mustern, die wir in Organisationen mit geringer Innovationshäufigkeit finden. Bei der *schrittweisen Innovation* mag das noch machbar sein, da die Veränderungen nur von kleinem Ausmaß sind und daher meist nur wenig Redundanzen benötigen. Hier wird ein Mangel an Spielraum nur sichtbar, wenn kurzfristig größere Veränderungen notwendig sind. Doch dann verlassen wir auch das Innovationsmuster und haben es eher mit einer *sprunghaften Innovation* zu tun.

Bei der sprunghaften Innovation finden wir große Veränderungen vor, zwischen denen lange Phasen der Konstanz und Stabilität liegen. Eine Stärke dieser Organisationen liegt darin, dass in diesen stabilen Phasen die Abläufe sehr gefestigt und oft weitgehend automatisiert sind. Diese Automatisierung betrifft sowohl die Unterstützung der Prozesse durch die interne IT als auch die Muster in den Köpfen der Mitarbeiter. Die Abläufe sind optimiert und stabilisiert.

Genau daraus entstehen die enormen Probleme bei Veränderungen, die dann häufig auch einen großen Umfang haben. Für die Mitarbeiter hat dies vom Gefühl her oft einen revolutionären Charakter. Dazu kommt, dass in stabilisierten und optimierten Organisationen nur wenig Redundanzen vorhanden sind. Genau das macht sie ja in den stabilen Phasen wirtschaftlich erfolgreich. Doch bei der sprunghaften Innovation fehlen dann genau diese Spielräume.

Die Innovationsmuster unserer Kunden zu kennen, ist also wichtig, wenn es darum geht, vorbereitende Maßnahmen für eine Veränderung in die Wege zu leiten. In dieser Vorbereitung geht es im Wesentlichen darum, die notwendigen Redundanzen aufzubauen, um die für eine erfolgreiche Veränderung notwendigen Spielräume zu schaffen.

Ein weiterer wichtiger Aspekt im Zusammenhang mit den Redundanzen bezieht sich auf die systemischen Grundmuster in einer Organisation, die wir in Abschnitt 10.3.2 ab Seite 179 kennengelernt haben. Bei Veränderungsprozessen achten wir auf den systemischen Dreiklang aus Bindung, Ordnung und Ausgleich (Abb. 10.9 auf Seite 180). Für Veränderungen ergibt sich daraus ein wichtiger Leitsatz:

> Bei Veränderungen wird zuerst ein neuer Platz für das Alte gefunden, bevor das Neue kommen kann!

Diese Reihenfolge ist wichtig, um unnötige Störungen zu vermeiden. Wenn z. B. im IT-Projektmanagement durch die Einführung agiler Methoden die bisherige Rolle *Projektleiter* aufgelöst wird und durch zwei neue Rollen *ScrumMaster* und *Product Owner* ersetzt werden soll, fragen sich die bisherigen Projektleiter zwangsläufig, was aus ihnen und ihrer Karriere im Rahmen dieser Veränderung werden wird.

Damit diese Menschen den Veränderungsprozess konstruktiv mitgestalten, brauchen sie vorher eine verlässliche Antwort. Sie benötigen den neuen Platz in der Organisation, um ihre alte Rolle loslassen zu können. Erst dann können die neuen Rollen erfolgreich zum Leben erweckt werden. Dabei ist es unerheblich, ob diese Mitarbeiter eine der neuen Rollen wahrnehmen oder ganz andere, solange sie sich mit dieser Veränderung gerecht behandelt fühlen (Ausgleich), weiterhin zur Organisation dazugehören (Bindung) und dabei einen für sie und die Organisation zufriedenstellenden Platz einnehmen (Ordnung). Für diese systemisch korrekte Vorgehensweise und damit dauerhafte Lösung braucht es ausreichend Spielraum, um den richtigen, neuen Platz für das Alte zu finden.

Im Sinne des Ausgleichs ist es dabei auch wichtig, das Alte im Rahmen der Umorganisation ausreichend zu würdigen. Die Arbeit dieser Menschen hat den wirtschaftlichen Erfolg der Organisation sichergestellt und damit auch die Ausgangsposition und den Rahmen für die anstehende Veränderung. Eine solche Wertschätzung ist wichtig. Sie liefert nach dem Troja-Prinzip die Schicht, auf der die neue aufbauen und weiter wachsen kann.

Diese Würdigung kann gut im Rahmen eines offiziellen Wechsels bzw. einer Übergabe erfolgen und spannt für alle Anwesenden einen Bogen aus der Vergangenheit über die Gegenwart bis in die Zukunft. Diese Momente sind maßgebend für die Orientierung der Mitarbeiter und das Vorleben eines wertschätzenden Umgangs miteinander.

13.2 Neue Balance finden

Um in Veränderungsprozessen und in der kritischen Zeit nach einer größeren Veränderung, wenn es gilt, die Veränderung zu etablieren, als Organisation erfolgreich zu sein, braucht es also eine große Flexibilität. Diese Flexibilität kommt aus den einzelnen Teams und Arbeitsgruppen. Auch hierauf haben wir als Berater einen genauen Blick zu werfen.

13.2.1 Istanalyse – das Gruppenfeld

Betrachten wir als Beispiel wieder das besonders kritische Innovationsmuster einer sprunghaften Veränderung. Die Teams haben dann in der Phase der Stabilität meist eher einseitig ihre Stärken aufgebaut. Schauen wir uns dazu eine Inhouse-Softwareentwicklung bei einem kleinen Produkthersteller an. Die eher wenigen Kunden haben stark individualisierte Produkte auf Basis einer Kernfunktionalität erhalten, mit denen sie sehr zufrieden sind. Aufgrund dieses Erfolgs wächst das Entwicklungsteam auf sieben Personen an.

Wenn wir nun jedes der sieben Teammitglieder gemäß seiner eigenen charakterlichen Arbeitspräferenz in unsere einfache Typologie eintragen, ergibt sich die Grafik aus Abbildung 13.1, ein sogenanntes Gruppenfeld[3]. Wir erkennen ein typisches, recht homogenes Bild von Kollegen, die wir als fundierte, kreative Problemlöser bezeichnen können. Fundiert wegen des hohen *Was?*-Anteils, kreativ aufgrund der Nähe zu *Wohin noch?* und Problemlöser durch den hohen *Wie?*-Anteil.

Dieses Team zeichnet eine starke Spezialisierung aus, die hervorragend zu einer Organisation passt, die eher wenigen Kunden individualisierte Produkte erfolgreich verkauft. Doch was passiert, wenn der Erfolg so groß wird, dass eine solche Vorgehensweise nicht mehr funktioniert? Wie kommen wir zu einer *echten* Produktentwicklung mit einer klaren Vision, einer Produktstrategie mit Prioritäten, kurzen, aber festen Releasezyklen und einer technischen Umsetzung, die Wartbarkeit und Erweiterbarkeit langfristig sicherstellt?

---

[3] Auf Aspekte der Teamentwicklung wie das Gruppenfeld gehen wir ausführlich in *Soft Skills für IT-Führungskräfte und Projektleiter* [71] ein.

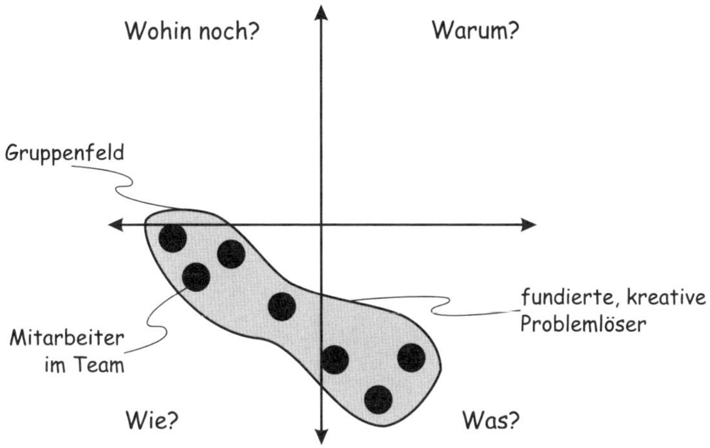

Abbildung 13.1: Beispiel einer typologischen Verteilung für ein Entwicklungsteam eines kleinen Produktherstellers

13.2.2 Durch gezielte Personalentwicklung Defizite abbauen

Um das Team für die anstehenden Veränderungen flexibel zu machen, entwickeln wir das Team und die Organisation im Rahmen ihres Wachstums bzw. ihrer Personalentwicklung weiter von den fundierten, kreativen Problemlösern hin zu einem kundenorientierten Hochleistungsteam (Abb. 13.2). Als Berater achten wir darauf, dass neue Mitarbeiter sich nicht einfach nahtlos in das bisherige Gefüge einordnen, sondern die bislang eher defizitären Aspekte im Team ergänzen.

Diese vorbereitende bzw. begleitende Veränderung erfolgt schrittweise und evolutionär. Wir tasten uns Quadrant für Quadrant von den bisherigen Stärken ausgehend vor. So kann sich das Team jedes Mal, wenn ein bisheriger Mitarbeiter neue Aufgaben wahrnimmt oder ein neuer Kollege hinzukommt, neu orientieren und die gruppendynamischen Prozesse aus der Teamuhr (Abb. 10.8 auf Seite 177) schnell durchlaufen. Meist reichen wenige dieser Schritte aus, um das spezialisierte Team für die anstehende Veränderung ausreichend flexibel zu machen.

Unsere Rolle als Berater ist dabei besonders wichtig, da wir mit dem Blick von außen sowohl die akuten Probleme in der Teamzusammensetzung als auch die notwendigen nächsten Schritte besser erkennen können. Wir unterstützen diese Personalentwicklung auch durch das Durchspielen von Prozesssimulationen aus Abschnitt 12.4 ab Seite 209. So sammeln die Teammitglieder wertvolle Erfahrungen mit ihrer gewonnenen Flexibilität und wir erleben im Schnelldurchlauf die typische Gruppendynamik des Teams. So gewinnen wir auch neue Erkenntnisse für die nächsten Schritte.

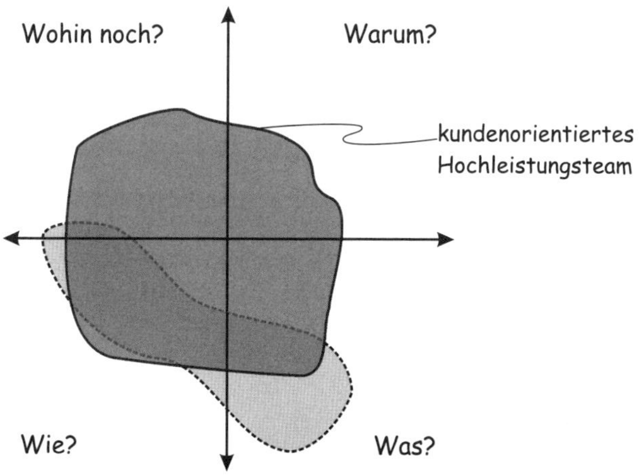

Abbildung 13.2: Beispiel des neuen Gruppenfelds für das Entwicklungsteam aus Abbildung 13.1

13.2.3 Veränderung von der Zukunft aus gestalten

In diesem Kontext werfen wir einen Blick auf die Aspekte der Theorie U aus Abschnitt 9.2 ab Seite 145, die uns dabei unterstützen, einen Veränderungsprozess kreativ zu gestalten. Wenn wir uns das U anschauen, das im Veränderungsprozess nach Otto Scharmer durchlaufen wird, erkennen wir fünf Ebenen, um vom Problem zur Handlung zu gelangen (Abb. 13.3).

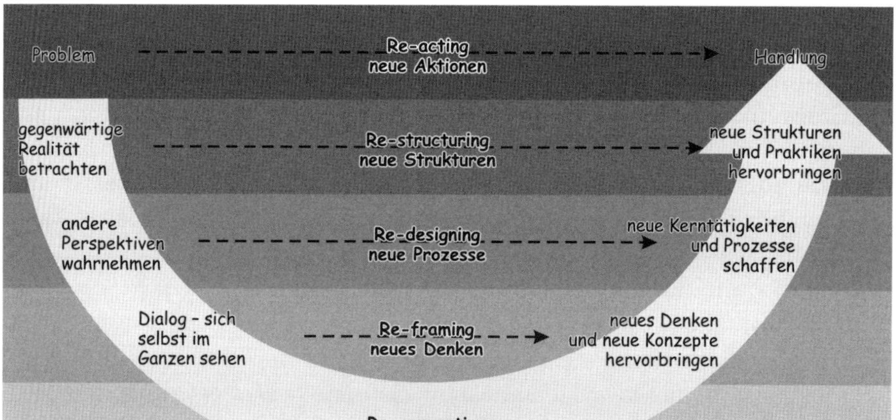

Abbildung 13.3: Theorie U: die fünf Ebenen der Veränderung [54]

Das Konzept des Presencing aus Abschnitt 9.2 ab Seite 145 sieht dabei vor, die Lösungen von der Zukunft her zu entwickeln und dabei sowohl die Handlungsebene, die Strukturen und Prozesse sowie das Denken der Mitarbeiter in den Veränderungsprozess aktiv einzubinden.

Ein solcher Veränderungsprozess versucht, aus der Sicht von der Zukunft her vom Denken ins Handeln zu kommen. Dazu schauen wir immer wieder genau hin, analysieren und moderieren regelmäßig die beteiligten Personen, wenn sie sich inhaltlich und emotional austauschen. Dabei ergeben sich vier Barrieren, die den Veränderungsprozess behindern können (Abb. 13.4):

1. nicht zu erkennen, was gesehen wird,
2. nicht zu sagen, was gedacht wird,
3. nicht zu tun, was gesagt wird, und
4. nicht zu sehen, was getan wird.

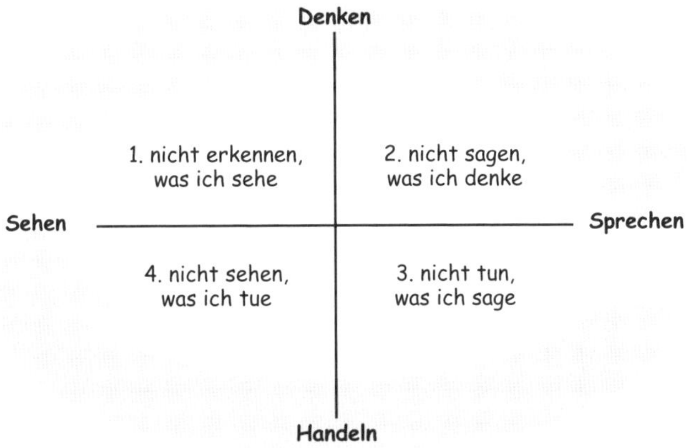

Abbildung 13.4: Theorie U: vier Barrieren des Lernens und Veränderns [54]

Als Berater können wir es immer wieder mit einer dieser Barrieren auf Kundenseite zu tun bekommen. Unsere Aufgabe in einer methodischen Beratung ist es daher, immer wieder zu prüfen, ob eine entsprechende Barriere aktiv existiert, und dann im Kontrast mit der eigenen Einschätzung im Dialog mit den betroffenen Mitarbeitern des Kunden die Differenzen zu minimieren. Wir halten unserem Kunden regelmäßig den Spiegel vor.

Besonders schwierig gestaltet sich dabei der zweite Punkt, den wir oft nur indirekt erschließen können. Wir suchen daher so oft wie möglich den direkten Kontakt und achten auf Diskrepanzen zwischen inhaltlicher und körpersprachlicher Aussage, den sogenannten *Double Binds*. So können wir

Hinweise auf die zweite Barriere erhalten. Meist können wir aber nur rückblickend aus der dritten Barriere auf die Existenz der zweiten schließen.

Um diese Barrieren zu überwinden, moderieren wir Workshops mit den Mitarbeitern, in denen sie sich über die Aspekte aus den fünf Veränderungsebenen austauschen und gegenseitig Feedback geben. Auf der Prozessebene kommen zusätzlich Retrospektiven hinzu, in denen die veränderten Prozesse rückblickend betrachtet werden und kurzfristige Verbesserungsmaßnahmen sowie grundsätzlich anzugehende Hindernisse gesammelt werden.

13.2.4 Der richtige Zeitpunkt für Prozessoptimierungen

Abschließend weisen wir auf einen häufigen Fehler bei der Einführung neuer Entwicklungsprozesse hin. Betrachten wir als Beispiel die Einführung von Scrum in einer Softwareentwicklungsabteilung. Wann nehmen wir erste Anpassungen am Grundprozess vor?

Häufig wird versucht, uns Berater dazu zu drängen, den grundsätzlichen Scrum-Prozess, wie er von Ken Schwaber und Jeff Sutherland beschrieben ist [61, 62], bereits vor der ersten Einführung anzupassen. Scrum ist ein Softwareprojektmanagement-Framework und lässt eine Reihe von Gestaltungsmöglichkeiten und notwendigen Konkretisierungen zu. Wenn die Anpassungen jedoch das Grundkonzept verändern, wird es nur noch schwer möglich sein, den Veränderungsprozess gezielt zu steuern.

Die Steuerung des Veränderungsprozesses erfolgt über die konkreten Unterschiede und individuellen Lösungen dazu, die sich aus dem Standardprozess im konkreten Umfeld des Kunden ergeben. Dazu müssen wir im Sinne des Troja-Prinzips zuerst den Standard einführen, um damit konkrete Erfahrungen zu sammeln, und ihn dann gezielt optimieren. Eine Optimierung im Vorhinein wird dagegen kaum sinnvoll möglich sein, da wir es sowohl beim Entwicklungsprozess wie auch bei der Einführung und dem Veränderungsprozess mit komplexen Systemen zu tun haben.

Als Grundregel führen wir ein Standardvorgehen ein und stabilisieren es über drei bis maximal fünf Iterationen. Erst wenn der Standard stabil läuft, nehmen wir Optimierungen vor. So schaffen wir in den ersten Iterationen bei den beteiligten Personen einen gemeinsamen Erfahrungsschatz, der notwendig ist, um sinnvolle und zielführende Optimierungen überhaupt erkennen zu können. Alles andere wäre in diesem Beispiel nur ein *Scrum, but ...*

14 Fallbeispiel

Anhand eines Fallbeispiels illustrieren wir einige Aspekte des im Buch beschriebenen Beratungsprozesses wie auch der eingesetzten Prozesswerkzeuge. Wir betrachten die Einführung von Scrum bei einem Unternehmen aus der Finanzbranche mit der methodischen Unterstützung durch ein Beratungshaus mit ca. 15 Beratern. Die Berater stecken dabei den gesamten Bereich agiler Softwareentwicklung ab – von der Analyse bis zur Softwareentwicklung und zum agilen Projektmanagement nach Scrum – und können hier fünf bis zehn Jahre Erfahrung vorweisen. Eine kurze Übersicht zu Scrum finden Sie im Anhang A.3 ab Seite 264.

14.1 Der erste Kontakt

14.1.1 Vorbereitendes Telefonat mit dem Kunden

Nachdem eine Anfrage seitens des Kunden bei Ihnen eingegangen ist, verabreden Sie per E-Mail einen ersten Telefontermin. Dazu bereiten Sie sich vor, indem Sie folgende Checkliste abarbeiten:

- Informationen über den Interessenten im Internet recherchieren:
  - Aufgabenfelder bzw. Produkte des Kunden
  - Größe und Struktur des Unternehmens
  - Standort(e) und ggf. Anreisemöglichkeiten
  - Aufgabenfeld des Ansprechpartners und ggf. weitere Informationen zu seinem beruflichen Werdegang
- Ziele für das erste Gespräch festlegen wie z. B.:
  - Motivation für den Kontakt seitens des Kunden erkennen
  - Ziele des Kunden erfragen
  - Vom Kunden gewünschte Maßnahmen und deren Umfang klären
  - Terminwünsche für den Beginn der ersten Maßnahme oder das Ende des Auftrags festhalten
  - Termin für ein erstes Treffen diskutieren und Agenda entwerfen

Bei kleineren Anfragen reichen vielleicht ein oder mehrere Telefonate aus, um eine Auftragsklärung abschließen zu können. Jetzt können Sie ein Angebot unterbreiten. Bei umfangreicheren und komplexeren Aufgaben ist ein direkter Kontakt erforderlich. So erhalten Sie einen wesentlich fundierteren Einblick in die Arbeitsweisen und das Umfeld Ihres Kunden und lernen Ihre Ansprechpartner besser kennen. Mit diesen Informationen kann Ihr schriftliches Angebot individuell auf die Kundenbedürfnisse zugeschnitten werden und Ihr potenzieller Auftraggeber erlebt Sie bereits in einer kleinen Arbeitsprobe. Sie erhöhen damit die Wahrscheinlichkeit, die für Sie und Ihre Kunden passenden Aufträge zu erhalten.

Im ersten Telefonat helfen uns die Prozessfragen aus Abschnitt 2.1.3 (ab Seite 10), um die wahren Bedürfnisse des Kunden erkennen zu können. Oft werden wir von Kundenseite im ersten Gespräch bereits mit einer mehr oder weniger konkreten gewünschten Lösung konfrontiert. Doch ohne das zugrunde liegende Problem des Kunden erkannt zu haben, können wir weder einen eigenen sinnvollen Vorschlag unterbreiten noch die Lösungsideen des Kunden bewerten.

So kann hinter dem Kundenwunsch, in der Softwareanalyse UML[1] einführen zu wollen, das Bedürfnis nach einem verbesserten Vorgehen in der Softwareentwicklung stecken, um betriebswirtschaftliche Ziele wie z. B. kürzere Entwicklungszyklen mit agilen Vorgehensweisen zu erreichen. Wenn wir das nicht genau hinterfragen, wird der Kunde kaum mit seiner ursprünglichen Idee seine Probleme lösen können. Wir erläutern die von uns erkannten Zusammenhänge und versuchen dabei, das Vertrauen des Kunden in unsere Qualifikation und Kompetenz zu gewinnen.

Wir können bereits im ersten Gesprächskontakt eine Menge Informationen sammeln. Entweder kommt dieser über E-Mail zustande, indem Sie einen Telefontermin vereinbaren, oder Sie versuchen gleich ihr Glück mit einem Anruf. Ein möglicher Leitfaden für ein erstes persönliches Gespräch mit dem potenziellen Kunden sieht folgendermaßen aus.

Die Gesprächseinleitung – ein angenehmes Klima schaffen

Wir stellen uns in einem Satz vor: »Mein Name ist Paul Pustermann und ich bin Berater für agiles Projektmanagement bei der AgileConsult GmbH!«[2]

Wir nennen den Grund des Anrufs: »Sie hatten über unsere Website um ein Gespräch gebeten.«

[1]Unified Modeling Language: eine methodikfreie Modellierungssprache für die Entwicklung von Softwaresystemen.

[2]Die Namen sind frei erfunden. Jeder Zusammenhang mit existierenden Personen oder Firmen ist zufällig.

Wir prüfen, ob ein solches Gespräch gerade passt bzw. ob ausreichend Zeit auf der Kundenseite zur Verfügung steht: »Haben Sie jetzt so etwa 30 Minuten Zeit oder passt es gerade nicht so gut?« Gegebenenfalls verabreden wir einen neuen oder Nachfolgetermin, wenn jetzt für das Gespräch nicht ausreichend Zeit zur Verfügung steht.

Den Gesprächspartner kennenlernen. Hier können Sie erfragen, wie die Rolle und Aufgaben Ihres Ansprechpartners im Unternehmen sind und ob er bzw. wer uns mit einem Beratungsprojekt beauftragen kann. Beispiele für Formulierungen lauten: »Wofür sind Sie genau verantwortlich?« oder »Welche Aufgaben nehmen Sie noch wahr?« bzw. »Mit wem können wir über die vertraglichen Aspekte verhandeln?«.

Der Hauptteil – den Auftrag klären

Unsere Motivation für das Gespräch schildern. »Wir möchten Ihnen nicht irgendetwas verkaufen, sondern genau verstehen, welche Schwierigkeiten auf Kundenseite vorliegen. So können wir gemeinsam eine Lösung entwickeln, die auch zu Ihrer Ausgangssituation passt.« Wir können hier bereits darauf hinweisen, dass wir uns Gesprächsnotizen machen, um bei Bedarf ein individuelles Angebot erstellen zu können.

Der Kunde schildert sein Anliegen und wir notieren uns die wichtigsten Aussagen z. B. in einer Mindmap. Dabei ist es wichtig, Missverständnissen auf beiden Seiten vorzubeugen. Dazu setzen wir die Technik des aktiven Zuhörens aus Abschnitt 2.1.1 und die in Abschnitt 2.1.2 beschriebene Fragetechnik ein: »Was möchten Sie mit dem Einsatz der UML in Ihrer Entwicklung erreichen?« »Wir haben immer wieder Schwierigkeiten mit unseren Terminzusagen für neue Funktionen in unserer Software. Da müssen wir besser werden.« »Habe ich Sie richtig verstanden, es geht also um Ihr Releasemanagement?« »Ja, aber nicht nur. Unsere Anwender beschweren sich fast jede Woche, dass wir deren Probleme nicht kurzfristig lösen können.« »Heißt das, es geht Ihnen eher um die Kundenzufriedenheit?« »Ja, genau!« »Wie denken Sie, kann Ihnen der Einsatz der UML dabei helfen?« ...

Aktives Zuhören: Wir fassen zusammen, was wir bis jetzt verstanden haben. Dadurch klären wir mögliche Missverständnisse und gewinnen etwas Zeit, um erste eigene Ideen zu entwickeln. »Darf ich kurz zusammenfassen, was bei mir angekommen ist, um mögliche Missverständnisse sofort aufzudecken. Sie sind ein Hersteller von Softwareprodukten für mittelständische Konstruktionsfirmen. Sie haben vor sechs Jahren als kleine Firma mit fünf Mitarbeitern und davon drei Softwareentwicklern als Spin-off einer Universität begonnen, spezielle Konstruktionssoftware zu entwickeln und als Produkt zu vertreiben. Ihr Produkt deckt eine Nische ab, in der Sie sich in den letzten drei Jahren zum europäischen Marktführer entwickelt haben. In den letzten vier Jahren ist Ihr Entwicklungsteam von den ursprünglichen drei Mitarbeitern um fünfzehn neue auf achtzehn Entwickler gewachsen. Die neuen Mitarbeiter kommen hauptsächlich direkt von der Universität, zu der Sie immer noch einen guten Kontakt pflegen. Durch den großen Markterfolg seit vier Jahren mit einer stetig steigenden Anzahl an Lizenzen und Kunden war und ist ihre Entwicklung getrieben von vielen, kurzfristig umzusetzenden Anforderungen seitens des Vertriebs, der Supportabteilung und einiger langjähriger Kunden, die direkt mit den Entwicklern kommunizieren. Seit zwei Monaten haben Sie die neue Rolle des Produktmanagers installiert, um die Anforderungen an die Produktentwicklung besser zu steuern. Sie möchten jetzt die Softwareentwicklung besser strukturieren, indem Sie dort UML und eine entsprechende Analyse- und Designmethodik einführen. Passt das so?«

Erste eigene, grobe Ideen nennen: »So, wie ich Sie verstanden habe, befürchte ich, dass die Einführung der UML Ihre Probleme nicht ausreichend lösen kann. Ich denke, eine Verbesserung und größere Klarheit der Kommunikationswege zwischen der Entwicklung und der neuen Rolle des Produktmanagers sowie dem Vertrieb, Support und den Kunden sowie ein transparenteres Vorgehen in der Entwicklung können hier weiterhelfen. Der Einsatz der UML kann dabei ein Element sein. Ich glaube, es geht hier eher um grundlegendere Aspekte im Rahmen Ihres Entwicklungsprozesses und der Verantwortlichkeiten.«

Direktes Gespräch vereinbaren. Bei komplexeren Aufgaben oder wenn unsere Vorschläge weit über die Ideen des Kunden hinausgehen, bietet sich eine direkte Auftragsklärung im Rahmen eines Workshops an. Unser Kunde erhält dabei ein erstes Ergebnis für seine weiteren Entscheidungen und eine Probe unserer Arbeitsweise. »Diese Themen erscheinen mir zu wichtig und zu komplex, um sie sinnvoll telefonisch bearbeiten zu können. Was halten Sie von einem Klärungsworkshop mit den wichtigsten Gesprächspartnern auf Ihrer Seite bei Ihnen im Hause, damit wir Ihnen ein perfekt für Sie zugeschnittenes Lösungskonzept anbieten können? Dabei lernen wir uns persönlich kennen und Sie gewinnen einen Eindruck unserer Arbeit.«

Meist wird ein solcher Workshop zur Auftragsklärung von ca. 1-2 Stunden Dauer als Akquiseaufwand dem Kunden nicht in Rechnung gestellt. Bei einem vermuteten größeren Aufwand und einem kompletten Lösungskonzept als Ergebnis für den Kunden können wir auch für unsere Arbeit eine Rechnung stellen oder vereinbaren, dass diese Rechnung nur gestellt wird, wenn es nicht zu einer folgenden Beauftragung kommt. Wichtig ist dabei zu wissen, dass ein Kunde nur gewillt sein wird, für ein Ergebnis zu bezahlen, mit dem er im weiteren Verlauf arbeiten und darauf aufbauen kann.

Der Gesprächsabschluss – die nächsten Schritte klären

Terminabstimmung klären und sicherstellen. Wer macht Terminvorschläge? Bis wann erhalten wir Antworten auf noch offene Fragen zur Vorbereitung auf einen Folgetermin?

Weitere Stakeholder klären. Kann unser Gesprächspartner uns direkt beauftragen oder braucht es dazu eine höhergestellte Führungskraft? Laufen Angebote über einen zentralen Einkauf oder können wir direkt mit der Fachabteilung verhandeln? Wer wird als fachlicher Entscheider noch benötigt bzw. nimmt ggf. an dem Klärungsworkshop teil?

Nächste Schritte klären. Benötigt unser Kunde ein erstes Angebot, um formale Aspekte intern klären zu können? Wer zahlt die gegebenenfalls anfallenden Reisekosten für das erste Treffen? Wie stimmen wir die Agenda für diese Besprechung ab?

Weitere Kommunikation klären. Wir besprechen, wie unser Kunde mit uns in Kontakt treten kann, falls er weitere Fragen oder Informationen für uns hat. Steht ein Urlaub oder eine besondere Projektbelastung an?

Gespräch abschließen. Wir bedanken uns für das Telefonat und die Möglichkeit, ein ausführlicheres Gespräch zur Auftragsklärung durchführen zu können oder bei kleineren Aufgaben direkt ein Angebot erstellen zu dürfen.

Wir sehen hier an diesem Beispiel auch, dass die CRM-Prozessschritte aus Abbildung 7.5 (S. 116) recht schnell durchlaufen werden können. Über die Website (Marketing) kam ein erster Kontakt (Lead) zustande, den wir im ersten Telefonat weiter qualifizieren. Wir haben einen *Interessenten* gewonnen. Im weiteren Gesprächsverlauf kann bereits aus dem Interessenten ein *Kunde* werden, wenn es sich z. B. um eine kleine Maßnahme handelt oder wir einen ersten gemeinsamen Workshop zur Lösungskonzeption verkaufen können. Meist wird jedoch eine tiefer gehende Akquisemöglichkeit vereinbart, um ein persönliches Kennenlernen einzurichten und den möglichen Auftrag in einem Workshop zu klären.

14.1.2 Auftragsklärung und Akquise

Da Veränderungsprozesse für die meisten Firmen eine große und riskante Herausforderung darstellen, wird ein Telefonat kaum ausreichen, genug Informationen zu sammeln, um ein fundiertes, individuell zugeschnittenes und überzeugendes Angebot erstellen zu können. Auf der Interessentenseite besteht auch der berechtigte Wunsch, die Menschen auf der Dienstleisterseite persönlich kennenzulernen. Es ist wichtig, zu klären, ob die *Chemie* zwischen den Keyplayern auf beiden Seiten stimmt. Wir vereinbaren daher einen gemeinsamen Workshop zur Auftragsklärung.

In diesem Workshop können wir unsere Prozesswerkzeuge gezielt einsetzen. Wir visualisieren die vereinbarten Schritte und Ergebnisse auf Flipcharts und können so unserem potenziellen Kunden bereits eine konkrete Arbeitsprobe und ein Fotoprotokoll liefern. Gehen wir für unser Fallbeispiel das Kontextmodell aus Abbildung 7.6 (S. 120) exemplarisch durch, das sich gerade für Akquisesituationen besonders bewährt hat.

Ziele

Was soll erreicht werden? Die typischen Antworten, die wir zu Beginn oft hören, lauten z. B.: »Eine bessere Testautomatisierung in der Entwicklung« oder »Eine schnellere Umsetzung von Anforderungen«. Das ist leider nicht die Ebene, auf die diese Frage abzielt. Es handelt sich um Maßnahmen oder Ergebnisse. Häufig ist ein kurzes Nachfragen bei unseren Gesprächspartnern erforderlich, um auf die Zielebene zu gelangen. »Wozu brauchen Sie das?« oder »Was erreichen Sie damit?« reicht dazu meist bereits aus. Jetzt werden die dahinterliegenden Ziele genannt.

»Unsere Kunden bemängeln die seltenen und inhaltlich wenig verlässlichen Updates. Hier müssen wir besser werden! Außerdem ist die Qualität unserer Updates seit einem Jahr zu gering, sodass sich sowohl die Kunden als auch unser Support bereits beschweren. Auch wird unser Entwicklungsfortschritt dadurch verlangsamt. Und mir persönlich fehlt einfach die Übersicht, was genau gerade geplant und bearbeitet wird.« Damit sind wir auf der Zielebene, jedoch sind die Formulierungen noch auf die Probleme gerichtet und nicht auf das zu erreichende Ziel. In unserem aktiven Zuhören kann diese Transformation einfach und elegant erfolgen: »Habe ich Sie richtig verstanden, Sie möchten für alle Stakeholder ein transparentes Produktmanagement und eine Projektplanung haben, damit diese sich rechtzeitig einbringen können? Dazu wünschen Sie sich quartalsweise regelmäßige Releases, deren Umfang klar kommuniziert und erbracht wird. Zusätzlich möchten Sie die Qualität der Releases so steigern, dass die Kundenbeschwerden wieder auf das Maß von vor einem Jahr oder weniger zurückgehen. Stimmt das so?«

Mit diesen Antworten können wir in drei Richtungen weiterarbeiten. Wir können den Istzustand klären und zum Ast *Vorhandenes* springen. Wir können auch zur Definition der *Ergebnisse* wechseln und hinterfragen, was mit dem Vergleich *besser* und *verlangsamt* genau gemeint ist und wie wir das messen können. Wir können auch diese beiden Aspekte später behandeln und in unserer Abfolge fortfahren. Eine Struktur wie die Mindmap auf Seite 120 ermöglicht uns dieses flexible Arbeiten, da wir anhand dieser Gliederung unseren *roten Faden* nicht verlieren und inhaltliche Lücken jederzeit erkennen und schließen können.

Welcher Nutzen soll erbracht werden? Hier geht es um die qualitativen und quantitativen Betrachtungen. So können z. B. Durchlaufzeiten verringert oder Antwortzeiten verkürzt werden. Eine andere typische Antwort lautet z. B., die Korrekturzyklen bis zur endgültigen Freigabe zu verringern.

Der zukünftige Nutzen kann nur in Bezug auf den aktuellen Zustand bezogen werden. Daher ist es bei diesem Punkt auch wichtig, den Istzustand zu betrachten und ggf. messbar zu machen. Nur dann können wir auch den Nutzen unserer Beratung messbar machen. Meist sind diese Bezugspunkte statistisch ermittelt. Fragen dazu lauten typischerweise: »Wie viele Fehler der beiden höchsten Fehlerkategorien werden nach der Auslieferung noch von den Anwendern gefunden und müssen binnen kurzer Zeit korrigiert werden?«, »Wie lange dauert die Umsetzung und Auslieferung einer erkannten Anforderung?«, »Wie viele Aufgaben oder Tasks sind parallel in Arbeit und damit offen?« oder »Welche Zweigüberdeckung erreichen die Unit Tests?« usw.

Wer sind die Nutznießer? Welche Gruppen oder Stakeholder sollen vom Beratungsprojekt profitieren? In welcher Weise haben diese dabei ihren Vorteil? So profitieren von einer agilen Projektabwicklung meist sowohl die Anwender, die Fachbereiche oder anderen Abteilungen als auch die Geldgeber bzw. Budgetverantwortlichen sowie die Entwicklung selbst. In der Entwicklung minimieren sich die Störungen durch unvorhersehbare Fehlerkorrekturen und die Anwender bekommen schneller die passende Funktionalität. Dadurch reduzieren sich Kosten und die Anforderungen können mit größerer Verlässlichkeit eingeplant werden. Auch über diese Sichten erhalten wir Hinweise auf Möglichkeiten, unseren Beratungserfolg messbar zu machen, sowie über den Rahmen des Projekts und die wichtigen Stakeholder.

Ergebnisse

Was genau soll herauskommen? Mit welchen Ergebnissen soll der Nutzen erreicht werden? Beispiele sind regelmäßige interne monatliche Ergebnisreviews der aktuellen Software mit neuen oder angepassten Features durch die Qualitätssicherung, Produktmanager und andere Stakeholder. Auf organisatorischer Seite kann eine direkte Integration der Qualitätssicherung in den Entwicklungsprozess angestrebt werden oder eine klare Verteilung der Verantwortung für die Gestaltung und Priorisierung der Anforderungen.

Was soll konkret hinterher da sein? Auch hier erhalten wir Anhaltspunkte, um das Ergebnis später messen zu können. So können z. B. feste Iterationen von vier Wochen Dauer mit einem Review am Ende angestrebt werden. Mit der Auslieferung alle drei Monate werden dann neue Features nutzbar. Konkrete Ergebnisse können in unserem Kontext auch Planungswände oder andere Artefakte wie Backlogs sein. Auch kann z. B. über die Burndown-Charts eine angestrebte Prozessqualität mit einer kontinuierlichen Fortschrittsgeschwindigkeit nachgewiesen werden. Eine umfassende Testautomatisierung mit einer angestrebten Testabdeckung[3] kann das Erreichen dieser Ergebnisse ausgezeichnet unterstützen.

Konkrete Ergebnisse können auch organisatorischer Art sein. Die Ausrichtung in Feature-Teams ist ein Beispiel dafür. Ebenso kann ein Product-Owner-Team oder die Integration von Systemtestern in die Feature-Teams ein strukturelles Ergebnis sein. Dieses und ähnliche Ergebnisse haben also häufig den Charakter von Maßnahmen, um den Nutzen sicherzustellen.

Als Nächstes kann es jetzt im Ablauf sinnvoll sein, einen Blick auf die aktuelle Situation beim Kunden zu werfen. Wir betrachten dazu das Vorhandene und die für die ersten Schritte der Beratung benötigten Grundlagen und mögliche Anknüpfungspunkte.

Vorhandenes

Was haben Sie bereits? Diese Frage entpuppt sich oft als besonders hilfreich, da manchen Kunden ihr aktueller Stand unklar ist. Häufig tauchen in dieser Diskussion Fragen auf, die auf Kundenseite noch intern zu klären sind. In unserem Beispiel werden uns drei Aspekte genannt: »Wir haben sehr motivierte und engagierte Mitarbeiter, die sich voll in die Aufgaben reinknien. Von drei Mitarbeitern weiß ich aus Diskussionen, dass sie sich bereits mit Scrum befasst haben. Es laufen auch ein paar automatisierte Unit Tests.«

Woher haben Sie es? Liegt die Ressource bereits im Team oder kommt oder kam etwas von außen? »Die drei Mitarbeiter haben das Scrum-Buch von Ken Schwaber gelesen und darüber diskutiert. Die Idee mit den Unit Tests kam durch eine studentische Hilfskraft, die hier ihre Diplomarbeit gemacht hat. Leider ist derjenige nicht mehr dabei, aber

[3] Was das genau bedeutet und wie es zu erreichen ist, finden Sie z. B. in [69].

zwei Entwickler programmieren seitdem weiterhin Unit Tests. Ob die allerdings testgetrieben vorgehen oder die Unit Tests nachträglich erstellen, weiß ich nicht.«

Benötigtes

Was brauchen Sie noch? Mit dieser Frage soll im Wesentlichen herausgefunden werden, was benötigt wird, um mit dem Projekt beginnen und die ersten Schritte gehen zu können. In unserem Beispiel geht es darum, das vorhandene Wissen zu konsolidieren und für alle direkt beteiligten Personen eine gemeinsame Grundlage als Ausgangs- und späteren Bezugspunkt zu schaffen. Dazu kommt, dass es für verschiedene Rollen im Projekt spezielles Wissen braucht, um der Verantwortung gerecht werden zu können. Beides kann in gemeinsamen Workshops oder kurzen Seminaren erfolgen.

Bei einem Veränderungsprozess wie in diesem Beispiel ist es äußerst hilfreich, wenn im Rahmen des gemeinsamen Workshops durch eine Prozesssimulation eine gemeinsame Erfahrung mit der neuen Vorgehensweise gewonnen werden kann, wie in Abschnitt 12.4 ab Seite 209 bereits gezeigt wurde.

Woher bekommen Sie es? Hier ist es von Vorteil, wenn die Workshops und Seminare von denselben Beratern durchgeführt werden können, die auch den späteren Prozess bzw. das Projekt begleiten. Falls das nicht möglich ist, sollten sie auf jeden Fall bei den Maßnahmen anwesend sein, um genau zu wissen, was dort gelaufen ist. So können sie sich später darauf beziehen und Bezüge zur dort gemachten Erfahrung herstellen.

Rahmen

Welche festen Randbedingungen sind einzuhalten? Wir fragen die hochrangigen Führungskräfte nach den Randbedingungen für den Einführungsprozess. Typische Antworten sind dann z. B.: »Das Projekt muss komplett mit den bestehenden Personen durchgeführt werden. Es werden im nächsten halben Jahr keine neuen Mitarbeiter hinzukommen.«

Auch das Budget für die Beratung und die in diesem Zusammenhang stattfindenden Maßnahmen ist eine wichtige Randbedingung. In unserem Beispiel steht ein Budget für zehn Seminar- bzw. Workshoptage und ca. 30 Beratungstage zur Verfügung. Damit können wir einen zweitägigen Scrum-Workshop mit allen beteiligten Entwicklern und Führungskräften durchführen sowie zwei dreitägige Spezialisierungsworkshops für die zukünftigen Product Owner bzw. die Scrum-

Master aus Produktmanagement und Entwicklung. Auch wenn in unserem kleinen Fallbeispiel nur wenige Personen an den beiden Spezialisierungsworkshops teilnehmen werden, ist es von elementarer Bedeutung, z. B. Aspekte der Backlog-Pflege oder der Führung in agilen Teams für diese Rollen zu vertiefen.

Welche Hindernisse sehen Sie? Daraus ergeben sich konkrete Hindernisse: »Wenn es Probleme mit dem Produkt gibt, so müssen diese zeitnah gelöst werden und es kann auf den Einführungsprozess keine Rücksicht genommen werden. Dazu wird es schwierig sein, alle notwendigen Mitarbeiter für die Workshops freizustellen. Wer macht dann die Arbeit?«

Welche Risiken befürchten Sie? »Das größte Risiko ist es für die Geschäftsführung, dass diese ganzen Maßnahmen nicht den gewünschten Erfolg bringen und damit nur Geld kosten. Die Außenwirkung unserer Firma bzw. durch unser Produkt ist von extremer Bedeutung für uns, da wir von unserer Reputation bei den Kunden leben.«

Aktivitäten

Welche groben Schritte wollen wir dazu gemeinsam gehen? Jetzt schlagen wir erste Aktivitäten vor, die zeitnah beginnen können. »Wir schlagen vor, einen zweitägigen Scrum-Workshop für alle beteiligten Personen durchzuführen, um eine gemeinsame Grundlage zu legen. Danach findet ein Workshop statt, in dem der Produktmanager auf seine zukünftige Rolle als Product Owner und der Projektleiter und sein Stellvertreter auf ihre neuen Rollen als ScrumMaster gezielt vorbereitet werden. Danach setzen wir dann ein Führungsteam auf, das den Veränderungsprozess nach den agilen Prinzipien steuert, das wir *Transformationsteam* nennen.«

Nach einem Blick in unsere Planung fahren wir fort: »Die Workshops werden von unseren beiden Beratern geleitet, die auch den Veränderungsprozess bei Ihnen begleiten werden. So lernen sich alle Beteiligten von Anfang an gut kennen. Wenn einzelne Mitarbeiter bei den Workshops fehlen, so können diese im Rahmen der offenen Seminare, die wir regelmäßig in unserem Trainingscenter anbieten, zu Sonderkonditionen teilnehmen.«

Welche Abhängigkeiten gibt es dabei? In unserem kleinen Beispiel ist nur eine Abhängigkeit von Bedeutung. Die Workshops müssen durchgeführt worden sein, bevor das Transformationsteam seine Arbeit aufnehmen kann. Für alle Beteiligten sind die gemeinsame Wissensgrundlage und die Erfahrung aus der Prozesssimulation absolut notwendig.

14.1.3 Kontextmodell visualisieren

Die konkreten Inhalte aus der Auftragsklärung für unser Fallbeispiel sind in Abbildung 14.1 dargestellt. Dort finden Sie eine andere Darstellungsform des Kontextmodells als die einer Mindmap, um Ihnen ein Beispiel dafür zu geben, wie Sie mit dem Kontextmodell frei und kreativ arbeiten können.

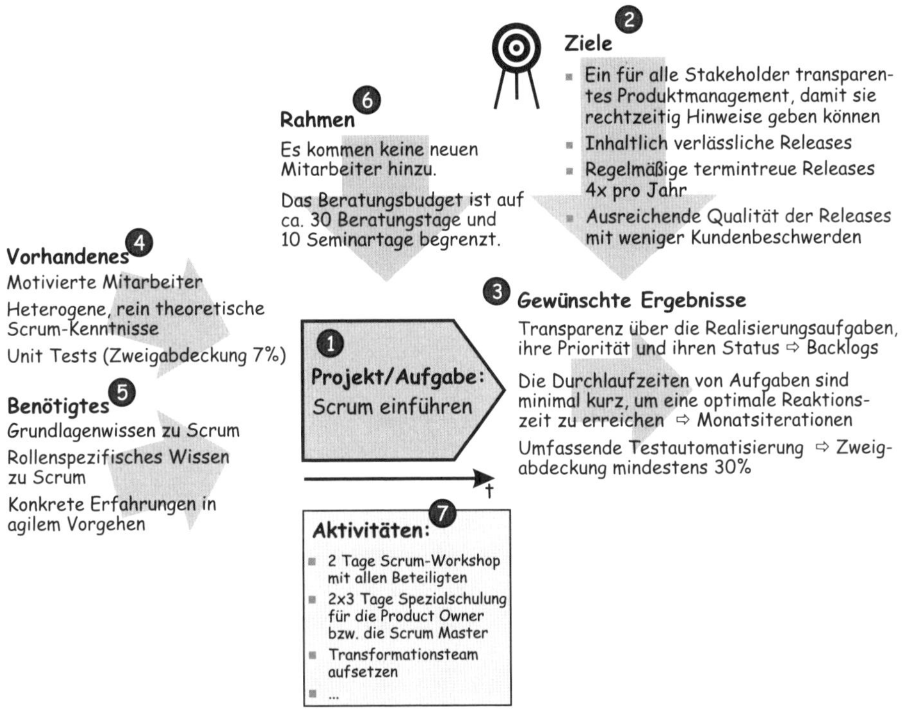

Abbildung 14.1: Kontextmodell für das Fallbeispiel

Gehen wir kurz die einzelnen Schritte im Kontextmodell durch. Bei der Benennung des Projekts in ① tragen wir einen fokussierenden Arbeitstitel nach dem Muster *Substantiv* + *Verb* ein. Die Projektziele unter ② werden nach demselben Muster benannt. Wichtig ist es hierbei, das Ziel und nicht Maßnahmen zu beschreiben. Fragen Sie sich und den Kunden dabei auch immer wieder nach dem Ziel hinter dem Ziel. Häufig werden wir zu Beginn von unseren Kunden leicht in die Irre geführt. Eine Aussage wie »Die Entwickler und der Produktmanager sollen enger zusammenarbeiten!« stellt kein Ziel, sondern eine Maßnahme dar. »Was soll damit erreicht werden?« lautet unsere Frage. So kommen wir dann zu den wahren Zielen bzw. oft zu einer Zielhierarchie, in der z. B. durch kürzere Releasezyklen eine größere Flexibilität bei Änderungen und Anpassungen an der Software erreicht werden soll, die dann zu einer höheren Kundenzufriedenheit führt.

In Schritt ③ zäumen wir jetzt das Pferd von hinten auf und setzen unsere Analyse mit Fragen nach den gewünschten Ergebnissen fort. Was soll am Ende des Projekts erreicht worden sein? Welcher Nutzen ergibt sich daraus? Jetzt erst kommen wir aus der Sicht auf die Zukunft zurück in die Gegenwart und betrachten in ④ das, was wir bereits an Voraussetzungen vorfinden und welche Ressourcen wir zur Verfügung haben. Bei existierenden Zulieferleistungen ist es dabei auch wichtig, zu vermerken, woher diese vorhandene Leistung kommt.

Wir wechseln in ⑤ die Blickrichtung und fragen unseren Kunden, was aus heutiger Sicht bereits als Bedarf klar zu benennen ist. Was brauchen wir noch, damit alle Beteiligten loslegen können? Von dort ist es ein kleiner Schritt zu den Rahmenbedingungen und sonstigen Faktoren wie Budgets, Risiken usw., die wir in ⑥ erfassen.

Zum Abschluss benennen wir in ⑦ die groben Aufgabenpakete, die wir gemeinsam angehen, um die Ergebnisse zu erreichen. Wir prüfen, wie diese Aktivitäten zum Zeitrahmen passen, und betrachten dazu die bereits benannten Ergebnisse unter ③.

Mit diesen Informationen können wir jetzt ein konkretes und individuelles Beratungskonzept entwickeln. Wir haben erkannt, dass die Problemursache in der zu geringen Flexibilität bei der Projektdurchführung und zu wenig bzw. seltener direkter Kommunikation zwischen allen Beteiligten liegt. Ein Kernproblem ist dabei das unvollständige und kaum nachvollziehbare Setzen der Prioritäten für die Projekte.

14.2 Das Beratungskonzept entwickeln

Die ursprüngliche Lösungsidee des Kunden, die Kommunikation durch die Einführung von UML zu verbessern, zielt auf die Kommunikationsprobleme in der Projektdurchführung ab. Sie reicht aber kaum aus und kann in diesem Beispiel nur als ergänzende Maßnahme betrachtet werden. Die direkte Zusammenarbeit aller Projektbeteiligten würde damit nicht notwendigerweise verbessert werden. Um die Releasezyklen zu verringern und mit den Projektergebnissen näher an den Anwenderbedürfnissen zu liegen, sind vermutlich tief greifendere Veränderungen notwendig als die Einführung einer Modellierungssprache. Wir bedienen uns dazu der Methoden und Werkzeuge des agilen Projektmanagements.

Danach können wir ein konkretes, schriftliches Angebot für unseren Kunden erstellen. Neben den typischen Angaben zu unseren Tagessätzen und Geschäftsbedingungen fassen wir die Ziele des Beratungsprojekts zusammen und stellen unser Beratungskonzept im Detail vor.

14.2.1 Grundlage des Beratungskonzepts

Wir betrachten zwei Ebenen für unsere Beratung: die Veränderungsebene (Abb. 14.2 oben) und die operative Ebene (Abb. 14.2 unten). Damit adressieren wir einerseits die konkrete inhaltliche Beratung für das Projektgeschäft des Kunden und andererseits den Veränderungsaspekt für die Organisation, die die Einführung des agilen Projektmanagements verfolgt.

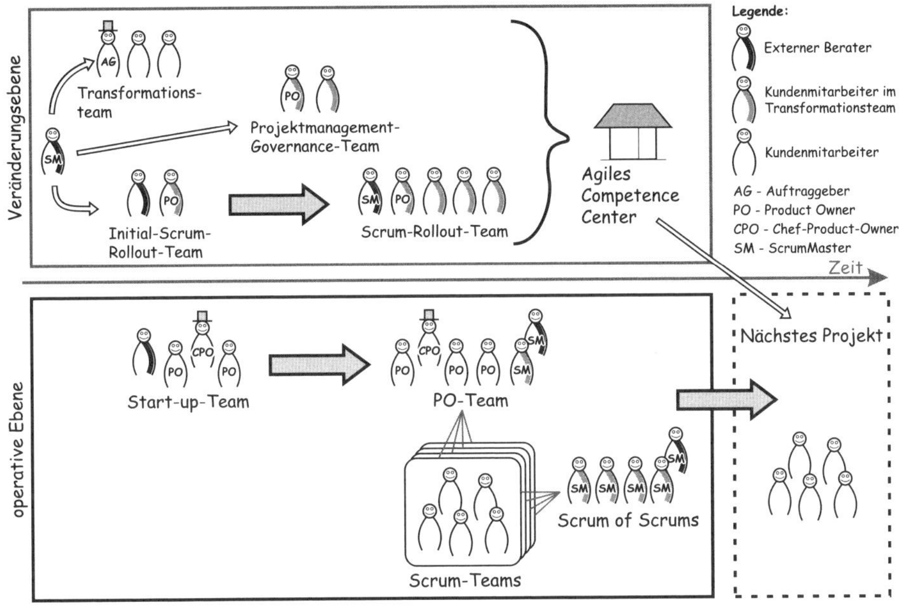

Abbildung 14.2: Die Visualisierung des grundlegenden Beratungskonzepts

Wir beginnen mit unseren Maßnahmen auf der Veränderungsebene, um dort die Rahmenbedingungen für ein erstes agiles Pilotprojekt nach Scrum zu setzen. Dazu initiieren wir ein Team aus hochrangigen Führungskräften des Kunden, um den begleitenden Veränderungsprozess zu steuern. In Abbildung 14.2 haben wir dieses Team als *Transformationsteam* bezeichnet. Damit setzen wir die Idee der *Führungskoalition* aus den acht Stufen nach Kotter aus Abschnitt 10.2.4 ab Seite 169 pragmatisch um.

Um den Veränderungsprozess als eigenes Projekt ebenfalls nach Scrum durchzuführen, bedarf es neben diesem Steuerungsteam noch weiterer Teams mit eigenen, klar getrennten Verantwortungsbereichen. An diesen Teams orientieren wir auch die Struktur unserer Beratung bzw. den begleitenden Veränderungsprozess. Insgesamt sehen wir die folgende Struktur als zielführend an:

Im Transformationsteam sitzen neben unserem Auftraggeber andere zentrale Linienführungskräfte, die in den Veränderungsprozess eingebunden sind bzw. für dessen erfolgreiche Umsetzung wichtig sind.

Das Projektmanagement-Governance-Team steht stellvertretend für eine entsprechende Organisationseinheit im Unternehmen des Kunden. Im Governance-Team werden die allgemeinen Vorgehensweisen in Projekten, der Entwicklungsprozess mit seinen Templates und die Vorgehensstandards wie Reporting, Gremien oder feste Rahmenbedingungen wie z. B. Genehmigungs- oder Abnahmeverfahren festgelegt. Unter Governance verstehen wir in Anlehnung an Wikipedia die generelle Steuerung und Regelung einer Organisationseinheit. Als die vier Grundprinzipien einer Governance, die im Veränderungsprozess erhalten oder sogar ausgebaut werden, gelten Rechenschaftspflicht, Verantwortlichkeit, Offenheit und Transparenz von Prozessen und Strukturen sowie Fairness [77].

Das Scrum-Rollout-Team setzt den Veränderungsprozess als eigenständiges Projekt um. Es hat einen eigenen Product Owner für den Veränderungsprozess. Dessen Arbeit wird durch das **Initial-Scrum-Rollout-Team** dahingehend vorbereitet, z. B. die Projektvision zu schärfen und ein erstes Product Backlog zu erstellen.

Auf der operativen Ebene geht es um die Durchführung eines ersten agilen Pilotprojekts. Dabei werden konkrete Erfahrungen gesammelt und in Zusammenarbeit mit den Teams auf der Veränderungsebene als zukünftige Vorgehensweise für andere Projektteams nutzbar gemacht. In dem Pilotprojekt finden wir daher folgende Teams:

Das Start-up-Team bereitet das konkrete Projekt vor und führt die ersten Schritte durch. Dabei entwickelt es die Vision für das Projektergebnis und füllt das Product Backlog.

In den einzelnen Scrum-Teams erfolgt die Umsetzung des konkreten Entwicklungsprojekts, das aufgrund der Größe in unserem Beispiel als Scrum of Scrums und mit einem Product-Owner-Team realisiert wird.[4]

Das Zusammenspiel dieser Teams innerhalb einer Iteration ist in Abbildung 14.3 dargestellt. Das Veränderungsprojekt ist dabei mit der gleichen Iterationsdauer wie das Realisierungsprojekt auf der operativen Ebene getaktet. Dadurch egibt sich eine interessante Verzahnung der Arbeitsergebnisse der einzelnen Teams.

[4] Zur Klärung der Scrum-Bgriffe siehe Anhang A.3 ab Seite 264 und die entsprechende Scrum-Literatur wie z. B. [47, 61, 62].

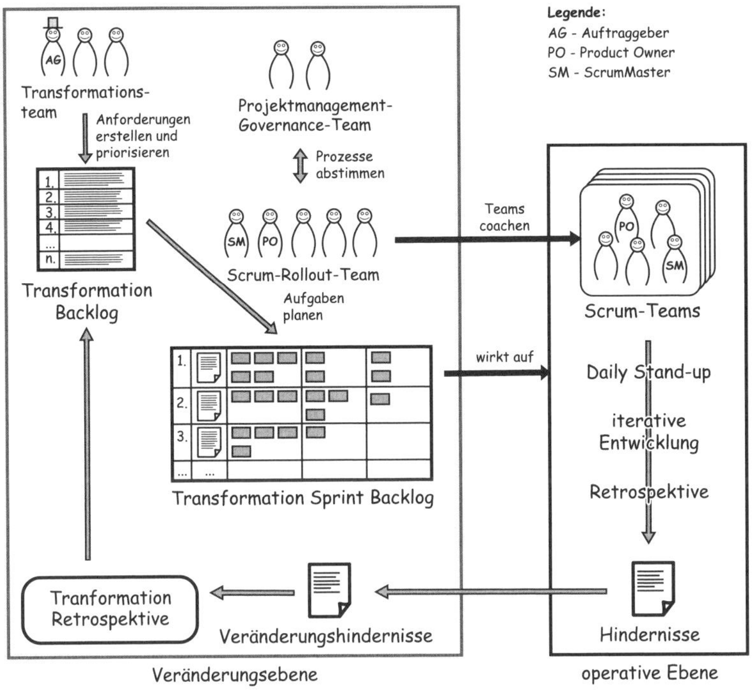

Abbildung 14.3: Die Visualisierung der Prozesse innerhalb des Scrum-Einführungskonzepts

Die operative Ebene ist schnell beschrieben. Hier findet die agile Softwareentwicklung statt und das Produkt wird nach den Regeln und Prinzipien von Scrum entwickelt. Doch so einfach ist das leider nicht. Scrum ist ein *Projektmanagement-Framework* [62]. Es gibt eine Reihe Entscheidungen über den konkreten Entwicklungsprozess zu treffen. Genau hier kommt die Veränderungsebene ins Spiel. In deren Transformation Backlog (Abb. 14.3 links oben) stehen die Aufgaben zur Einführung von Scrum im Unternehmen. Dazu gehört es auch, die konkreten Rahmenparameter zu bestimmen. Das Scrum-Rollout-Team (Abb. 14.3 Mitte) legt dazu erste Startwerte und Umsetzungen fest, mit denen die Scrum-Teams dann ihre Arbeit aufnehmen (Abb. 14.3 rechts).

Nach jeder Iteration kommt aus den Scrum-Teams über deren Retrospektive eine Rückmeldung an die Veränderungsebene (Abb. 14.3 unten). Wir erkennen dort, was gut funktioniert hat und an welchen Rahmenbedingungen wir Veränderungen ausprobieren können. Nach einer Retrospektive auf der Veränderungsebene wird dann das Transformation Backlog und darauf aufbauend das Sprint Backlog mit den Aufgaben auf Veränderungsebene für die nächste Iteration auf operativer Ebene erarbeitet.

Auf der Veränderungsebene werden alle übergreifenden Aufgaben benannt und die aktuellen Rahmenbedingungen festgelegt. Dies betrifft sowohl so offensichtliche Themen wie die Iterationsdauer als auch die einzelnen Schritte im Veränderungsprozess. Typischerweise wird mit einem Scrum *out of the book*, also der einfachsten Implementierung des Scrum-Frameworks, begonnen. In unserem Beispiel kann dann der Veränderungsprozess dahingehend gesteuert werden, dass festgelegt wird, wann z. B. mit einem *Scrum of Scrums* begonnen wird und wie Feature-Teams eingeführt werden.

Die Trennung zwischen der Veränderungs- und der operativen Ebene ist rein methodisch und behindert die Projektentwicklung normalerweise nicht, weil das Scrum-Rollout-Team mit Vertretern aus den Scrum-Teams besetzt wird. Nur der Product Owner des Scrum-Rollout-Teams ist eine höhergestellte Führungskraft und nicht direkt an der Entwicklung beteiligt. Die anderen Mitglieder nehmen zentrale Rollen in ihren Scrum-Teams ein und können als eine Art interner Coachs fungieren und so den Veränderungsprozess steuern. Durch die direkte Kommunikation in den Teams und deren Besetzung mit verschiedenen Vertretern auch aus anderen Teams findet ein regelmäßiger Abgleich statt, der eine hohe Transparenz für alle Beteiligten erzeugt. Jeder kann sich einbringen und ist aktuell informiert.

In größeren Entwicklungseinheiten finden wir häufig kleine Organisationseinheiten, die oft als Stabsstellen aufgehängt, die Aufgabe haben, sich um die grundlegenden Vorgehensweisen in der Entwicklung und deren Abstimmung mit äußeren Rahmenbedingungen wie externen Abnahmekriterien z. B. durch TÜV[5] oder FDA[6] zu kümmern. Wir bezeichnen diese Aufgaben als *Projektmanagement-Governance* und die entsprechende Organisationseinheit als Projektmanagement-Governance-Team (Abb. 14.3 oben Mitte). Das Scrum-Rollout-Team stimmt sich in jeder Iteration mit dem Projektmanagement-Governance-Team ab, damit auch deren Prozesse und Anforderungen in der Veränderung berücksichtigt werden können und Anforderungen bzw. Veränderungen aus den Scrum-Teams in die Projektmanagement-Governance einfließen.

Solche Beratungskonzepte sind komplex und sowohl in ihrer Leistungsfähigkeit wie auch in den Zuarbeiten und Abhängigkeiten auf Kundenseite schwierig zu definieren und auch für viele Kunden anspruchsvoll nachzuvollziehen. Wir haben gute Erfahrungen damit gemacht, solche Angebote den Interessenten persönlich vorzustellen. Wir merken dabei sofort, welche Ansätze passen können und wo bei einzelnen oder allen Entscheidern auf Kundenseite Widerstände zu erkennen sind. Hierauf können wir

[5] Technischer Überwachungsverein – Vereine, die technische Sicherheitskontrollen durchführen.

[6] Food and Drug Administration – US-amerikanische Behörde zur Lebensmittelüberwachung und Zulassung von Arzneimitteln und Medizingeräten.

sofort reagieren, indem wir Missverständnisse klären sowie einzelne Aspekte genauer erläutern.

14.2.2 Das konkrete Umsetzungskonzept

Eine erste Abschätzung des Aufwands und der Rahmenbedingungen ergibt, dass die konkrete Umsetzung des vorher beschriebenen Konzepts von zwei Beratern durchgeführt werden kann. Jeweils sowohl auf der Veränderungs- als auch auf der operativen Ebene hat einer der beiden Berater primär das Coaching der ScrumMaster und des Teams zur Aufgabe und der andere das Coaching der Product Owner.

Die beiden Berater teilen sich also die Beratungs- und Coaching-Rollen aus Abbildung 14.2 auf Seite 235 untereinander auf. Einer betreut auf der Veränderungsebene das Transformationsteam, ggf. das Projektmanagement-Governance-Team, das in unserem Beispiel aus einer Person im Führungsstab des Kunden besteht, und den Product Owner des Initial-Scrum-Rollout-Teams bzw. des Scrum-Rollout-Teams. Auf der operativen Ebene begleitet er zuerst den Produktmanager in seiner neuen Rolle als Product Owner und betreut dann später das Product-Owner-Team als ScrumMaster.

Der andere Berater ist auf der Veränderungsebene der ScrumMaster des Scrum-Rollout-Teams und sorgt dabei auch dafür, dass zum Ende der Beratung aus dem Scrum-Rollout-Team ein eigenes kleines *agiles Competence Center* wird (Abb. 14.2 auf Seite 235 rechts oben). Auf der operativen Ebene betreut er die ScrumMaster und nimmt zumindest zu Beginn die Rolle des ScrumMaster im Scrum of Scrums wahr.

Beide leiten auch die initialen Workshops bzw. Seminare. So kommen sie gut mit den Menschen in Kontakt und alle können sich gegenseitig kennenlernen. Konkret bedeutet das, für alle Beteiligten eine zweitägige Scrum-Schulung durchzuführen und für die zukünftigen Product Owner bzw. ScrumMaster noch jeweils ein dreitägiges Vertiefungsseminar als Workshop vorzunehmen. Aufgrund der Anzahl der Teilnehmer wird das allgemeine Scrum-Seminar von beiden Beratern parallel betreut, während die Vertiefungen jeweils von einem der beiden Berater geleitet werden. Auf der Zeitachse ergibt sich damit für den Einstieg in die Beratung bzw. das Coaching der Zeitplan aus Abbildung 14.4.

Die Feinplanung bezieht sich nur auf den ersten Zyklus des Veränderungsprozesses und greift damit etwas weiter als die Begleitung der ersten Iteration des konkreten Entwicklungsprojekts. Damit ist das Seminarkontingent mit acht Tagen und das Beratungskontingent mit 23 Tagen zu etwas mehr als 2/3 aufgebraucht. Wie das Beratungskontingent im Weiteren eingesetzt wird, lässt sich konkret noch nicht planen, da es vom Verlauf der ersten Iteration und der Bewertung auf der Veränderungsebene abhängt,

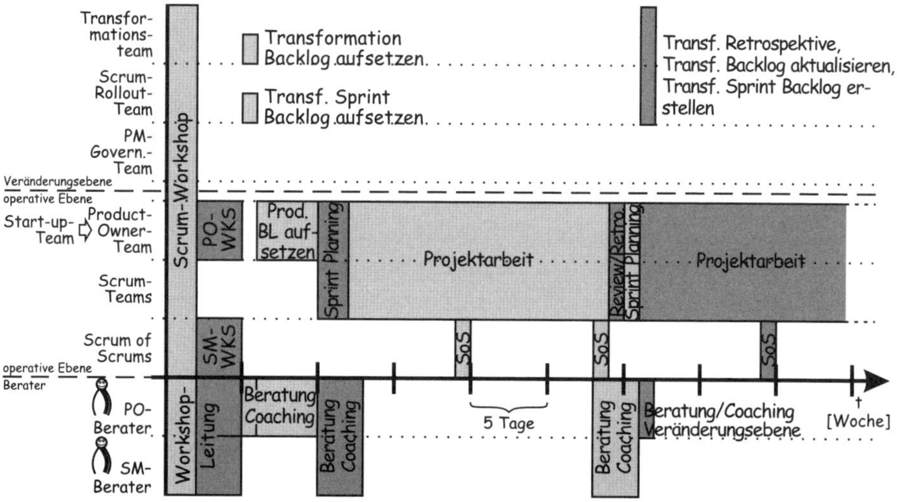

Abbildung 14.4: Zeitplanung für die ersten neun Wochen der Beratung (PO: Product Owner, SM: ScrumMaster, SoS: Scrum of Scrums, BL: Backlog)

was wann als Nächstes zu tun ist. Die Iteration auf der Veränderungsebene gibt uns also den Rhythmus für unseren Beratungsprozess vor.

Aus diesem Plan ist sofort ersichtlich, dass es keine kontinuierliche Begleitung gibt, sondern die beiden Berater nur zu bestimmten Ereignissen zu Beginn und am Ende der Iterationen auf der Veränderungs- und der operativen Ebene vor Ort sind. Dies ist dem eher geringen Budget für die Beratung in unserem Fallbeispiel geschuldet, das eine intensivere Betreuung nicht erlaubt. Dennoch können die Weichen an den Schlüsselstellen zu Beginn und am Ende der jeweiligen Iteration gestellt werden. Damit sind die beiden Berater bei den Bewertungs- und Planungsmeetings ebenso dabei wie bei den Retrospektiven. Inwieweit die Berater dabei moderierend oder eher beobachtend tätig sind, hängt von den aktuellen Fähigkeiten und Möglichkeiten der verantwortlichen Mitarbeiter auf Kundenseite ab. Da diese wie alle anderen Mitarbeiter des Kunden auch ihre Verantwortung schnell ausüben müssen, ist der Übergang meist eher fließend.

Die Rolle der Projektmanagement-Governance ist in diesem ersten Schritt noch nicht weiter involviert. Sie wird erst hinzugezogen, wenn erste stabile Erfahrungen bei den Projektbeteiligten vorliegen.

14.3 Probleme lösen und Lösungen finden

Als Berater gilt es, ein Gespür dafür zu entwickeln, welche von den Mitarbeitern des Kunden vorgeschlagenen Veränderungen am Entwicklungs-

oder Veränderungsprozess sinnvoll und welche unpassend sind. Wir empfehlen, dabei nicht dogmatisch, sondern neugierig, offen und mutig vorzugehen. Dennoch achten wir darauf, dass die zu etablierenden Grundprinzipien der neuen Abläufe nicht aus Bequemlichkeit abgeschwächt, ausgehebelt oder umgangen werden. Diese Gratwanderung für uns Berater ist anspruchsvoll, weshalb wir sie im Folgenden illustrieren.

14.3.1 Daily Scrums bringen nichts!

Stellen wir uns vor, wir kommen als Berater zum ersten Review und zur ersten Retrospektive auf der operativen Ebene zu unserem Kunden. Alle sind ganz gespannt aufeinander und das Entwicklungsteam möchte zeigen, wie erfolgreich es gearbeitet hat.

Im Ergebnisreview zeigt sich, dass nur etwa 75 % der geplanten Aufgaben in der Iteration abgeschlossen werden konnten, die abgeschlossenen Aufgaben jedoch fast ausnahmslos ohne Beanstandung mit der gewünschten Qualität umgesetzt und abgenommen werden konnten. In der Retrospektive sind dann auch alle mit dem bisher Erreichten recht zufrieden und ein erstes Vertrauen in die neue Vorgehensweise und die eigenen Fähigkeiten, sich darin zurechtzufinden, macht sich unter den Mitarbeitern unseres Kunden breit.

In der Retrospektive kommt die Überschätzung zur Sprache und der ScrumMaster schlägt vor, die Planungskapazität der nächsten Iteration daraufhin entsprechend zu reduzieren. Das Team willigt sofort ein und das leise Murren des Chef-Product-Owners, die Produktivität wäre zu gering, wird von einem der ScrumMaster mit dem Argument, dass sich noch alles etwas einschwingen muss und zurzeit keine belastbaren Aussagen zur endgültigen Geschwindigkeit der Entwicklungsteams gemacht werden können, beruhigt. Der Berater greift nicht weiter ein und untermauert das Argument des ScrumMaster mit seinen Erfahrungswerten. Danach kann der Gewöhnungsprozess bei der Ersteinführung von Scrum bis zu vier Iterationen dauern, bis das Team seine stabile Performanz erreicht. Ein Erreichungsgrad von 75 % des geplanten Umfangs bei der ersten Iteration sei dabei völlig in Ordnung und kein Alarmsignal.

Als einziger Kritikpunkt taucht dann in der Retrospektive auf, dass nach Aussage mehrerer Entwickler aus dem Team die Daily Scrums Zeitverschwendung wären. »Weglassen oder höchstens einmal in der Woche« lautet der aktuelle Vorschlag. Die noch etwas unerfahrenen ScrumMaster des Kunden sind davon irritiert und durch den druckvollen Vortrag der Entwickler geneigt, diesen Vorschlag auszuprobieren. Hier greifen die Berater sofort ein.

Warum ist die erste Lösungsidee sinnvoll und die zweite nicht? Als Berater ist es unsere Aufgabe, die Anpassungen an den neuen Abläufen dahingehend zu überprüfen, ob sie die grundlegenden Prinzipien und Ziele des Prozesses weiterhin erfüllen oder nicht. Im ersten Fall wurde ganz systematisch nach der *Yesterday's Weather Rule* (vgl. Kasten) entschieden, auf Basis der ersten Geschwindigkeitsmessung die Kapazität der nächsten Iteration zu bestimmen. Damit vermeidet man trügerischen Optimismus, der leicht zu qualitativ schwachen Resultaten oder einer Überforderung des Teams führen kann. Der für agile Vorgehensweisen grundlegende *Inspect-and-adapt*-Zyklus ist angewendet worden (Anhang A.2 ab Seite 260).

Yesterday's Weather Rule

Die Wetter-von-gestern-Regel: Das Wetter wird morgen mit einer Wahrscheinlichkeit von ca. 70 % genauso sein, wie es heute war. Diese Regel gilt zumindest in Mitteleuropa. Ähnlich verhält es sich mit der Frage, wie viele Aufgaben wir in der nächsten Iteration schaffen werden. Die Antwort ist danach einfach: »Ihr werdet in der nächsten Iteration genauso viele Aufgaben vom Schätzumfang her bearbeiten können, wie ihr in der letzten Iteration geschafft habt.«

Das Schöne an dieser Regel ist, dass sie sich selbst korrigiert. Nimmt z. B. die Leistungsfähigkeit im Team zu, so stimmt die Yesterday's Weather Rule nach einer Iteration wieder. Schwankt die Leistungsfähigkeit des Teams über längere Zeit unvorhersehbar, ist das ein Hinweis auf ein wichtiges, anderes Problem, das es zu lösen gilt. Die Yesterday's Weather Rule ist also sowohl bei der Iterationsplanung als auch als Problemindikator wertvoll.

Anders verhält es sich mit dem Wunsch, die Daily Scrums abzuschaffen. Damit würde ein zentrales Selbststeuerungselement des Entwicklungsteams entfallen. Die Selbststeuerung als Teil der Selbstorganisation der Gruppe ist ein Eckpfeiler agilen Vorgehens. Hier bedarf es einer geschickten Intervention des Beraters.

Das Grundprinzip dieser Intervention beruht auf dem Scrum-Prinzip *Ask the team*, also bei Problemen das Team nach einer Lösung zu fragen. Auf dieser abstrakten Ebene wird unsere Frage allerdings sinnlos verhallen. Die Lösung des Teams ist einfach und mündet in der Abschaffung der Daily Scrums. Wesentlich geschickter sind in solch einer Situation Prozessfragen[7] nach dem Muster: »Wie sollen wir die Daily Scrums verändern, sodass sie für euch wieder wertvoll werden?« So öffnen wir den Lösungsraum und lenken die Gedanken in eine nützliche und den Prozess unterstützende Richtung. Über Prozessfragen lässt sich das Prinzip *Ask the team* hervorragend nutzen (Anhang A.2 ab Seite 260).

[7]Abschnitt 2.1.3 auf Seite 10.

14.3.2 So kann ich nicht arbeiten!

Aus den Rahmenbedingungen dieses Fallbeispiels ergibt sich im letzten Drittel der Beratung zwangsläufig das Problem, dass wir uns mit der Beratung stark fokussieren müssen, um den maximalen Wert für den Kunden bei seinem Veränderungsprozess zu setzen. Dies betrifft sowohl die operative Ebene z. B. beim Planen und Erarbeiten des Release nach der dritten Iteration als auch die Veränderungsebene bei der Unterstützung des Veränderungsprozesses z. B. bei Schwierigkeiten in der Zusammenarbeit der agilen Entwicklung mit den anderen Stakeholdern bei unserem Kunden.

Diese Fokussierung wird durch ein transparentes und konsequentes Timeboxing und Setzen der Prioritäten durch die Mitarbeiter unseres Kunden erreicht. Die Beratungszeiten werden danach zwischen der Veränderungs- und der operativen Ebene aufgeteilt und die jeweils wichtigsten Aufgaben werden bearbeitet. Ein wichtiger Parameter bei der Priorisierung ist es, Aufgaben auszuwählen, bei denen die Mitarbeiter des Kunden am meisten über agile Softwareentwicklung und die Dynamik in Gruppen lernen können. Auch damit richten wir uns nach einem agilen Auswahlprinzip, das sich bei komplexen Projekten bewährt hat.

Betrachten wir hier als Beispiel ein häufiges Phänomen bei der erfolgreichen Einführung agiler Vorgehensweisen in einer Softwareentwicklung: Eine agile Softwareentwicklung hat Auswirkungen auf Prozesse, die außerhalb der Entwicklungseinheit liegen und weite Teile der Organisation betreffen. Aus diesem Grund haben wir in unserem Konzept auf die Einführung und Umsetzung auf der Veränderungsebene auch unter dem großen Druck der massiven Rahmenbedingungen nicht verzichtet. Unter anderem für dieses Thema benötigen wir die Unterstützung der Führungskräfte unseres Kunden auf der Veränderungsebene.

Konkret äußert sich das Problem in unserem Beispiel bei den Vertriebsmitarbeitern, deren regelmäßige Zuarbeit und Teilnahme an den Ergebnisreviews von fundamentaler Bedeutung für die Arbeit der Produkt Owner und die Ergebnisqualität ist. Dafür ist es notwendig, dass die Vertriebsmitarbeiter regelmäßig in der Firma anwesend sind und sich mit ausreichend Zeit diesen Aufgaben widmen. Nach zwei Iterationen hören wir spätestens den Killer-Einwand der Vertriebsmitarbeiter: »So kann ich nicht arbeiten!«

Ein pauschaler, verallgemeinernder Einwand wie dieser kommt typologisch aus dem *Warum*-Quadranten (Abschnitt 2.2 auf Seite 12). Wir versuchen daher, zuerst den konkreten Anlass für den Einwand zu erfahren: »Was genau behindert Sie?« »Meine Arbeit findet primär bei unseren Kunden vor Ort oder auf Messen oder ähnlichen Veranstaltungen statt. Im Büro bin ich eigentlich doch nur, um die umfangreichen Angebote zu schreiben und meine Spesenabrechnungen einzureichen. Und jetzt soll ich mich mindestens einmal pro Woche mit den neuen Product Ownern treffen und auch noch Zwischenabnahmen bei den Entwicklern durchführen. Dafür habe ich einfach keine Zeit!«

Eine mögliche Einwandbehandlung zielt darauf, den direkten Nutzen für diese Person herauszuarbeiten, um dann nach organisatorischen Lösungen für das Problem der Vertriebsmitarbeiter zu suchen. Dabei ist die Unterstützung der Führungskräfte des Kunden besonders wertvoll, da sich die einfach ersichtlichen Kriterien der Arbeit der Vertriebsmitarbeiter im Rahmen des Veränderungsprozesses in der Entwicklung mit verändern. Nicht mehr nur die Zeit beim Kunden ist wertvoll, sondern auch die mit der Entwicklung! Dieser Sichtwechsel ist unser Ziel und muss aktiv von den Führungskräften unterstützt werden, um erfolgreich zu verlaufen.

Wir fragen zuerst nach den nervigsten Problemen, die Vertriebsmitarbeiter mit neuen Produktreleases haben. »Die neuen Updates und Releases kommen zu spät bzw. zu selten und meine Kunden sind dann auch noch oft mit der Umsetzung der neuen Features unzufrieden. Und ich kann dann sehen, wie ich die Wogen glätte!« Hier können wir wunderbar einhaken und den Nutzen für die Vertriebsmitarbeiter herausarbeiten. Mehr noch, die enge Zusammenarbeit mit den Product Ownern bzw. Produktmanagern und der Entwicklung ist die Voraussetzung dafür, dass diese Probleme gelöst werden. Die lösungsorientierte Prozessfrage, die sich an diese Diskussion anschließt, könnte dann folgendermaßen lauten: » Was ist aus Ihrer Sicht die einfachste organisatorische Anpassung Ihrer Arbeitsweise, um die notwendige Zeit von mindestens zwei Stunden in der Woche mit den Produktmanagern und dem Entwicklungsteam zu verbringen?« Jetzt kann sich jeder Vertriebsmitarbeiter des Kunden seine organisatorische Lösung erarbeiten und mit der Entwicklung abstimmen. Da die relevanten Führungskräfte an der Diskussion beteiligt sind bzw. direkt darüber informiert werden, können alle Ideen sofort entschieden und aufgesetzt werden. Typische Lösungen bündeln die Arbeit des Vertriebs im Büro besser und stimmen sie auf den Iterationsrhythmus der Entwicklung ab, sodass die neuen Aufgaben der Product Owner und der Teams die Vertriebsarbeit außer Haus nicht negativ beeinflussen.

14.4 Die Folgeakquise

Zum Ende unserer Beratung kommen wir zur Frage, wie wir mit unserem Kunden weiter in Kontakt bleiben können und auch in Zukunft weitere Aufträge erhalten. Da die Budgets aktuell erschöpft sind, kann es keinen direkten Anschlussauftrag geben, selbst wenn ein Bedarf für den Kunden sichtbar ist. Wir können diese Rahmenbedingung als Stärke uminterpretieren und folgendermaßen mit unseren Auftraggebern in einem Abschlussgespräch diskutieren: »Es ist für Ihre Entwicklung wichtig, nach einer so starken Veränderung, die innere Stabilität und Sicherheit wieder auf dem alten Niveau zu erreichen. Dazu gehen Sie weiter nach dem aktuellen Muster vor und sammeln konkrete Erfahrungen. Der Wert der Retrospektiven kann dabei nicht überschätzt werden. Nach etwa zehn Iterationen kann eine größere Retrospektive sinnvoll sein, in der Sie auf das dann Erreichte schauen und auch den Veränderungsprozess genau betrachten. Ein solcher Workshop dauert meist nur einen Tag und es wäre sicherlich sinnvoll, ihn extern moderieren zu lassen. Sehr gerne bieten wir Ihnen dazu unsere Dienstleistung an.«

Aus der Reaktion können wir schließen, ob und wann wir dazu ein konkretes Angebot machen können. Aus diesem Workshop können wir wiederum Informationen gewinnen, die passende Folgeangebote generieren können.

Um in der Zwischenzeit auch ohne einen konkreten Auftrag in einem guten und für Folgeaufträge nützlichen Kontakt zu bleiben, gibt es eine Reihe von Möglichkeiten, auf die wir abschließend einen Blick werfen.

14.4.1 Gemeinsame Veröffentlichungen

Ein Konferenzvortrag

Für viele Firmen und insbesondere für Produkthersteller ist es wichtig, in ihrer Außendarstellung kompetent und hoch qualifiziert zu wirken. Daher kann das Angebot, bei einer passenden Konferenz einen gemeinsamen Vortrag einzureichen, oft auf viel Wohlwollen stoßen. Auch die Konferenzveranstalter sehen solche gemeinsamen Praxisberichte häufig sehr gerne im Programm, sodass die Erfolgsaussichten einer solchen Einreichung recht hoch sind.

Wichtig ist es bei dieser und der nachfolgend skizzierten Variante einer Veröffentlichung, den Aufwand auf der Kundenseite überschaubar zu halten. Die Vorbereitung des Vortrags darf die Produktentwicklung nicht stören. Wir planen daher auf der Beraterseite ausreichend Zeit dafür ein.

Für uns gibt ein Konferenzvortrag die gute Möglichkeit, nach unserem Vortrag direkt mit neuen potenziellen Kunden in Kontakt zu kommen. Für unseren Kunden ergibt sich dieser Vorteil dagegen nur selten.

Ein Artikel in einer Fachzeitschrift

Für das Marketing unseres Kunden und auch unseres Beratungshauses sind Artikel unter Umständen noch wertvoller. Häufig können wir etwa einen Monat nach der Veröffentlichung den Artikel vom Verlag im PDF-Format erhalten. Mit diesem Artikel als Download können sowohl unser

Kunde wie auch wir auf unseren Webseiten glänzen und wir können Besucher und Kunden mit Ausdrucken erfreuen.

Besonders interessant ist diese Möglichkeit, wenn es uns gelingt, ein auch für unseren Kunden attraktives Magazin für eine Veröffentlichung zu gewinnen. So erreichen wir einen höheren Multiplikationseffekt als mit Vorträgen.

14.4.2 Eigene Veranstaltungen als Marketingmaßnahmen

Eine andere Möglichkeit der Kundenkontaktpflege bieten eigene Veranstaltungen, die unsere Kunden oder Interessenten gegen geringe Gebühr oder kostenlos besuchen können. Sie können z. B. zu Vorträgen einladen, die Sie oder Ihre Kollegen über aktuelle Themen halten, an denen Sie arbeiten. Der Vorbereitungsaufwand hält sich nach etwas Übung in Grenzen. Sie können Ihre Präsentationsfähigkeiten üben und wenn Sie in die Mitte des Vortrags eine Pause einbauen, haben Sie auch gute Gelegenheit, mit Ihren Kunden direkt in Kontakt zu kommen.

Sie können das Pausengespräch mit der Frage eröffnen, was denn kundenseitig seit dem letzten gemeinsamen Workshop passiert ist. So lassen sich leicht Anknüpfungspunkte für Akquisemöglichkeiten finden.

Wenn Sie keine eigenen geeigneten Räume dafür haben, können Sie meist günstig eine passende Veranstaltungsmöglichkeit für einen Nachmittag oder Abend mieten. Sie müssen nicht unbedingt viel Geld für ein teures Ambiente und Buffet bezahlen. Ein einfacher Raum, ein paar Getränke direkt aus der Kiste und ein paar belegte Brötchen schaffen häufig eine deutlich zwanglosere Atmosphäre, in der sich leichter Gespräche entwickeln als in einem auf den ersten Blick beeindruckenden Luxustempel. Und es tauchen auch keine Fragen danach auf, ob Ihre Tagessätze zu hoch wären.

Über solche Veranstaltungen können Sie ganz gezielt Ihr Marketing bzw. Ihren Vertrieb platzieren (Abb. 7.5 auf Seite 116). Grundlegend gibt es dafür drei Möglichkeiten:

- Offen für jeden Interessierten
- Offen für jeden mit zusätzlich ausgesprochenen direkten Einladungen
- Geschlossen und exklusiv nur mit eingeladenen Gästen

Der Art der Veranstaltung entsprechend wählen Sie eine passende Selbstdarstellung von Ihnen bzw. Ihrer Firma. Der Aufwand wird sich lohnen!

Teil IV

Anhang

A Die theoretischen Grundlagen

A.1 Typologie

Wir haben uns in Abschnitt 2.2 ab Seite 12 mit einer einfachen Typologie aus vier Quadranten auseinandergesetzt. Diese harmoniert gut mit diversen empirischen Typologien mit vier Kategorien (Tab. A.1).

	Warum	**Was**	**Wie**	**Wohin noch**
Galenus	melancholisch	phlegmatisch	cholerisch	sanguinisch
Indianische Typologie	Heiler	Lehrer	Krieger	Seher
Virginia Satir	Beschwichtiger	Denker	Ankläger	Ablenker
Herrmann-Dominanz-Modell	grün / betreiben	blau / analysieren	rot / individuell gestalten	gelb / strategisch handeln
Team Management Systems	Berater	Kontroller	Organisierer	Entdecker
Temperamentmodell (Keirsey)	Beschützer	Rationalist	Idealist	Kunsthandwerker

Tabelle A.1: Vergleich und Zuordnung der vier Kategorien verschiedener empirischer Typologien

Diese Typologien sind weit verbreitet, einfach und damit für einen differenzierten Umgang mit anderen Menschen schnell einsetzbar. Ihr Nachteil liegt darin, dass sie etwas grob sind und viele Nuancen unberücksichtigt lassen.

Wesentlich feiner und vor allem im angloamerikanischen Umfeld weit verbreitet sind die 16 Typen nach Myers-Briggs. Der Myers-Briggs Type Indicator® (MBTI®) beruht auf der Typologie von C. G. Jung mit acht Kategorien [70]. Eine Weiterentwicklung und gleichzeitige Vereinfachung des MBTI® stellen das lerntheoretische 4-Mat-Modell nach David A. Kolb und das Temperamentmodell von David West Keirsey dar. Der aktuelle Stand der Persönlichkeitstypologien geht von einem statistisch abgesicherten Modell mit fünf Kategorien aus, den *Big Five* bzw. NEO-FFI. Wir betrachten die vier Typologien kurz in ihrer historischen Reihenfolge.

A.1.1 Typologie nach C. G. Jung

Aus den Beobachtungen seiner damals zehnjährigen Praxis als Psychiater kristallisierte C. G. Jung (1875 – 1961) bestimmte Charaktertypen heraus, die ihm halfen, die Vielfalt der menschlichen Charaktere zu strukturieren. Seine Typologie ist rein empirisch entstanden. Er konnte selbst nicht die Ursachen erklären, warum ein Mensch einem bestimmten Charaktertypus angehört.

Die einzelnen Typen sind in der Regel nicht in einer Reinform anzutreffen, sondern als Mischung mit individuellen, häufig situationsabhängigen Präferenzen. Jung unterscheidet zwei verschiedene Kriterien für die Typzuordnung, die allgemeine Einstellung und die Funktionstypen [26]:

Allgemeine Einstellungstypen: Hier differenzieren wir in die bekannten Beschreibungen für den extravertierten und introvertierten Menschen. Wir beschreiben also die Beziehung zwischen einem Menschen und seiner sachlichen Umwelt.

extravertiert: Der Mensch identifiziert sich im Wesentlichen mit seiner ihn umgebenden Umwelt[1].

introvertiert: Der Mensch wendet sich eher seiner eigenen Persönlichkeit zu.

Funktionstypen: Hier werden vier verschiedene Bewusstseinsfunktionen unterschieden:

- Denken (analytisch beurteilen)[2]
- Fühlen (gefühlsmäßig beurteilen)
- Empfinden (sinnlich erfassen)
- Intuieren (intuitiv erfassen)

Jeweils zwei lassen sich zu einzelnen Funktionen zusammenfassen:

Beurteilungsfunktion: Jung nannte sie die *rationale Gruppe*. Hier wird der Denk- und der Gefühlstyp zusammengefasst. Gemeinsam ist beiden das Bedürfnis, zu urteilen und zu kategorisieren. Die Denkfunktion möchte nach rationalen Gesichtspunkten Werturteile fällen, die Gefühlsfunktion gibt den Menschen und Dingen gefühlsmäßig einen Wert, um zu urteilen.

---

[1] Jung sowie Myers und Briggs (MBTI) verwenden den Begriff *extravertiert*, während umgangssprachlich *extrovertiert* verwendet wird.

[2] In Klammern sind die moderneren Bezeichnungen angegeben.

Wahrnehmungsfunktion: Bei Jung heißt sie *irrationale Gruppe*. Hier liegen die beiden anderen Typen Empfindung und Intuition. Beiden ist das Bedürfnis gemeinsam, Lebensqualität zu gewinnen. Die Empfindungsfunktion stellt sinnlich fest, dass und wie etwas ist. Bei der Intuition vermuten oder ahnen wir, woher etwas Wahrgenommenes kommt oder wohin es geht.

Es fällt bei dieser Wortwahl schwer, zwischen Gefühls- und Empfindungsfunktion klar zu unterscheiden. Als Merksatz gilt: Der Gefühlstyp **urteilt** aus dem Gefühl heraus, der Empfindungstyp **nimmt wahr** und akzeptiert das Wahrgenommene, er nimmt es hin.

Wir können uns sowohl die allgemeine Einstellung wie auch die beiden Funktionsgruppen als Paare vorstellen, die die beiden extremen Pole der typologischen Komponenten darstellen (Abb. A.1).

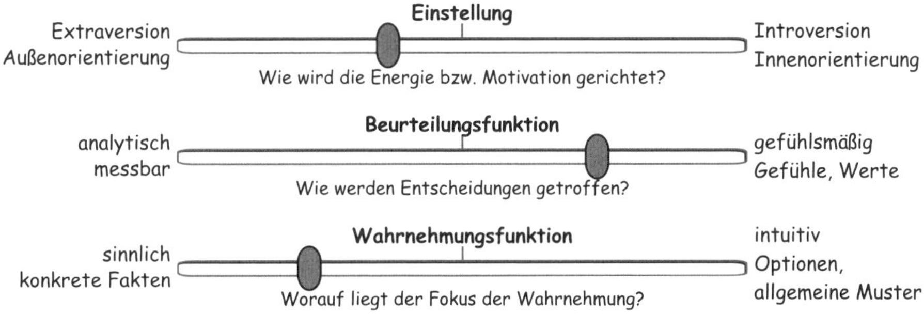

Abbildung A.1: Aspekte der Persönlichkeit nach C. G. Jung. Sie bilden paarweise die gegensätzlichen Pole und damit die Grundlage für ein dynamisches Gleichgewicht, das in der Darstellung durch Schieberegler symbolisiert wird.

Extreme Positionen auf den drei Skalen sind eher selten. In der Regel sind alle sechs Aspekte vorhanden, jedoch dominiert meist ein Aspekt auf jeder Achse. Häufig ist es sogar so, dass die Dominanz eines Aspekts situationsabhängig ist. So kann es z. B. sein, dass wir normalerweise eher intuitiv wahrnehmen, aber beim tiefen Debugging bewusst versuchen, sinnlich wahrzunehmen.

Jeder der beiden Einstellungstypen kann mit einer der vier Funktionstypen des Bewusstseins kombiniert werden. Das ergibt somit acht unterschiedliche *Typen*, wie z. B. den introvertierten, intuitiv wahrnehmenden und gefühlsmäßig beurteilenden Menschen oder extravertierten, sinnlich wahrnehmenden und analytisch beurteilenden Menschen und alle anderen sechs Kombinationen.

Aus der Typologie nach C. G. Jung wurden zwei weitere Modelle aufgebaut. Myers und Briggs haben sie um einen vierten Aspekt erweitert und den Myers-Briggs Type Indicator® (MBTI®) entwickelt. In der Lerntheorie ist durch eine Vereinfachung das 4-Mat-Modell entstanden, das Sie als Vier-Quadranten-Modell bereits kennengelernt haben.

A.1.2 Myers-Briggs Type Indicator: MBTI

Jung hat seine grundsätzlichen Ideen zu *psychologischen Typen* 1921 veröffentlicht. Katharine Briggs hat in den USA unabhängig von Jung ebenfalls eine Typentheorie entwickelt. Als Jungs *Psychologische Typen* in den USA veröffentlicht wurde, nahm sie seine tiefer ausgearbeiteten Ideen in ihr Konzept auf und hat die folgenden 20 Jahre gemeinsam mit ihrer Tochter Isabel Myers das Grundgerüst für den Myers-Briggs Type Indicator® gelegt. Basierend auf den Arbeiten von Jung und ihrer Mutter hat Isabel Myers bis Ende der 70er-Jahre das Konzept zu einer Reife entwickelt, dass es in den 80er-Jahren von anderen Psychologen aufgegriffen und weiter publik gemacht wurde. Vor allem in den USA und England hat es weite Verbreitung gefunden. Wie kann uns dieses Modell heute helfen, unsere täglichen Probleme in den Griff zu bekommen?

Die Typologie nach Jung hat eine Einstellungsebene und zwei Funktionen (Abb. A.1). Im Myers-Briggs Type Indicator® (MBTI®) wird die Einstellungsebene in eine innere und eine äußere Einstellung aufgeteilt. Wir finden also vier Ebenen (Abb. A.2) [7]:

- Innere Einstellung – Wie richten wir unsere Energie und Motivation aus: extravertiert (außenorientiert) oder introvertiert (innenorientiert)?
- Wahrnehmungsfunktion – Worauf fokussieren wir: Sensorik, also konkrete Fakten, oder Intuition, also Muster?
- Entscheidungsfunktion – Wie treffen wir Entscheidungen: analytisch messbar oder gefühlsmäßig an Werten orientiert?
- Äußere Einstellung – Wie begegnen wir der Außenwelt: beurteilend, strukturierend und bewertend oder wahrnehmend, offen und flexibel?

Zur einfacheren Bezeichnung der 16 resultierenden Persönlichkeitstypen wird eine Kombination aus vier Buchstaben verwendet. Für jede Ausprägung auf einer der vier Ebenen wird aus dem englischen Namen dafür meist der Anfangsbuchstabe genommen (Abb. A.2).

Wir können daher das Vier-Quadranten-Modell als Untermenge der 16 Typen nach Myers-Briggs wiederfinden. Jeder der vier Quadranten entspricht einer Zwei-Buchstaben-Kombination aus E-I und T-F, also IF, IT, ET

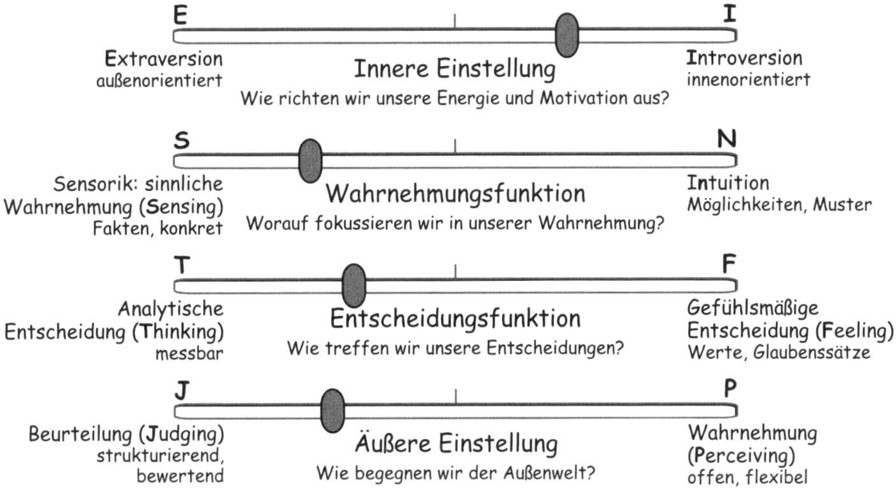

Abbildung A.2: Die vier Aspekte des Myers-Briggs Type Indicator® (MBTI®) [7]. Die drei Aspekte nach Jung (Abb. A.1) sind um die äußere Einstellung (unten) erweitert worden.

und EF. Die genaue Zuordnung zu den Fragen als Titel für die einzelnen Quadranten sieht damit folgendermaßen aus:

Warum ⟷ **IF**-Präferenz
Was ⟷ **IT**-Präferenz
Wie ⟷ **ET**-Präferenz
Wohin noch ⟷ **EF**-Präferenz

Die Einordnung zu einem der 16 Typen erfolgt über einen standardisierten Fragebogen, mit dem für jede der vier Ebenen deren Präferenzen ermittelt werden (Abb. A.3). Diese Präferenzen können unterschiedlich stark ausgeprägt und von bestimmten, äußeren Situationen abhängig sein. Wenn wir in einer ungewohnten Umgebung sind, uns unwohl fühlen oder unsicher, verhalten wir uns manchmal anders als sonst. Dazu kommt, dass wir Zeit unseres Lebens den eigenen *Werkzeugkoffer* an Verhaltenstechniken erweitern können. Wir lernen dazu und eignen uns so Verhaltensweisen an, die unsere individuellen Persönlichkeitseigenschaften erweitern.

Dies kann z. B. dazu führen, dass wir unter Stress in unsere eigenen, für uns natürlichen Verhaltensweisen zurückfallen, weil wir uns damit sicherer fühlen. Genauso können wir angemessene Verhaltensweisen für uns ungewohnte oder unangenehme Situationen erlernen, wenn wir ihnen öfter ausgesetzt sind und motiviert sind, dazuzulernen.

INFJ

Erfolgreich durch Beharrlichkeit, Originalität und den Wunsch, zu tun, was notwendig ist. Legen höchste Anstrengung in ihre Arbeit. Ruhig, eindringlich, gewissenhaft, über andere besorgt. Für ihre starken Prinzipien respektiert. Werden wahrscheinlich für ihre klaren Überzeugungen, wie der Allgemeinheit am besten genutzt werden kann, geschätzt und ihnen wird gefolgt.

INTJ

Haben meist eigene Meinungen und verfolgen ihre eigenen Ideen und Ziele. Auf Gebieten, die sie anziehen, haben sie die Stärke, ihren Job zu organisieren und mit oder ohne Hilfe auszuführen. Skeptisch, kritisch, unabhängig, fest entschlossen, manchmal bis zur Sturheit. Sollten lernen, manchmal die weniger wichtigen Dinge zu verfolgen, um die wichtigen zu erreichen.

ISTJ

Ernsthaft, ruhig, sind über Konzentration und Gründlichkeit erfolgreich, praktisch, geordnet, an Fakten orientiert, logisch, realistisch, zuverlässig. Sehen zu, dass alles organisiert ist, und übernehmen Verantwortung. Haben eine eigene Meinung darüber, was geleistet werden soll, und verfolgen dies auch gegen Proteste und Störungen.

ISFJ

Ruhig, freundlich, verantwortungsvoll und gewissenhaft. Geben sich ihrer Arbeit hin, um die Verpflichtungen zu erfüllen. Geben jedem Projekt oder jeder Gruppe Stabilität. Gründlich, genau und gewissenhaft. Interessen sind meist nicht technisch. Geduldig an notwendigen Details. Loyal, rücksichtsvoll, scharfsichtig und besorgt darüber, wie sich andere Menschen fühlen.

INFP

Voller Enthusiasmus und Loyalität, reden erst darüber, wenn sie jemanden gut kennen. Lernen, Ideen, Sprachen und eigene unabhängige Projekte sind ihnen wichtig. Tendieren dazu, zu viel zu machen, und bekommen es dann irgendwie hin. Freundlich, doch oft zu stark von Aufgaben eingenommen, um gesellig zu sein. Besitz oder ihre Arbeitsumgebung haben wenig Belang.

INTP

Ruhig und reserviert. Genießen besonders theoretische und wissenschaftliche Studien. Mögen das Lösen von Problemen mit Logik und Analyse. Meist hauptsächlich an Ideen interessiert, weniger an Partys oder Smalltalk. Tendieren dazu, genau definierte Interessen zu haben. Brauchen Karrieremöglichkeiten, bei denen ihr großes Interesse eingesetzt und nützlich ist.

ISTP

Kühler Zuschauer: ruhig, reserviert, beobachtend. Analysieren das Leben mit distanzierter Neugier, wobei unerwartet origineller Humor aufblitzt. Meistens an Ursachen und Wirkungen interessiert, wie und warum Maschinen funktionieren. Organisieren Fakten nach logischen Prinzipien.

ISFP

Zurückgezogen, von ruhiger Freundlichkeit, sensibel, nett, bescheiden bzgl. ihrer Fähigkeiten. Weichen Widerspruch aus, drücken ihre Meinung nicht durch. Loyale Gefolgsleute, haben nur selten Führungsimpuls. Oft entspannt beim Erledigen von Aufgaben, um den Moment zu genießen und dies nicht durch übermäßige Hast oder Erschöpfung zu verderben.

ENFP

Glühend begeisterungsfähig, hochgeistig, aufrichtig, einfallsreich. In der Lage, fast alles zu tun, was interessiert. Schnell in der Lösung jeder Schwierigkeit und bereit, jedem zu helfen. Verlassen sich oft auf ihre Fähigkeiten, zu improvisieren, anstatt auf Vorbereitung. Finden gewöhnlich starke Gründe für alles, was sie wollen.

ENTP

Schnell, aufrichtig, gut in vielen Dingen. Anregende Gesellschaft, aufgeweckt und unverblümt. Mögen aus Spaß für die eine wie andere Seite argumentieren. Einfallsreich beim Lösen neuer, herausfordernder Probleme, vernachlässigen aber Routinetätigkeiten. Widmen sich gerne einer interessanten Aufgabe nach der anderen. Finden logische Gründe für ihre Wünsche.

ESTP

Stark in punktgenauen Problemlösungen. Sorgen sich nicht und genießen, was immer passiert. Tendenz zur Beschäftigung mit Maschinen und zum gemeinsamen Sport mit Freunden. Anpassungsfähig, tolerant, allgemein konservativ in ihren Werten. Mögen keine langen Erklärungen. Besonders stark beim Bearbeiten anfassbarer Dinge, die zerleg- und zusammensetzbar sind.

ESFP

Gehen aus sich heraus, gelassen, akzeptierend, freundlich, genießen alles und machen Dinge für andere lustiger. Mögen Sport, bringen Dinge zum Laufen. Wissen, was passiert und schließen sich eifrig an. Ihnen fällt es leichter, sich Fakten zu merken, als Theorien zu meistern. Am besten, wenn gesunder Menschenverstand und praktische Talente benötigt werden.

ENFJ

Entgegenkommend und verantwortlich. Haben meist echtes Interesse daran, was andere denken oder wünschen, und versuchen darauf rücksichtnehmend zu handeln. Können mit Leichtigkeit und Takt einen Vorschlag unterbreiten oder eine Gruppendiskussion führen. Gesellig, beliebt, sympathisch. Reagieren positiv auf Lob und Kritik.

ENTJ

Herzlich, offen, entscheidungsfreudig, Führungsimpuls. Gewöhnlich gut in allem, was Folgerungen und intelligenter Gespräche bedarf wie öffentliche Reden. Sind meist gut informiert und genießen es, neues Wissen aufzunehmen. Können manchmal positiver und mit größerem Selbstvertrauen auftreten als es ihre Erfahrung in dem Gebiet rechtfertigt.

ESTJ

Praktisch, realistisch, sachlich, Naturtalente für geschäftliche oder Mechanikerarbeiten. Kein Interesse an Themen, deren Nutzen sie nicht sehen, die sie sich aber bei Bedarf aneignen können. Mögen es zu organisieren und Aktivitäten zu lenken. Können gute Verwalter sein, besonders, wenn sie sich erinnern, die Gefühle und Ansichten anderer zu berücksichtigen.

ESFJ

Warmherzig, redselig, beliebt, gewissenhaft, geborene Mitarbeiter, aktive Mitglieder in Ausschüssen. Brauchen Harmonie und können diese oft erzeugen. Machen stets etwas Nettes für andere. Arbeiten am besten nach Ermunterung und Lob. Hauptinteressen liegen in Dingen, die direkt und sichtbar das Leben anderer Leute beeinflussen.

Abbildung A.3: Positive Beschreibung der 16 MBTI®-Typen

A.1.3 Typologie als Lernmodell: das Vier-Quadranten-Modell

Das Vier-Quadranten-Modell, das wir ab Seite 12 bereits kennengelernt haben, lässt sich durch zwei der drei Aspekte der Jung'schen Typologie erklären. Es werden dazu die Einstellung, also extravertiert oder introvertiert, mit der rationalen Gruppe, also der Beurteilungsfunktion, kombiniert. Beide Aspekte bilden jeweils eine Koordinatenachse, sodass sich vier Quadranten ergeben (Abb. A.4). Jeder Quadrant kann mit einem einprägsamen Namen belegt werden, der die zentrale Grundfrage des Typus stellt: Warum, Was, Wie und Wohin noch.

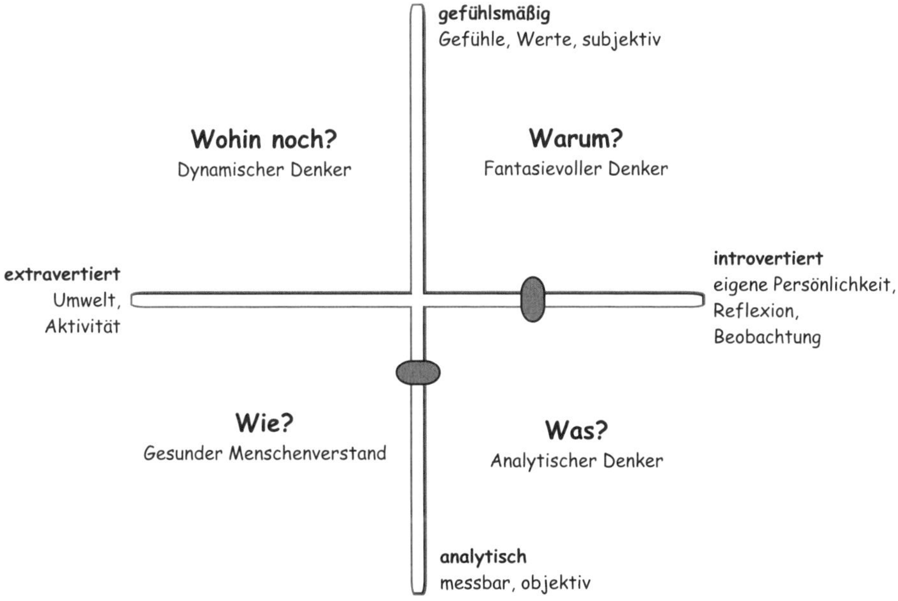

Abbildung A.4: Das Vier-Quadranten-Modell aus Abschnitt 2.2 ab Seite 12 ergibt sich aus der Reduktion der Typologie nach Jung auf zwei Achsen (Abb. A.1).

In der Lerntheorie ist dieses Modell als 4-Mat-Modell bekannt. Es ist von Bernice McCarthy Ende der 70er-Jahre entwickelt worden und basiert auf den experimentellen Lerntheorien von David A. Kolb (*1939). Das ist der Grund, warum dieses Modell so gut in der Ansprache, Behandlung von Einwänden und für den Aufbau von Präsentationen funktioniert.

A.1.4 Vier Temperamente

Auf einer vereinfachenden Ebene gibt es auch so etwas wie ein Vier-Quadranten-Modell, das auf der Annahme von vier Temperamenten in der MBTI®-Beschreibung beruht. Es ist Ende der 70er-Jahre von David West Keirsey (*1921) und Marilyn Bates entwickelt worden und ist nicht mit dem Vier-Quadranten-Modell zu verwechseln. Den vier Temperamenten liegen die folgenden Bedürfnisse zugrunde (Abb. A.5) [7]:

NF: Suche nach Bedeutung, sich selbst weiterentwickeln, andere Menschen unterstützen (ca. 10 %)

NT: Streben nach Kompetenz und Verstehen, neue Theorien, Modelle, Ideen oder Systeme entwickeln, Analyse, Kritik (ca. 10 %)

SP: Suche nach Handlungsfreiheit und Abwechslung, Spannung und Abenteuer, reagieren auf Krisen, Flexibilität (ca. 40 %)

SJ: Suche nach Zugehörigkeit und Verantwortung, nützlich sein, detaillierte Planung, Stabilität und Sicherheit (ca. 40 %)

In Klammern ist die ungefähre prozentuale Verteilung der Temperamente in der Bevölkerung angegeben.

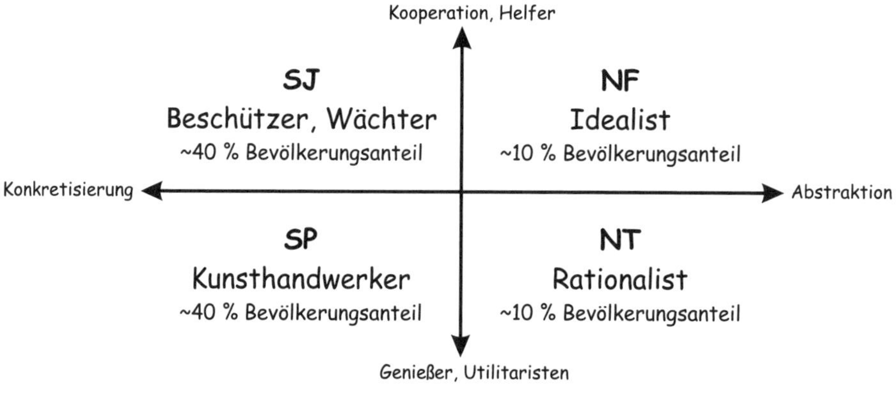

Abbildung A.5: Nach Keirsey lassen sich vier von außen gut wahrnehmbare Temperamente aus dem MBTI® herausarbeiten [77].

Die einzelnen Temperamente sind unterschiedlich in der Bevölkerung verteilt, wobei sich in der Literatur jeweils eine gewisse Bandbreite findet. Die beiden sensorischen Temperamente sind stets in der deutlichen Mehrheit. Ähnlich wie im Vier-Quadranten-Modell lassen sich die Eigenschaften beschreiben (Abb. A.6).

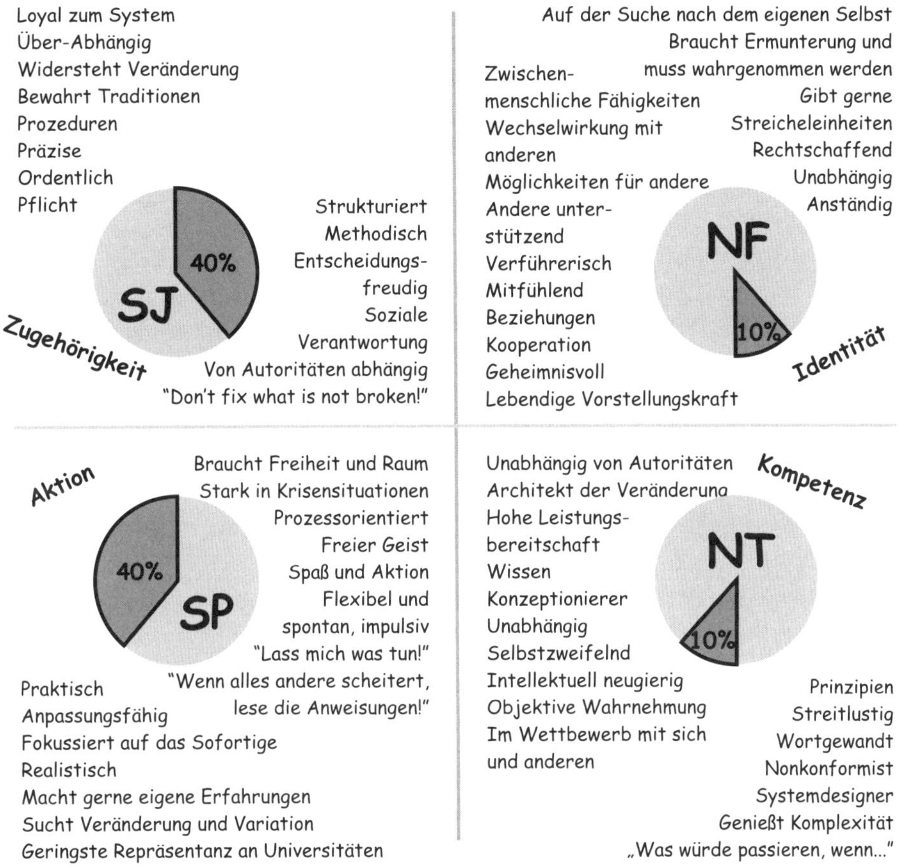

Abbildung A.6: Die Beschreibung der Temperamente nach Keirsey und Bates betrachtet jeweils nur zwei der vier MBTI®-Ebenen [7].

NF: Suche nach **Idealen**. NFs sind motiviert, sich selbst und andere zu verstehen. Sie schätzen Authenzität und Integrität und leben für eine ideale Welt.

NT: Suche nach **Wissen**. NTs sind motiviert, Wissen und Kompetenz zu erreichen bzw. weiter auszubauen. Sie schätzen Theorien und die Kraft der Gedanken.

SJ: Suche nach **Pflicht**. SJs sind motiviert, sich in ihrer sozialen Gruppe verantwortlich zu fühlen, sei es in der Familie, am Arbeitsplatz oder in der Gemeinde. Sie schätzen Tradition.

SP: Suche nach **Aktion**. SPs finden Motivation in ihrem Freiheitsdrang und im Drang zu handeln. Sie leben im Augenblick und schätzen dies.

Ein Wert der Sicht auf die Temperamente liegt darin, dass sie stärker auf die von außen wahrnehmbaren Merkmale fokussiert, als es Myers und Briggs getan haben, deren Fokus mehr auf den inneren Gefühlen und Gedanken lag [77]. Nach Keirsey bestimmt das Temperament die Neigung zu einer bestimmten Lebensführung, wohin gegen der Charakter unsere Lebensgewohnheiten bestimmt. Das Temperament bildet quasi unsere Hardware, der Charakter unsere Software ab. Während uns also unser Temperament in die Wiege gelegt ist, können wir unseren Charakter weiterentwickeln. Es kann daher sinnvoll sein, die vier Temperamente als Struktur für die 16 MBTI®-Typen zu nutzen. Jedem Temperament sind dann vier MBTI®-Typen zugeordnet. Wir finden so eine stabile Struktur für die 16 MBTI®-Typen. Die Darstellung aus Abbildung A.3 lässt sich damit zur Abbildung A.7 umstrukturieren [6].

	Ideale	Wissen	Pflicht	Aktion
Introversion	**INFJ** Eine inspirierende Persönlichkeit	**INTJ** Der unabhängige Denker	**ISTJ** Der natürliche Organisator	**ISTP** Mach es einfach
Introversion	**INFP** Macht das Leben freundlicher und sanfter	**INTP** Der Problemlöser	**ISFJ** Erledigt Aufgaben mit großem Engagement	**ISFP** Handeln ist wichtiger als Worte
Extraversion	**ENFP** Die Menschen sind das Ergebnis	**ENTP** Fortschritt ist das Ergebnis	**ESFJ** Jedermanns vertrauensvoller Freund	**ESFP** Lass uns Spaß bei der Arbeit haben
Extraversion	**ENFJ** Sanft redender Überzeuger	**ENTJ** Natürliche Führungspersönlichkeit	**ESTJ** Der natürliche Verwalter und Administrator	**ESTP** Holt das Maximum aus dem Moment

Abbildung A.7: Die vier Temperamente als Struktur für die 16 MBTI®-Typen

A.1.5 Big Five

Einen haben wir noch... Das Fünf-Faktoren-Modell NEO-FFI oder kurz *Big Five* ist weit verbreitet und auch in populärwissenschaftlichen Veröffentlichungen zu finden. Seit Anfang der 90er-Jahre wird es zur analytischen Beschreibung gerne herangezogen. Ihm liegen fünf voneinander unabhängige Faktoren zugrunde, über die sich eine Persönlichkeit beschreiben lässt [80]:

Extraversion
gesprächig, energiegeladen, bestimmt
oder
ruhig, reserviert, schüchtern

Verlässlichkeit
verlässlich, freundlich, mitfühlend
oder
kalt, streitsüchtig, unbarmherzig

Gewissenhaftigkeit
gut vorbereitet, organisiert, verantwortungsbewusst, vorsichtig
oder
sorglos, verantwortungslos, leichtfertig

Emotionale Stabilität, Neurotizismus
stabil, ruhig, zufrieden
oder
besogt, labil, launenhaft

Offenheit für Erfahrungen
kreativ, intellektuell, offen
oder
einfach, oberflächlich, unintelligent

Dieses Modell hat sich als *methodenstabil* erwiesen, ist also unabhängig von der eingesetzten Methode übergreifend nachweisbar. Es ist ein beschreibendes Modell, das nicht als Erklärung zu verstehen ist. Auch ersetzen die fünf Eigenschaftsdimensionen nicht die Vielzahl der anderen Eigenschaftsbegriffe. Es liefert lediglich ein Klassifikationssystem, eine Taxonomie, zur Beschreibung von Persönlichkeitsstrukturen von Menschen. Die bisherigen Untersuchungen zeigen, dass sich die individuelle Ausprägung der fünf Faktoren mit dem Alter nicht wesentlich verändert [7].

Da sowohl MBTI® wie auch Big Five davon ausgehen, dass es stabile individuelle Persönlichkeitsunterschiede gibt, liegt die Vermutung nahe, dass sich die beiden Modelle teilweise aufeinander abbilden lassen. Zumindest für Extraversion und Offenheit scheint ein deutlicher Zusammenhang zu bestehen. Auch für Verlässlichkeit und Gewissenhaftigkeit scheint ein Zusammenhang zu existieren, wenn auch nicht ganz so ausgeprägt. Einzig für die emotionale Stabilität bzw. Neutrozismus hat sich kein Zusammenhang finden lassen.

Da es sich beim Fünf-Faktoren-Modell um ein beschreibendes Verfahren handelt, ist es für die Identifikation und Klassifizierung gut geeignet. Bislang taugt es aber nicht für die Erklärung der zugrunde liegenden Mechanismen. Damit hat dieses Modell für uns im Zusammenhang dieses Buchs keine weitere Bedeutung. Dieser Abschnitt soll nur den Bezug dieses populären Modells mit den hier eingesetzten Modellen herstellen.

A.2 Agile Softwareentwicklung

A.2.1 Ziele und Prinzipien

Die Ziele agiler Softwareentwicklung sind vielfältig und um zwei zentrale Aspekte gegliedert:

- Komplexe Projekte bewältigen
  - Flexibel auf die Dynamik im Projekt und Projektumfeld reagieren können
  - Angemessen mit Unschärfen und Unsicherheiten im Projekt umgehen können (Abb. A.8)
- Kundennutzen maximieren
  - Hohes Kosten-Nutzen-Verhältnis
  - Güte von Terminaussagen und deren Planbarkeit
  - Wartezeit auf Return on investment (ROI) verringern
  - Brauchbare bzw. definierte Lösungsqualität erreichen

Um diese Ziele zu erreichen, wählt man in der agilen Softwareentwicklung einen kombinierten Lösungsansatz aus der Systemtheorie und Best Practices aus dem Projektmanagement. Da sich das Verhalten komplexer Systeme nicht vorhersagen lässt, sondern sich die Kausalketten nur im Nachhinein vollständig erschließen lassen (retrospektive Kohärenz), setzt man selbstorganisierte Entwicklungssysteme ein. Dabei wird die Verantwortung für den Entwicklungsprozess von der Verantwortung für die Umsetzung des Ergebnisses getrennt.

Aus Projektmanagementsicht bedeutet das u. a. die Fokussierung und Ausrichtung des Projekts am Kundennutzen, den Mut zu einem von vornherein minimalen Entwicklungsprozess nach dem KISS-Prinzip[3] und die permanente Transparenz über den Projektfortschritt und den Restaufwand. Eine pragmatische Sicht darauf gibt das *Manifest für agile Softwareentwicklung* von Seite 108.

Dieser Lösungsansatz wird mit Prinzipien zum Vorgehen unterstützt. Die Prinzipien wirken dazu als Leitsätze für das konkrete Handeln in agil

[3] Keep it small & simple.

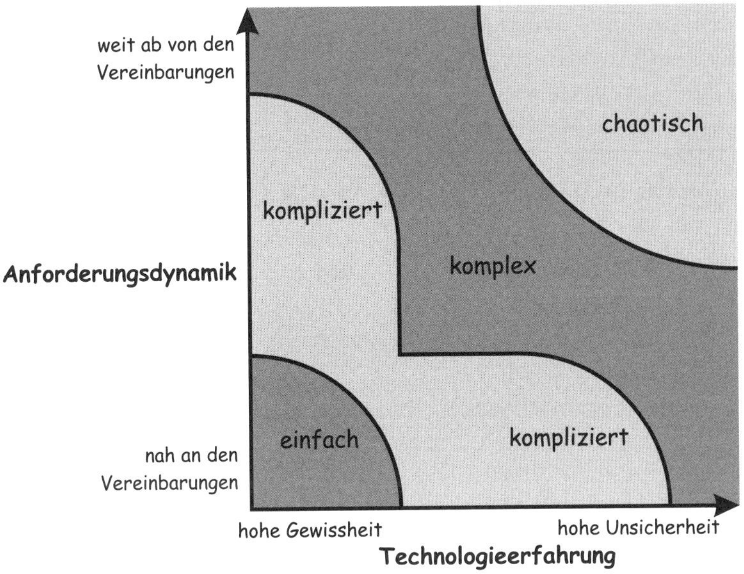

Abbildung A.8: Die Komplexitätsfaktoren Technologie und Anforderungsdynamik ermöglichen eine Definition einfacher, komplizierter, komplexer und chaotischer Softwareentwicklung (nach [61], Abbildung aus [71]).

geführten Projekten. Im Manifest für agile Softwareentwicklung sind bereits zwölf zentrale Prinzipien genannt [10]:

- Unsere höchste Priorität ist es, den Kunden durch frühe und kontinuierliche Auslieferung wertvoller Software zufriedenzustellen.
- Heiße Anforderungsänderungen selbst spät in der Entwicklung willkommen. Agile Prozesse nutzen Veränderungen zum Wettbewerbsvorteil des Kunden.
- Liefere funktionierende Software regelmäßig innerhalb weniger Wochen oder Monate und bevorzuge dabei die kürzere Zeitspanne.
- Fachexperten und Entwickler arbeiten während des Projekts täglich direkt zusammen.
- Errichte Projekte rund um motivierte Individuen. Gib ihnen das Umfeld und die Unterstützung, die sie benötigen, und vertraue darauf, dass sie die Aufgabe erledigen.
- Die effizienteste und effektivste Methode, Informationen an und innerhalb eines Entwicklungsteams zu übermitteln, ist im Gespräch von Angesicht zu Angesicht.
- Funktionierende Software ist das wichtigste Fortschrittsmaß. Dem Inkrement, also der Menge der in einer Iteration neu erstellten Funktio-

nalität, kommt damit eine besondere Bedeutung zu. Die Transparenz über den Projektfortschritt erfolgt auf Basis testbarer und abgenommener Funktionalität.

- Agile Prozesse fördern eine nachhaltige Entwicklung. Die Auftraggeber, Entwickler und Benutzer sollten ein gleichmäßiges Tempo auf unbegrenzte Zeit halten können. Damit wird auch die Basis für eine verlässliche Planung und belastbare Terminprognosen geliefert.
- Ständiges Augenmerk auf technische Exzellenz und gutes Design fördert Agilität.
- Einfachheit – die Kunst, die Menge nicht getaner Arbeit zu maximieren – ist essenziell.
- Die besten Architekturen, Anforderungen und Entwürfe entstehen durch selbstorganisierte Teams.
- In regelmäßigen Abständen reflektiert das Team, wie es effektiver werden kann, und passt sein Verhalten entsprechend an.

Der Übergang von den zahlreichen agilen Prinzipien zu den agilen Methoden, also Methoden in der Softwareentwicklung, die sich an den Zielen und Werten der Agilität ausrichten, ist dabei eher fließend. Zur Umsetzung agiler Vorgehensweisen hat sich eine Reihe agiler Frameworks wie Scrum, eXtreme Programming oder Chrystal etabliert. Spannend ist auch die Adaption von Ideen aus dem Lean Management bzw. Kanban, die Einzug in die agile Softwareentwicklung gehalten haben.

A.2.2 Retrospektive Kohärenz und Selbstorganisation

In einem komplexen System können wir die Wirkungen einer Ursache nicht deterministisch vorhersagen. Wir können nur *im Nachhinein* erkennen, was wie funktioniert hat. Derartige Erkenntnisgewinne können nur rückblickend herausgezogen werden. Das Verhalten eines komplexen Systems wird allein im Rückblick kohärent. Dieser Weg des Erkenntnisgewinns heißt daher retrospektive Kohärenz.

Für die Optimierung von Abläufen oder anderen Veränderungen in komplexen Systemen ist daher der rückblickende Erkenntnisgewinn die einzige Möglichkeit, Erklärungen und Zusammenhänge für ein spezifisches komplexes System zu erkennen. Diese Retrospektiven werden sinnvollerweise von vornherein regelmäßig eingeplant, wenn wir das Verhalten eines komplexen Systems verändern möchten. Nur rückblickend werden die Zusammenhänge klar.

In iterativen Vorgehensweisen sind die Zeitpunkte für die Retrospektiven fest vorgegeben. Damit minimiert sich der Overhead für die Organisation, da die damit verbundenen Prozesse nach wenigen Iterationen eingeschliffen sind. So stellen wir das Lernen im Projektverlauf sicher und können besser auf die komplexe Projektsituation reagieren [71]. Diese adaptive und situative Projektsteuerung erfolgt nach den Prinzipien der Selbstorganisation.

In der Systemtheorie wird die Selbstorganisation definiert als eine Form der Systementwicklung, bei der die Form gebenden, gestaltenden und beschränkenden Einflüsse von den Elementen des Systems selbst ausgehen. Des Weiteren gibt es vier Kennzeichen für Selbstorganisation von Gruppen [71]:

Komplexität: Die einzelnen Mitglieder sind durch wechselseitige, sich permanent ändernde Beziehungen miteinander vernetzt. Auch die Miglieder selbst können sich dabei ändern, weil sie sich weiterentwickeln und aus neuen Erfahrungen lernen.

Selbstreferenz: Jedes Verhalten des Systems wirkt auf das System selbst zurück. Damit wird dies wiederum Ausgangspunkt für neues Verhalten. Die Selbstreferenz ist kein Widerspruch zur Offenheit des Systems. Es können also neue Mitglieder in das System eintreten und bestehende dieses verlassen.

Redundanz: Es gibt keine Trennung zwischen organisierenden, gestaltenden und lenkenden Mitgliedern. Dadurch sind sowohl Fähigkeiten als auch konkrete Möglichkeiten, diese anzuwenden, redundant vorhanden.

Autonomie bei Beziehungen und Interaktionen: Die Beziehungen und Interaktionen, die das System als Einheit definieren, werden nur durch das System selbst bestimmt. Dies betrifft sowohl die Beziehungen und Interaktionen innerhalb der Gruppe als auch nach außerhalb und die Gestaltung der Schnittstellen.

Im Vordergrund eines selbstorganisierenden Teams stehen die Prozesse, die im Team ablaufen. Die innere Ordnung entwickelt sich permanent weiter. Alle Strukturen haben daher nur temporären Charakter. Bis zu einem gewissen Grad ist Selbstorganisation zwar eine Eigenschaft jeder Gruppe, der Grad und die Konsequenz ihrer Umsetzung variieren jedoch recht stark [25].

In selbstorganisierten Teams wird also die innere Struktur nicht von außen z. B. über einen Projektleiter vorgegeben, sondern situativ von den Teammitgliedern gebildet. Daraus erwächst die Stärke und große Flexibilität selbstorganisierter Teams. Selbstorganisation stellt derzeit die wohl beste Lösung zur Umsetzung dynamischer und komplexer Projekte dar. Ihre Realisierung stellt jedoch hohe Ansprüche an die einzelnen Teammitglieder.

A.3 Agiles Projektmanagement nach Scrum

A.3.1 Die zentralen Begriffe von Scrum

Scrum, zu deutsch *Gedränge*, ist ein Projektmanagement-Framework für ein agiles, inkrementell-iteratives Vorgehen [61]. Ausgehend von einer geordneten und priorisierten Liste von Aufgaben, dem sogenannten *Product Backlog*, werden für die anstehende Iteration die umzusetzenden Aufgaben ausgewählt und in ein sogenanntes *Sprint Backlog* übertragen und dabei detailliert und zerlegt. Ein *Sprint* ist nur eine andere Bezeichnung für eine Iteration. Die typische Iterationsdauer in Scrum beträgt meist einen Monat[4]. Am Ende eines Sprints ist ein neues Inkrement für den Kunden erstellt worden, in dem neue, lauffähige Softwareanteile abgenommen werden. Innerhalb eines Sprints erfolgt täglich ein Teamabgleich-Meeting, das sogenannte *Daily Scrum*, in Form einer *Stehung* von ca. 15 Minuten Dauer (Abb. A.9).

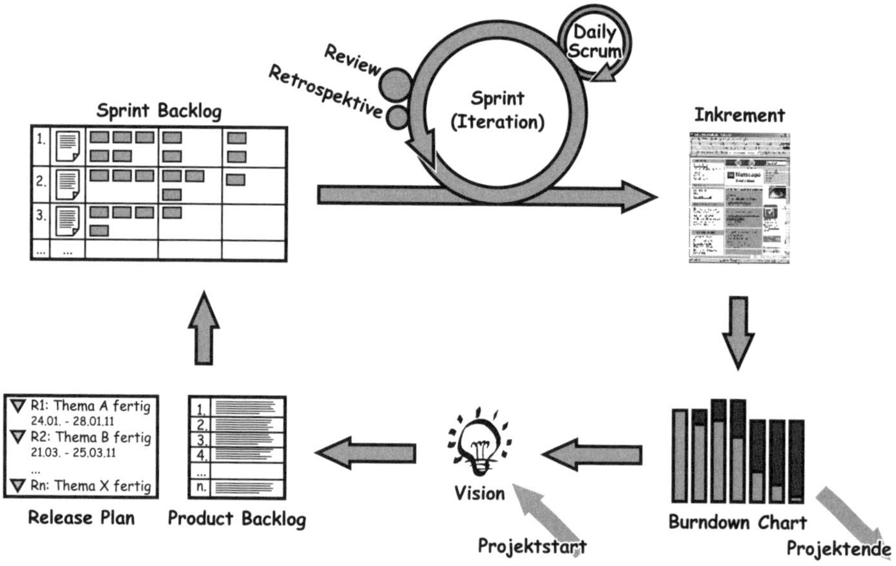

Abbildung A.9: Das Kernstück des Scrum-Prozesses im Überblick [61]

Wie in jedem anderen Entwicklungsprozess gibt es auch hier eine Reihe definierter Rollen. Scrum kennt in seiner Grundform nur drei davon [61]:

[4]Nach der Projektmanagementstudie der oose Innovative Informatik GmbH liegt die Erfolg versprechendste Iterationsdauer für IT-Projekte zwischen drei Wochen und einem Monat [73]!

Product Owner: Das ist die wohl schwierigste Rolle in Scrum. Er vertritt alle Personen, die Interessen am Projekt oder seinem Ergebnis haben, also die Stakeholder. Er budgetiert das Projekt, bestimmt den Nutzen des Ergebnisses, definiert die Releasepläne und zeichnet für die fachliche Priorisierung der Anforderungen verantwortlich.

Team: Das Team trägt die Verantwortung für die Entwicklung der Funktionalität. Dabei verwalten und organisieren sich die Teams selbst. Sie arbeiten funktionsübergreifend und finden selbst heraus, wie das neue Inkrement mit neuer Funktionalität umzusetzen ist.

ScrumMaster: Beim ScrumMaster liegt die Verantwortung für den Scrum-Prozess und dessen Implementierung im Projekt und seiner Organisation.

Zur Steuerung und für den internen Informationsfluss sind neben dem bereits betrachteten *Daily Scrum* drei weitere Meetings von zentraler Bedeutung im Verlauf einer Iteration bzw. eines Sprints:

Planungsmeeting: In der Planungssitzung erfolgt auf Basis der typischen Kapazität einer Iteration (Sprint) das Ableiten der Aufgaben für den anstehenden Sprint aus dem Product Backlog und deren Umfangsschätzung. Dazu findet eine inhaltliche Klärung zwischen Entwicklungsteams und Product Owner statt.

Ergebnisreview: Hier werden die erreichten Ergebnisse und abgearbeiteten Aufgaben der Iteration (Sprint) demonstriert und abgenommen.

Retrospektive: Das Team betrachtet die abgeschlossene Iteration, um sinnvolle Abläufe beizubehalten oder zu verstärken und für Probleme und erkannte Schwächen Lösungen zu entwickeln, um sie in der nächsten Iteration auszuprobieren.

Aus Projektleitungssicht ist besonders die *Definition of Done* von Bedeutung: Wann gilt eine Aufgabe als fertiggestellt? Bei der Beschreibung einer Aufgabe ist auch diese Frage zu beantworten. Anhand einer messbaren Überprüfung im Ergebnisreview wird dies geprüft. Was eignet sich besser dafür als ein Test? Die Qualität der Antwort auf die Frage, wann ein Teil fertig ist, ist maßgeblich für den Erfolg iterativen Vorgehens. Ansonsten besteht die Gefahr, sich selbst über den Projektfortschritt zu täuschen.

Sichtbare Funktionalität kann vom Product Owner abgenommen werden, interne Aufgaben können von den Mitgliedern eines Teams gegenseitig abgenommen werden. Dies erfolgt im *Review* spätestens am Ende eines jeden Sprints. Besonders hilfreich für die Entwicklung ist es, wenn die Tests bereits zu Beginn des Sprints den Entwicklern bekannt sind. Diese Testbeschreibungen ergänzen und präzisieren dann die Anforderungen.

A.3.2 Agile Prinzipien in Scrum

Scrum basiert auf der konsequenten Anwendung von vier Prinzipien. In unserem Kontext sind die folgenden beiden von besonderer Bedeutung:

Inspect and adapt: Dieses Prinzip beschreibt einen Regelkreis, nach dem wir einen Ablauf oder eine Idee ausprobieren, in einer Retrospektive seine Wirkung betrachten (inspect) und dann Anpassungen oder Veränderungen zur Verbesserung entwickeln (adapt), um diese dann erneut auszuprobieren (Abb. A.10).

Ask the team: Das Team wird gefragt, wie es ein Problem lösen möchte. Das fördert und erfordert die Verantwortung des entwickelnden Teams für die Lösungsumsetzung und die Selbstorganisation im Team. Die Umsetzung dieses Prinzips erfolgt dann über Prozessfragen, wie wir sie in Abschnitt 2.1.3 ab Seite 10 kennengelernt haben.

Deliver: Die regelmäßige Lieferung von durch den Kunden nutzbarer (consumable) und wertvoller Inkremente ist die Basis für die Planung und Projektsteuerung. Anhand der Inkremente kann ein Feedback durch den Product Owner oder Anwender mit maximaler Aussagekraft erfolgen. Dieses Prinzip führt automatisch dazu, einen möglichst konstanten Projektfortschritt anzustreben, um eine Planbarkeit für diese regelmäßigen Lieferungen zu haben.

Treat people as adults: Sowohl im Team als auch auf Kundenseite arbeitet eine Reihe von Fachleuten. Komplexe Projekte bewältigen wir am besten, indem wir deren Wissen und Erfahrung nutzen und einen Rahmen schaffen, in dem sie sich optimal und zielführend einbringen können. Wir schreiben ihnen jedoch nicht jede Kleinigkeit ihrer Arbeit vor, sondern steuern einen Prozess nach den Regeln und Prinzipien von Scrum.

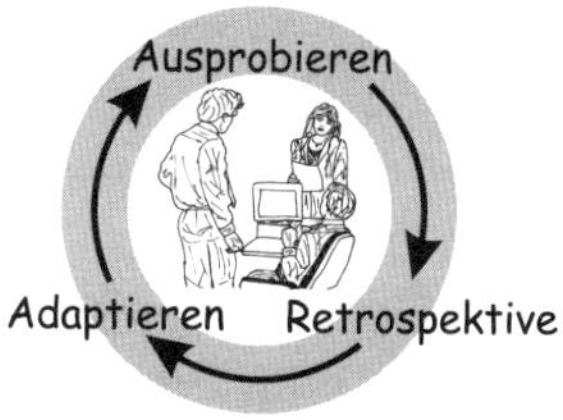

Abbildung A.10: Regelkreis des Inspect-and-adapt-Prinzips (nach [61], Abbildung aus [71])

A.3.3 Trennung der Verantwortlichkeiten

In agilen Konzepten erfolgt eine klare Verteilung von Verantwortlichkeit für Prozess und Umsetzung, um einerseits für mehr Transparenz zu sorgen und andererseits die Möglichkeit für Interessenkonflikte, die sich innerhalb einer Person ergeben, zu minimieren und offen zutage treten zu lassen. Deutlich wird dies in Scrum an der Auftrennung von typischen Verantwortlichkeiten eines Projektleiters auf zwei Rollen: *ScrumMaster* und *Product Owner*. Der ScrumMaster ist für die Entwicklungsprozesse verantwortlich und unterstützt das Team dabei moderierend. Er kümmert sich auch um die Auflösung von außerhalb der Verantwortlichkeit des Projektteams liegenden Hindernissen. Der Product Owner sorgt für die Qualität der Anforderungen und ihre Priorität bzw. zeitliche Ordnung. Er entscheidet über fachliche Fragen.

Vereinigt man beide Rolle in einem klassischen Projektleiter, so werden die sich aus den unterschiedlichen Verantwortlichkeiten ergebenden Interessenkonflikte nicht mehr offen ausgetragen und für alle beteiligten Personen transparent gelöst, sondern oft aus dem Druck des Tagesgeschäfts heraus zulasten des Entwicklungsprozesses und der langfristigen Qualität des Produkts vom Projektleiter entschieden.

Auch in der Umsetzung erfolgt eine Auftrennung von Verantwortlichkeiten, indem das Entwicklungsteam als Ganzes für die Realisierung des Projekts und seine Aufwandsschätzungen verantwortlich ist. In Zusammenarbeit mit dem Product Owner, der den geschäftlichen Nutzen einer Anforderung im Auge behält, entstehen die konkreten Pläne, was in einer Iteration und für ein Release vorgesehen ist.

A.3.4 Timebox, Kanban und Scrum

Ein Falle, in die wir mit einem radikalen Timeboxing bei agilem Vorgehen tappen können, ist ein Task-Overflow. Das Werkzeug der Timebox ist fundamental für ein iteratives und damit auch ein agiles Vorgehen. Eine Iteration ist z. B. auch eine Timebox (Kasten auf Seiten 268) [44].

Mit einem Task-Overflow bezeichnen wir einen Extremfall in einer agilen Planung, bei der es innerhalb einer Iteration durch neu erkannte Aufgaben und/oder Probleme, die beim Abarbeiten von geplanten Aufgaben entstehen können, zu einem *Verzetteln* der zu erledigenden Aufgaben kommt. Wir verlieren die Übersicht über Anzahl, Aufwand und Priorität der Aufgaben und die Mitarbeiter bremsen sich im schlimmsten Fall gegenseitig aus. Eine solche Iteration ist durch hektischen Aktionismus gekennzeichnet und das Inkrement ist meist nicht brauchbar. Die Technik des Timeboxings alleine gibt uns allerdings noch viel zu lange das Gefühl, noch alles im Griff zu haben.

Timebox und Meilenstein

Timebox und Meilenstein sind auf den ersten Blick ähnliche Konzepte im Projektmanagement, deren kleiner Unterschied jedoch bedeutsam ist. Beide verbinden einen gewünschten Inhalt einer Aufgabe, das Ergebnis, mit einem Termin. An diesem Termin wird der erreichte Inhalt bewertet. Ist ein Meilenstein noch nicht erreicht, wird der Termin verschoben, der Inhalt dominiert also den Termin. In einer Timebox verhält es sich umgekehrt, der Termin wird nicht verschoben. Er dient zur intensiven Prüfung des Ergebnisses, um danach zu bewerten, wie weiter vorgegangen wird. Reicht der Umfang des Ergebnisses für den Empfänger aus, ist es fertig. Fehlen wichtige Aspekte, so erfolgt eine Restaufwandsschätzung für die verbleibende, neu zu definierende (Rest-)Aufgabe und ihre Planung im weiteren Vorgehen. Die verbleibende Restaufgabe muss dabei nicht direkt im Anschluss weitergeführt werden, sondern wird wie jede andere Aufgabe in der iterativen Planung neu bewertet und entsprechend in die Aufgabenliste bzw. das Backlog eingeordnet.

Eine Timebox kann zwischen wenigen Minuten für eine einfache Aufgabe und wenigen Wochen für eine Iteration dauern, bedeutet aber stets einen festen, unveränderbaren Zeitabschnitt. Ihre Länge abzuschätzen bedarf etwas Erfahrung mit der jeweiligen Art von Aufgabe, kann aber zum ersten Ausprobieren mit einfachen Standardwerten erfolgen. So passen z. B. die meisten Iterationen sinnvoll in ein Raster von ca. vier Wochen Dauer [61, 72].

Um diesen Zusammenhang besser zu verstehen und eine Lösung für einen Task-Overflow zu entwickeln, betrachten wir zunächst das sogenannte Teufelsquadrat[5]. Es bringt für ein Projekt die vier Faktoren Funktionsumfang, innere und äußere Qualität des Ergebnisses, das für die Umsetzung zur Verfügung stehende Budget und den angestrebten Liefertermin für das Endprodukt in Zusammenhang (Abb. A.11).

Die Fläche innerhalb des Teufelsquadrats entspricht dabei der Produktivität unseres Teams und ist damit von Iteration zu Iteration meist recht konstant. Damit können wir ein Projekt nach bis zu zwei dieser vier Faktoren optimieren, wobei die übrigen Faktoren durch die konstante und damit dauerhafte Produktivität im Team sich entsprechend ausgleichend verändern. Sind z. B. Budget und Termin fest vorgegeben, so kann ein Projektteam seine Freiheitsgrade über den zu realisierenden Funktionsumfang und dessen qualitative Ausprägung definieren (Abb. A.11).

[5]Das Teufelsquadrat geht auf Harry Sneed zurück.

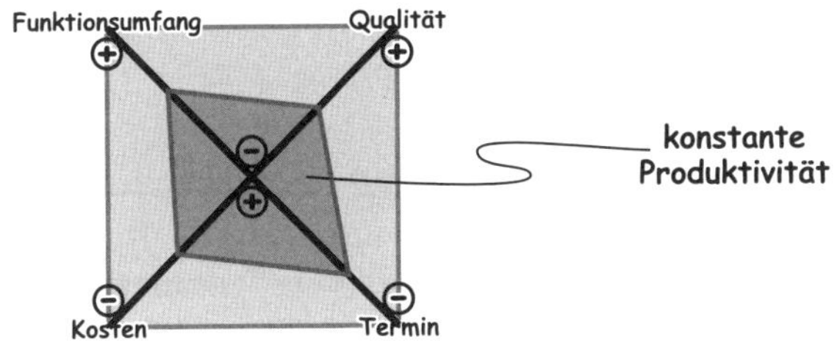

Abbildung A.11: Das Teufelsquadrat im Projekt

Wird hingegen versucht, drei oder gar alle vier Faktoren fest vorzugeben, wird das Projekt aller Voraussicht nach scheitern bzw. seine Freiheitsgrade in der inneren Qualität finden, was dann zu einem enormen Wartungsaufwand führen wird, da alle nicht lösbaren Probleme *nach hinten* verschoben werden müssen.

Wie können wir mit dieser Sichtweise das Problem des Task-Overflow lösen? Betrachten wir die Aspekte, die zu einer konstanten Produktivität führen, so erkennen wir, dass die Fokussierung im Team auf die anstehenden Aufgaben und der Umgang mit Störungen dabei von essenzieller Bedeutung sind (Abb. A.12).

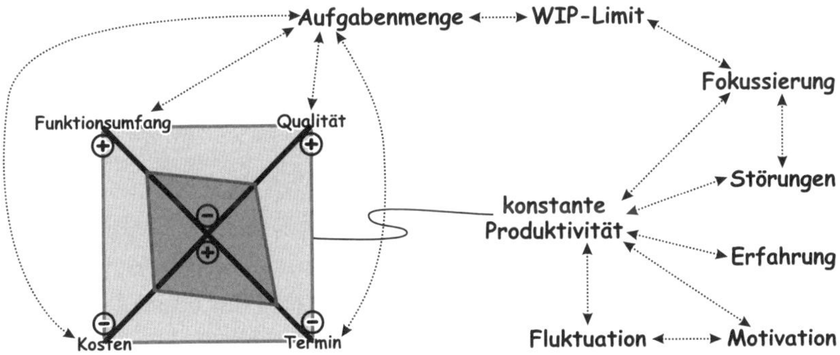

Abbildung A.12: Das WIP-Limit unterstützt dabei, die Produktivität konstant zu halten und eine klare Aufgabenfokussierung zu haben, indem es die Aufgaben begrenzt, die parallel bearbeitet werden.

Die Fokussierung und damit die konstante Produktivität kann durch eine Technik aus dem Kanban bzw. Lean Management optimiert werden. Dabei wird die parallel zu bearbeitende Aufgabenmenge (WIP = Work in Progress) durch ein Limit begrenzt. Probleme werden dadurch sofort sichtbar und die Gefahr eines Task-Overflow gebannt (Abb. A.12 oben).

Die Idee des Limits in Produktionsprozessen wurde ursprünglich von Taiichi Ohno (1912 – 1990) für Toyota entwickelt [45]. Ohno minimiert damit Läger für Zwischenprodukte im Produktionsprozess, um unter anderem die Flexibilität zum Wechseln von Produktionslinien zu erhöhen und eine unnötige Kapitalbindung durch Zwischenprodukte zu minimieren. Übertragen auf die Softwareentwicklung führt diese Idee dazu, die Task-Boards bzw. Kanban-Boards zur Übersicht über die Aufgaben in einer Iteration durch Limits zu ergänzen (Abb. A.13).

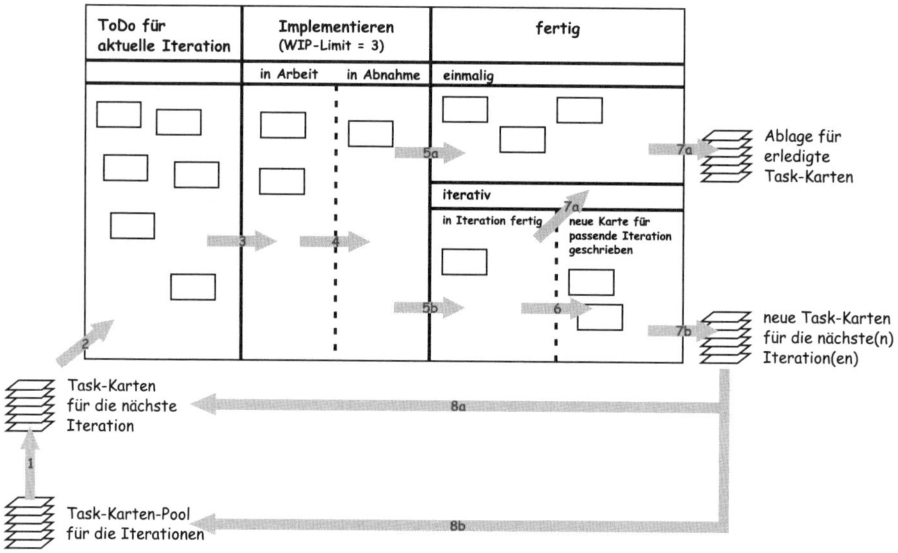

Abbildung A.13: Prinzip eines Task-Boards in einem iterativen Projekt

Ein WIP-Limit begrenzt die Anzahl der Tasks (Karten) in der Spalte, zu der das Limit gehört. Es begrenzt also die Anzahl der vom Team durchgeführten parallelen Tätigkeiten. Das verbessert zum einen die Fokussierung auf die Aufgaben und erleichtert es zum anderen, Flaschenhälse im Prozessfluss rasch zu erkennen. Damit sind wir schnell handlungsfähig und können Probleme im Entwicklungsprozess sofort angehen und Lösungen entwickeln. Ein Task-Overflow, der sich durch eine hohe Anzahl gleichzeitig auszuführender Aufgaben auszeichnet, wird damit vermieden bzw. sofort erkannt.

A.4 Coaching

Mit Coaching bezeichnen wir eine Art Hilfe zur Selbsthilfe, in dessen Ablauf bislang verdeckte Ressourcen erkannt, benannt, entwickelt und ausgebaut werden. Der *Coach* begleitet dabei den *Coachee* in eher beobachtender Position. Der Coachee entwickelt im Rahmen des Coaching-Prozesses seine individuelle Lösung selbst [71].

A.4.1 Der neutrale Coach

Der Begriff Coaching leitet sich vom englischen *coach*, auf deutsch *Kutsche*, ab. Ein Coach ist also ein Transportmittel, um den Coachee seine Ziele erreichen zu lassen. Seine wohl weitläufigste Bedeutung hat der Begriff *Coach* im Sport als Synonym für Trainer. Wir konzentrieren uns in diesem Buch auf den Business Coach im beruflichen Kontext.
Coaching stellt eine Win-win-Situation dar, in der eine zielorientierte Teamarbeit zwischen Coach und Coachee erfolgt. Gleichzeitig setzt es eine intensive, vertrauensvolle Beziehung voraus, um eine hilfreiche Beeinflussung überhaupt zu ermöglichen. Coaching ist daher ein nützliches Beziehungsmodell, um den Coachee zu befähigen, seine Ziele selbst zu erreichen und nach seinen eigenen Maßstäben erfolgreich zu sein. Der Coaching-Prozess gliedert sich in grob fünf Phasen [68]:

1. Vertrauen gewinnen, um den Istzustand erforschen zu können. Dazu ist die absolute Verschwiegenheit des Coachs unabdingbare Voraussetzung.
2. Ziele formulieren, um die Ausrichtung und klare Abgrenzung zu erhalten, was angestrebt und was in diesem Prozess außer Acht gelassen wird.
3. Strategie entwickeln, um die persönlichen Ressourcen des Coachees organisieren und aktivieren zu können.
4. Öko-Check bzw. Realitäts-Check, um die Lösungsideen hinsichtlich ihrer Konsequenzen überprüfen zu können.
5. Future Pace, also der Plan, wann was genau getan werden soll.

Auf Sir John Whitmore (*1937) geht ein definierter und weit verbreiteter Coaching-Prozess zurück, der sich auch in der Berufswelt gut einsetzen lässt und verhältnismäßig einfach zu erlernen ist. Nachfolgend stellen wir dessen Ablauf detailliert vor.

A.4.2 Was bedeutet GROW?

Die vier Buchstaben aus GROW stehen für die vier Schritte, in denen dieser konkrete Coaching-Prozess abläuft (Abb. A.14). Im Einzelnen sind dies:

Goal setting: Definition der Ziele. Hierbei gilt es, drei Punkte zu klären:

- Kann der Coachee das Erreichen der Ziele brauchbar beeinflussen?

- Welche anderen Ziele stehen hinter den offensichtlichen Zielen? Gibt es ein verdecktes Thema hinter dem Offensichtlichen?
- Gibt es Zielkonflikte?

Reality Check: Wo steht der Coachee heute und was wurde bereits getan?

Options: Alternative Handlungsweisen finden. Hier werden vorerst ohne eigene Bewertung durch den Coach oder Coachee die verschiedenen Möglichkeiten zusammengetragen. Ziel ist es dabei, möglichst viele Alternativen zu finden, mit denen dann im nächsten Schritt gearbeitet werden kann.

What, when, who, will: Der konkrete Handlungsplan:

- Was genau ist zu tun, um das Ziel zu erreichen?
- Ein möglichst genauer Arbeitsplan wird aufgestellt, in dem detailliert festgehalten wird, bis wann mit wem was gemacht wird. Dabei hat der Coachee die Wahlfreiheit, die einzelnen Schritte zu definieren, und steuert so selbst seine Verhaltensänderung.
- Wer kann den Coachee wie unterstützen?
- Wie wahrscheinlich ist die Umsetzung des Plans aus Sicht des Coachees? Wie groß ist dessen Motivation?

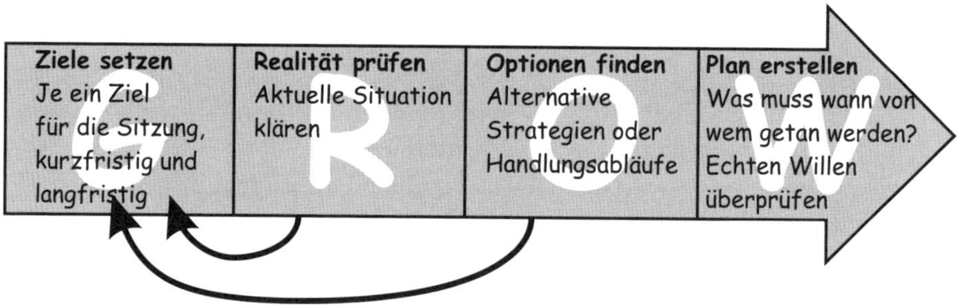

Abbildung A.14: Der GROW-Ablauf in der Übersicht [76]

Typischerweise läuft ein Coaching gerade in den ersten Sitzungen nicht so einfach linear ab. Gerade die Zieldefinition stellt sich oft als schwierig heraus. Um diesen Knoten zu lösen, gehen wir als Coach von einer *vorläufigen* Zieldefinition aus und hoffen, dass sich in den folgenden Schritten eine ausreichende Klärung und Konkretisierung ergibt, um eine brauchbare Zielqualität zu erreichen. Der Coach führt den Coachee dazu wieder zurück zum ersten Schritt. Wir springen also bei schwierigen Coaching-Sitzungen durchaus mehrmals aus unterschiedlichen Situationen wieder zurück auf einen vorherigen Schritt (Abb. A.14).

Das GROW-Modell ermöglicht uns Flexibilität im Prozess. Es gibt uns eine Struktur vor, einen Führungsrahmen, in dem wir alle Freiheiten haben und doch stets wissen, wo wir stehen und welche nächsten Optionen sich ergeben. Ein solcher Rahmen ist nützlich, um sowohl dem Coach als auch dem Coachee Sicherheit in der Vorgehensweise zu geben und beide von unnötigem Druck zu entlasten.

Wenn wir als Coach im Coaching-Prozess auf ein Problem stoßen wie z. B. eine Situation, in der es dem Coachee nicht gelingt, aus dem Thema des Coachings ein konkretes, messbares Ziel abzuleiten, so können wir fortfahren und den Reality Check durchführen. Spätestens beim Betrachten der Optionen wird es möglich sein, die bisherige Zieldefinition brauchbar zu verbessern. Wir springen dann zurück zum ersten Schritt und verbessern die bisherigen Ergebnisse. Jetzt haben wir zwei Möglichkeiten, um weiterzumachen:

- Wir springen wieder zurück zum letzten Schritt, den wir unternommen haben, z. B. zu Options.
- Wir wiederholen kurz alle bisherigen Schritte, bis wir wieder dort angelangt sind, von wo aus wir zurückgesprungen sind, z. B. in der Planung: What, when, who, will.

Bei kurzen, kleinen *Ausflügen* können wir sicherlich die erste Variante erfolgreich durchführen. Haben wir dagegen beim zweiten Mal intensiv an den Zielen gearbeitet und deutlich mehr Klarheit gewonnen, so bietet sich die zweite Variante an, alle bisherigen Schritte kurz zu durchlaufen und zu prüfen, ob aus der neuen Situation Konsequenzen für unsere bisher erzielten Ergebnisse entstehen.

Erfahrungsgemäß ergeben sich die größten initialen Schwierigkeiten beim Coaching bei der Definition der Ziele. Gehen wir also noch etwas tiefer auf das Thema Ziele im Coaching ein.

Ein Coaching ist ein Prozess, in dem meistens eine längerfristige Begleitung des Coachees durch einen Coach in regelmäßigen einzelnen Coaching-Sitzungen von ca. 90 Minuten erfolgt. Je nach Thema und zeitlichen Rahmenbedingungen beträgt der Abstand zwischen den einzelnen Sitzungen mehrere Tage bis wenige Wochen. Daraus ergeben sich zwei Arten von Zielen (Abb. A.14):

1. Ein Ziel für den gesamten Coaching-Prozess und
2. je ein Ziel für jede einzelne Coaching-Sitzung.

Die Ziele einer einzelnen Sitzung sind daher meist Unterziele des übergeordneten Gesamt-Coaching-Ziels. Wenn wir z. B. einen Entwicklungsleiter darin coachen, ein neues Softwarewerkzeug in seiner Entwicklungsabteilung einzuführen, könnte das Coaching-Ziel lauten: »Für das neue XY-

Projekt, das in drei Wochen beginnt, nutzen alle beteiligten Entwickler bis in sieben Wochen das ABC-Tool als einziges UML-Modellierungswerkzeug.« Ein mögliches Unterziel für eine Sitzung wäre dann z. B.: »Alle am XY-Projekt beteiligten Personen bis zum Projektstart mit dem neuen UML-Tool so vertraut zu machen, dass diese ihre Modellsichten damit erstellen können und die der anderen im Modellbaum finden und verstehen können.«

B Übungen

Im Laufe der Zeit, in der wir uns nun bereits mit Themen aus Kommunikation und Arbeitspsychologie befassen, sind uns diverse Übungen begegnet. Sie können beim Verständnis und bei der Umsetzung der in diesem Buch vorgestellten Konzepte helfen, weil wir mit diesen Übungen einige Prinzipien und Ideen spielerisch umsetzen und ausprobieren können. Uns haben sie jedenfalls viel Spaß gemacht.

B.1 Diskussionskultur: Der Festausschuss tagt

Bilden Sie eine oder mehrere Dreiergruppen. Für jede Gruppe gilt der gleiche Ablauf. Das Beispiel wird dabei zweimal durchgespielt, wobei jeder Durchgang ca. 5 Minuten dauert. Im ersten Durchlauf muss sich jeder Teilnehmer pro Redebeitrag jeweils zu den anderen beiden Themen äußern. Im zweiten Durchgang wird dann konsequent die Redetechnik aus Abschnitt 5.2 ab Seite 55 angewendet. Jeder Beitrag ist mit einer konkreten Bitte an die anderen abzuschließen. Wichtig ist dabei, dass die Bitte sofort im Anschluss an den Beitrag erfüllbar ist. Wenn die anderen Teilnehmer darauf antworten, beenden sie ihre Redebeiträge nicht ohne ihrerseits eine Bitte auszusprechen. Jedes Gruppenmitglied nimmt in der Übung eine der drei Interessen wahr:

- Ideen zur Durchführung der anstehenden Weihnachtsfeier sammeln
- Ideen für den nächsten Betriebsausflug sammeln
- Ideen zur Verabschiedungsfeier des Firmengründers sammeln

Sie können die Übung gerne noch ein zweites Mal durchführen. Dazu nehmen wir jetzt Beispiele aus der Beraterpraxis. Als Kunden stellen Sie sich eine eher traditionell vorgehende IT-Abteilung einer Versicherung vor:

- Ideen zur Einführung von Scrum in der IT sammeln
- Ideen für die Erhebung und Analyse der Geschäftsprozesse in der Versicherung sammeln
- Ideen zur Reorganisation der Karrierepfade in der Entwicklung sammeln, die über die reine Linienführungskraft hinausgehen

Sammeln Sie im Anschluss kurz von allen Beteiligten, was sich jeweils zwischen den beiden Durchläufen einer Übung verändert hat. Diskutieren Sie Wege, diese Technik in Ihren (Berufs-)Alltag zu integrieren. Dabei können Sie bereits gleich mit dieser Diskussionstechnik beginnen.

B.2 Veränderung erleben: die Armbanduhr

Wenn Sie sich sofort klarmachen möchten, wie Veränderungen gewohnter Abläufe auf betroffene Personen wirken, können Sie die folgende Übung ausprobieren. Sie brauchen keine Mit-Übenden und können ohne Vorbereitung sofort beginnen. Interessiert? Dann los!

Nehmen Sie bitte Ihre Armbanduhr ab und legen Sie sie um den anderen Arm. Behalten Sie diese falsche Position bei, bis Sie heute Abend Ihre Uhr wie sonst auch ablegen. Achten Sie den Rest des Tages darauf, was diese kleine Veränderung mit Ihnen macht. Wie oft blicken Sie auf die falsche Seite? Wann haben Sie sich an den ungewohnten Druck am anderen Handgelenk gewöhnt? Möchten Sie die Uhr jetzt immer dort tragen? Welche Vorteile können sich daraus für Sie ergeben?

Nach dieser Übung fällt es Ihnen vielleicht leichter, sich in andere von Veränderungen betroffene Personen hineinzuversetzen. Falls Sie eine Taschenuhr tragen oder es schon so spät ist, dass Sie Ihre Uhr bereits abgelegt haben, dann starten Sie das Experiment am nächsten Morgen oder verändern Sie etwas anderes, wie z. B. Ihre Schlafposition im Bett, indem Sie das Kopfkissen auf das bisherige Fußende legen, oder stellen Sie Ihren Wecker an die andere Bettseite. Gute Nacht!

B.3 Prozesssimulationen für Entwicklungsprojekte

Wie wir in Abschnitt 12.4 ab Seite 209 festgestellt haben, können Simulationsläufe sehr hilfreich bei der Einführung neuer Prozesse in einer Organisation sein. Bei der Einführung agiler Vorgehensweisen sind also Projektsimulationen nützlich, um daran als Teilnehmer vorab und in einem geschützten Rahmen Erfahrungen sammeln und neue Vorgehensweisen ausprobieren zu können.

Die folgenden Übungen variieren Bauprojekte, an denen Scrum mit seinen Rollen, Meetings, Artefakten und iterativ-inkrementellen Vorgehensweisen ausprobiert werden kann und die Projekte optimiert werden können. Nutzen Sie diese Beispiele als Ausgangspunkte für eigene Simulationen. Durch Veränderung der Übungsparameter können die in der Simulation herauszuarbeitenden und zu übenden Aspekte nach Bedarf und Zielgruppe variiert werden.

B.3.1 Die Murmelbahn

Allgemeiner Ablauf

Eine Murmelbahn besteht aus zwei oder drei Bauteilen, die mit Lego und Moderationskarten von den Teilnehmern zusammengesetzt werden. Als Murmel dienen die Kugeln aus alten mechanischen Computermäusen. Sie sind schwer, robust und durch eine Gummihülle geschützt.

Als Berater steuern Sie den Übungsablauf, indem Sie die Kunden- bzw. Auftraggeberrolle einnehmen. Von Kundenseite sollten mindestens sechs Personen an der Übung teilnehmen. Je nach Variante sind auch bis zu 16 Teilnehmer möglich. Der grundsätzliche Ablauf ist für alle drei Varianten ähnlich und orientiert sich an Scrum:

1. Die Rollen, also z. B. ScrumMaster, Product Owner und Entwicklungsteam, beschreiben und den Teilnehmern zuweisen, zulosen oder von ihnen aussuchen lassen.
2. Der Product Owner bekommt Moderationskarten und eine Metaplanwand mit Nadeln und Stiften zugewiesen, der ScrumMaster ein Flipchart mit Stiften.
3. Die Entwickler werden auf zwei oder drei Teams mit mindestens je zwei Personen verteilt. Jedes Entwicklungsteam bekommt einen Arbeitstisch und ungefähr gleich viel Baumaterial sowie jeweils eine große Bodenplatte zugeteilt. Die Arbeitstische stehen mindesten einen Meter voneinander getrennt. Daraus ergibt sich automatisch die Anforderung, dass ein oder zwei der Bauteile transportabel sind, da das Release nur als auf einem Tisch aufgestellte Murmelbahn abgenommen wird!
4. Der ScrumMaster hat verschiedene Timeboxen zu gestalten und die Planungen, Reviews und Retrospektiven zu moderieren. Dazu erhält er vorab eine Eieruhr.
5. Für Messungen im Ergebnisreview oder zwischendurch erhält der Product Owner einen Zollstock oder ein langes Lineal.
6. Das Projekt wird vorbereitet und dann in zwei oder drei Iterationen bis zu einem abschließenden Release durchgeführt. Jede Iteration besteht aus den Schritten Planung, Durchführung, Review und Retrospektive. Die einzelnen Arbeitsschritte sind dabei in fest vorgegebenen Zeiten durchzuführen (Timebox), auf deren Einhaltung der oder die ScrumMaster zu achten haben.
7. Nach der Übung erfolgen eine Analyse und ein gegenseitiges Feedback der Teilnehmer zu den neuen Abläufen, der Zusammenarbeit und den neuen Erkenntnissen, die die Teilnehmer gewonnen haben.

Die Rahmengeschichte

Ein Erlebnispark möchte als neue Attraktion eine transportable Actionbahn mit zwei Sprungschanzen bauen. Der Parkleiter braucht zur weiteren Planung einen Prototyp in Form einer Kugelbahn, mit dem wiederholt Machbarkeitstests durchgeführt werden können.

Die konkrete Aufgabe

Es ist eine Kugelbahn mit zwei physisch getrennten Teilen zu bauen. Bauteil A ist eine Schanze und Bremse, d. h., die Kugel ist zu beschleunigen und am Ende der Bahn abzubremsen. Ein abrupter Stopp z. B. an einer Wand ist verboten. Bauteil A wird durch Team A umgesetzt. Im zweiten Bauteil gilt es, die Bahnführung durch eine Kurve so zu gestalten, dass die Kugel wieder zu Bauteil A zurückläuft, sodass sie dort abgebremst werden kann. Team B ist für die Umsetzung des Bauteils B verantwortlich.

Auf der Bahn sind für die Kugel mindestens zwei Sprünge zu durchlaufen. Ein Sprung ist dadurch definiert, dass die Kugel keinen Kontakt mehr zur Bahn hat. Die beiden Bauteile sind vollständig separat zu erstellen und zu transportieren und dürfen für den Zusammenbau nur an zwei Stellen auf den Bodenplatten fest verbunden werden, da die Integrationsdauer minimiert werden soll.

Aus diesen Vorgaben ergibt sich für die Teams schnell die Idee, die Sprünge an den Schnittstellen zwischen den beiden Bauteilen zu implementieren (Abb. B.1). Diese Idee wird jedoch als Vorgabe nicht genannt! Es gibt dafür ja auch andere mögliche Lösungen.

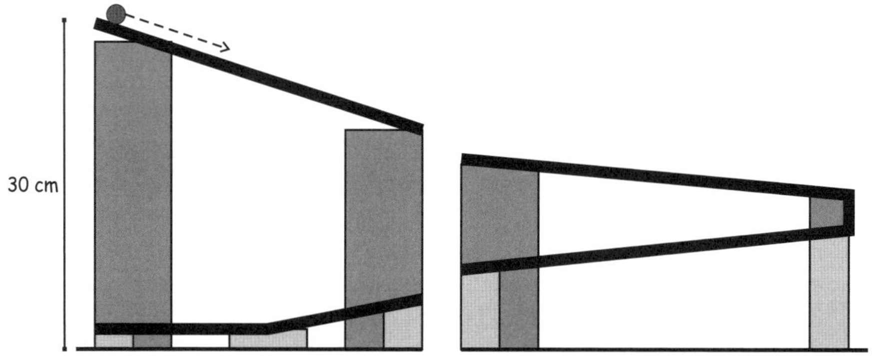

Abbildung B.1: Schema der Murmelbahn mit ihren Bauteilen *Schanze und Bremse* links und *Kurve* rechts

Anforderungen und ihre Prioritäten bzw. Reihenfolge

Der Product Owner bekommt die folgenden Anforderungen, jeweils auf Moderationskarten geschrieben, vom Auftraggeber überreicht.

1. Die Kugel rollt entlang der Bahn. Die Bahn besteht aus zwei getrennten Bauteilen. Start und Ende der Bahn liegen auf demselben Bauteil.
2. Die Kugelbahn ist wiederholt verwendbar und ist nach einem Durchlauf sofort ohne Korrekturen an den Bauteilen wieder einsetzbar.
3. Die beiden Bauteile sind zur Integration nur über maximal zwei Bausteine an den Bodenplatten miteinander zu verbinden, sodass die Integration in weniger als 30 Sekunden möglich ist.
4. Die Kugel startet in einer Höhe von mindestens 30 cm oberhalb der Bodenplatte.
5. Die Kugel wird weich abgebremst, d. h., dass sie nicht an einem Hindernis bzw. einer Wand hörbar anschlagen darf. Sie läuft also aus oder wird anders abgefedert.
6. Start und Ende der Murmelbahn liegen auf derselben Bodenplatte.
7. Es gibt mindestens zwei Sprünge in der Bahn.
8. Es gibt einen Tunnel im Bahnverlauf.
9. Es gibt einen Aufzug zum Start der Bahn.
10. Es gibt eine Tribüne, von der aus mindestens ein Sprung zu sehen ist.

Regeln

Die Teams arbeiten getrennt an zwei Tischen in einem Raum. Dabei sind beide Teile transportabel zu erstellen. Die Integration findet auf einem dritten Tisch statt. Alle Teilnehmer dürfen jederzeit miteinander reden und alles sehen, aber nur im eigenen Team Hand an die Bauten legen. Die Kugel darf jederzeit in den Teams hin- und hergegeben werden, es gibt aber nur eine Kugel für alle Teams.

Es muss nicht alles vorhandene Material verwendet werden. Ein Bauteil, also Schanze und Bremse oder Kurve, besteht aus mindestens einem zusammenhängenden Bauelement. Wenn ein Bauteil mehrere Bauelemente enthält, müssen diese so verbunden sein, dass es durch das Rollen der Kugel keine Verschiebung gibt.

Ablauf

Das Projekt wird in drei Iterationen von jeweils fünf Minuten Bauzeit durchgeführt. Am Ende der ersten beiden Iterationen erfolgt ein getrenntes Ergebnisreview der beiden Bauteile, um den Stand des Projekts zu testen.

Dazu werden dynamische Tests mit der Kugel durchgeführt. Nach der dritten Iteration gibt es eine kurze Integrationsphase von vier Minuten. Die Übung läuft im Detail folgendermaßen ab:

1. Zwei Teams bilden, die jeweils ein Bauteil erstellen und die internen Rollen auswählen. Der Auftraggeber gibt Anforderungen und Prioritäten vor und führt die Abnahme durch. Er wird durch den Moderator bzw. Berater gespielt.
2. Dem Product Owner wird vom Auftraggeber das Projekt erläutert. Er erhält dabei die Karten mit den einzelnen Anforderungen. Die beiden Entwicklungsteams bereiten ihre Arbeitsplätze vor. Dauer: drei Minuten.
3. Gemeinsame Vorbereitungszeit der Teams mit dem Ziel, ein gemeinsames Bild der Kugelbahn zu entwerfen und Ideen für mögliche Inkremente zu definieren. Dauer: zwei Minuten.
4. Planungsmeeting: Der Product Owner stellt die Anforderungen auf den Karten detailliert vor. Das Team ordnet die Karten nach Komplexität und verteilt für jede Karte Aufwandspunkte. Das Team schätzt, wie viele Aufwandspunkte in einer Iteration (Bauphase) umgesetzt werden können. Der Product Owner wählt Aufgaben aus, die er in der nächsten Bauphase umgesetzt haben möchte. Die Teams prüfen deren Machbarkeit. Dauer: zehn Minuten.
5. Bauphase: Die beiden Teams arbeiten parallel und räumlich getrennt an ihren Bauteilen. Der Product Owner steht den Teams für Fragen zur Verfügung und kann Fragen mit dem Auftraggeber diskutieren. Dauer: zehn Minuten.
6. Ergebnisreview: Nach einer Bauphase führen die Entwicklungsteams nacheinander ihre Inkremente vor. Der Product Owner nimmt diese ab und der ScrumMaster berechnet, wie viele Aufwandspunkte in der Bauphase umgesetzt wurden, um ein aktuelles Maß für die Kapazität in der nächsten Bauphase zu haben.
7. Retrospektive: Alle Beteiligten führen eine Retrospektive über die letzte Bauphase durch und klären dabei, was gut bzw. schlecht gelaufen ist. Sie leiten dann ein oder zwei Maßnahmen ab, die sofort umgesetzt werden, und benennen ggf. grundsätzliche Hindernisse, die der Arbeit im Weg stehen. Dauer: fünf Minuten.
8. Es werden zwei weitere Iterationen, also die Schritte 4 bis 7, durchgeführt.
9. Integration: Die beiden Teams führen die beiden Bauteile zusammen und bereiten den Abnahmetest vor. Jedes Teammitglied darf dabei beide Bauteile berühren und es dürfen mit den Kugeln beliebig viele Integrationstests durchgeführt werden. Dauer: vier Minuten.

10. Projektabnahme durch Auftraggeber: Der Auftraggeber platziert die Kugel und startet mehrere Läufe. Die erfüllten Anforderungen werden von einem ScrumMaster festgehalten. Dauer: ca. eine Minute.

Nach der Übung werden die Erfahrungen gesammelt und auf die aktuelle und auf mögliche zukünftige Situationen übertragen. Je nach Fokus der Simulation kann die Übung abgewandelt werden. Zwei Variationen betrachten wir kurz als Anregungen für eigene Ideen.

B.3.2 Murmelbahn-Variation: die kleine Sprungschanze

Diese Übung orientiert sich am allgemeinen Ablauf aus Abschnitt B.3.1 ab Seite 277. Es wird ausschließlich Lego verwendet und durch die geringere Größe der Bahn wird deutlich weniger Platz für die Simulation benötigt.

Die Rahmengeschichte

Ein Erlebnispark möchte als neue Attraktion eine neue Actionbahn mit Sprungschanze bauen. Der Parkleiter braucht einen Prototyp in Form einer Kugelbahn, mit dem wiederholt Machbarkeitstests durchgeführt werden können.

Die konkrete Aufgabe

Es ist eine Kugelbahn mit zwei sichtbar getrennten Teilen zu bauen. Bauteil A ist eine Schanze, d. h., die Kugel ist zu beschleunigen und ein kontrollierter Sprung ist auszuführen. Bauteil A wird durch Team A umgesetzt. Im zweiten Bauteil gilt es, die fliegende Kugel aufzufangen und sanft bis zum Stillstand an einer definierten Stelle abzubremsen. Ein abrupter Stopp z. B. an einer Wand ist verboten (Abb. B.2). Team B ist für die Umsetzung des Bauteils B verantwortlich.

Anforderungen und ihre Prioritäten bzw. Reihenfolge

Der Product Owner bekommt die folgenden Anforderungen, jeweils auf Moderationskarten geschrieben, vom Auftraggeber überreicht.

1. Die Kugel rollt entlang der Bahn.
2. Die Kugelbahn ist wiederholt verwendbar und ist nach einem Durchlauf sofort ohne Korrekturen an den Bauteilen wieder einsetzbar.
3. Die Kugel überspringt eine horizontale Strecke von mindestens einem Zentimeter Länge.

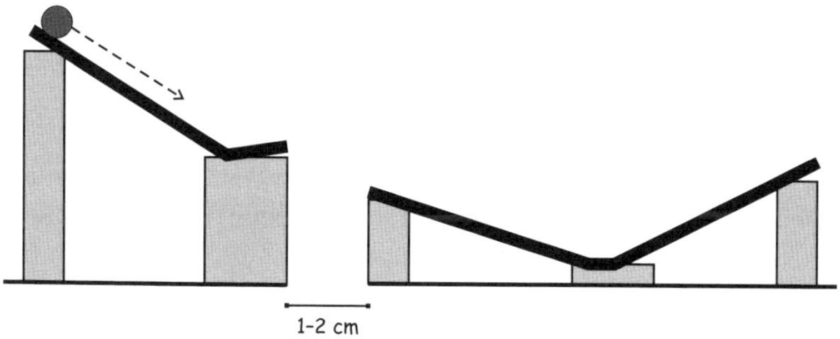

Abbildung B.2: Schema der Murmel-Sprungschanze mit ihren Bauteilen *Schanze* links und einer Lösungsidee zum *Abbremsen* rechts

4. Die Kugel wird weich abgebremst, d. h., dass sie nicht an einem Hindernis bzw. einer Wand hörbar anschlagen darf. Sie läuft also aus oder wird anders abgefedert.
5. Idealerweise überspringt die Kugel eine horizontale Strecke von zwei Zentimetern Länge.
6. Die Kugel kommt in einem fest definierten Bereich zum Liegen.
7. Es muss eine Startvorrichtung für die Kugel geben, die die Kugel so hält, dass ohne direkte Berührung der Kugel durch eine Person ein Lauf gestartet werden kann.

Regeln

Die Teams arbeiten getrennt an zwei Tischen in einem Raum. Dabei ist mindestens ein Teil transportabel. Alle Teilnehmer dürfen jederzeit miteinander reden und alles sehen, aber nur im eigenen Team Hand an die Bauten legen. Die Kugel darf jederzeit in den Teams hin- und hergegeben werden, es gibt aber nur eine Kugel für alle Teams.

Es wird nur Lego als Baumaterial verwendet, wobei nicht alles vorhandene Material verbaut werden muss. Ein Bauteil, also Schanze oder Bremse, besteht aus mindestens einem zusammenhängenden Bauelement. Wenn ein Bauteil mehrere Bauelemente enthält, müssen diese so verbunden sein, dass es durch das Rollen der Kugel keine Verschiebung gibt.

Ablauf

Der Ablauf erfolgt analog zum Ablauf aus Abschnitt B.3.1 ab Seite 277. Die Bauphase in den Iterationen wird dabei auf fünf Minuten verkürzt. Dennoch ist nach jeder Bauphase ein dynamischer Test mit einer Kugel durchzuführen. Die Aufgabe ist vom Product Owner und den Teams so zu planen, dass testbare Inkremente schrittweise erstellt werden. Folgende Variationen bei der Abnahme sind möglich:

1. Projektabnahme durch Auftraggeber: Der Auftraggeber platziert die Kugel und startet mehrere Läufe. Die überflogene Strecke misst er mit dem Lineal nach und er prüft die Einhaltung der Prioritäten. Wenn die Kugel z.B. nur 1 cm fliegt, es aber eine Startvorrichtung gibt, ist das Projekt nicht korrekt ausgeführt, da eine Sprungweite von zwei cm eine höhere Priorität hat. Dauer: ca. eine Minute.
2. Wenn das Projekt vom Auftraggeber nicht abgenommen wird, gibt es eine *Nachspielzeit* von maximal fünf Minuten und einen neuen Abnahmeversuch.

Durch die zeitliche Verkürzung liegt der Fokus stärker auf den planerischen und gruppendynamischen Aspekten der Simulation. Der geringe Platzbedarf vergrößert die Einsatzmöglichkeiten der Übung deutlich, wobei deswegen die Gruppengröße je Team idealerweise bei zwei Personen liegt.

B.3.3 Variantionsmöglichkeiten

Wenn der Fokus stärker auf die planerischen und steuernden Aspekte des Projektvorgehens gelenkt werden soll und weniger auf die gruppendynamischen Effekte, so lassen Prozesssimulationen mit stärker vorgefertigten Bauteilen die Bauphase weiter verkürzen. Eine Möglichkeit dafür sind Spielzeug-Holzeisenbahnen.

Steht die Integration von Testern oder die Abstimmung einer übergreifenden Architektur im Fokus der Prozesssimulation, lassen sich leicht entsprechende Variationen der Übungen erfinden, die den gewünschten Aspekt stärker in den Vordergrund stellen.

B.4 Prozesssimulationen für das Tagesgeschäft

In dieser Simulation geht es um das ereignisgesteuerte Arbeiten einer Gruppe von Managern oder eines Organisationsteams. Das Übungsteam hat dabei eine Reihe unterschiedlicher Aufgaben in einer begrenzten Zeit und parallel abzuarbeiten. Dazu muss sich die Gruppe mehrmals sebstgesteuert umorganisieren.

Die Simulation beginnt mit einer Ausgangsübung, die sich gut strukturieren und unter den Rahmenbedingungen entspannt durchführen lässt. In dieser Übung wird etwas Messbares gebaut bzw. gebastelt. Zur Strukturierung der Übungszeit werden alle zehn Minuten Standup-Meetings durchgeführt, die maximal zwei Minuten dauern. Diese Zeiten werden vom Übungsleiter bzw. durch das Stellen einer Eieruhr von deren Läuten aufgerufen.

Im Folgenden werden die genannten Einzelübungen beispielhaft beschrieben. Zu Beginn kennt die Gruppe nur die Ausgangsübung. Bereits kurz nach dem Start der Übung bringt der Übungsleiter weitere Aufgaben in die Gruppe ein. Je nach Verlauf der Übung werden die neuen Aufgaben für alle vernehmlich in den Raum gerufen oder nur einer einzelnen Person direkt übertragen. Bitte lassen Sie sich durch die folgenden Übungsideen gerne zu eigenen Variationen anregen. Wichtig ist nur, dass mit den Übungen unterschiedliche Anforderungen verbunden sind und sie ein messbares Ergebnis liefern.

Die Übungsgruppe organisiert sich selbst und kann die Aufgaben frei und flexibel bearbeiten. Das Ziel der Übung ist es, nach einer Stunde alle Aufgaben bearbeitet zu haben. Die einzelnen Zusatzaufgaben werden der Gruppe innerhalb der ersten 20 Minuten jeweils mit einigen Minuten Abstand genannt.

Nach Ablauf der Zeit nimmt der Übungsleiter alle Ergebnisse ab. Damit ist die Übung beendet. Jetzt erfolgt eine intensive Reflexion über den Ablauf der Übung und die erkannten Effekte. Die Reflexion dauert meist ähnlich lange wie die Übung und es können dazu die folgenden Leitfragen diskutiert werden.

- Was hat der Gruppe geholfen?
- Was hat einzelne Mitglieder irritiert?
- Wie kann ein Transfer der als hilfreich erkannten Ideen in den Alltag erfolgen?

Wichtig ist dabei, das jeder Übungsteilnehmer ausreichend zu Wort kommt.

B.4.1 Ausgangsübung Sprungschanze

Die Ausgangsübung orientiert sich ebenfalls am allgemeinen Ablauf aus Abschnitt B.3.1 ab Seite 277. Im Gegensatz zu der Murmelbahn wird sie komplett ohne Lego erstellt, bedarf allerdings eines größeren Raumes.

Die Rahmengeschichte

Ein Erlebnispark möchte als neue Attraktion eine Sprungschanze als neue Actionbahn bauen. Der Parkleiter braucht einen Prototyp in Form einer Kugelbahn, mit dem wiederholt Machbarkeitstests durchgeführt werden können.

Die konkrete Aufgabe

Es ist eine Kugelbahn mit zwei sichtbar getrennten Teilen zu bauen. Bauteil A ist eine Schanze, d. h., die Kugel ist zu beschleunigen und ein kontrollierter Sprung ist auszuführen. Bauteil A wird durch Team A umgesetzt. Im zweiten Bauteil gilt es, die fliegende Kugel aufzufangen und sanft bis zum Stillstand abzubremsen. Ein abrupter Stopp z. B. an einer Wand ist verboten (Abb. B.3). Team B ist für die Umsetzung des Bauteils B verantwortlich.

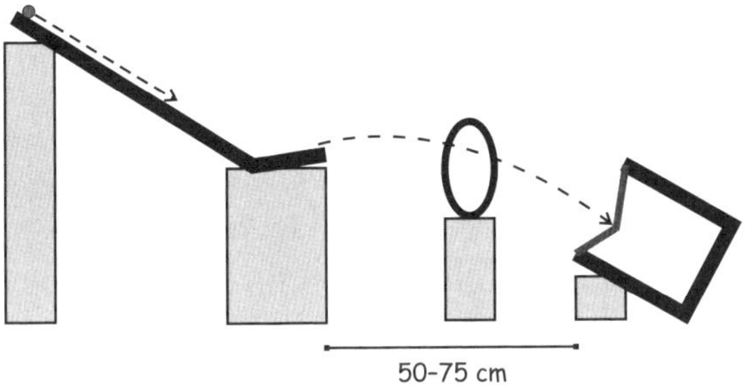

Abbildung B.3: Schema der Murmel-Sprungschanze mit ihren Bauteilen *Schanze* links und einer Lösungsidee zum *Abbremsen* rechts

Als Materialien stehen alle Gegenstände im Raum zur Verfügung wie z. B. Tische, Stühle, Papierkorb, Flipchart mit entsprechendem Papier, Schere und Klebeband. Es dürfen nur Dinge verwendet werden, die zu Beginn der Übung bereits im Raum sind. Damit stellt diese Simulation eine höhere Anforderung an das Improvisationsvermögen der Teammitglieder als die beiden vorherigen Varianten. Es wird allerdings ein recht großer Raum dafür benötigt.

Anforderungen und ihre Prioritäten bzw. Reihenfolge

Der Product Owner bekommt die folgenden Anforderungen, jeweils auf Moderationskarten geschrieben, vom Auftraggeber überreicht.

1. Die Kugelbahn ist wiederholt verwendbar und ist nach einem Durchlauf sofort ohne Korrekturen an den Bauteilen wieder einsetzbar.
2. Die Kugel überspringt eine horizontale Strecke von mindestens 50 Zentimetern Länge (Minimalziel).
3. Die Kugel überspringt eine horizontale Strecke von 75 Zentimetern Länge (Idealziel).
4. Die Kugel wird weich abgebremst, d. h., dass sie nicht an einem Hindernis bzw. einer Wand hörbar anschlagen darf. Sie läuft also aus oder wird anders abgefedert.
5. Es muss eine Startvorrichtung für die Kugel geben, die die Kugel so hält, dass ohne direkte Berührung der Kugel durch eine Person ein Lauf gestartet werden kann.

6. Die Kugel fliegt durch einen Ring. Diese Anforderung wird vom Auftraggeber dem Product Owner erst im Laufe der Übung genannt, wenn ein Team mit seiner Aufgabe bereits fast fertig ist.

Regeln

Die Teams arbeiten getrennt in einem Raum. Dabei ist mindestens die Bremsvorrichtung transportabel. Alle Teilnehmer dürfen jederzeit miteinander reden und alles sehen, aber nur im eigenen Team Hand an die Bauten legen. Die Kugel darf jederzeit in den Teams hin- und hergegeben werden, es gibt aber nur eine Kugel für alle Teams.

Ablauf

Der Ablauf erfolgt analog zum Ablauf aus Abschnitt B.3.1 ab Seite 277. Die Bauphase in den Iterationen beträgt zehn Minuten. Nach jeder Bauphase ist ein dynamischer Test mit einer Kugel durchzuführen. Die Aufgabe ist vom Product Owner und den Teams so zu planen, dass testbare Inkremente schrittweise in drei Iterationen erstellt werden.

B.4.2 Die Zusatzaufgaben

Um die ereignisgesteuerte Alltagssituation zu simulieren, erhält die Gruppe weitere Aufgaben, die bis zum Ende der Übung zu bearbeiten sind. Diese Aufgaben sind sehr unterschiedlich, was die Anforderungen und die Anzahl der Bearbeiter betrifft. Lassen Sie sich von den folgenden Ideen gerne zu eigenen Variationen und Aufgaben anregen.

Das Puzzle ohne Vorlage: Der Übungsleiter hat sich in der Vorbereitung ein Puzzle mit ca. 80 – 100 Teilen besorgt. Das Puzzle ist zu lösen, wobei es keine Lösungsvorlage gibt. Diese Aufgabe dauert sehr lange und wird daher recht schnell nach Beginn der Übung in das Team gebracht.

Das Gästeessen: Zur Eröffnung der Murmelbahn kommen ca. 50 geladene Gäste, die möglichst hochwertig versorgt werden sollen. Es ist ein Essen für die Gäste konkret zu planen. Es steht jedoch nur ein Budget von 500 € zur Verfügung, dessen Einhaltung plausibel erklärt wird.

Das Unterhaltungsprogramm: Zur Unterhaltung der geladenen Gäste erfolgt entweder eine Tanzvorführung, eine Jongliernummer oder eine Zaubershow. Die Übungsteilnehmer entwickeln eine der möglichen Unterhaltungsnummern und stellen diese allen im Anschluss an die Übung vor.

Das Logo: Die neue Murmelbahn wird durch ein neues Logo verziert und gekennzeichnet. Ein solches Logo ist farbig zu entwerfen. Der abschließende Entwurf ist auf DIN-A4-Papier zu erstellen.

Konsens über einen Logovorschlag schaffen: Es werden mehrere Entwürfe für das Logo erstellt. Unter allen Übungsteilnehmern ist Konsens über den finalen Entwurf herzustellen. Nur dieser Entwurf wird auch final umgesetzt und gezeichnet.

Danksagung

All denen, die mit diesem Buch in Zusammenhang stehen, möchten wir hiermit danken.

Ganz besonders möchten wir uns bei unseren Kunden bedanken, die uns mit spannenden und interessanten Aufgaben beauftragen. Das Buch ist aus der Essenz dieser Arbeit entstanden.

Wir danken Christel Sohnemann, Jan Gentsch, Markus Wittwer, Kim Duggen und Claudia Schröder sowie allen anderen Kollegen von der oose Innovative Informatik GmbH. Diese Menschen geben uns tagtäglich neue Ideen und Anregungen.

Wir danken Christa Preisendanz, Vanessa Wittmer, Ursula Zimpfer und dem ganzen dpunkt.verlag. Ebenfalls möchten wir uns bei den Reviewern für ihre mühevolle und wertvolle Arbeit bedanken, von denen uns leider nur Alex Rammlmair namentlich bekannt ist.

Abschließend bitten wir bei all denen um Entschuldigung, die wir vergessen haben zu erwähnen.

Referenzen und weiterführende Literatur

[1] Hermann Josef Abs et al. *Besser Lehren – Heft 2: Methodensammlung*. Deutscher Studien Verlag, 2. Auflage, 2000.

[2] Scott Adams. *The Dilbert Principle*. HarperCollins, 1996.

[3] Agile Alliance. *Agiles Manifest*. www.agilealliance.org.

[4] Ulf Andresen. *Beratung als Prozess. Trainer-Kontakt-Brief Nr. 42*, 2003. www.trainertreffen.de.

[5] Ulf Andresen. *Seminar Beratung als Prozess*. Seminarunterlagen, 2004.

[6] Renee Baron. *What Type Am I – Discover who you really are*. Penguin Books, 1998.

[7] Rowan Bayne. *The Myers-Briggs Type Indicator*. Stanley Thornes Ltd., 1997.

[8] Don Edward Beck und Christopher C. Cowan. *Spiral Dynamics – Leadership, Werte und Wandel*. J. Kamphausen, 3. Auflage, 2011.

[9] Kent Beck. *Extreme Programming – Die revolutionäre Methode für Softwareentwicklung in kleinen Teams*. Addison-Wesley, 2000. Originaltitel: Extreme Programming Explained. Embrace Change.

[10] Kent Beck et al. *Manifesto for Agile Software Development*. www.agilemanifesto.org, 2001.

[11] Katja Bergmann. *Angewandtes Kundenbindungs-Management*. Peter Lang Verlag, 1998.

[12] Klaus Birker und Gabriele Birker. *Was ist NLP? – Grundlagen und Begriffe des Neuro-Linguistischen Programmierens*. Rowohlt, 4. Auflage, 2002.

[13] Matthias zur Bonsen und Carole Maleh. *Appreciative Inquiry (AI): Der Weg zu Spitzenleistungen*. Beltz, 2001.

[14] Kevin Coyne, Patricia Gorman Clifford und René Dye. *Querdenken mit System – Wie effektives Brainstorming funktioniert. HBM Audio*, 2007. Originalartikel: Breakthrough Thinking from inside the Box by Harvard Business Review, Dezember 2007.

[15] Lisa Crispin und Janet Gregory. *Agile Testing – A Practical Guide for Testers and Agile Teams*. Addison-Wesley, 2009.

[16] Mihaly Csikszentmihalyi. *Flow im Beruf – Das Geheimnis des Glücks am Arbeitsplatz*. Klett-Cotta, 2004.

[17] Wolfgang Dehm und Bert Bormann. *Wandel zum Anfassen – Der Einsatz von Prozesssimulationen in Veränderungsprozessen. OrganisationsEntwicklung*, (2):31 – 40, 2007.

[18] Esther Derby und Diana Larsen. *Agile Retrospectives – Making Good Teams Great*. The Pragmatic Bookshelf, 2006.

[19] Klaus Doppler und Christoph Lauterburg. *Change Management – Den Unternehmenswandel gestalten*. Campus, 10. Auflage, 2002.

[20] Kim Nena Duggen. *Erfolgsbarrieren in Managementberatungsprojekten und wie diese vermieden werden können*. Diplomarbeit, Deutsche Universität für Weiterbildung, 2011.

[21] Claudia Eilles-Matthiessen und Susanne Janssen. *Beratungskompass – Grundlagen von Coaching, Karriereberatung, Outplacement und Mediation*. GABAL, 2005.

[22] Martin Fowler. *Who Needs an Architect? IEEE Software*, 2003. http://www.in-ag.eu/uploads/media/whoNeedsArchitect.pdf.

[23] H. Peter Gürtler. *Kollateralschäden von IT-Projekten – Wie veränderungsfähig ist der Mensch?* In: *Innovation durch Projektmanagement – oder?!*, Seiten 137 – 151. interPM, dpunkt.verlag, 2008.

[24] Christian Homburg und Harley Krohmer. *Marketingmanagement. Strategie – Instrumente – Umsetzung – Unternehmensführung*. Gabler, 2. Auflage, 2006.

[25] Herbert Hörz (Hrsg.). *Selbstorganisation sozialer Systeme – Ein Verhaltensmodell zum Freiheitsgewinn*. LIT-Verlag, 1994.

[26] Carl Gustav Jung. *Typologie*. dtv, 1990.

[27] Robert S. Kaplan und David P. Norton. *Die strategiefokussierte Organisation – Führen mit der Balanced Scorecard*. Schäffer-Poeschel, 2001.

[28] Norman L. Kerth. *Project Retrospectives – A Handbook for Team Reviews*. Dorset House, 2001.

[29] Norman L. Kerth. *Post Mortem – Projekte erfolgreich auswerten*. mitp, 2005.

[30] John P. Kotter. *Leading Change: Wie Sie Ihr Unternehmen in acht Schritten erfolgreich verändern*. Vahlen, 2011.

[31] Patrick Lencioni. *Getting Naked*. John Wiley & Sons, 2010.

[32] Ulrich Lipp und Herrmann Will. *Das große Workshop-Buch – Konzeption, Inszenierung und Moderation von Klausuren, Besprechungen und Seminaren*. Beltz, 7. Auflage, 2004.

[33] Eric Lippmann. *Intervision*. Springer-Verlag, 2. Auflage, 2009.

[34] Bernd-Wolfgang Lubbers. *TeamIntelligenz: Ein intelligentes Team ist mehr als die Summe seiner Kompetenzen*. Gabler, 2005.

[35] Peter Lühr. *Externe Berater erfolgreich einsetzen – Der Weg in eine gewinnbringende Partnerschaft auf Zeit*. Gabler, 2001.

[36] Carole Maleh (Hrsg.). *Open Space in der Praxis – Erfahrungsberichte: Highlights und Möglichkeiten*. Beltz, 2002.

[37] Klaus Manhart. *Die Grenzen der Gleichzeitigkeit. Gehirn&Geist Dossier*, Seiten 70 – 74, Januar 2005.

[38] Robert J. Marshak. *Managing the Metaphors of Change. Organizational Dynamics*, 22(1):44 – 56, 1993.

[39] Daniela Mayrshofer und Hubertus A. Kröger. *Prozesskompetenz in der Projektarbeit*. Windmühle, 3. Auflage, 2006.

[40] Wolfgang Mentzel. *Rhetorik – Frei und überzeugend sprechen*. Haufe, 3. Auflage, 2002.

[41] Henry Mintzberg. *Managen*. GABAL, 2010.

[42] Niko Mohr, Jens Marcus Woehe und Diebold. *Widerstand erfolgreich managen – Professionelle Kommunikation in Veränderungsprojekten*. Campus, 1998.

[43] Joseph O'Connor und John Seymour. *Neurolinguistisches Programmieren: Gelungene Kommunikation und persönliche Entfaltung*. VAK, 14. Auflage, 2004.

[44] Bernd Oestereich und Christian Weiss. *APM – Agiles Projektmanagement – Erfolgreiches Timeboxing für IT-Projekte*. dpunkt.verlag, 2008. Unter Mitarbeit von Oliver F. Lehmann und Uwe Vigenschow.

[45] Taiichi Ohno. *Das Toyota-Produktionssystem*. Campus, 1993.

[46] Leslie A. Perlow und Jessica L. Porter. *Weniger arbeiten – mehr leisten: Das Harvard-Konzept für eine gelungene Work-Life-Balance. HBM Audio*, 2009. Originalartikel: Making Time Off Predictable – and Required by Harvard Business School Publishing.

[47] Roman Pichler. *Scrum – Agiles Projektmanagement erfolgreich einsetzen*. dpunkt.verlag, 2008.

[48] Armin Poggendorf und Hubert Spieler. *Teamdynamik – Ein Team trainieren, moderieren und systemisch aufstellen*. Junfermann, 2003.

[49] Manfred Prior. *MiniMax-Interventionen – 15 minimale Interventionen mit maximaler Wirkung*. Carl-Auer, 7. Auflage, 2007.

[50] Christian Rabbel. *Beratungsresistenz in kleinen und mittleren Unternehmen*. VDM Verlag Dr. Müller, 2007.

[51] Alex Rammlmair. *IT-Verkaufsberatung in der Praxis*. dpunkt.verlag, 2012.

[52] Claude Rosselet, Georg Senoner und Henriette K. Lingg. *Management Constellations – Mit Systemaufstellungen Komplexität managen*. Klett-Cotta, 2007.

[53] Christine Rupp. *Requirements-Engineering – Der Einsatz einer natürlichsprachlichen Methode bei der Ermittlung und Qualitätsprüfung von Anforderungen. OBJEKTspektrum*, Seiten 22 – 26, März/April 2000.

[54] C. Otto Scharmer. *Theorie U – Von der Zukunft her führen.* Carl-Auer, 2. Auflage, 2011.

[55] Edgar H. Schein. *Prozessberatung für die Organisation der Zukunft – Der Aufbau einer helfenden Beziehung.* Edition humanistische Psychologie – EHP, 3. Auflage, 2010.

[56] Telse Schnelle-Cölln und Eberhard Schnelle. *Visualisieren in der Moderation.* Windmühle, 1998.

[57] Friedemann Schulz von Thun. *Miteinander reden 3 – Das innere Team und situationsgerechte Kommunikation.* Rowohlt, 9. Auflage, 2002.

[58] Friedemann Schulz von Thun. *Miteinander reden 1 – Störungen und Klärungen.* Rowohlt, 38. Auflage, 2003.

[59] Friedemann Schulz von Thun. *Miteinander reden 2 – Stile, Werte und Persönlichkeitsentwicklung.* Rowohlt, 38. Auflage, 2003.

[60] Jens Schulze. *CRM erfolgreich einführen.* Springer-Verlag, 2002.

[61] Ken Schwaber. *Agiles Projektmanagement mit Scrum.* Microsoft Press Deutschland, 2007.

[62] Ken Schwaber und Jeff Sutherland. *The Scrum Guide – The Definitive Guide to Scrum: The Rules of the Game.* www.scrum.org/scrumguides, Juli 2011.

[63] Peter Scott-Morgan, Erik Hoving, Henk Smit und Arnoud van der Slot. *Stabilität durch Wandel – Vier Modelle, mit denen Sie der Veränderungsmüdigkeit Ihrer Mitarbeiter begegnen.* Campus, 2001.

[64] Reinhard K. Sprenger. *Mythos Motivation.* Campus, 17. Auflage, 2002.

[65] Wolfgang Stroebe und Bernard Nijstad. *Störe meine Kreise nicht! Gehirn & Geist Dossier*, Seiten 64–69, Januar 2005.

[66] Kim-Oliver Tietze. *Kollegiale Beratung – Problemlösungen gemeinsam entwickeln.* Rowohlt Taschenbuch Verlag, 4. Auflage, 2010.

[67] Bruce W. Tuckman. *Developmental sequence in small groups. Psychological Bulletin*, 63:384–399, 1965.

[68] V.I.E.L®Coaching und Training, Hamburg. *Seminarunterlagen.* Coaching kompakt, Dezember 2008.

[69] Uwe Vigenschow. *Testen von Software und Embedded Systems – Professionelles Vorgehen mit modellbasierten und objektorientierten Ansätzen.* dpunkt.verlag, 2. Auflage, 2010.

[70] Uwe Vigenschow, Björn Schneider und Ines Meyrose. *Soft Skills für Softwareentwickler – Fragetechniken, Konfliktmanagement, Kommunikationstypen und -modelle.* dpunkt.verlag, 2. Auflage, 2010.

[71] Uwe Vigenschow, Björn Schneider und Ines Meyrose. *Soft Skills für IT-Führungskräfte und Projektleiter – Softwareentwickler führen und coachen, Hochleistungsteams aufbauen*. dpunkt.verlag, 2. Auflage, 2012.

[72] Uwe Vigenschow, Stefan Toth und Markus Wittwer. *Agil auf breiter Front – Techniken für eine erfolgreiche Projektsteuerung. dotnetpro*, Seiten 136 – 139, Oktober 2010. ebenfalls in: mac-developer 1/2011, Seiten 116 – 119.

[73] Uwe Vigenschow, Markus Wittwer und Stefan Toth. *Agilität einführen – Ergebnisse der PM-Studie zu Erfolgsfaktoren. PM-Forum 2009 in Berlin, Tagungsband*, 2009.

[74] Gerald M. Weinberg. *Das Gesetz der Himbeermarmelade – 103 Geheimnisse der Beratung*. Redline Wirtschaft, 2003.

[75] Gerald M. Weinberg. *Weinbergs Werkzeugkasten für Berater – 97 Geheimnisse der Beratung*. Redline Wirtschaft, 2004.

[76] John Whitmore. *Coaching für die Praxis – Wesentliches für jede Führungskraft*. allesimfluss-Verlag, 3. Auflage, 2006.

[77] Wikipedia. *Die freie Enzyklopädie*. http://de.wikipedia.org/wiki/Hauptseite.

[78] Ernst Wöber. *Wozu jetzt auch noch Changemanagement!? PMI Austria Newsletter*, Seiten 5 – 8, Januar 2003.

[79] Henning Wolf, Stefan Roock und Martin Lippert. *eXtreme Programming – Eine Einführung mit Empfehlungen und Erfahrungen aus der Praxis*. dpunkt.verlag, 2. Auflage, 2005.

[80] Philip G. Zimbardo und Richard J. Gerrig. *Psychologie*. Springer-Verlag, 7. Auflage, 1999.

Index